投资2亿元兴建的国泰服装工业园

黄金兰董事长与纺织商会王沈阳会长在一起

交易会上的服装展位

地址：张家港市人民路国泰大厦
Http：//www.gtig.com
电话：0512-58696206
传真：0512-58696170

集团下属五星级涉外酒店－国贸酒店

上海服装集团
Shanghai Garment Group

上海服装集团进出口有限公司是一家年出口规模2亿美元，进入中国进出口额500强排行榜的外贸公司，连续多年被上海市政府授予出口贡献奖。

公司经国家商务部批准，可以经营和代理各类商品及技术的进出口业务，具备设计、接单、生产、报关、物流、产品质量监控等一系列综合功能，拥有近十家控股子公司，总资产逾3亿人民币。公司通过ISO-9001国际质量体系认证和Oeko-Tex生态纺织品认证。对外贸易的网络扩展到五大洲八十多个国家和地区，新老客户300余家，与国际上许多著名的公司建立了良好的合作关系，赢得了普遍的赞誉。

展望未来，上海服装集团进出口有限公司将迎接全球贸易的新挑战，不断扩大与国内外广大客户的合作、往来和友谊，携手共创美好的明天。

Shanghai Garment Group Import & Export Corporation (SGGIEC), one of the top 500 import and export value enterprises in China, is a professional foreign trade company. Achieving USD200 million turnover annually, it is awarded by Shanghai Municipal Government for its excellent export contribution in succession.

Approved by the National Ministry of Commerce, SGGIEC is capable of managing and acting as an agent for the import and export business of all kinds of commodities and technologies. Today its total assets have reached RMB300 million. Possessing nearly ten subsidiary companies, SGGIEC boasts a comprehensive functions of design, order-receiving, manufacturing, Custom declaration, logistics and quality control. It has been certified by ISO9001 quality system, Oeko-Tex standard. It has established good trade relations with more than 300 clients in over 80 countries and regions of the world and enjoys high reputation. Looking into the future, SGGIEC will meet the challenge of global trade and promote the cooperation and friendship with all clients both at home and abroad. Let’s create a bright future.

进出口有限公司
Import & Export Corporation

服装领域的新突破

公司所属的华强防护服饰分公司专门研制各类个人防护服装。其“可阻燃隔热、防水透气并穿着舒适的消防服专用面料”和“(一次性)特种医用防护服面料”已分别获得国家发明专利和上海市高新技术成果转化项目，达到“国内领先，国际同类产品先进水平”。用这二种材料制成的消防员灭火防护服(已通过欧盟EN469认证)和医用防护服以及抢险救援服、阻燃坦克服、炼钢防护服等延伸产品正源源不断推向国内外市场。

公司所属的高森服饰有限公司引进和吸收日本专利成果——“立体手绘印花”,通过特殊工艺印在纺织品服装上的各种图案具有“色彩艳丽、立体感强、不易褪色”等优点，已申报外观设计专利20项，是服装工艺制作中的一朵奇葩。

地址：上海茅台路567号

电话：021-62748598转

传真：021-62288230

邮编：200336

网址：http://www.sggiec.com.cn

Add:567 Motai Rd.,Shanghai,P.R.China

Tel: 021-62748598

Fax:021-62288230

Post Code:200336

Website:http://www.sggiec.com.cn

中国纺织品进出口商会网站全新改版

详情请参阅网站 http://www.ccct.org.cn

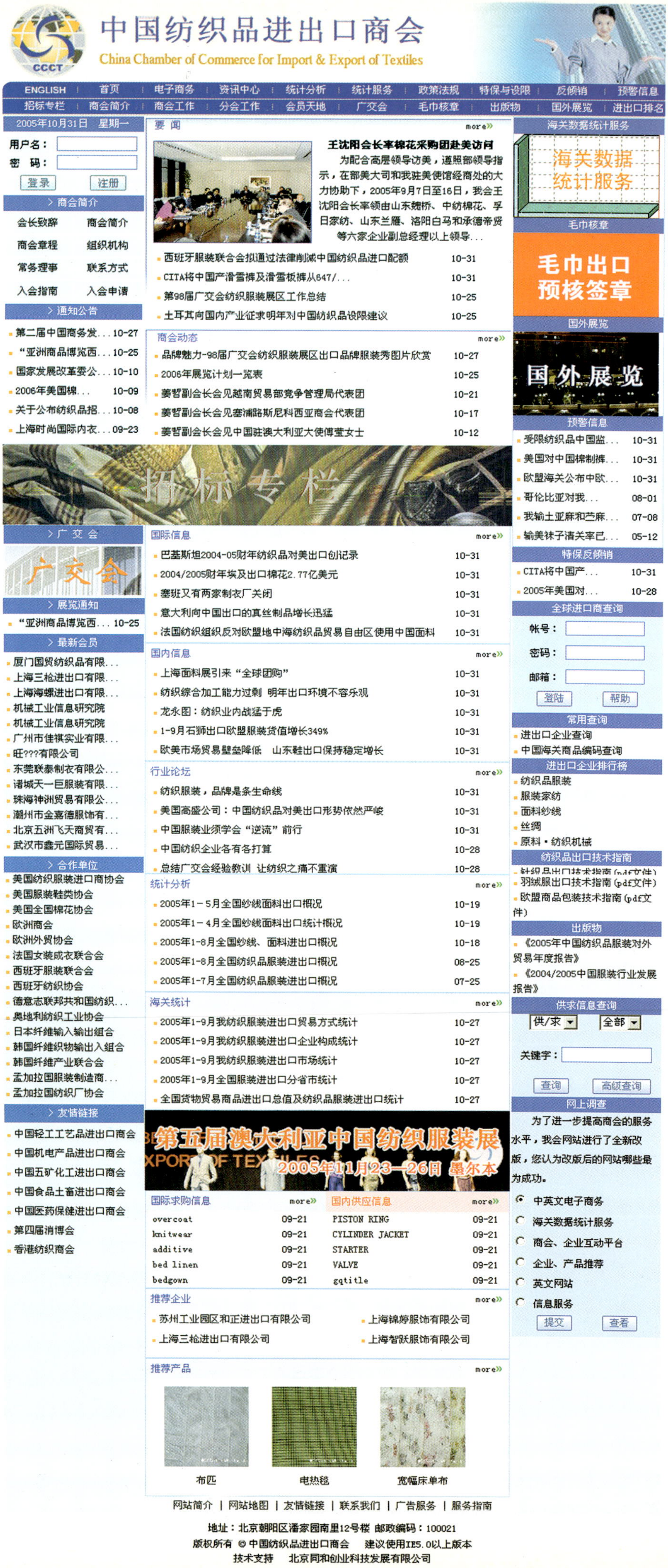

中国纺织服装进出口统计及预警系统简介

为进一步提高纺织品进出口统计的信息服务质量，更好地为政府和企业做好咨询服务工作，我会开发了纺织品进出口统计及预警系统，该系统原始数据来自中国海关，可通过因特网对外提供数据查询。凭借权威可靠的数据来源、专业的商品分类、详尽全面的检索方式、实时快捷的在线查询手段，可满足政府部门、相关商协会及企业等不同用户的需求。系统可提供如下检索查询内容：

◆汇总查询：可检索、查询、下载近十年全国货物贸易和纺织品年度进出口情况及近十二个月的全国货物贸易和纺织品月度进出口情况；

◆综合查询：可检索、查询、下载纺织服装全国进出口统计情况，包括纺织品、服装、原料、纺织机械各大类商品以及各自的分类商品按贸易方式、企业构成、商品结构、出口市场、省市、企业排名及月度统计表。

◆省市查询：可检索、查询、下载纺织服装（包括纺织品及服装分类）一个或几个省市的进出口统计情况，包括按贸易方式、企业构成、商品结构、出口市场、企业排名、月度及年度统计表。外经贸委只能查看本省市纺织服装的进出口情况。

◆市场统计：可检索、查询、下载对一个或几个国家地区的纺织服装（包括纺织品及服装分类）进出口统计情况，包括各类商品按贸易方式、企业构成、商品结构、出口市场、企业排名、月度及年度统计表。企业用户只能查看本企业纺织服装的进出口情况，外经贸委只能查看本省市纺织服装的进出口情况。

◆企业查询：可检索、查询、下载一个或几个企业的月度、年度、按贸易方式及进出口明细表。企业用户只能查看本企业纺织服装的进出口情况。

◆敏感商品查询：可检索、查询、下载敏感商品的进出口统计情况，包括当前一个或几个或全部敏感商品按贸易方式、企业构成、商品出口一览表、省市、出口市场、企业排名、月度及年度统计表。敏感商品由商会根据贸易环境变化及用户需要预先设定，并根据贸易环境的变化随时调整。企业用户只能查看本企业纺织服装的进出口情况，外经贸委用户只能查看本省市纺织服装的进出口情况。

◆原配额类别查询：可检索、查询、下载原配额类别的进出口统计情况，包括美国、欧盟、加拿大类别的一个或几个或全部类别商品按贸易方式、企业构成、商品出口一览表、省市、出口市场、企业排名、月度及年度统计表。企业用户只能查看本企业纺织服装的进出口情况，外经贸委用户只能查看本省市纺织服装的进出口情况。

登录商会网站http://www.ccct.org.cn进入[统计服务]栏目或点击右侧图标[海关数据统计服务]即可进入[纺织服装进出口统计及预警系统]的主页面。订阅用户输入用户名、口令登录后，请点击页面左侧的“海关统计工作平台”进入统计查询系统。

联系人：钱铁萍
Email：qiantp@ccct.org.cn
电话：010-67739246
传真：010-67719235

纺织商会信息部
2006年6月

纺织商会2006/2007部分出国参展计划一览表

序号	国别	展览会名称	时　　间	展出城市	在外天数	展品范围
1	英国	英国伯明翰(Moda)国际成衣展览会	2006年8月6-8日	伯明翰	10天	各种服装和服饰
2	捷克	捷克布尔诺(STYL)服装和面料贸易展览会	2006年8月22-24日	布尔诺	10天	服装、服饰和面料
3	美国	秋季拉斯维加斯（MAGIC）国际服装、服饰博览会	2006年8月28-31日	拉斯维加斯	11天	各种服装、服饰、面料
4	波兰	波茨南国际时装周(POZNAN FASHION DAYS)	2006年9月5-7日	波茨南	10天	各种服装、服饰、面料
5	法国	秋季巴黎(PRET A PORTER PARIS)国际成衣展	2006年9月1-4日	巴　黎	11天	女装、服饰品为主
6	土耳其	土耳其伊斯坦布尔Texgate国际面料、辅料展览会	2006年9月28-30日	伊斯坦布尔	10天	面料、服装辅料
7	法国	法国第一面料展(TISSU PREMIER)	2006年9月6-7日	里　尔	10天	服装面料、辅料
8	法国	里昂国际内衣泳装及面料展(LYON MODE CITY)	2006年9月2-4日	里　昂	10天	内衣、泳装及面料
9	美国	纽约Material　World面料、辅料及成衣接单展	2006年9月26-28日	纽　约	10天	面料、辅料及成衣
10	中国香港	秋季香港Interstoff Asia国际服装面料及辅料展览会	2006年10月4-6日	香　港	10天	各种服装面料、辅料
11	法国	法国(FATEX)服装及纺织品定牌贸易展览会	2006年11月7-9日	巴　黎	10天	各种服装、纺织品
12	法国	秋季巴黎Intersélection国际服装服饰展	2006年11月7-9日	巴　黎	10天	各种服装、服饰
13	澳大利亚	中国纺织服装展览会	2006年11月23-25日	墨尔本	11天	服装、纺织品、服饰饰
14	法国	巴黎Interfilere国际内衣泳装及面料展览会	2007年1月	巴黎	10天	内衣、泳装及面料
15	德国	春季杜塞尔多夫(CPD)国际成衣、服饰博览会	2007年2月	杜塞尔多夫	10天	服装、服饰及面料
16	美国	春季拉斯维加斯(MAGIC)国际服装、服饰博览会	2007年2月	拉斯维加斯	11天	服装、服饰及面料
17	阿联酋	迪拜国际服装、纺织品及服饰贸易展览会(MOTEXHA)	2007年3月19-21日	迪拜	10天	服装、面料、服饰和家用纺织品
18	法国	春季巴黎Intersélection国际服装服饰展	2007年5月	巴黎	10天	各种服装、服饰
19	日本	夏季日本国际时装展览会(IFF)	2007年7月	东京	10天	各种服装、服饰
20	德国	夏季杜塞尔多夫(CPD)国际成衣、服饰博览会	2007年7月	杜塞尔多夫	10天	服装、服饰及面料

- 各展会详细信息请访问我会网站：www.ccct.org.cn；拟参展请填《参展报名登记表》传真或致电我会市场部

- 联系电话：010-67739225　67719274

  传真：010-67739210

中国纺织品进出口商会市场部

中国纺织品服装对外贸易年鉴

YEARBOOK ON CHINA'S INTE RNATIONAL TRADE IN TEXTILES AND CLOTHING

(2005/2006)

中国纺织品进出口商会 编著

CHINA CHAMBER OF COMMERCE FOR IMPORT & AND EXPORT OF TEXTILES

中国农业科学技术出版社

图书在版编目（CIP）数据

中国纺织品服装对外贸易年鉴. 2005~2006 / 中国纺织品进出口商会编. —北京：中国农业科学技术出版社，2006.7

ISBN 7－80167－975－X

Ⅰ.中… Ⅱ.中… Ⅲ.①纺织品—对外贸易—中国—2005~2006—年鉴 ②服装—对外贸易—中国—2005~2006—年鉴 Ⅳ.F752.658-54

中国版本图书馆CIP数据核字（2006）第066100号

责任编辑：李功伟
责任校对：张京红
出版发行：中国农业科学技术出版社
北京市海淀区中关村南大街12号 邮编100081
电话：（010）68919711 68975144
经　　销：新华书店北京发行所
印　　刷：北京普瑞德印刷厂
开　　本：889mm×1194mm 1/16
印　　张：17
字　　数：378千字
版　　次：2006年6月第1版
印　　次：2006年6月第1次印刷
印　　数：1~1500册
定　　价：200.00元

《中国纺织品服装对外贸易年鉴(2005/2006)》
编 辑 委 员 会

内容提要

《中国纺织品服装对外贸易年鉴(2005/2006)》汇集了业界关心的焦点、热点问题,全面客观地分析了2005年度纺织品服装贸易整体情况及面临的内外贸易环境和发展动态。内容包括:2005/2006年中国纺织品服装进出口回顾与展望,对主要出口市场(美、欧、日)、主要商品和部分敏感商品出口概况和分析,后配额时代国际纺织品贸易格局的变迁,国际贸易环境对我纺织品服装产业结构及出口的影响,以及企业如何应对贸易摩擦等。书中还提供了大量的中国、美国、欧盟、日本海关以及WTO统计数据,并对主要进出口商品的市场和企业进行排名。

《中国纺织品服装对外贸易年鉴(2005/2006)》的发行主要面向国内外纺织服装生产商、贸易商、研究与咨询机构,各级政府管理部门和行业组织发行,希望本年鉴能为读者提供作为决策和研究的依据。

无法忘却的2005年

——代序

中国纺织品进出口商会会长　王沈阳

2005年是值得记取经验的一年。

这一年,统治世界纺织品贸易40多年的配额制度终于宣告终结,世界纺织品贸易重新回归自由贸易体系,一个新的世界纺织品贸易格局正在形成。

这一年,中国纺织服装业界尚未真正体验自由贸易的好处,就遭遇了空前的贸易保护主义寒流。欧美对我国纺织品大面积设限,贸易政策变化难卜,出口企业无所适从。人民币升值、能源紧张、劳动力成本上升等使企业经营雪上加霜。企业面临前所未有的困难。

这一年,党中央、国务院英明决策,商务部全力以赴,中国纺织品进出口商会与广大纺织品进出口企业密切配合,终于在下半年成功地与欧盟、美国达成纺织品贸易协议,最大限度地维护了国家和行业利益,创造了稳定和可预见的贸易发展环境。

这一年,面对机遇与挑战,广大纺织品出口企业一方面紧紧把握配额放开的大好时机,扩大出口;另一方面,努力拼搏,深入挖潜,克服重重困难,在国内经济形势持续向好的带动下,实现了我国纺织品出口继续保持较高的增长。

为中国政府的英明决策喝彩！为中国纺织服装业界顽强的拼搏精神自豪！

历史的背影已经远去,但我们无法忘却2005年。

中国纺织品进出口商会编撰的《中国纺织品服装对外贸易年鉴(2005/2006)》,最真实地保留了2005年的“记忆”。它记录了各种纺织服装商品进出口的曲线变化、中国纺织服装业的风雨历程、世界纺织品贸易格局的变迁。它还给读者留下一个思考的空间:中国纺织服装业依靠低成本、低价格,追求数量增长来扩大出口规模的模式是否还能走下去?

开卷有益。希望该报告成为读者决策和研究的重要依据。

中国纺织品服装对外贸易年鉴
YEARBOOK ON CHINA'S INTERNATIONAL TRADE IN TEXTILES AND CLOTHING
(2005/2006)

目 录

综 述 篇

大类商品篇

敏感商品篇

专家企业访谈

行业、商会工作及大事记

统计资料篇

企业排名篇

综 述 篇

产业结构调整成为行业发展的关键

2005年中国纺织品服装对外贸易报告及2006年形势展望

风雨交加中实现继续发展

2005年，统治了世界纺织服装贸易长达40年之久的配额制宣告结束。在享受纺织品一体化所带来的权益和机遇的同时，我国纺织服装业也遭遇了空前的贸易寒流。美欧对我部分纺织品重新设限，部分发展中国家也对我国纺织品频频发起反倾销或实施特保。贸易环境恶化和不确定性给出口企业的经营带来了极大的困难和风险。

此外，人民币升值、能源紧张、劳动力成本上升等因素也给企业的经营带来较大压力，致使企业成本上升，利润下降。面对机遇与挑战，广大纺织品出口企业一方面紧紧把握配额放开的大好时机，扩大出口；另一方面，努力拼搏，深入挖潜，克服重重困难，在国内经济形势持续向好的带动下，实现了我国纺织品出口继续保持较高的增长。

据中国海关统计，2005年，全国纺织品服装进出口总额为1 321.7亿美元，增长18%，占全国货物贸易的9.3%。其中出口1 150.3亿美元，增长20.9%，占全国货物贸易出口的15.1%；进口171.4亿美元，增长1.7%，占全国货物贸易进口的2.6%。实现顺差978.9亿美元，增长25.1%，是全国货物贸易总顺差的96.1%。

2005年全国纺织品服装及相关产品进出口呈现如下特点：

1.出口总额超千亿美元，连续第三年保持快速增长

2005年是配额制度取消的第一年，出口总额达到1 150.3亿美元，越过千亿美元大关。出口增长率为20.9%，成为继2003年、2004年之后第三个出口增长率在20%以上的年度。

进口总额171.4亿美元，与2004年基本持平，变化不大。

2.6~10月以及12月形成当年出口高峰，月度出口额均超过百亿美元

从全年出口走势看，三季度是出口最集中的时期，该季度的月平均出口额达115.5亿美元。其次是四季度，月平均出口额为100.1亿美元。一、二季度相对较少，月平均出口额分别为74.7亿美元和93.2亿美元。但与往年不同的是，6~10月连续5个月，以及年底的12月出口额均超过了百亿美元，形成历史新纪录。

进口各月变化不大，平均月进口额为14.3亿美元，6月份进口值最高(图1)。

3.月度出口走势与欧美贸易政策息息相关

欧盟和美国一直是我纺织品服装最主要的出口市场，这两个市场(包括经其他地区转口)占我出口总额比重的一半，且年年递增。因此欧美的贸易政策也就成为影响我纺织品服装出口最主要的因素，2005年月度出口走势成为反映欧美政策变动的“晴雨表”。从图2中可以看出，2005年纺织品服装月度出口增幅走出了一条与2004年反差明显的曲线：1~2月，是全年出口增长相对较快的时期，增长率都在30%左右，这主要是由于受配额取消的利好带动，被配额压抑多年的生产能力得到释放，使年初的出口增长即达到较高水平；进入3月份，受春节长假及设限预期的影响，出口的冲力暂为放缓，当月出口增幅回落；4~6月，美欧相继对我纺织品重新设限，贸易前景的不确定性使出口企业无所适从，由于担心下半年设限产品无法出口、订单流失，企业在这段时间里加紧生产，赶订单、抢出运，导致原本应该是出口淡季的二季度增幅逐月放大；6月中欧签署了《中国部分输欧纺织品和服装谅解备忘录》，由于有一个月的政策公示期，企业争相出口，因此6~7月份对欧盟出口达到峰值。7月20日，中方开始为输欧产品颁发许可证，对欧盟出口增幅开始回落。9月初，中欧双方签署《磋商纪要》，妥善解决了滞港问

题。至此，中欧纺织品问题得到成功解决，对欧盟纺织品服装贸易环境由此明朗确定。但此时，中美纺织品问题仍迟迟未决，美方的强硬态度使我出口前景愈发不明朗。经过7月份的短暂回落后，8月份纺织品服装出口增幅再次冲高，并达到了全年最高值。9~10月，大部分输美受限商品的数量已经或即将告罄，面临封关。因此这段时期出口增幅转而向

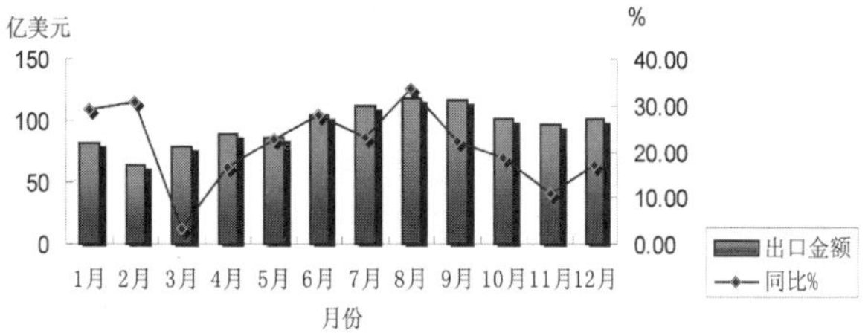

图 1　2005 年各月出口金额及同比图示

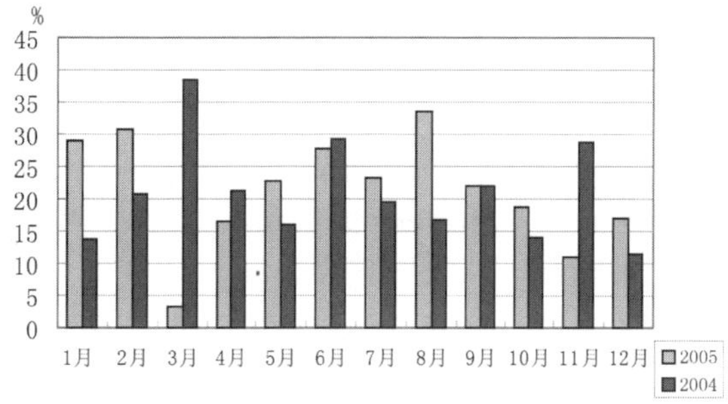

图 2　2005 年各月出口增长率与 2004 年各月对比

下；11月8日，在经历了长达5个月的7轮磋商之后，中美双方最终签署了纺织品备忘录，当月，纺织品服装整体出口走势稳定，出口增长幅度继续缩小。

4.贸易顺差保持快速增长，但对全国货物贸易总顺差的拉动作用明显下降

全国货物贸易自9月份开始扭转逆差局面以来，一直保持顺差，2005年的顺差额高达1 018.8亿美元。纺织品服装共实现顺差978.9亿美元，比上年增长25.1%。由于其他行业出口快速增长，纺织服装虽然仍是货物贸易顺差的主要来源且保持快速增长，但对货物贸易总顺差的拉动作用较前几年已明显减弱。2000~2004年，纺织品服装的顺差额远远大于货物贸易总顺差额，是贸易总顺差的1.5~2.4倍，而2005年却降到了贸易总顺差额之下，较总顺差额少了近40亿美元。

5.一般贸易进、出口比重全面提升，加工贸易发展速度放慢

作为最主要的贸易方式，纺织品服装一般贸易近4年来一直保持快速增长，增幅始终在20%以上(图3)。2005年一般贸易共出口796亿美元，占总出口的69%，进口20.8亿美元，占总进口的12.1%，进、出口占比均较2004年有小幅提升。进、出口额分别增长21.6%和24.5%，增幅都超过了平均增长水平。

2005年，纺织服装加工贸易出口305.2亿美元，占全国纺织服装总出口的26.5%，进口145.7亿美元，占总进口的85%，出、进口占比较2004年分别减少了3个百分点和2.1个百分点。加工贸易的发展速度开始明显放慢，出口仅增长8.9%，进口更是出现了负增长。

加工贸易比重的下降，从侧面印证了中国纺织业技术的进步。

6.民营企业实现跨越式发展，成为出口第一主力

近年来，我国良好的经济环境使民营企业如雨后春笋迅速发展，在纺织品服装的生产和出口领域表现得尤为突出。近三年来，民营企业的纺织服装出口持续高速增长，2005年更是实现了跨越式发展。民营企业出口额达到414.5亿美元，占总出口额的36%，成为出口第一主力。从出口企业家数看，民营企业也独占鳌头，2005年，全国共有46 000多家企业从事纺织品服装出口，其中民营企业占到了52%。

三资企业出口394.8亿美元，占比为34.3%，出口家数17 062家，占比为37%；国有及国有参股企业的出口为340.5亿美元，占比缩减到30%，出口家数已经不到5 000家，占比仅为10.1%。

在各类出口企业中，民营企业的出口增长速度也是最快的。2005年出口增幅高达42.5%，远高于三资企业20.6%和

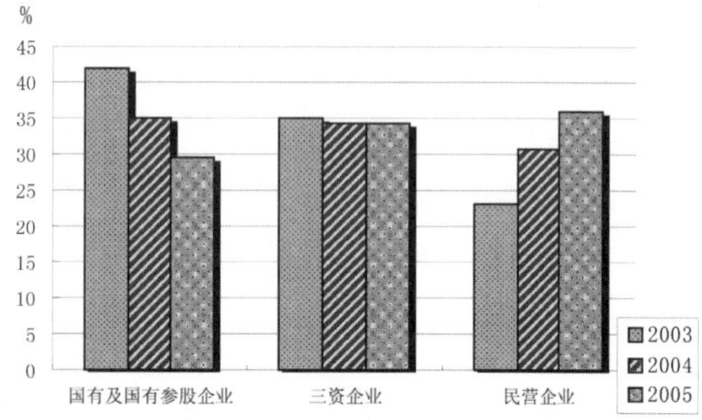

图 3　2003~2005 年各类型企业出口纺织品服装占比变化

国有企业2.2%的增长。

三资企业仍占据进口70%的份额，并保持微量增长。民营企业的进口增长最快，国有及国有参股企业进口下降。

7. 欧美取代日本、中国香港跃居我出口目标市场前两位，对非配额地区出口增幅下降。

2005年配额的取消，为我国纺织品服装的出口提供了一个前所未有的发展空间，对欧美等原配额地区出口迅速增长。仅2005年前两个月，对欧美累计出口就达到了51.5亿美元，比2004年同期猛增了77%。2005年全年，对欧盟出口183.2亿美元，增长56.9%，占我出口总额的15.9%，占比较上年提升3.6个百分点；对美国出口186.4亿美元，增长70.5%。占我出口总额的16.2%，占比较上年提升4.7个百分点。美国和欧盟已经超越了日本和中国香港，成为我出口第一二大目标市场（图4、图5）。

我国政府决定自2005年1月1日起对148种纺织品征收出口关税，并分别于2005年5月和7月分三次对出口关税税率和商品范围做出调整。由于征税面对全球所有市场和所有的贸易方式，加上受配额取消的带动，企业将更多的出口目标锁定在欧美市场，导致我对非配额地区的出口受到了一定的影响。2005年，我对非配额地区出口共计774.4亿美元，占总出口的比重为67.3%，出口增长7.4%，占比及增幅较2004年分别缩小了8.5个百分点和11个百分点。对日本累计出口仅增长了5.6%，对中国香港还下降了14.5%。使日本和中国香港在我出口市场中前两名的地位分别被美国和欧盟替代，退居第三四位。但从三季度末开始，情况开始发生变化，对日本单月出口额连续四个月超过欧盟，连续三个月超过美国；对中国香港单月出口额也在四季度各月超过欧盟。预计随着2006年对欧美出口进行出口数量许可管理，日本和中国香港的市场地位将迅速恢复。

其他主要市场中，对俄罗斯、加拿大、印度、巴基斯坦、越南、印度尼西亚、部分独联体国家的出口均实现了较快的增长，增幅都超过30%。

8.纺织制成品出口增长最快。服装对全球出口单价实现增长，但对美国出口单价下降依然严重

2005年，纺织品出口411.4亿美元，增长22.8%，服装出口738.9亿美元，增长19.9%。两大类商品呈现相对平衡的发展趋势，纺织品增速略快于服装。

纺织品中制成品增长35.7%，是增长最快的大类商品，其中工业用纺织品和无纺织物增幅都在40%以上，家用纺织品出口增长36%。

纱线、面料出口分别增长18%和16%。服装中针织服装出口增长19%，梭织服装增长21%，毛皮革服装增长13.8%，衣着附件增长20%。在针、梭织服装中，棉制服装的增长最快，增幅接近40%。

对全球出口服装的单价保持稳定增长，针织服装、梭织服装的出口单价分别提升12.2%和5.5%。其中毛制、化纤制的针织服装提升最快，单价增幅都在20%左右。棉制梭织服装的增幅也超过了10%，增长较为迅速。但对欧盟和美国，尤

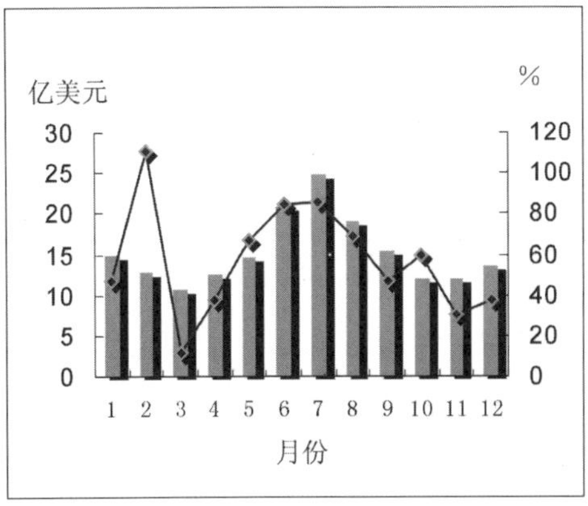

图4　2005年各月对欧盟出口纺织品服装金额及同比

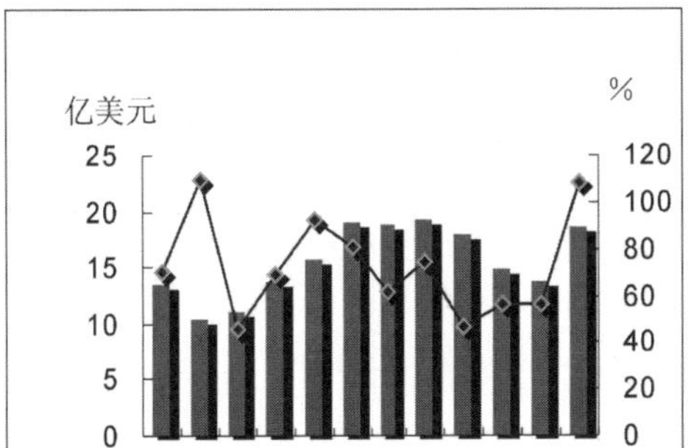

图5　2005年各月对美国出口纺织品服装金额及同比

其是对美国的出口单价仍下降较多。对美国出口针、梭织服装单价分别下降47%和10%，各月均为负增长。配额取消的确为数量扩张和价格下降提供了条件，但特保设限造成企业的出口压力增大，贸易政策的不确定性使得企业为了拉住客户、完成定单而不惜采取低价竞销。从全年各月对美针、梭织服装的出口走势可以看出，单价呈现明显的波段式变动，且变化的幅度较大。1、2月份开始下降，至3、4月份开始出现第一个波谷，出口单价和降幅均降至低位；5月起单价缓慢提升，同比降幅也逐步缩小；10月份，单价又开始回落，至12月份，梭织服装出口单价和针织服装出口单价同比均降至全年最低点。整体而言，梭织服装的情况略好于针织服装，全年有6个月的降幅在10%以下；针织服装对美各月出口单价的降幅都在30%以上，最高更达到61%。

对欧盟出口情况略好，全年出口针织服装单价下降11.4%，梭织服装实现4.5%的增长，各月出口单价的涨跌走势与美国基本相同，但同比增减的变化特点更为鲜明，其中针织服装的月度同比自4月份开始下降，并一路走低，11月份达到最低点；梭织服装仅在6、7月份出现同比下降，至年底保持小幅增长。

纺织品中仅棉纱线出口单价出现下降，且降幅不大。面料出口单价均实现增长。

9.大多数省市出口实现增长，东南沿海5省市出口占全部出口的八成。

2005年，以东部沿海地区为主的出口格局未发生大的变动。浙江省仍稳居出口第一，出口额超过了200亿美元，在全国首屈一指，自2002年出口超过百亿美元后，浙江后劲十足，用了三年时间实现出口额翻番。广东省、江苏省、上海市和山东省紧随其后，出口额也均超过或接近百亿美元，这五个大省市的出口额合计达887.6亿美元，占全国出口总额的77.2%。

全国80%以上的省(市、区，不包括港、澳、台地区)出口实现增长，其中10个省市的出口增幅超过20%，浙江省仍保持24.3%的出口增幅。黑龙江、京津地区和新疆增长最快。

全国40%以上的省市进口出现下降。广东省、上海市进口基本持平，江苏省也仅增长了5%。进口下降较为迅速的地区集中在西部。

2005年可谓风雨交加，尤其是上半年，美欧先后设限，企业出口处于一个不确定、不明朗的贸易环境，导致出口局部激增、价格下降、大量货物滞港等现象。我国政府英明决策，在下半年成功地与欧盟、美国签署了纺织品贸易协议，为纺织服装业的发展构筑了可预见的贸易环境，维护了我国企业的利益，稳定了贸易大局。

2005年是我国“十五”规划的最后一年。纵观整个“十五”期间，这是我国纺织服装业飞速发展的一个重要时期。除2001年外，其他四年的出口均保持了两位数的高速增长，5年共出口4 042.7亿美元，比“九五”期间出口的2 111.6亿美元增长了近1倍。这既得力于我国加入WTO后享受一体化及配额取消的成果，也是我国纺织服装业产能不断扩大、技术不断进步、产品质量不断提高的结果。但是随着我国纺织服装业生产、贸易的快速发展，国际贸易环境也发生了较大变化，对单一市场的过度依赖、超常规的出口增长，产业自身结构的矛盾与外在环境的冲突不断加剧，导致贸易摩擦日见频繁。这一系列问题在过去的一年表现得尤为突出。

2005年虽然出口依然保持了较高增长，但出口企业的利润却没有同步增长，甚至出现下降。美欧及一些发展中国家大范围内设限，原材料、劳动力、能源等生产成本不断上升，使许多企业难以为继。日益显露的危机迫使我们不得不反省：依靠低成本、低价格，追求数量增长来扩大出口规模的模式已经走到尽头，没有知名自主品牌，处于产业链低端，赚取微薄的加工费，只能受制于人，调整产业结构，提高产品质量，已经迫在眉睫。

产业结构调整成为行业发展的关键

一、展望国内外形势，2006年我国纺织品出口将平稳发展

经过了2005年的喧嚣，2006年纺织品贸易进入了一个相对平稳的时期。这一年也是“十一五”计划的起步之年，产业结构的调整和升级将成为第十一个五年计划我国纺织品服装发展的重中之重，直接关系到我国由纺织服装大国向强国的转变。出口，依然是拉动我国纺织服装业发展的主要

动力，国内外经济和贸易形势将成为左右我国纺织品贸易发展的主要因素。

2006年乃至3、5年内我国纺织服装贸易将面临怎样的形势和环境？

世界经济有望保持平稳增长。世界经济自2002年走出低谷以来，连续三年保持快速增长，2005年开始从上年的增长高峰上回落，但2006年平稳增长的总体态势不会有大的改变。国际货币基金组织预计，2006年世界经济增长率为4.3%，与2005年大体相当。

但国际油价持续上涨和国际贸易保护主义加剧等世界经济运行中的风险不容忽视。

国内经济保持高速平稳发展。2006年是"十一五"计划的起步之年，国家的各项战略部署将全面启动，各方面发展的积极性很高。从三大需求的发展趋势看，投资冲动依然存在，消费需求稳定增长，外需动力仍较强劲。因此，经济仍将保持较快增长。同时在宏观调控措施和经济周期规律的共同作用下，2006年经济增长速度可能会在近两年9%以上的较高增速上有所回落，但有望保持8%以上的速度。

综合以上分析，总体来看，2006年我国对外贸易发展的国内外环境相对平稳。但与2005年相比可能有所偏紧。我国纺织品出口已连续4年保持快速增长，受国际市场空间和贸易保护的限制，出口继续保持快速增长的难度较大。从纺织服装行业自身所处的环境看，由于管理措施到位，2006年不会出现2005年上半年抢出口的混乱局面，外贸经营秩序趋于规范有序。同时由于出口数量管理和招标等原因，2006年纺织服装出口数量增长将有所放缓，对欧美出口单价将有所上升。同时，由于人民币升值、能源紧张、劳动力成本上升等因素的制约，预计2006年出口增幅将在15%左右。

二、"十一五"时期，纺织品贸易面临机遇和挑战，产业结构调整成为行业发展关键

1."十一五"时期我国纺织服装业面临四大发展机遇

"十一五"时期我国纺织服装业处于一个相对良好的发展阶段，全球纺织品贸易配额制度的废止，为我国纺织品贸易发挥比较优势、释放被长期压抑的巨大生产力提供了前所未有的发展机遇。中欧、中美纺织品协议的签署消除了短期我国纺织品出口的不确定性，有利于后配额时期行业出口的平稳过渡。国内外经济平稳增长，为我国纺织服装业发展提供了一个良好的氛围。

"十一五"时期我国纺织服装业面临四大发展机遇：

——在当今经济全球化和贸易自由化迅速推进的背景下，纺织经济的全球化趋势不断加强，原料采购、生产制造、纺织装备、技术创新、品牌创造、营销物流、消费需求等都获得了全球发展空间，这为我国纺织服装业跨国界战略合作提供了巨大的机遇和运作的可行性。

——随着发达国家产业结构的调整和转移，我国纺织服装业的比较优势将不断得到发挥，有利于我国向纺织服装强国的转变；

——国内科技领域的重大成就以及高新技术产业群的形成，成为我国纺织服装产业升级的巨大内在推动力；

——全球纺织服装业需求高档化、个性化、功能化、专门化和绿色化对我国纺织服装业提出了更高要求，并促使我国纺织服装业走上可持续发展道路。

2. 国内外贸易环境和产业自身存在的问题将对我国纺织品贸易带来诸多影响

我们必须清醒地认识到，从长远看，中欧、中美纺织品协议并没有解决我国纺织品贸易面临的国际环境深层次的利益矛盾，我国和一些发展中国家竞争将更加激烈，贸易争端将更加频繁和复杂；国内经济因素和产业自身存在的问题也将对我国纺织品贸易带来诸多影响。

——发达国家和地区针对我纺织品的贸易保护主义措施将呈现多样性。

中欧、中美纺织品协议的签署在短期为我国的纺织品贸易创造了一个相对稳定的贸易环境，但中美、中欧纺织品贸易并不就此完全风平浪静，尤其是美国将继续通过纺织品问题迫使我在开放服务贸易、保护知识产权和人民币升值等方面做出让步。发达国家和地区针对我纺织品的贸易保护主义措施将呈现多样性，如区域优惠安排、反倾销、社会责任标准、技术贸易壁垒等。

——发展中国家将越来越频繁地与我发生贸易摩擦。

配额取消后，商机巨大，国际纺织品贸易利益面临重新分配，世界各纺织品生产和贸易国家都希望在后配额时代在国际市场获取对自己有利的最大份额。因此，与配额时代不同，中国与其他发展中国家由过去的共同的利益方变为利益冲突方，由此引发的贸易摩擦就在所难免，55个国家、97个纺织服装组织参与签名的《伊斯坦布尔宣言》正是这种背景下的产物。近年来土耳其、南非、印度、秘鲁、巴西等频繁对我纺织品采取反倾销及歧视性贸易保护主义措施。今后，发展中国家将越来越频繁地与我发生贸易摩擦。

处理与发展中国家的竞争关系较之处理与发达国家的关系，或许将更为复杂。化解贸易争端，实现合作共赢既是我们处理与发展中国家关系的主基调，也是我们面临的重大课题。

此外，在"十一五"中后期，即2008年后，虽然我国入世承诺的"242"段(纺织品特保)对我纺织服装的制约到此终结，但我们又将面临第16条特保条款和第15条反倾销调查的非市场经济地位的冲击。对此，我们必须提前做好应对工作。

——我国纺织服装业创新能力不强、研发水平落后，缺乏核心竞争优势。在纤维、纱线、织造、染整和设计等方面同国际先进水平相比存在明显差距。消化、吸收和创新能力弱，高附加值产品少，新产品产值比重低。出口结构不合理、缺乏品牌，缺乏核心竞争优势，将成为制约我国纺织服装出口的重要因素。

——避免盲目扩张、产能严重过剩。入世后，出于对配额取消的良好预期，纺织行业固定资产投资呈较快增长势头，2002年纺织工业固定资产投资同比增长29.07%，2003年增长66.7%，2004年增长30.2%，导致产能严重过剩。产业规模不断扩大，出口持续高速增长，但产业结构的矛盾也日显突出，有数量、缺效益，有规模、缺品牌，有技术、缺创新，有一定的市场多元化、缺产地多元化。纺织服装出口以量取胜、以低价取胜成为引发贸易冲突的重要原因。

——经营秩序缺乏规范。从2001年到2005年，我国经营纺织品服装出口企业家数从21 099家增加到了46 157家。企业数量的急剧增加，以及缺乏相应的有效地管理措施，导致出口经营秩序较为混乱。这一现象突出地表现在2005年配额取消后，对美欧的抢出口，致使大量的货物滞留美欧港口。恶性竞争还导致出口价格的大幅下滑，为贸易保护主义者提供了口实，招致更强烈的贸易保护。在未来相当长的时间内，规范治理贸易秩序是我们面临的重要课题。

——人民币升值、电力短缺、能源和原材料价格上涨、劳动力成本上升等，加大了企业运行成本，市场中将出现一轮新的企业重组浪潮。

从2001年11月我国加入WTO，到2005年11月中美签署纺织品贸易协定，这4年中无论是配额取消和贸易摩擦对中国纺织服装业的影响，远不是"机遇"和"挑战"所能概括的。这种影响是深远的、广泛的，超越业界范围的，将长远地影响中国纺织业发展的走向。在经济日益全球化的今天，贸易摩擦已成为常态，产业的发展必须具有长远的、全球的观念，单靠数量增长的贸易模式必将遭到淘汰。这也是经过2005年后业界正在形成的共识。同时，无论是与欧美发达国家的贸易摩擦，还是与发展中国家的贸易争端，最终涉及到的都是与发展中国家的利益冲突，因为我们的产业与许多发展中国家产业几乎处于同一水平线。作为一个负责任的大国，合作共赢是我们处理与发展中国家的竞争关系的主基调，也是我们为自己创造一个较好的国际环境的必然选择。要实现这一点，调整产业结构，减少与发展中国家的同质竞争无疑是最佳选择；此外，从国内经济发展看，原材料、环境、能源、劳动力等因素也迫使纺织服装业转变增长方式。近年来，能源、原材料、交通运输和劳动力等生产成本快速上升，使纺织服装业依靠低成本求生存和发展的状况无法继续维持下去。

因此，不论是客观因素、主观因素，外部环境、内部环境都要求我国纺织服装业调整产业结构、转变增长方式，从目前我国纺织服装发展水平看，也具备了这样的条件。这与提高自主创新能力，转变经济增长方式，发展循环经济，建设资源节约型、环境友好型社会，建设和谐社会的"十一五"规划战略目标是一致的。因此，可以预计，2006年乃至"十一五"期间，是我国纺织服装业的调整时期，提高时期，经过这一时期的调整和提高，我国纺织服装业必将迎来新的辉煌！

(执笔：梁世瑜、朱宇星)

2005年全球纺织服装贸易格局分析

2005年，国际纺织服装贸易体系经历了前所未有的变化。根据1995年1月1日起生效的世界贸易组织《纺织品和服装协议》(ATC)，纺织品配额在10年过渡期内分3个阶段逐步取消，统治了国际纺织服装贸易长达数十年之久的《多种纤维协定》(MFA)及其配额制度，于2005年1月1日寿终正寝，世界纺织服装贸易回归到世界贸易组织的非歧视和自由贸易的规则体系之中。但是，在中国纺织服装出口业迎来机遇的同时，也经历了空前的中美、中欧纺织品贸易摩擦。在政府、业界的共同努力下，中欧、中美纺织品协议陆续签署，为中国纺织业赢得了相对稳定的出口环境和可持续发展的空间。

但同时我们也应看到，国际纺织服装贸易的政策环境依然严峻，纺织服装进口国仍然可以通过反倾销、反补贴甚至反垄断措施、保障措施、技术壁垒等种种方式继续设置新的贸易障碍。此外，近年来区域间贸易优惠安排不断涌现，加强了区域内部各方的贸易紧密度，促成了一批新的纺织服装出口国的崛起，对区域之外的出口方形成了巨大的竞争优势。以上种种因素，都正在并将继续作用于各纺织服装进出口国家和地区的贸易流向，影响着世界纺织服装贸易竞争格局的变化。以下根据世界贸易组织发布的全球纺织服装贸易统计和国际纺织服装局发布的相关报告，对近两年来全球纺织服装贸易格局变化进行分析和盘点。

一、国际纺织服装贸易概况

2005年11月，世界贸易组织公布了2004年全球货物贸易统计。中国成为世界第三大货物贸易国，比2003年上升了1位，仅次于德国和美国。同时，中国成为世界第三大进口国和世界第三大出口国。

2004年，全球纺织服装贸易额为4 530亿美元，占全球商品贸易额的5.1%，同比增长11.8%。其中纺织品贸易额1 947亿美元，占纺织服装贸易额的43%，同比增长13%，服装贸易额2 581亿美元，占57%，同比增长11%。

1990~1999年的10年间，世界纺织服装贸易年均增长率为5.6%，2000年以来的5年间，世界纺织服装贸易年均增长率为6.5%。

2004年，中国纺织服装出口在世界纺织服装贸易中的份额为21%，较之2003年上升了1个百分点，上升幅度较2003年趋缓。其中，在世界纺织品贸易中的份额从上年的15.9%增长到17.2%，在世界服装贸易中的份额从上年的23%增长到24%。

1. 整体格局

从进出口排名来看，2004年世界前15位纺织品出口国家和地区占全球纺织品出口份额高达91.3%，出口方比较集中；世界前15位纺织品进口市场占全球纺织品进口份额为69.1%，相对分散；世界前15位服装出口国家和地区占全球服装出口份额为80.3%，与纺织品出口贸易相比相对分散；世界前15位服装进口市场占全球服装进口份额高达93.0%，进口市场高度集中。这说明，新兴的服装生产和出口国不断增多、相互之间竞争加剧，也导致主要服装进口国本国生产减少、进口增多。而对原料、技术、资金要求较高的上中游纺织产业则相对集中在一些传统的纺织大国和地区。

2. 纺织品贸易格局

2004年世界前10大纺织品进口市场分别是：欧盟、美国、中国、中国香港(转口为主)、墨西哥、日本、土耳其、加拿大、韩国和越南。其中进口增幅最大的是土耳其(21%)和越南(20%)。欧盟、美国、日本、加拿大、韩国等工业化国家的进口以纱线和坯布等上游产品为主，在本国经过深加工和后处理的面料生产过程后，再在本国或出口到别国加工成服装等终端消费品。而中国、墨西哥、土耳其、越南等发展中国家则主要是采取了进口面料、加工成服装复出口的贸易方式。

2004年，世界前10大纺织品出口国家和地区是：欧盟、中国、中国香港(转口为主)、美国、韩国、中国台湾、日本、印度、土耳其、巴基斯坦。出口方中发达国家和新兴工业化国家、地区占据6席，表明在纺织领域发达国家仍占有一定优势。出口增幅最大的是中国(24%)和土耳其(22%)，反映出中国、土耳其等纺织服装出口大国不仅服装工业发展较快，且技术和资金相对密集的上中游纺织产业也有了一定的进步。

3. 服装贸易格局

2004年，前10大服装进口市场分别是：欧盟、美国、日本、中国香港(转口为主)、俄罗斯、加拿大、瑞士、韩国、澳大利亚、墨西哥。10大进口市场的明显特点是，除墨西哥外，其他市场均为发达或新兴工业化国家和地区。进口增幅较高的市场为澳大利亚(22%)、加拿大(16%)和欧盟(14%)。服装消费和进口市场高度集中在发达国家，仅欧盟、美国、日本、加拿大4个市场的进口金额占世界服装进口贸易比重就高达83%。另外值得一提的是，俄罗斯近年来服装进口稳步增长，2004年超过瑞士和加拿大成为全球第五大服装进口市场。

2004年，世界前10大服装出口国家和地区是：欧盟、中国、中国香港(转口为主)、土耳其、墨西哥、印度、美国、罗马尼亚、印尼、孟加拉。出口增幅较大的国家有中国(19%)、罗马尼亚(16%)和土耳其(12%)。与服装进口市场以发达国家和新兴工业化国家、地区为主的情况不同，10大服装出口方中，发展中国家占6席，说明劳动密集型的服装产业已逐步从发达国家退出，并转移到发展中国家。

4. 三大贸易圈变化情况

泛欧洲贸易圈：西欧国家向土耳其、中东欧及波罗的海国家出口纺织品，加工成服装后返销西欧。

在地缘优势和区域贸易优惠安排的双重推动下，形成了纺织服装的泛欧洲贸易圈。2004年，欧洲国家间(含土耳其)纺织品贸易额达613亿美元，同比增长10%。同期，欧洲国家间服装贸易额达802亿美元，同比增长11%。

美洲贸易圈：美国、加拿大向中美洲和南美洲国家出口纺织品，加工成服装后返销北美。

同样是地缘优势和贸易优惠安排的作用，美国、加拿大与拉丁美洲国家的纺织服装贸易不断扩大。2004年，美国、加拿大向拉美国家的纺织品出口达32亿美元，同比增长15%，同期，拉美国家向美国、加拿大出口服装119亿美元，同比增长15%。

亚洲-欧盟-北美贸易圈：配额的逐步取消带来增长机遇。

亚洲国家在地理位置上与欧、美市场距离遥远，受到严格的配额限制，还面临着泛欧洲贸易圈和美洲贸易圈区域优惠贸易安排的挤压。随着配额的分阶段取消，亚洲国家获得了扩大出口的机遇。2004年，亚洲国家对欧洲国家出口纺织服装432亿美元，增长15%；对北美地区出口579亿美元，增长12%。

二、配额取消后第一年美欧纺织服装进口总体正常

虽然目前对配额取消的全部影响进行判断似乎仍为时尚早，且一些新的贸易政策措施(如美欧对华实施纺织品特限、欧盟对巴基斯坦床单征收反倾销税等)对市场产生了新的扰乱作用，以下我们仍试图运用2005年美欧的进口数据，对配额体制取消以来全球纺织品贸易格局的变化进行分析和盘点。

美国：2005年，美国纺织服装进口金额892亿美元，增长7.1%，进口数量508亿平方米，增长8.3%。而过去的10年间(1995~2004年)，美国纺织服装进口金额年均增长率为7.4%，进口数量年均增长率11%，可以看出，在配额放开的情况下，美国纺织服装进口增幅甚至比配额限制情况下还低一些。配额放开并未给美国纺织服装的进口规模带来明显影响。

欧盟：2005年前3季度，欧盟25国纺织服装进口金额545亿欧元，增长3.7%，进口数量742万吨，增长4.9%。进口金额增长率低于欧盟15国过去10年的进口年均增长率4.7%。同美国一样，配额放开也并未使欧盟市场出现进口激增的情况。

三、发展中出口方各有得失：中国、印领跑，孟加拉、柬埔寨受益，墨西哥、东欧、北非、南撒哈拉国

家虽有邻近市场、贸易优惠之利却受损

多数发展中国家的出口市场非常集中。墨西哥、约旦、中美洲、撒哈拉以南非洲国家的主要出口市场为美国，而保加利亚、罗马尼亚、摩洛哥和突尼斯等东欧和北非国家的主要市场则为欧盟。

此外，绝大多数发展中国家的纺织服装出口集中在服装产品。就对美纺织服装出口而言，约旦对美出口的100%、多米尼加的99%和墨西哥的84%均为服装产品。同样，摩洛哥95%的对欧纺织服装出口、罗马尼亚的90%和突尼斯的92%都是服装。

在配额取消之前，WTO等一些组织曾发表各种报告对全球纺织业格局进行预测。一些评论认为，配额取消后，孟加拉、柬埔寨等国将遭受出口骤降、大量失业的严重打击，而邻近主要市场、享有贸易优惠的国家，如墨西哥、加勒比、东欧和北非国家，则将较少受到竞争的影响。但从目前的数据看，上述预测并未能反映真实情况。

1. 中国和东亚：中国出口量增长迅速

中国：2005年以前，中国对欧美纺织品出口受到严格的配额限制，配额数量的年增长率也很低。因此，配额取消后，中国对美欧纺织服装出口呈现恢复性增长，增幅较大。2005年对美出口金额增长54%，数量增长44%，占美国进口市场份额从上年的17.5%提高到25%。

2005年前3季度，中国对欧盟出口金额增长45%，数量增长40%，市场份额从上年的22%提高到30%。

中国香港、中国澳门和中国台湾：对美欧市场的出口有明显下降，显示出配额取消后中国在生产方面的整合。2005年全年，中国台、港、澳合计对美国出口金额下降17%，数量减少14%。前三季度，中国香港对欧盟出口金额下降42.5%，中国台湾对欧出口下降18.6%，中国澳门下降46.5%。

韩国：对美欧市场出口分别下降26%和27%。但其纺织品出口下降速度（对美降幅为2%，对欧降幅为6%）远比服装出口降幅（对美降幅36%，对欧降幅54%）小得多，反映了韩国经济正在逐步脱离劳动密集型制造业的过程。

2. 东盟国家：柬埔寨出口成最大亮点

越南：在过去3年中，越南对美出口持续强劲增长，2004年成为美国纺织服装第六大进口来源。2005年，越南进入巩固调整期，对美出口仅增长6%，在美国进口市场排名降至第七。2005年前3季度越南对欧盟出口下降4.6%。

柬埔寨：虽然曾被认为将是配额取消的受害者，但实际上柬埔寨不仅在激烈的竞争中站稳脚跟，其对美欧出口合计还增长了9%。2005年，虽然柬埔寨对欧盟出口下降13.5%，但对美出口增长了20%（其对美出口规模为对欧出口的3倍左右）。更值得关注的是，柬埔寨在美国市场并未享有任何免关税待遇，其对美出口单价还有所提高。

印度尼西亚：印度尼西亚对美出口增长18%，但对欧盟出口下降17%。美欧市场合计，印度尼西亚出口微增1.7%。

泰国：泰国对美出口下降3%，对欧盟出口下降13%。美欧合计，泰国出口下降4.9%。

马来西亚：对美出口下降5%，对欧出口下降6%。

菲律宾：对美出口微降0.9%，对欧出口大幅下降40%。

3. 南亚：印度、孟加拉成赢家

印度：印度在美欧市场均取得增长，2005年对美出口增长27%，2005年前9个月对欧盟出口增长16%。

巴基斯坦：巴基斯坦对美出口增长14%，但对欧盟出口减少12.5%。巴基斯坦对欧盟出口下降的原因一是欧盟对巴基斯坦的床单征收了反倾销税，而床单是巴基斯坦对欧盟出口的最大宗纺织服装产品；二是2005年初欧盟取消对巴的普惠制待遇，因此，2005年前9个月，巴基斯坦对欧盟出口的HS63章项下纺织品（包括床上用品）下降了16%。

孟加拉：与柬埔寨一样，孟加拉的出口表现也让预测者们大跌眼镜。2005年全年，孟加拉对美出口增长19%，出口单价也保持平稳。孟加拉针织制造商和出口商协会会长表示，配额体制的终结促使其会员企业建立了92家新工厂，创造了10万个新就业，并确定了2006年对美针织品出口10亿美元的目标。但另一方面，孟加拉对欧盟出口金额下降了8.5%，虽然出口数量的降幅较小（1.4%）。

斯里兰卡：与孟加拉类似，斯里兰卡在2005年对美出口增长5.8%。而对欧盟出口则下降6.2%。美欧市场合计，斯里兰卡总体出口增长4.7%,顶住了竞争压力。

马尔代夫和尼泊尔：马尔代夫和尼泊尔对美欧出口均大幅下降。

4. 中东和土耳其：保持出口稳定增长

埃及：纺织业是埃及传统优势产业。2005年全年,埃及对美纺织服装出口增长8.9%,对欧盟出口下降4%。将美欧市场合计,埃及的出口仍能勉强持平。这在配额取消的大背景以及其地中海邻国享有欧盟关税优惠的情况下实属不易。

约旦：在2001年与美国签订自由贸易协定以前,约旦在纺织品贸易方面还微不足道。而过去三年中,约旦对美服装出口从4 300万美元激增到11亿美元。2005年全年,约旦对美出口继续保持增长势头,出口增长13.2%。具有讽刺意味的是，约旦对地理位置邻近的欧盟的出口却仅有880万美元，这充分表明了区域贸易优惠安排在纺织服装贸易中所起的深刻作用。

土耳其：2005年前9个月，土耳其对其主要市场--欧盟的纺织服装出口增长3.2%，但2005年全年对美出口却下降了8.9%(土耳其对美出口规模仅为其对欧出口的14%左右)。

5. 南撒哈拉非洲国家：出口受打击

2000年10月美国颁布《非洲增长与机遇法案》后,一些南撒哈拉非洲国家获得对美出口服装免关税待遇，南撒哈拉国家合计对美服装出口从2000年的7.5亿美元增长到2004年的17.8亿美元。

2005年全年，南撒哈拉国家合计对美纺织服装出口下降16.6%。其中毛里求斯对美出口下降26.7%,马达加斯加下降14%,南非下降47.2%。

除马达加斯加、毛里求斯和南非外,南撒哈拉国家对欧盟纺织服装出口很少。2005年前9个月,马达加斯加对欧盟出口增长5.7%,毛里求斯和南非分别下降17.6%和14.9%。

6. 北非和东欧：对欧盟出口下降

在北非和东欧国家中,保加利亚、摩洛哥、罗马尼亚和突尼斯由于享有免关税优惠，在欧盟的服装市场占有很大份额,但在美国市场上则份额很小。

与此前人们对北非和东欧国家将依靠区域优惠和地理位置邻近的优势保持其市场份额的预测相反,05年前9个月,除保加利亚对欧出口微增0.8%外,其他三国均遭受了对欧盟出口下降的打击：摩洛哥下降9.3%，罗马尼亚下降6.5%,突尼斯下降5.6%。

7. 拉美/中美洲国家：墨西哥出口受影响较大

正如北非和东欧国家的出口集中于欧盟市场一样,拉美和中美洲国家的出口则集中在美国市场。例如，墨西哥2004年对美纺织服装出口达77.9亿美元,对欧盟出口却仅为1.2亿美元,虽然墨西哥也早与欧盟达成了自由贸易协定。

墨西哥：近几年来，墨西哥对美纺织服装出口持续下降。自2000年达到96.9亿美元的高峰后,逐年下降至2004年的77.9亿美元。2005年,墨对美出口再下降7%,市场份额从上一年的9.4%下降至8.1%。虽仍排美国进口来源第二位,但出口规模仅为中国的1/3。

加勒比国家：2005年,24个加勒比国家合计对美出口下降3.6%,市场份额为10.8%。加勒比国家中对美出口最多的洪都拉斯出口下降1.8%,多米尼加共和国下降10.2%,危地马拉下降6.6%。

拉美国家：巴西对美出口保持自2002年以来的上升势头,2005年增长4.5%。秘鲁、玻利维亚等4个安第斯国家合计对美出口增长7.8%,其中秘鲁增幅高达18.7%。

四、后配额时期的总体价格基本平稳

在配额体制下，配额成本是影响价格的重要因素。因此,人们普遍认为配额的取消将导致价格下跌,尤其对那些以前受到严格配额限制的国家而言。

1.汇率和出口结构对总体价格的影响

配额取消以来，纺织服装的总体进口价格并未大幅下降、而是保持基本平稳,这多少让人有些意外。当然,在不同时段,价格比较很难得出一个精确的结论,这首先是由于汇率变化对于价格的影响。其次,配额取消后,许多国家的出口结构有所变化,如服装的出口比例增加,而服装价格通常比纺织品要高。但即使是在纺织品方面,一些国家也显现了价格上升的趋势，这是由于家纺等附加值较高的制成品出口份额与纱线面料等半成品相比增加所致。

2. 美国市场特定产品进口价格变化分析

以美国市场上进口量巨大且供应来源众多的3种商品为例说明，见表1(以下进口价格为未完税价格)。

第一，在配额取消之初的几个月，一些类别确实出现了价格下降的情况(但并不是所有类别都是这样)。这主要应归因于配额成本的消失、竞争的激烈以及采购商的采购策略。但2005年后几个月的数据则显示，进口价格趋向平稳下来，甚至有所回升。

表 1 美国市场特定产品进口价格变化

类别	该类别项下主要税则号	美国进口税率(%)	2004 年进口价格(美元/打)	2005 年进口价格(美元/打)	价格同比(%)
338 类(棉制针织男衬衫)	6110202065(占 338 类进口额的 43%)	16.5	32.15	29.27	-9
639 类(化纤针织女衬衫)	6110303055(占 639 类进口额的 66%)	32	58.8	60.9	+3.6
348 类(棉制女裤)	6204624020(占 348 类进口额的 37%)	16.6	86.8	81.2	-6.5

第二，自不同国家的进口价格存在着很大差距。以338类棉制针织女衬衫项下税则号6110202065为例，2005年全年美国自全球进口的平均单价是29.27美元/打，而自其最大供应国洪都拉斯进口单价仅为18.66美元/打，自墨西哥进口单价为25.57美元/打，自中国进口单价为35.28美元/打(这还不包括16.5%的进口关税)。因此我们无法断言说价格是采购决策的决定性因素(否则就都从价格低的国家进口了)，尤其是在从非贸易协定受惠国进口还要征收巨额关税的情况下。

第三，值得注意的是，一些产品从墨西哥和中美洲国家的进口价格明显低于自其他国家的进口价格，说明不同国家专注于生产不同价格和档次区间的产品。

五、美欧贸易政策将继续成为影响纺织品贸易的主要因素

我们认为，虽然目前做出任何决定性结论仍为时尚早，但配额取消后的贸易格局变化确实呈现了一幅纷繁复杂的画面。

1. 对目前变化的分析

WTO、世行及其他研究者此前基于模拟分析所做出的一些预测和判断是不准确的。一些被预言将受到严重冲击的国家(如孟加拉、柬埔寨)出口得到增长，而另外一些被认为将保住其市场的国家(如墨西哥、东欧和北非等)则出现了出口的下降。这表明，尽管这些国家享有免关税优惠、较近的地理距离以及其它相关成本优势，但美国和欧盟的贸易政策仍是他们出口前景最重要的决定因素。

2. 贸易协定受惠国

在享受免配额、免关税优惠的同时，也受到严格的原产地规则的限制。这些原产地规则要求受惠国使用美国和欧盟的原材料(纱线、面料、辅料和服务)，从而剥夺了这些国家在市场中取胜的关键因素--灵活性。事实上，制定这些原产地规则的初衷只是为了向美欧本国制造商提供保护。

这一政策的影响可从一个事实看出：2004年欧盟对罗马尼亚、突尼斯、摩洛哥和保加利亚出口的纺织品(不含服装)占其纺织品总出口的28%，如果加上土耳其，则占到37%。而2004年美国77%的纱线和面料出口到了北美自由贸易区、中美洲和加勒比盆地国家。而在区域贸易优惠安排生效之前的1989年，这些美洲国家仅占美国纺织品出口市场份额的不到40%。

3. 高关税的影响

上述原产地规则的成功还归因于另一个重要因素：即

发达国家的纺织服装关税一直比其他一般工业品高。这当然并不是说发展中国家的纺织服装关税比发达国家的低，但问题在于，发展中国家在设定关税时并未将纺织品独立于其他工业品，而发达国家在设定关税时则明显将纺织品关税与其他工业品关税区别对待。从这个意义上讲，发展中国家应利用多哈回合谈判来解决这一不平衡问题。

4. 贸易救济措施的影响

贸易政策的限制性影响并不仅限于限制性原产地规则和高关税的作用，还包括反倾销等贸易救济措施的影响，例如，巴基斯坦床单对欧盟的出口由于被征收反倾销税遭受到严重打击。

因此，目前可以得出的结论是：虽然配额限制已被取消，但在发展中国家纺织服装出口的道路上，美欧贸易政策仍是重要的影响因素。因此，需要立即在多边层面对限制性原产地规则、非正当性贸易救济措施以及高关税等问题予以关注，并在正在进行的多哈回合谈判中关注和解决这些障碍。只有这样，多哈发展议程才能真正名符其实。

六、中国面临的外部纺织品贸易环境不容乐观

尽管中欧、中美达成了纺织品协议，但中国纺织服装业面临的贸易摩擦将是长期而复杂的。2008年后，欧美很有可能继续以其他手段来限制中国纺织品出口。

1. 第16条“一般特保”措施

《中国加入议定书》第16条“特定产品过渡性保障机制”规定，到2013年12月11日前，如果中国产品的出口造成或威胁造成“市场扰乱”，则进口国可对中国产品（包括纺织品）采取数量或关税限制措施。秘鲁曾于2003年底对我部分纺织品和服装实施为期200天的临时保障措施。哥伦比亚也于今年8月基于该条款对我部分纺织品实施了临时特保措施。

由于在242段“纺织品特保”框架下对中国纺织品进行限制的程序要求相对简单，因此“纺织品特保”成为国外限制中国纺织品的首选工具。随着242段将于2008年12月31日到期，进口国很可能会更频繁地使用“第16条”来限制中国纺织品。

2. 反倾销措施

近年来，印度、土耳其、秘鲁、南非等发展中国家先后对我纺织品发起反倾销调查并征收反倾销税。2004年以来，欧盟和美国除实施特保措施以外，也开始相继对我纺织品发起反倾销调查。欧盟于2004年6月对中国产化纤布发起反倾销调查，并于2005年9月17日起开始征收反倾销税。此外，美国商务部于2005年4月对中国艺术画布正式发起近年来对中国纺织品的第一起反倾销调查，并于2006年3月23日作出终裁，判定倾销幅度为77.90%~264.09%。

由于反倾销申请和调查的实施成本较高、程序复杂，因此特保措施成为进口国首选的限制手段。但实际上反倾销措施对我出口的杀伤力大大超过特保，一旦进口国对我某1类产品进行反倾销，征收高额反倾销税，很可能将我产品完全挤出市场。

3. 反补贴措施

由于反补贴调查不针对所谓“非市场经济国家”，因此以往对我出口的影响并不大。但随着越来越多的国家和地区承认我国市场经济地位（截至2005年底，已有43个国家承认我市场经济地位），反补贴将成为我国对外贸易面临的又一个热点和难点问题。

此外，一些发达国家正在酝酿制定对非市场经济国家实施反补贴调查的法律。例如，美国纺织业在中美达成纺织品协议后，又将矛头指向所谓中国的“不公平贸易做法”上，频频指责中国纺织品出口享有大量国家补贴，并呼吁美国国会立法允许对中国出口产品实施反补贴调查。

4. WTO多边谈判

自2005年11月中美签署双边纺织品协议以来，曾发起《伊斯坦布尔宣言》的“全球公平纺织品贸易联盟”（代表55个国家的97个纺织服装组织）将限制中国纺织品的游说重点转向WTO多哈谈判。以美国、土耳其为首的纺织业组织不断呼吁世界各国政府在多哈发展回合关税减让谈判中将纺织品列为特殊部门，并对扭曲纺织品贸易的非关税壁垒给予关注，要求WTO成员讨论是否采取特保措施及其他救济机制来防止国际纺织品贸易被中国等一两个国家所垄断。2006年3月23日，土耳其政府正式向WTO市场准入谈判递交

提议，要求将纺织品列为特别谈判部门，在工业品关税谈判中实施小于一般产品的减让幅度。

以上动向表明，中欧、中美纺织品协议的达成，使欧美承诺在今后几年内克制使用“纺织品特保条款”，虽然为今后几年中国对欧美纺织品出口奠定了稳定局面，但国外针对中国纺织品的贸易保护主义势力并未偃旗息鼓，仍在多边场合大造舆论，试图寻求其他手段或工具来对中国纺织品实施限制，其目的就是在2008年后继续对中国纺织品进行限制。因此，在今后几年，我纺织品出口将仍很可能面临各种形式的贸易摩擦。

（执笔：马英）

2005年美国纺织品服装进口概况及分析

一、进口总体概况

1.进口平稳增长,增幅超过出口,逆差上升

据美国商务部纺织品服装办公室统计(下同),2005年美国从全球进口纺织品服装957.38亿美元,比上年增长6.71%,比2004年增幅8.33%有所下降,但高于出口增幅(出口166.16亿美元, 增长2.28%), 贸易逆差791.22亿美元, 同比上升7.69%。

2.服装占进口3/4,家用纺织品进口增长较快

2005年美国进口服装719.44亿美元,增长5.8%,占纺织品服装进口总额的75.15%;进口纺织品237.94亿美元,增长9.58%,占纺织品服装进口总额的24.85%,其中,纱线18亿美元,增长4%;面料70.88亿美元,增长2.9%;家用纺织品149亿美元,增长13.83%。

3.进口来源主要为东亚、南亚、东南亚、加勒比地区

中国位居美国纺织品服装进口来源第一位。此外,美国从东盟进口128.38亿美元, 增长5.73%; 从加勒比地区进口98.26亿美元,下降3.55%;从墨西哥、加拿大进口下降6%以上;从中国香港进口下降9.43%;从日本、韩国、中国台湾的进口降幅超过20%。

二、从中国进口概况

1.从中国进口迅速增长,逆差持续上升

2005年美国从中国进口纺织品服装257.4亿美元, 增长44.6%,比2004年增幅25.32%大幅提高,也远高于出口增幅(出口3.64亿美元,增长30.84%),逆差253.76亿美元,比上年大幅上升44.82%。

2.从中国进口服装占2/3,大幅上升

2005年美国从中国进口服装174.98亿美元, 增长54.79%,占从中国进口纺织品服装总额的68%;从中国进口纺织品82.42亿美元,增长26.86%,占从中国进口纺织品服装总额的32%,其中,纱线1.38亿美元,增长66.27%;面料10.41亿美元,增长44.38%;家用纺织品70.63亿美元,增长24.06%。

3.中国高居美国进口来源第一位,所占份额大幅上升

2005年美国从中国进口纺织品服装金额占从全球进口总额的26.89%,高居进口来源国第一位,比排名第二位的墨西哥高18.61个百分点, 比2004年所占的份额高7.05个百分点。其中,中国的服装、纺织品、家用纺织品均位居美国进口来源第一位,所占份额分别为24.32%、34.64%和47.4%,纱线居第三位,份额为7.65%,面料居第二位,份额为14.69%。

4.从中国进口中美协议类别量增价跌

2005年美国从中国进口中美协议21种产品总额约60.1亿美元,比2004年增长68.21%,占从中国进口纺织品服装总额的23.35%,占上述产品美国从全球进口总额的12.18%。

从数量增幅上看,21种协议产品中2种产品增幅超过10倍,5种产品增幅在5~10倍之间,7种产品增幅在100%~500%之间,5种产品增幅不超过100%,另有2种产品的数量出现下降。

从数量所占份额上看,3种产品占美国进口量的一半以上,15种产品的份额在10%~50%之间,3种产品的份额不足10%。

从金额上看,1种产品的金额超过10亿美元,3种产品的金额在5亿~10亿美元之间,10种产品的金额在1~5亿美元之间,另有5种产品的金额不足5 000万美元。

从价格上看,仅有2种产品的价格上升,有5种产品价格降幅超过50%,有10种产品价格降幅在10%~50%之间。

三、MFA项下纺织品服装进口概况

1.从全球进口持续量增价跌

2005年美国从全球进口MFA项下纺织品服装(指多种纤维协定项下产品,不包括7字头类别"丝制纺织品服装"和9字头类别 "其他纺织品服装")508.42亿平方米、892.07亿美元,比上年分别增长8.32%和7.08%,进口平均单价1.75美元/平方米,同比略降1.15%(图1)。

2.服装进口量增价跌,纺织品进口量价齐升

2005年美国进口MFA项下服装220.13亿平方米、687.15

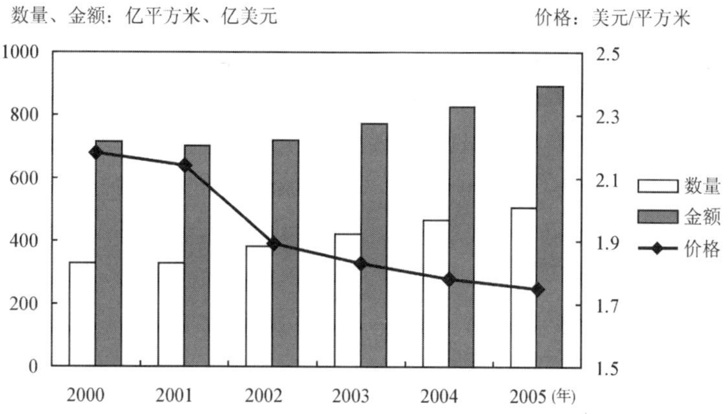

图1 美国从全球进口MFA项下纺织品服装变化趋势图

表1 2001~2005年美国从全球进口MFA项下纺织品服装统计

年度	进口数量(亿平方米)		进口金额(亿美元)		平均单价(美元/平方米)	
	进口数量	比上年±(%)	进口金额	比上年±(%)	平均单价	比上年±(%)
2001	328.1	-0.16	702.4	-2.03	2.14	-1.87
2002	382.9	16.69	721.8	2.77	1.89	-11.93
2003	422.3	10.29	774.3	7.27	1.83	-2.73
2004	466.3	10.42	828.4	6.99	1.78	-3.11
2005	508.4	8.32	892.1	7.08	1.75	-1.15

亿美元，分别增长10.34%和6.09%，占美国MFA项下纺织品服装进口总量和总额的43.3%和77.03%，平均单价3.12美元/平方米，下降3.84%。其中，棉制服装进口增长较快，数量和金额增幅分别达到13.93%和10.01%，而其他材料制服装进口则出现10%左右的下降(表1)。

2005年美国进口MFA项下纺织品288.29亿平方米、204.93亿美元，分别增长6.83%和10.52%，占美国MFA项下纺织品服装进口总量和总额的56.7%和22.97%，平均单价0.71美元/平方米，比上年上升3.45%。其中，纱线、面料进口仅有小幅增长，而家用纺织品进口数量和金额增幅分别达10.25%和16.01%，价格上升5.23%。

3.进口来源集中在东亚、北美、加勒比、南亚、东南亚等地区

2005年美国MFA项下纺织品服装进口来源国(地区)仍集中在东亚、北美、加勒比、南亚、东南亚等地区。中国继续稳居美国进口来源国第一位，数量份额已接近1/3。除中国外，美国从印度、孟加拉国的进口增长20%左右，从巴基斯坦、柬埔寨的进口增长10%左右，而自中国台湾、香港、土耳其、韩国的进口则下降了10%以上(图2)。

4.从中国进口迅速增长，所占份额大幅上升

2005年美国从中国进口MFA项下纺织品服装167.66亿平方米、224.07亿美元，比上年大幅增长43.76%和53.91%，不

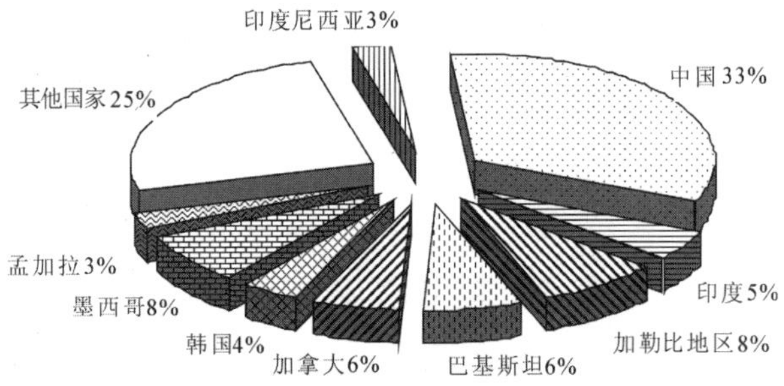

图2 2005年美国MFA项下纺织品服装进口来源国(地区)分布图

(按进口数量占进口总量的份额统计)

但远高于其他主要来源国，也高于2004年的增幅，平均单价1.34美元/平方米，上升7.06%，但仍比全球平均单价低0.41美元/平方米。

从中国进口的数量和金额所占份额分别为32.98%和25.12%，比上年大幅上升了8.13和7.65个百分点，比进口来源国中排名第二位的墨西哥分别高25.34和17个百分点。

2005年美国从中国进口MFA项下服装58.85亿平方米、151.44亿美元，分别增长97.99%和69.63%，所占份额分别为26.74%和22.04%，单价下跌14.33%。进口MFA项下纺织品108.81亿平方米、72.63亿美元，分别增长25.21%和28.99%，所占份额分别为37.74%和35.44%，单价上升3.02%(表2、表3)。

(执笔:傅浩)

表2 2003～2005年美国纺织品服装进口金额统计

(按2005年进口金额排序)

国家/地区	进口金额(亿美元)			同比(%)		份额(%)		
	2003年	2004年	2005年	2004/2003	2005/2004	2003年	2004年	2005年
全球	828.18	897.16	957.38	8.33	6.71	100.00	100.00	100.00
中国	142.05	178.01	257.40	25.32	44.60	17.15	19.84	26.89
东盟	116.22	121.42	128.38	4.47	5.73	14.03	13.53	13.41
加勒比地区	98.38	101.88	98.26	3.56	-3.55	11.88	11.36	10.26
墨西哥	86.95	84.95	79.28	-2.30	-6.67	10.50	9.47	8.28
原欧盟15国	49.47	52.48	50.77	6.08	-3.26	5.97	5.85	5.30
最不发达国家*	40.93	45.77	50.30	11.83	9.90	4.94	5.10	5.25
中国香港	38.67	40.18	36.39	3.90	-9.43	4.67	4.48	3.80
加拿大	34.17	34.48	32.41	0.91	-6.00	4.13	3.84	3.39
韩国	26.84	27.11	20.24	1.01	-25.34	3.24	3.02	2.11
中国台湾	22.87	22.21	17.45	-2.89	-21.43	2.76	2.48	1.82
日本	6.58	7.89	5.55	19.91	-29.66	0.79	0.88	0.58

*最不发达国家统计中不包含海地。

数据来源:美国商务部纺织品服装办公室。

表 3　2005 年中美协议类别美国进口汇总统计

序号	类别及商品名称	数量单位	进口数量						进口金额(万美元)						单价(美元/数量单位 * * *)			
			从全球进口		从中国进口				从全球进口		从中国进口				从全球进口		从中国进口	
			数量	同比(%)	排名	数量	同比(%)	份额(%)	金额	同比(%)	排名	金额	同比(%)	份额(%)	单价	同比(%)	单价	同比(%)
1	200/301 缝纫线及纱	t	91 081	6.88	5	6 950	126.71	7.63	41 455	-0.27	6	2 831	72.67	6.83	4.55	-6.70	4.07	-23.84
2	222 针织布	t	137 923	2.38	3	18 130	70.71	13.15	74 617	0.44	4	7 355	58.72	9.86	5.41	-1.89	4.06	-7.02
3	229 特殊用途布	t	158 746	4.21	2	29 005	51.46	18.27	97 290	10.72	2	17 427	42.54	17.91	6.13	6.25	6.01	-5.89
4	332/432/632T 袜子 T *	万打	22 750	9.87	1	6 192	7.88	27.22	118 138	7.26	2	21 848	-5.53	18.49	5.19	-2.38	3.53	-12.43
	239part 婴儿袜	t	2 262	91.71	1	1 302	141.91	57.56	4 083	100.92	1	1 894	182.84	46.38	18.06	4.81	14.55	16.92
	632A	万打	803	19.96	1	369	154.10	45.95	2 785	13.33	2	710	140.72	25.51	3.47	-5.53	1.92	-5.27
	332/432/632B *	万打	21 947	9.54	1	5 823	4.08	26.53	115 353	7.12	2	21 137	-7.42	18.32	5.26	-2.21	3.63	-11.05
5	338/9 棉针织衬衫 * *	万打	37 219	15.51	5	2 062	652.32	5.54	1 238 224	9.79	6	63 554	193.59	5.13	33.27	-4.95	30.82	-59.91
6	340/640 梭织男衬衫	万打	4 772	9.96	2	617	149.73	12.93	328 198	7.61	4	29 537	83.88	9.00	68.78	-2.13	47.86	-26.37
7	345/645/646 套头衫	万打	1 850	21.25	1	785	631.48	42.43	130 268	14.11	1	44 865	343.00	34.44	70.41	-5.88	57.15	-39.44
8	347/8 棉制裤子	万打	16 787	12.43	2	1 838	741.45	10.95	1 215 880	7.07	2	106 708	292.48	8.78	72.43	-4.76	58.06	-53.36
9	349/649 胸衣	万打	4 953	-1.64	1	2 071	16.78	41.82	178 318	1.11	1	51 651	15.61	28.97	36.00	2.79	24.94	-1.00
10	352/652 内衣	万打	27 646	3.05	5	1 816	248.52	6.57	333 591	0.77	4	21 883	59.58	6.56	12.07	-2.21	12.05	-54.21
11	359s/659s 泳衣	t	27 026	18.43	1	5 951	528.84	22.02	78 594	3.83	2	12 757	159.35	16.23	29.08	-12.33	21.44	-58.76
12	363 毛巾	万条	64 846	35.91	3	8 784	309.00	13.55	109 848	26.02	2	17 606	148.63	16.03	1.69	-7.27	2.00	-39.21
13	443 毛西装套装	万套	792	18.06	1	161	957.76	20.36	58 464	6.54	4	5 253	909.66	8.98	73.79	-9.76	32.56	-4.55
14	447 毛制裤子	万打	152	14.39	2	20	205.53	13.36	34 843	6.61	5	2 788	158.98	8.00	228.99	-6.80	137.13	-15.24
15	619 长纤织物	万 m^2	34 922	2.57	2	6 035	1 454.41	17.28	24 676	2.08	2	2 970	860.57	12.04	0.71	-0.48	0.49	-38.20
16	620 化纤长丝织物	万 m^2	52 002	83.09	2	8 166	1 285.15	15.70	32 691	22.38	2	4 220	262.48	12.91	0.63	-33.16	0.52	-73.83
17	622 玻璃长丝织物	万 m^2	8 995	7.92	1	3 030	89.19	33.68	9 092	4.07	3	1 393	10.46	15.32	1.01	-3.57	0.46	-41.61
18	638/9 化纤针织衬衫 * *	万打	8 893	3.39	3	936	220.15	10.53	381 138	-1.94	2	43 353	84.46	11.37	42.86	-5.15	46.31	-42.39
19	647/8 化纤裤子 * *	万打	5 686	0.36	2	650	150.60	11.43	315 819	-1.11	2	34 706	49.36	10.99	55.54	-1.46	53.42	-40.40
20	666 窗帘 * *	t	37 628	-2.81	1	26 356	-5.47	70.04	24 410	-0.43	1	14 402	-4.22	59.00	6.49	2.45	5.46	1.32
21	847 植物纤维制裤子	万打	1 702	-13.95	1	1 572	-10.82	92.31	103 459	-12.31	1	92 028	-11.07	88.95	60.77	1.91	58.56	-0.28
合计									4 933 097	5.72		601 031	68.21	12.18				

* 不包含婴儿袜。* * 为该类别部分商品，其中 338/9、638/9、666 具体税号尚未拆分，与实际设限商品略有出入。* * * 此处的数量单位为公斤、打、条、套、平方米。

数据来源：美国商务部纺织品服装办公室

2005年1~9月欧盟纺织品服装进口概况及分析

一、总体进口情况

根据ATC一体化协议，除少数几个国家外，2005年欧盟全面放开对纺织品服装进口的数量限制。据欧委会统计数据显示，1~9月欧盟纺织品服装进口增长平稳，从全球进口525.9亿欧元，同比增长3.7%。其中，从中国和印度进口增幅较大，两国成为一体化协议的主要受益者。

在前10大进口来源国及地区中，只有位居前3位的中国、土耳其和印度输欧纺织品服装保持增长态势，其余7个国家均有不同程度的下降。2004年排名第九位的香港，1~9月输欧金额下降42.5%，已落至第十三位。

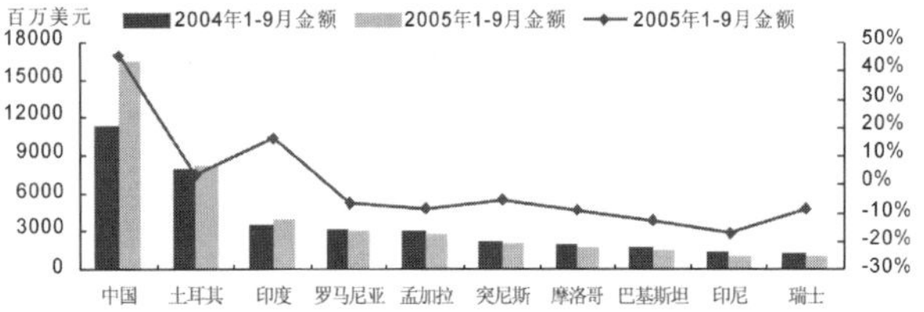

图1 2005年1~9月欧盟纺织品服装主要来源国进口金额及增幅统计

中国是欧盟第一大进口来源国，1~9月输欧纺织品服装达到164.2亿欧元，同比增长44.8%，占欧盟纺织品服装进口总额的30.1%，比上年同期提高了8.5个百分点。土耳其位居第二，进口金额为82亿欧元，同比增长3.2%，所占份额为15%。印度名列第三，进口40亿欧元，同比增长16%，所占份额7.3%(图1)。

二、纺织品进口情况

1~9月欧盟纺织品进口下降2.7%，为104.7亿欧元。前10大进口来源国及地区中，只有中国、美国和中国台湾保持增长，其余七个国家均呈下降态势。其中，瑞士和澳大利亚降幅较大，分别为10.2%和26.3%，其他国家的降幅都在6%以下(表1)。

中国排名第一，1~9月输欧纺织品金额为19.1亿欧元，同

表1 2005年1~9月欧盟纺织品进口统计

(金额单位:亿欧元)

排名	国家/地区	2004年进口金额	2004年1~9月进口金额	份额%	2005年1~9月进口金额	份额%	同比%
	全球	143.04	107.58	100	104.73	100	-2.7
1	中国	20.49	15.51	14.4	19.08	18.2	23.0
2	土耳其	18.46	13.64	12.7	13.51	12.9	-1.0
3	印度	13.04	9.75	9.1	9.56	9.1	-2.0
4	美国	8.61	6.51	6.0	6.54	6.2	0.5
5	瑞士	9.30	7.01	6.5	6.29	6.0	-10.2
6	韩国	7.98	6.00	5.6	5.65	5.4	-5.9
7	巴基斯坦	6.83	5.12	4.8	4.85	4.6	-5.2
8	日本	5.27	3.88	3.6	3.73	3.6	-3.7
9	中国台湾	3.88	3.01	2.8	3.17	3.0	5.5
10	澳大利亚	4.94	3.58	3.3	2.64	2.5	-26.3

*按2005年1~9月进口金额排序

资料来源:欧委会

比增长23%，占欧盟纺织品进口总额的18.2%。土耳其和印度依然位居第二和第三，进口金额同比分别下降了1%和2%，小于欧盟从全球进口的降幅，所占比重分别为12.9%和9.1%。

三、服装进口情况

2005年1~9月欧盟服装进口440.7亿欧元，同比增长5.4%，占欧盟纺织品服装进口总额的83.8%。中国是欧盟最大的服装进口来源国，占32.9%的进口份额，比上年同期提高了9.5个百分点，进口金额达到145.1亿美元，同比增长48.3%。土耳其位居第二，进口68.5亿欧元，同比增长4.1%，所占份额15.5%。印度进口增幅也较高为23.1%，超过罗马尼亚和孟加拉国跃居第三位，进口金额为30.4亿美元，占6.9%的份额。前十大进口来源国及地区中，其余7个国家及地区均出现不同程度的下降。其中，香港、巴基斯坦和印度尼西亚降幅较大，分别为42.6%、15.5%和18.9%。

表2　2005年1~9月欧盟服装进口统计

（金额单位：亿欧元）

排名	国家/地区	2004年进口金额	2004年1~9月进口金额	份额(%)	2005年1~9月进口金额	份额(%)	同比(%)
	全球	548.82	418.29	100	440.68	100	5.4
1	中国	128.65	97.85	23.4	145.08	32.9	48.3
2	土耳其	87.00	65.81	15.7	68.53	15.5	4.1
3	印度	31.39	24.68	5.9	30.39	6.9	23.1
4	罗马尼亚	39.91	30.38	7.3	28.14	6.4	-7.4
5	孟加拉国	38.49	29.54	7.1	27.01	6.1	-8.6
6	突尼斯	27.02	20.60	4.9	19.45	4.4	-5.6
7	摩洛哥	24.41	18.63	4.5	16.93	3.8	-9.2
8	巴基斯坦	16.68	12.28	2.9	10.38	2.4	-15.5
9	印度尼西亚	13.74	10.59	2.5	8.58	1.9	-18.9
10	中国香港	19.78	14.76	3.5	8.48	1.9	-42.6

*按2005年1~9月进口金额排序

资料来源：欧委会

四、一体化产品进口情况

根据ATC一体化协议，2005年欧盟全面放开对纺织品服装进口数量限制。1~9月欧盟一体化产品进口金额达到354.6亿欧元，同比增长4.8%，占欧盟纺织品服装进口总额的65%。

其中，从中国进口91.6亿欧元，同比增幅高达95.2%，所占比重为25.8%，比上年同期提高了11.9个百分点，超过土耳其跃居第一位。土耳其也保持平稳增长，进口金额为63.5亿欧元，所占份额为17.9%。孟加拉仍排名第三位，但进口金额下降了9.3%。印度进口增幅也较高为14.9%，超过罗马尼亚上升至第四位，进口金额为24.2亿美元，占6.8%的份额。其他主要来源国/地区均呈下降趋势，其中中国香港、印度尼西亚、韩国降幅都较大，分别为45.5%、20.9%和59.8%。

五、十类受限纺织品服装进口情况

由于中国输欧一体化产品飞速增长，引起欧盟业界的反弹，强烈要求欧委会对中国部分纺织品服装设限。2005年6月11日中欧签署新的纺织品协议，决定对中国输欧10类纺织品服装实行数量限制，到2007年12月31日为止。这10类受限纺织品服装分别是2类棉布、4类T恤衫/男式针织衬衫、5类

表 3　2005 年 1～9 月欧盟一体化产品进口统计

金额单位:亿欧元

排名	国家/地区	2004 年进口金额	2004 年 1～9 月进口金额	份额%	2005 年 1～9 月进口金额	份额%	同比%
	全球	443.66	338.20	100	354.60	100	4.8
1	中国	61.92	46.91	13.9	91.56	25.8	95.2
2	土耳其	80.65	60.99	18.0	63.48	17.9	4.1
3	孟加拉国	36.93	28.33	8.4	25.69	7.2	-9.3
4	印度	26.71	21.07	6.2	24.21	6.8	14.9
5	罗马尼亚	33.33	25.18	7.4	23.02	6.5	-8.6
6	突尼斯	21.57	16.45	4.9	15.86	4.5	-3.6
7	摩洛哥	20.52	15.58	4.6	13.88	3.9	-10.9
8	巴基斯坦	16.99	12.66	3.7	11.25	3.2	-11.2
9	印度尼西亚	14.32	11.03	3.3	8.73	2.5	-20.9
10	中国香港	18.65	13.93	4.1	7.59	2.1	-45.5

* 按 2005 年 1－9 月进口金额排序
资料来源:欧委会

毛衫、6类裤子、7类女式衬衫、20类床上织物制品、26类连衣裙、31类胸衣、39类餐桌/厨房/盥洗织物制品和115类亚麻/苎麻纱(表3)。

2005年1-9月欧盟从我国进口上述十类纺织品合计51亿欧元,占我输欧纺织品服装总额的31.1%。其中5类和6类的进口金额最高,分别为15.1亿欧元和14.7亿欧元;115类和

表 4　2005 年 1～9 月欧盟从中国进口十类受限纺织品统计

(金额单位:亿欧元　　价格单位:欧元/件或欧元/kg)

类别	数量单位	进口数量	同比(%)	进口金额	同比(%)	进口单价	同比(%)
2	t	48 040.10	86.27	2.04	53.58	4.24	-17.55
4	万件	56 506.52	253.37	9.15	125.61	1.62	-36.15
5	万件	30 706.45	532.72	15.08	331.92	4.91	-31.74
6	万件	40 927.87	573.49	14.74	428.58	3.60	-21.52
7	万件	7 993.13	283.58	2.66	180.70	3.33	-26.82
20	t	16 815.70	189.39	1.20	65.52	7.12	-42.8
26	万件	2 916.16	313.54	1.44	65.80	4.95	-59.91
31	万件	20 827.89	115.99	3.57	59.80	1.71	-26.02
39	t	11 851.20	128.66	0.70	33.21	5.92	-41.74
115	t	7 237.40	234.23	0.41	216.30	5.67	-5.36

* 资料来源:欧委会、EUROSTAT

39类的进口金额最低，分别为0.4亿欧元和0.7亿欧元。十个类别中有五个类别中国已成为欧盟该类产品的第一大进口来源国，分别是5类、6类、26类、31类和115类。其余五个类别中，2类和4类的进口金额均低于土耳其位居第二，39类低于印度处于第二名，7类低于印度和土耳其名列第三，20类低于巴基斯坦和土耳其位于第三名（表4）。

从进口数量上看，1~9月十类纺织品增长迅猛，除2类增幅为86.3%外，其余9个类别均为成倍增长，尤以6类（573.5%）和5类（532.7%）涨幅最高。10个类别中仍是上述五个类别，中国是欧盟最大的进口来源国。其余5个类别中，2类的进口数量低于巴基斯坦位居第二，4类低于孟加拉国处于第二名，7类和39类均低于印度名列第二，20类则低于巴基斯坦、土耳其和印度三国位于第四。

虽然10个类别进口数量飞速增长，但进口单价均有不同程度的下降，其中降幅最大的是26类（59.9%），最小的是115类（5.4%）。31类进口单价更是低于欧盟从全球进口该类产品的均价。

六、2005年欧盟对华设限情况及中欧达成协议始末

1.欧盟从年初开始酝酿对中国纺织品设限

1月7日欧盟委员会正式启动对华纺织品进口监测体系，每日发布欧盟自中国进口38个类别纺织服装动态数据，包括进口许可签发数量、金额和单价。4月6日，欧委会不顾相关各方的强烈反对，公布根据《中国加入世贸组织工作组报告书》第242段制定的《对华纺织品特别限制措施行动指南》。

4月24日，欧盟委员会启动对中国T恤衫(4类)、套头衫(5类)、男裤(6类)、女式衬衫(7类)、袜子(12类)、女式大衣(15类)、胸衣(31类)、亚麻苎麻纱(115类)和亚麻苎麻织物(117类)9类产品的“特限”调查。5月10日，西班牙、法国、意大利、希腊、葡萄牙五国向欧盟提出申请，要求欧盟调查配额取消对欧盟及地中海国家的纺织服装行业在工业和就业两方面所造成冲击的程度。

2. 双方经多回合谈判，达成谅解备忘录

5月17日，欧盟贸易委员曼德尔森建议欧盟就T恤衫和亚麻纱与中方开展紧急磋商。5月23日，欧盟委员会接受曼德尔森的建议，授权其向中方提出正式磋商请求。欧方决定暂停启动对T恤衫和亚麻纱的“特限”程序。5月24日，商务部高虎城副部长率中国政府经贸代表团结束访问美国后赴布鲁塞尔，与欧盟贸易委员曼德尔森重点就妥善解决中欧纺织品贸易问题交换意见。

6月9日，欧盟对中国产T恤衫(4类)和亚麻纱(115类)向中方提出正式磋商请求。2005年6月10~11日，中国商务部部长薄熙来与欧盟贸易委员曼德尔森在上海就中欧纺织品贸易问题举行磋商，并于6月11日凌晨签署了《中华人民共和国与欧盟委员会关于中国部分输欧纺织品备忘录》。根据《备忘录》，欧盟承诺对源自中国的棉布(2类)、T恤衫(4类)、套头衫(5类)、裤子(6类)、女式衬衫(7类)、床单(20类)、女连衣裙(26类)、胸衣(31类)、桌布(39类)、亚麻纱(115类)等10类纺织品终止“特限”调查。在2005年6月11日至2007年底期间内，对上述10类纺织品合理确定基数，并按照每年8%至12.5%的增长率确定中方对欧出口数量。欧盟承诺在2005~2007年期间，对于上述10类产品之外的2005年实现一体化的中国纺织品克制使用中国加入世界贸易组织报告书第242段条款；2008年，对所有2005年实现一体化的中国纺织品克制使用“242段”条款。

至此，中欧有关纺织品设限问题谈判暂告段落，两年之内中欧纺织品贸易前景趋于明朗。

3. 中欧就卡关问题进行谈判并达成协议

由于协议规定的设限开始时间和实际正式执行中间有一个多月的空档期，导致大量到港的中国纺织服装产品无法清关，滞留在欧洲各机场、码头，欧盟零售市场开始出现缺货的现象，供应链受到影响，并且波及到欧盟消费者。7月26日，欧盟25成员国贸易官员开会讨论增加中国5类毛衫配额问题，但遭到法国、西班牙和意大利的反对。迫于进口商和零售商压力，8月3日欧盟同意增长5类毛衫配额。8月18日，荷兰外贸大臣卡琳·范根尼普、丹麦经贸大臣本特·本特森、瑞典工贸大臣托马斯·厄斯特罗斯和芬兰外贸部长保拉·莱赫托迈基在《金融时报》上共同发表文章，瑞典贸易部

长托马斯·厄斯特劳斯和德国经济部长沃尔夫冈·克莱门特还分别致函欧盟贸易委员曼德尔森，敦促欧盟重新审查2005年对中国纺织品的配额数量，要求解决中国纺织品在欧盟滞港问题。瑞典、德国等国进口商和批发商组织及大型零售企业也纷纷采取行动，要求欧盟尽快解决中国纺织品滞港问题。

8月25~26日，商务部外贸司司长鲁建华与欧盟贸易救济司司长维尼格在京就中国纺织品在欧盟滞港问题举行技术级磋商。9月5日，商务部长薄熙来与欧盟贸易委员曼德尔森在北京就中国纺织品在欧盟滞港问题经磋商达成共识，双方签署了《磋商纪要》。欧盟将全部放行所有滞港货物，对执行6月11日签署的《中国部分输欧纺织品和服装谅解备忘录》超过2005年协议数量的部分，中欧双方各自承担其签发的许可证数量。实际滞港货物数量双方各承担一半，其中欧方承担部分，欧盟将通过增加2005年《备忘录》规定的数量解决。中方承担部分，将通过个别品种的调剂来解决。9月7日，欧盟批准中欧就中国输欧纺织品滞港问题在北京达成的《磋商纪要》。

9月12日，欧盟委员会发言人勒·贝尔在布鲁塞尔宣布，根据欧盟与中国9月5日在北京达成的协议精神，欧盟委员会完成了相关法律手续，各成员国将从9月14日起对积压在欧盟各港口的中国纺织品和服装发放进口许可证。

(执笔：王轶男　郭黛黛)

2005年日本纺织品服装市场概况及分析

一、总体经济状况

1.经济复苏趋势日趋加强

2005年日本实际GDP增长幅度为2.8%，高于2004年2.3%的增幅，实现连续3年增长。更重要的是，困扰日本经济达7年之久的通货紧缩阴影终于开始消散——不仅日本11月核心消费物价指数出现正数，而且全年批发价格连续第二年上升，升幅达1.7%，为1989年上升1.9%以来的最高纪录，显示日本经济的稳步复苏。

2.外贸顺差4年来首次减少

据日本财务省统计，2005年日本外贸出口额达656 612亿日元(约5 612亿美元)，同比增长7.3%；进口额达568 760亿日元(约4 861亿美元)，同比增长15.6%。贸易顺差同比减少26.5%，降至87 852亿日元(约751亿美元)，4年来首次减少。

二、日本纺织服装产业状况

1. 纺织企业以小型为主

2004年日本纺织服装业企业总数为70 573家，其中纺织业29 850家，服装业40 723家。这些企业中64.2%为雇员人数在1-4人之间的企业，而雇员人数在50人以上的较大规模企业仅占2%(表1)。

表1　2004年日本纺织服装业企业统计

企业规模(雇员数量)	纺织企业数量	服装企业数量
1～4人	21 903	23 438
5～9人	4 073	8 119
10～19人	2 039	4 999
20～29人	711	1 745
30～49人	523	1 217
50～99人	375	861
100～199人	165	276
200～299人	37	45
300～499人	16	18
500～999人	5	4
1000人以上	3	1
共计	29 850	40 723

2.纺织就业人数明显减少

2004年，日本纺织服装业雇员总数为58.46万人，占全部制造业用工的5.9%，与2001年相比减少了14.81万人，下降幅度达20.2%；而从事相关的纺织批发、零售等职业的人数约为73.72万人，占全部商业用工的6.0%(表2)。

表2　2004年日本纺织服装业就业情况统计

企业规模(雇员数量)(人)	纺织业			服装业		
	就业人数	男	女	就业人数	男	女
1～4	46 843	23 944	22 899	54 478	25 923	28 555
5～9	26 359	12 728	13 631	53 308	17 798	35 510
10～19	27 256	13 780	13 476	66 547	18 032	48 515
20～29	16 928	8 988	7 940	41 732	10 438	31 294
30～49	19 660	11 390	8 270	45 745	10 652	35 093
50～99	26 008	15 629	10 379	56 970	12 752	44 218
100～199	22 756	13 985	8 771	36 802	8 291	28 511
200～299	9 163	5 548	3 615	10 808	3 519	7 289
300～499	5 450	3 642	1 808	6 700	2 278	4 422
500～999	3 643	2 733	910	3 229	1 124	2 105
1000以上	3 188	2 470	718	1 001	819	182
共计	207 254人			377 320人		

表3 2005年1~6月日本部分纺织品生产变化情况(%)

产品	化纤	长丝类化纤	化纤纱	长丝类织物	短纤类织物	棉布
同比	-1.5	-4	-15.3	-2.8	-6.7	-9.7

3.纺织业生产下滑

2005年日本纺织业的生产明显下滑。上半年,日本大部分类别的纺织品产量同比均呈下降趋势,其中化纤纱的产量下降尤为严重,达15个百分点,且日本棉纺织能力继续急剧萎缩,2005年6月棉纱产量环比下降15.6%(表3)。

三、日本纺织服装市场状况

2004年日本纺织服装销售总额29.9兆日元(约2 556亿美元),与2002年相比下降了6.3%。其中批发额18.9兆日元(约1 615亿美元),与2002年相比下降了9.6%;零售额为11.0兆日元(约941亿美元),与2002年相比增长了0.3%。

2005年日本家庭纺织服装年平均消费支出为13.2万日元,约合1 128美元。其中男装支出约3.3万日元(约282美元),占25%;女装支出约为6.5万日元(约556美元),占49.2%;儿童服装及纺织用品支出为1.03万日元(约88美元),占7.8%;其他纺织品及服装相关支出2.4万日元(约205美元),占18.1%(表4)。

表4 2002/2004年纺织品服装销售统计

(10亿日元)

	2002年	2004年	同比(%)
年销售总额	548 464	538 932	-1.7
批发总额	413 355	405 646	-1.9
纺织品服装	20 913	18 898	-9.6
其中:服装及附件	15 243	14 075	-7.7
零售总额	135 109	133 285	-1.4
纺织品服装	10 977	11 009	0.3
其中:女装及童装	4 960	5 249	5.8
男装	1 485	1 450	-2.4
面料及家纺产品	1 383	1 230	-11.1
鞋类	719	681	-5.3

* 日元对美元汇率约为117:1。

四、日本纺织服装进出口情况

1.进口平稳增长

2005年,日本共进口纺织服装216万吨,同比增长0.6%,进口总额为30 118亿日元(约257.4亿美元),同比增长5.8%。其中,纱线进口1 137亿日元(约9.7亿美元),同比下降8%;面料进口1 722.3亿日元(约14.7亿美元),同比增长5.4%;服装进口23 744.7亿美元(约202.9亿美元),同比增长5.7%;其他纺织制成品进口3 513.9亿日元(约30亿美元),同比增长11.8%(图1)。

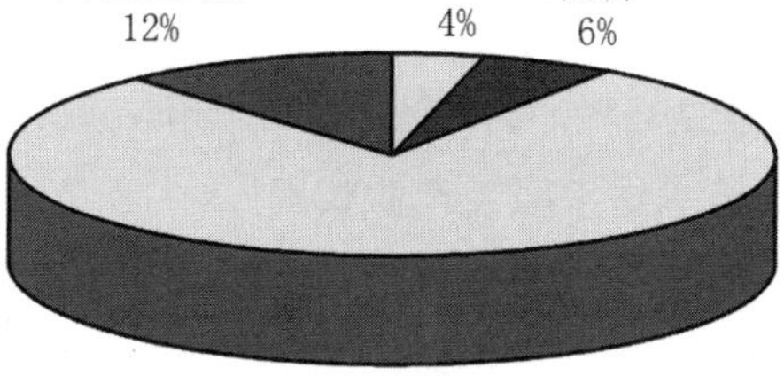

图1 2005年日本纺织服装进口情况——产品构成

2005年日本纺织原料进口754.1亿日元(约6.4亿美元),同比下降了9.9个百分点;裘革皮服装进口945.3亿日元(约8.1亿美元),同比增长11.8%。

其中,列日本纺织服装进口来源前三位的国家和地区分别是:中国(22 848.4亿日元,同比增长6.6%,占进口总额的75.9%)、意大利(1 408.5亿日元,同比下降1.8%,占进口总额的4.7%)和越南(808.8亿日元,同比增长10.5%,占进口总额的2.7%)(表5)。

2.出口略有下降

2005年,日本出口纺织服装总额为8 028.9亿日元(约68.6亿美元),同比下降2.4%。其中纺织品出口7 485.8亿日元(64.0亿美元),同比下降1.1%;服装出口543.1亿日元(约4.6亿美元),同比下降17.4%(表6)。

表 5　2005 年日本纺织服装进口统计

产品	数量(t)	同比(%)	金额(百万日元)	同比(%)
纱线				
丝制纱线	3 013	7.1	8 358	14.1
毛制纱线	13 207	-10.1	17 210	-13.7
棉制纱线	82 986	-12.2	29 634	-21.1
人造长丝	130 630	-5.2	40 302	5.2
人造短丝	44 388	-14.6	15 624	-12.2
其他	7 088	-2.0	2 580	-4.0
总计	281 312	-8.9	113 707	-8.0
面料				
丝制面料	1 462	22.0	9 186	18.2
毛制面料	5 101	-3.4	25 458	0.9
棉制面料	72 854	-3.9	39 403	-4.7
麻制面料	5 903	4.5	682	20.9
长丝面料	19 635	10.6	14 791	12.4
短纤面料	33 871	3.5	17 228	3.6
针织面料	10 155	7.9	11 187	2.4
其他	105 175	10.4	54 292	13.7
总计	254 157	4.5	172 226	5.4
服装				
针织外衣	345 638	-2.2	7 379 974	6.3
针织内衣	104 996	1.5	1 456 947	7.4
梭织外衣	379 906	-1.1	9 254 483	1.5
梭织内衣	67 839	-3.6	1 112 584	-0.6
其他	149 539	5.3	2 325 582	4.5
总计	1 047 919	-0.5	21 529 569	3.7
其它纺织制成品				
地毯	94 962	9.2	500 964	9.0
家用纺织品	171 613	3.5	1 066 861	6.2
其他	310 200	7.6	1 614 848	11.9
总计	576 776	6.6	3 182 673	9.5
纺织服装合计	2 160 163	0.6	27 308 478	3.8
其他	46 201	11.1	850 966	9.1
裘革皮服装	322 302	-2.4	687 516	-11.2
总计	2 528 666	0.4	28 846 960	3.5

* 数据来源:日本纤维输入输出组合

表 6　2005 年日本纺织服装出口统计

产品	单位	数量	金额(1000 日元)
纱线面料			共计:748 578 979
纱线	t	149 464	107 951 942
毛纱	t	963	2 259 706
棉纱	t	6	4 213 207
合成纱线	t	113	80 806 153
人造长丝	t	13	9 693 935
梭织面料			445 890 914
棉制面料	m^2	333 209 201	118 019 462
丝绸面料	m^2	8 261 103	13 387 300
羊毛面料	m^2	54 249 472	38 897 162
合纤面料	m^2	738 706 747	163 906 766
针织、钩织面料	m^2	32 897 274	66 438 179
其它纺织材料			194 736 123
薄纱、刺绣品	t	5 933	21 420 697
其中:刺绣品		430	5 273 247
编织袋	个	1 129 439	284 458
毯子	个	172 666	641 269
地板覆盖用纺织品	m^2	3 350 737	3 587 197
其中:地毯	m^2	3 209 912	3 510 077
特殊纺织品	t	102 702	168 764 878
其中:绳索	t	3 047	4 700 621
其中:渔网	t	4 437	2 316 772
服装及附件			共计:54 310 417
服装	打	237 646	14 888 623
女衬衫	打	30 116	1 270 610
男(男童)装	打	26 466	1 830 032
女(女童)装	打	144 236	9 334 117
内衣及睡衣	打	24 054	286 770
手帕	打	367 086	267 689
披巾及围巾	打	400 780	896 122
针织服装及附件			17 974 112
手套	打	407 212	546 943
袜类	打	368 228	1 169 820
衬衣及内衣	打	794 003	8 032 977
毛衫	打	177 483	6 363 562
帽类	t	851	12 238 855

数据来源:日本海关

列日本纺织品出口市场前三位的国家和地区是：中国(3 332.3亿日元，占44.5%)、中国香港(833.6亿日元，占11.1%)、美国(545.2亿日元，占7.3%)。

列日本服装出口市场前三位的国家和地区是：中国台湾(112.6亿日元，占20.7%)、美国(93.6亿日元，占17.2%)、中国香港(75.4亿日元，占13.9%)。

五、2005年日本纺织服装业走势

2005年日本经济从多方面均体现出好转势头，但已被称为"夕阳工业"的纺织业依然面临生产萎缩、就业大幅下降等问题。国内市场饱和、人工成本上升和国际竞争加剧是促使日本纺织业由盛转衰的三个主要因素。此外，日本企业普遍采取的"多元化"战略导致企业资源过于分散，使生产经营陷入困境。

面对国内产业的不景气和后配额时代下崭新的国际竞争格局，日本纺织业提出"错位竞争"的发展理念和"选择和集中"的发展战略。日本纺织业的优势主要在于高端纤维材料及高端纺织品的研究开发及应用，特别是纳米技术、生物技术在纺织领域的应用方面仍然走在世界的前列。日本纺织业界用己所长，大胆地以自身的技术优势与纺织业较为发达的亚洲发展中国家进行合作，开拓一条全新的发展道路。特别是与中国的合作已经由入世前投资建立加工基地，转变为现在的投资建立加工、销售据点甚至研发中心等。

以日本著名纺织纤维企业东丽集团为例。1971年日美纤维贸易协定以后，日本对欧美的出口竞争力有所下降，同时韩国等地区纺织纤维产业开始崛起，随后东南亚、中国、印度的产量又开始不断攀升。对此，日本主要纤维企业东丽集团决策层认为，这个趋势显示了作为劳动力密集型产业的纺织纤维产业本身内在的发展规律。因此，面对这种国际化合理分工趋势，东丽集团采取了科学的战略决策，主动将生产向日本的海外市场转移，尤其是向劳动力成本低廉的中国及东南亚一带转移。自20世纪90年代以来，先后在中国陕西、江苏南通、上海以及广东中山市等地成立合资生产企业，并于2002年在南通设立了东丽纤维研究所，开展研发工作。目前，该集团在中国设备投资额达到700亿日元，员工人数达3 200人。

中国雅戈尔集团公司、日本伊藤忠商社与意大利玛佐多(Marzotto)公司三家国际著名的纺织服装企业也于2005年年末签署了协议，三方将在技术、资金、人力培训和营销渠道等方面开展全方位合作，强强联手组建全球最大的纺织服装联盟，共同应对贸易壁垒，拓展世界高端纺织品服装市场。

日本三菱丽阳公司与三菱商事、伊藤忠商事、丸红公司等共同合资，在中国浙江省投资约1亿美元，创立了宁波丽阳化纤有限公司，计划将该公司建为仅次于上海石化公司、位居中国第二的腈纶纤维制造商。三菱丽阳公司在日本的公司主要是开发新产品和生产差别化产品，而在宁波则通过引进最先进的设备依靠低成本生产通用型产品。

(执笔：王婧)

稳中求变

——2005年国内外棉花市场回顾

2005年的国内棉花市场在经历了2003年、2004年的大起大落后逐步趋于平静——面对逐年放大的国内棉花产需缺口，企业经营心态趋于谨慎，市场表现相对稳定。但在稳定的背后体现出变革的力量。质检体制改革从试点到全面推进；犹如坚冰的发达国家棉花贸易补贴随着“香港宣言”的签订开始消融；中国纺织业在贸易壁垒的重重禁锢下，依然保持了20%以上的高速增长；而贸易摩擦、油价高企、电力和运力瓶颈、汇率改革都给2006年国内棉花市场带来更多的不确定因素。

一、2005年棉花市场特点

1.市场运行相对平稳

中国国内棉花市场经历了2003下半年价格飚升和2004年持续大幅下跌、人气低迷的状况后，2005年步入了相对稳定的运行状态。企业风险意识明显增强，从业者心态趋于谨慎，不再抱着赌一把的心理，销售企业快购快销，薄利多销；纺织企业稳定经营，控制合理库存，促使国内棉花市场的稳定。代表内地328级棉花现货价格的CNCotton B指数年均价13 524元，上下波动幅度均在10%左右，低于此前5年波动幅度。

同时，2005年涤纶短纤等纺织用化纤原料的价格呈现高位下跌趋势，与棉花的价差由小到大。棉涤差价全年平均达2 056元/吨，低于正常水平。特别是1-3月，棉涤价差甚至出现倒挂，有效刺激了棉花的消费。后随着涤短价格回落，棉价大幅回升，棉涤价差不断增大，12月达到全年最高，达3 803元/吨。

2.内外棉价分化明显

2004年上半年，国内外棉价变化不大，甚至国际棉花价格一度高于国内市场，这在近几年是不多见的。但4月以后

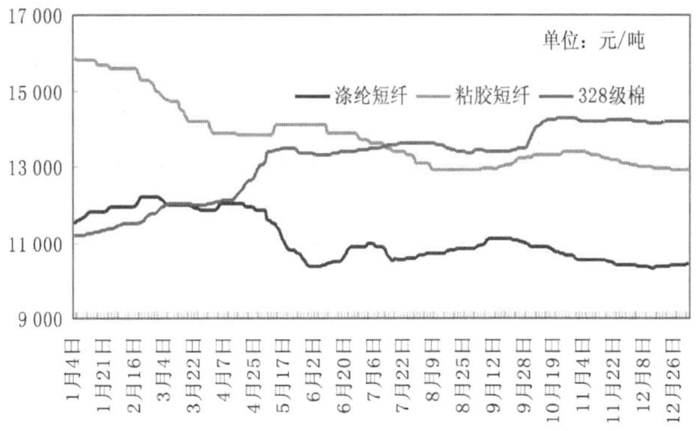

图1 2005年棉纺原料价格变化图

国内外棉价出现明显分化，主要表现为国内棉花价格显著上扬，国际市场价格稳中有降。中国香港Mid进口美棉与328级国棉价差至年度末逐步拉大到2 500元(图1)。

3.棉花进口逐步增加

2005年，我国累计进口棉花257.4万吨，创历史新高。其中9~12月国内新棉上市旺季，棉花进口量达到108.4万吨，而过去的10年间这一时段进口最多不过25万吨。棉花进口的激增在有效缓解国内供求缺口，满足了纺织企业多样化用棉需求的同时，也对我国棉花流通行业带来了一定的冲击，为棉花产业的发展提出了新的课题。

4.宏观调控积极有效

2004年度国家通过实施松紧有度的政策措施，对国内棉花市场进行了有效地调控，特别是政策效用的前瞻性和科学性明显增强。2005年上半年国家在2004年底89.4万吨关税配额的基础上，先后在3月和5月两次增发配额共计140万吨，并实行最低5%的滑准税率。加上2004年结转至2005年未使用的配额数量，配额总量与2004年相差不大，但由于在棉花供应尚未表现出明显不足的时期适时发放，确保了国内

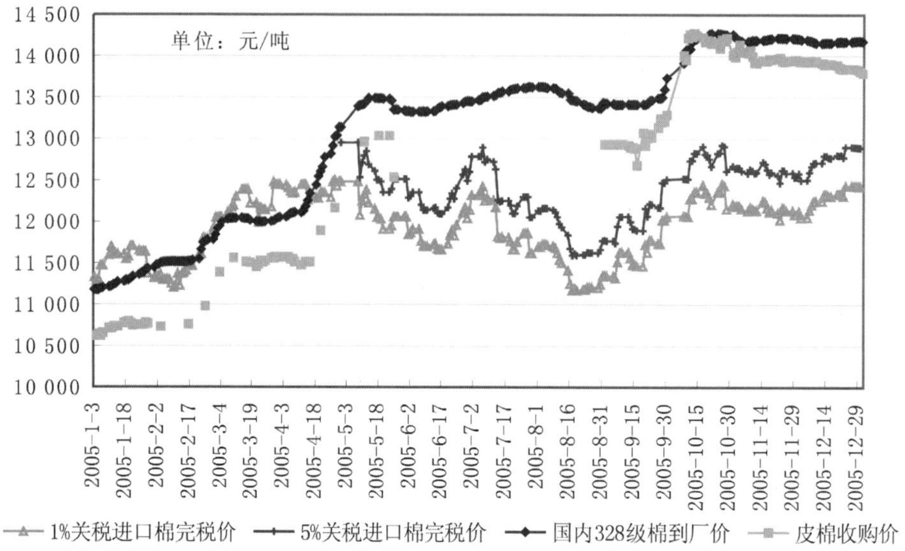

图2 2005年国内外棉花价格比较

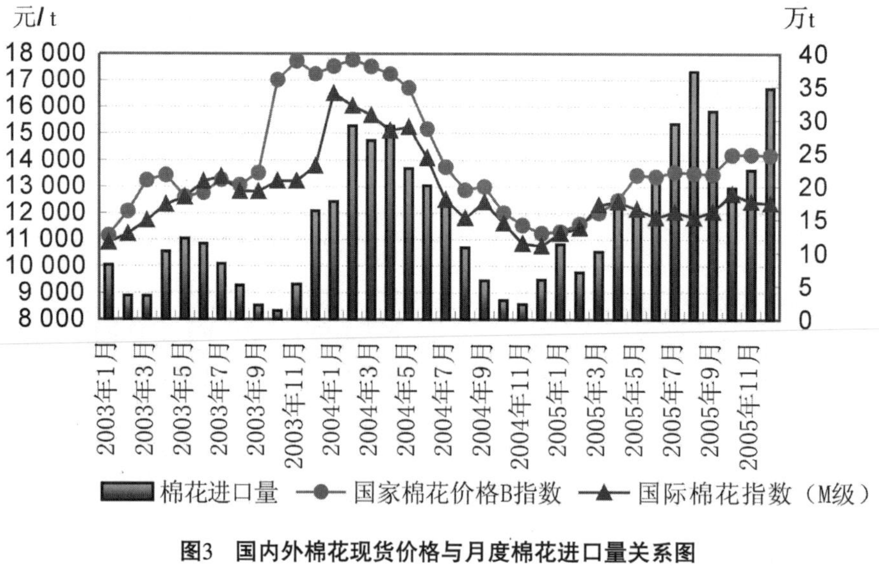

图3 国内外棉花现货价格与月度棉花进口量关系图

外棉花价格的平稳运行。当年国际棉花指数(M级)年均价折完税到厂价11 930元/吨，上下波动不超过10%，远远低于2004年的波动幅度(图2、图3)。

2005年国家有计划地从国际市场采购进口棉入储，在稳定市场价格的同时，储备数量稳步增长，为2006年有效实施宏观调控增加了砝码。

5.纺织形势向好

2005年我国棉纺织经济效益稳步增长，产销衔接良好。规模以上棉纺织企业实际完成固定资产投资520.12亿元，同比增长55.46%；全年完成工业总产值5 136.14亿元，同比增幅27.89%；出口交货值749.14亿元，同比增幅为12%；利税总额159.96亿元，同比增长77.01%；产销率达到98%，与整个纺织行业相比，高出0.24个百分点，销售利润率3.20%，比上年提高0.88个百分点。但需要注意的是，其销售收入利润率比整个纺织行业低0.28个百分点。从1~12月我国棉纺织产品的出口及产量增速均稳定在20%的形势来看，上半年纺织品的抢关出口并未对下半年的市场产生太大透支，反而是内、外销形势的互动性更为加强。总体上看，饱受贸易摩擦困扰的2005年我国纺织行业运行基本平稳。

2005年我国社会纺纱产量共计为1440万吨（2月份统计公报数据），同比增长11.5%；棉布产量196.58亿米，同比增长24%。为连续第6年保持高速增长（图4）。

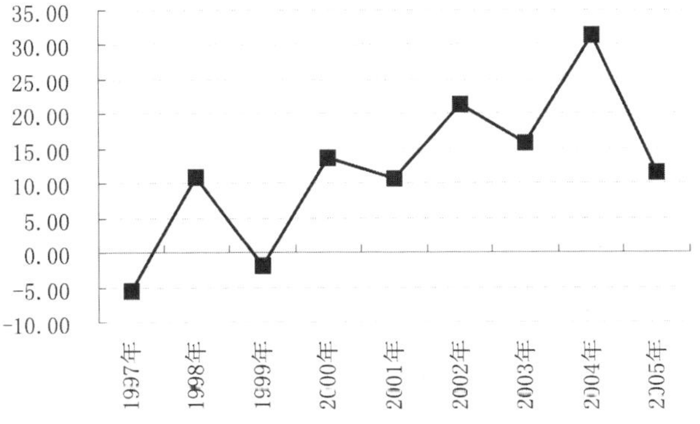

图4 近几年我国社会纺纱产量增速变化

二、新年度以来国内棉花市场特点

1.棉花质量有所降低

受收获期间持续阴雨影响，2005年内地棉花质量整体水平降低，收购籽棉普遍表现为品级降低、回潮率偏高。截至12月底，全国收购籽棉的平均品级3.19级，较去年降低0.23个百分点；平均衣分36.21%，较去年同期增加0.12个百分点；纤维长度为28.52毫米，同比减少0.28毫米；平均回潮率11.32%，较上年提高近3个百分点（图5、图6、图7）。

2.收购价低开高走

近年来，国家逐渐加大对“三农”的支持力度，粮食及其他经济作物收益增长促使棉农对植棉收益的期望值逐年提高。加之新棉采摘推迟，预期产量下降，棉农惜售心理较重。

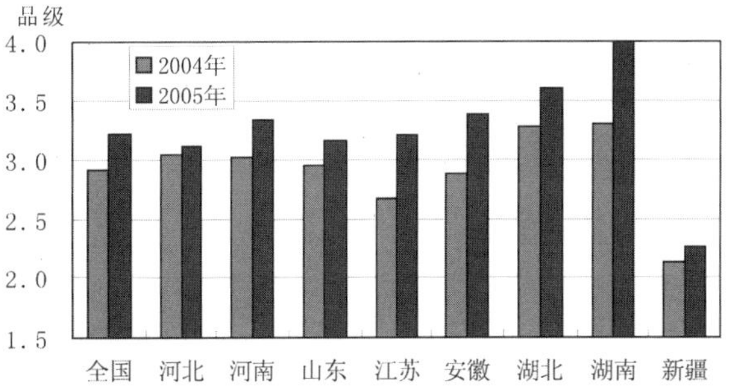

图5 2005年和2004年国内棉花品级对比图

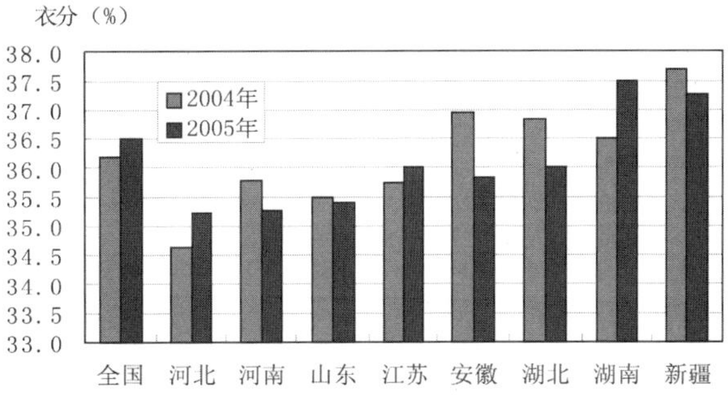

图6 2005年和2004年国内棉花衣分对比图

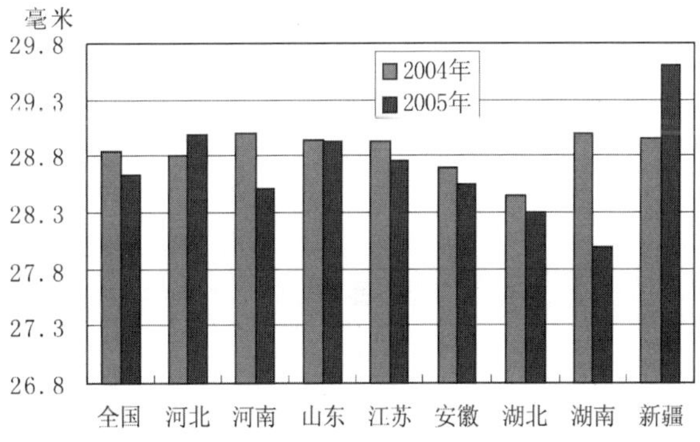

图7 2005年与2004年棉花纤维长度对比图

籽棉收购价格低开高走，从2.4~2.6元/500克一月之内迅速攀升到2.9元/500克，并维持高位，折中国棉花收购价格指数由开秤初期的12 900元/吨涨至14 200元/吨以上，涨幅超过10%。

3.购销价差缩小 棉企经营利润大受挤压

收购价格快速攀升促使销售价格被动上扬，但新棉销售量并未同步放大，销售一直比较清淡。为加快资金周转，一些经营企业不惜以成本价销售，导致国内市场购销价格一度出现一周左右的倒挂现象。从2005年9月到12月底，国家棉花价格指数Cncotton B(328级)与中国棉花收购指数的平均差值仅为260元/吨，而去年同期为1 167元/吨，同比下降77.72%，棉花经营企业盈利空间下降(图8)。

4.纺织企业经营压力加大

2005年，国内棉纺织企业被欧美“设限”以及有可能出现的来自其他国家的类似“设限”阴云所笼罩，生产和出口

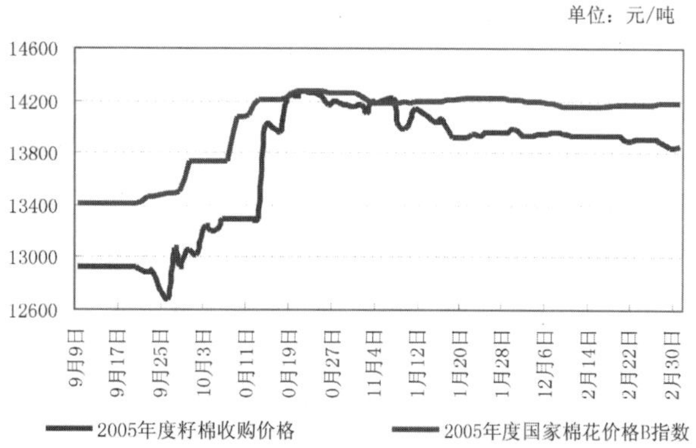

图8 2005年9~12月中国棉花收购价格指数与国家棉花价格B指数走势图

信心大受影响。同时，面临人民币升值、能源及原材料价格上涨、国内产能迅速扩张、产成品大量积压等诸多压力，纺织企业“内忧外患”，盈利空间被进一步挤压。在国内棉价上涨的同时，纺织品价格被动跟涨，但涨幅远不及原料价格。2005年9月至12月，32支纯棉普梳纱仅上涨了700元，涨幅不到4%。纺织企业对原料的采购行为趋于谨慎，本着随用随买的原则，减少原料库存。

5.内外棉价差拉大 外棉竞争力增强

2005年9月至12月，国内棉花价格远远高于国际市场，平均价差达到1894元/吨，而2004年同期内外棉平均价差仅为459元/吨。由于内外棉价差拉大，加之2006年初国家增发150万吨配额，国内纺织企业加大了对进口棉的采购力度。2005年9月~2006年2月(即2005棉花年度上半年)，我国已累计进口棉花171万吨，超过了上个年度的进口总量。

三、2005年度棉花市场形势的初步判断

1.国内外供求形势

2005年度全球棉花供求形势预测

据美国农业部2006年2月最新预测，2005/2006年度全球棉花产量将达到2 468万吨，较上年度减少153万吨；消费2 529万吨，较上年度增加161万吨；出口911万吨，较上年度增加155万吨；期末库存1 160万吨，较上年度减少20万吨(表1)。

2005年度中国棉花供求形势预测

根据国家统计局统计，2005年度全国棉花总产量570万吨，纺棉用量915万吨，加上社会其他用棉量，2005年全年我

表1 2005年度全球棉花供求形势预测

国别	年度	产量	出口	消费	期末库存
全球	2004/2005	2 620.9	755.9	2 367.7	1 180.0
	2005/2006	2 467.7	911.1	2 528.9	1 159.9
	增减	-153.2	155.2	161.2	-20.1
美国	2004/2005	506.2	313.7	145.7	120.6
	2005/2006	516.4	365.8	128.5	143.7
	增减	10.2	52.1	-17.2	23.1
中国	2004/2005	631.4	-	838.2	284.4
	2005/2006	570.4	-	979.8	289.3
	增减	-61.0	-	141.6	4.9

国棉花需求约945万吨；当年产需缺口375万吨。

然而，考虑到2004年底国家统计局调整了全年纺纱产量，社会实际纺纱产量有可能大于此统计，因此，2006年我国棉花产需缺口可能大于375万吨的预测(表2)。

表2　2005/2006年度国内棉花产销存预测　　(单位：万吨)

年度	期初库存	产量	进口	需求	出口	期末库存
2004/2005	257	632	166	869	1	185
2005/2006 预计	185	570	377	945	0	187

* 中国棉花网2006年2月11日预测

2.市场行为决定价格取向

值得注意的是，尽管2005年度国内外供不应求的状况没有发生根本变化，但并不意味着2005年度价格一定会出现大幅上涨的局面。上年度的市场形势表明，市场行为将对价格产生重要影响，甚至在特定情况下会出现与供求相背离的变化。2005年度棉花市场行为呈现新特点，并可能影响甚至左右国内棉花市场价格。

一是买方市场格局没有被打破。由于纺织品贸易摩擦的影响，2005年度涉棉企业谨慎的从业心态不会发生根本改变。从纺织企业的角度看，一方面，棉花配额的发放方式给纺企更多的自主权，进口棉的跨年度采购以及采购品种和方式的多样化已经为拥有配额的纺织企业提供了更多的原料选择机会，这无疑给国内棉花市场带来更大的压力。另一方面，出口和内销市场的需求变化促使纺织企业对棉花质量的要求更高，这也给棉花经营商提出了更高的要求。

二是信息透明化影响销售行为。与此同时，国内参与棉花收购、加工和经营的企业超过万家，形成了完全竞争市场，信息的公开促使棉花价格透明化，单一企业无法形成垄断价格，销售的灵活性不断加强。快购快销、薄利多销依然会成为许多经营企业的首选策略。

三是内外棉的竞争将进一步加剧。充裕的进口配额不仅弥补了国内供需缺口，保证了纺织企业的生产需求，更促进了国内棉花市场的价格稳定。另外，2005年出现一种新的购棉方式--寄售，预计将延续到2006年，并成为进口棉销售的一种重要方式。寄售就是把进口棉直接寄存在保税区，用棉企业可以直接看货成交。不仅缩短了棉花进口的时间，而且更加符合中国纺织企业的购买习惯，弱化了外棉交易中不方便的环节，从而提升了进口棉的市场竞争力。

四是市场细分、价格取向面临多元化。当前棉花市场格局发生了重大转变，存在纺织企业、经营者、棉农、进口商、政府的多方博弈，市场面临细分，价格取向也面临多元化。2005年初，同样是229级棉，因为内在质量的差异，价格就能相差近1 000元/吨。而2005年新棉上市初期山西、河北等地一致性好、可以注册仓单的棉花收购价较一般棉花高出0.1元/500克。价格的多元化取向以及优质优价原则在收购市场充分体现。

3.不确定因素分析

一是棉花宏观调控政策。由于2005年度国内棉花供求缺口超过300万吨，国家有关部门采取更加灵活的措施稳定棉花市场，特别是早于往年增发配额的措施，对控制国内棉价过快增长，保障棉纺织企业原料稳定供应，抑制国际棉花价格大幅波动发挥了重要作用。当前棉花政策重稳定，调控手段更为灵活，包括配额的适时发放、储备政策的取向都将对新年度的棉花价格构成重要影响，2005年度国内政策效用将变得更为突出。

二是人民币升值和其他经济影响。截至2005年12月底，人民币自7月21日调整后的升幅已超过2%，个别时段的汇价较固定汇率时上升近3%。持续性升值为棉花进口创造了更加便利的条件，也给国内棉花市场带来更大的压力。而经常性项目失衡使全球经济进一步放缓，人民币升值的压力继续存在。此外，石油价格走势，以及国家能源政策的调整对棉纺织经济运行的影响尚存在不确定性。

(执笔：梅咏)

2005年纺织品贸易摩擦回顾及企业应对策略探讨

2005年是纺织品配额取消的第一年，发达国家和发展中国家纷纷运用各种形式的贸易壁垒对来自中国的纺织服装产品发起猛烈攻势，以维护本国产业利益。在这些层出不穷的贸易壁垒中，欧盟、美国频频使用“242段特保”先后对我纺织服装产品设限，这些设限最终通过中美、中欧贸易协议圆满化解，而使我输美、输欧市场相对稳定。发展中国家则选择使用“16条特保”、反倾销调查等手段，加强对国内产业的保护。

一、纺织品贸易壁垒案件回顾

1.“242段特保”

2005年涉及“242段特保”的国家主要是美国、欧盟和土耳其。其中，美国先后对10类纺织服装产品实施特别限制措施，产品涉及棉制袜子、上衣、衬衫、裤子等。随着2005年11月8日中美贸易协议的签署，美国纺织品协议执行委员会终止了24类中国纺织品特保裁决程序。中美纺织品协议涵盖的产品市场将趋于稳定。

欧盟于2005年4月24日宣布，由于2005年第一季度中国纺织产品对欧盟增长过快，决定对我9类纺织品服装实施特保限制调查，被调查的产品包括T恤衫、毛衫、男裤、女士衬衫、袜子、女式大衣、胸衣、亚麻或苎麻纱、亚麻或苎麻梭织织物，但中欧最终于2005年6月11日达成协议，成功解决了中欧纺织品贸易争端从而化解了设限。

土耳其于2005年1月9日公告决定对我42类纺织品实施配额限制。产品包括丝绸非针织衬衫、男梭织西服上衣、女梭织外套等。2006年将增加至对44类纺织品继续实施配额限制措施。

2.“16条特保”

2005年9月26日，中国台湾贸调会接受云林县毛巾产业科技发展协会的申请，决定对大陆毛巾产品发起特保调查。涉案金额约为2600万美元(2004年)。

这是中国台湾首次依据我入世承诺发起的特保措施调查，鉴于本案涉及两岸关系问题，高度敏感，在商务部公平贸易局的统一部署下，我会于10月10日在北京紧急召开中国台湾毛巾特保应诉会，先后动员了10家企业配合答卷。12月初，中国台湾贸调会初步裁定不采取措施。

2005年7月26日、8月1日、11月29日，哥伦比亚贸工部对我85个税则项下的纺织产品，依据我《入世议定书》16条发起了特保调查，部分产品于2005年8月17日实施了200天临时措施。涉及金额5 000万美元(2004)。8月16日，哥伦比亚对我8个税则项下的袜子同样发起特保调查，涉及金额208万美元。经过我会动员，有2家企业交了答卷。

3.反倾销调查

2005年来自各国的反倾销调查共立案7起：

(1)美国艺术画布　2005年4月1日，申诉方TARA Materials提起对中国出口的涉案产品进行反倾销调查，涉案金额约为600万美元，共有4家企业应诉。10月31日，美国商务部公布从中国出口的艺术画布反倾销调查初裁结果，认定我出口企业以低于正常价值出口涉案产品，并裁定倾销幅度从55.78%~264.09%不等。现核查工作已经完毕，终裁将在2006年3月做出。

(2)印度粘胶长丝案件　2005年4月7日，印度对粘胶长丝展开反倾销调查，涉案金额1 689万美元，我会组织了4家企业应诉，并成功组织了行业损害抗辩。

(3)印度绸缎案件　2005年5月17日，印度对绸缎发起反倾销调查，涉案金额1.81亿美元。我会组织了近30家企业应诉，并以行业名义组织了损害抗辩。推动调查当局确立抽样的方案并采纳我会建议实施一系列最新调查程序。此外，我部还派员随同商务部赴印度进行谈判与交涉，取得了一定成果。10月26日，抽样企业和申请市场经济地位的企业均顺利递交了答卷。

（4）印度尼龙长丝案件　2005年7月4日，印度对尼龙长丝发起反倾销调查，涉案金额1000万美元，经过我们的努力，动员了最大的1家企业应诉。现企业已经递交调查问卷。

（5）秘鲁粗斜纹棉布反倾销案　2005年8月18日，秘鲁对粗斜纹棉布发起反倾销调查，涉案金额270万美元，涉案企业18家。经努力，我会动员了1家企业应诉。同时，我会也以行业组织身份办理公证手续参与应诉并提交了抗辩材料。现企业问卷及商会抗辩意见已经递交。

（6）韩国弹力丝反倾销案件　2005年11月21日，韩国第一次对中国纺织品——弹力丝发起反倾销调查，涉案金额约为1 276万美元。我会在9月得到预警信息后，迅即于10月初在杭州召开了预警会，又于11月16日立案前召开了应诉会，共组织了3家企业应诉。现涉案企业已递交了调查问卷。

（7）印度定向聚酯纱线案件　2005年12月13日，印度对聚酯纱线提起反倾销调查，涉案金额约4 000万美元，应诉会已于12月19日召开。

反倾销做出裁决的案件共有3起：

（1）欧盟化纤布案　欧盟化纤布于2004年6月17日立案，涉案金额4.87亿美元，在我会组织下，共有56家企业应诉，在2005年8月做出的终裁中有26家企业获得市场经济地位并获得14.1%的税率，取得历史性突破，最终保住了市场。在此期间，我会组织了行业无损害抗辩，经多次电话传真联系，最终有36家涉案企业参加了此次抗辩。我会前后召开了8次包括预警会、应诉工作会、总结会等会议。并在应诉期间跟踪实地核查。我会代表两次出席了在欧盟召开的听证会，有力支援了企业应诉工作，为最后取得较为理想的结果奠定了基础。

（2）欧盟聚酯短纤案　本案于2003年12月立案，涉案金额2 900万美元，我会组织了4家企业应诉。今年1月做出终裁，对4家企业裁定分别税率。其中1家获得市场经济地位，税率为4.9%，其余3家不十分理想，目前，我部正在研究其违反WTO规定的问题。

（3）秘鲁棉机织物案　本案于2004年11月13日正式开始立案调查。产品调查期为2003年7月至2004年6月，我涉案金额约为200万美元。

由于涉案金额过小，我会在多次联系后，企业表示放弃应诉。秘鲁最终裁定了最低限价抑制中国企业的出口。

二、2005年纺织品贸易壁垒特点和未来趋势分析

1.中欧、中美纺织品协议签署，纺织品大的贸易环境趋于稳定

从去年美国、欧盟和土耳其使用特保的形势看，涉案产品多为紧俏出口产品，设限范围广，影响大。中美、中欧贸易协定的签署，将有利于中美、中欧纺织品贸易环境的明朗和稳定，符合中美、中欧产业的利益。纺织品贸易达成的协议为中美、中欧纺织品贸易创造了一个稳定的、可预见的贸易环境，大大增强中国企业和国外进口商接单和下单的信心和决心，促进中美、中欧纺织品贸易健康、持续发展。随着协议的签署，纺织品领域大宗商品、敏感商品受到其他限制措施调查的可能性降至最低，但不排除对个别未设限产品实施反倾销等措施。

2.发展中国家滥用“16条特保”，拉美国家引起连锁反应

相对于发达国家，发展中国家正竭力使用“16条特保”维护自身产业。哥伦比亚先后三次对我纺织服装产品依据《中国入世议定书》16条“一般产品保障措施”发起调查，范围几乎囊括了对其出口的全部产品。巴西、南非拟对我多个税则号的产品进行设限，一旦设限将影响我对其大部分纺织品的出口，后经政府磋商而化解。与发达国家相比，发展中国家更倾向于使用“16条保障措施”对我出口产品实施限制。因为“16条特保”适用时间长，限制手段多，且可以涵盖多个类别，因此，发展中国家意图通过“16条特保”最大限度的保护国内纺织服装产业。随着一个国家开始使用，更多国家纷纷效仿，特别是南美等新兴市场，已先后有多个国家的产业提起特保调查。

3.反倾销形势依然严峻，印度出口市场成为反倾销重灾区

2005年全年共新立7个反倾销案件，其中4个均由印度

发起。调查产品多为单一类别的原材料产品，例如长丝、纱线等。印度自去年开始频频对中国产品发起反倾销调查，共立案10起，其中近半都是针对中国的纺织品发起攻势，可见其保护国内纺织产业的决心。而美国首次对中国的纺织品采用反倾销调查，涉案金额虽小，但这可能是美国对中国纺织服装产品使用反倾销调查的投石问路之笔。此外，美国的反倾销法律制度相当严密，去年美国接连修改若干非市场经济国家调查程序，矛头直指中国，大大加强了我企业应诉的难度。

三、企业应对贸易壁垒的策略

在2005年，中国政府、商会、纺织企业面对来自各国的各种限制措施做了十分积极的回应，取得了一定的成绩。特别是在反倾销调查的应对中，我们可喜的看到已有不少企业成功的取得市场经济地位，巩固了出口市场。同时，我企业对纺织服装贸易形势和壁垒趋势日益关注，也加深了自主应对的意识。在应对贸易壁垒过程中，企业应注意：

1.加强贸易形势信息的收集

我们在应诉工作中经常碰到这样的情况，有的企业错过了应诉时机，在限制措施已经开始实施之后才发现自己是涉案企业，询问应诉事宜，但为时已晚，出口市场已经对其关闭了大门。这些企业一味关注眼前生意，而忽视了对贸易壁垒信息的关注。同时，我们也欣喜的看到，一些成熟的大型企业对此已高度关注，设立专门机构收集反倾销等贸易信息，这就为企业应对反倾销调查奠定了坚实的基础，大大增加了获得有利结果的可能。希望中小企业密切关注各级政府和纺织商会的预警应诉信息，及时做好应诉准备。

2.树立自主应对的意识

在面对贸易壁垒时，很多企业认为政府应该出面为企业解决，单个企业发挥不了什么作用。政府在应对贸易壁垒的程序中确实发挥着十分重要、积极的作用，在保障措施的应对中，通过政府间的交涉和谈判有望圆满化解设限。但是，政府交涉是需要事实支持的，这些事实证据和数据信息都要来自企业。同时，只有单个企业积极应诉了，政府、商会才能整合资源，有效的发挥作用。因此，我们通常把政府比作大炮，企业比作炮弹。只有企业积极主动的参与应诉，大炮才能真正发挥威力，为企业争取市场。

3.积极应对保住市场

有人说，"应诉难，胜诉更难"。但是，不应诉意味着没有胜诉的机会和痛失出口市场。在应对反倾销调查中，企业一旦决定应诉，就要全力以赴，配合律师做好问卷的填答递交工作。企业内部应建立组织完善的应对小组，应对班子由关键领导挂帅，会计、人事、生产、销售部门的主管人员组成。这是企业取得理想应诉结果的关键。

4.在平时规范企业内部管理

曾经应诉过反倾销的企业都表示，经过反倾销调查的洗礼，公司的资料和记录已经十分清晰和整齐，不怕再遇到类似的调查。因此，我们建议企业在平时就注意规范各类贸易、财务行为，建立良好的资料归档制度，把准备工作做在平时，这样在有限的答卷时间内就不用仓促应战了。

（执笔：王婧）

2005年纺织服装产品反倾销和保障措施案例

一.新立案的反倾销案件

序号	国家(地区)	产品名称	涉案税号	立案时间	涉案金额(美元)	裁决时间	裁定结果	应诉情况
1	美国	艺术画布	5901.90.20 5901.90.40	2005年 4月1日	约600万	2005年10月31日(初裁)	倾销幅度55.78%	4家企业应诉
2	印度	粘胶长丝	54033100、54033200、54033300、54034100、54034120、54034130、54034140、54034150、54034160、54034170、54034180、54034190	2005年4月7日	1689万	正在进行		4家企业应诉
3	印度	绸缎	5007	2005年5月17日	1.81亿	正在进行		近30家企业应诉
4	印度	尼龙长丝	5402	2005年7月4日	1000万	正在进行		1家企业应诉
5	秘鲁	粗斜纹棉布	5209410000、5209420000、5211420000	2005年8月18日	270万	正在进行		1家企业应诉
6	韩国	弹力丝	5402.33	2005年11月21日	1276万	正在进行		3家企业应诉
7	印度	定向聚酯纱线	5402.4200	2005年 12月13日	约4000万	正在进行		无

二.做出裁决的反倾销案

序号	国家(地区)	产品名称	涉案税号	立案时间	涉案金额(美元)	裁决时间	裁定结果	应诉情况
1	欧盟	化纤布	54075100、54076110、54076910	2004年 6月17日	4.87亿	2005年8月	26个市场经济地位;税率14.1%~56%	56家企业应诉
2	欧盟	聚酯短纤	5503.2000	2003年 12月	2900万	2005年1月	1个市场经济地位,税率4.9%-49.7%	4家企业应诉
3	秘鲁	棉机织物	5208120000、5208130000、5208190000、5208220000、5208230000、5208290000、5208320000、5208330000、5208390000、5209110000、5209120000、5209190000、5209210000、5209220000、5209290000、5209310000、5209320000、5209390000 5514210000	2004年 11月13日	200万	2005年11月	最低限价	无

三.一般产品特保案

序号	国家(地区)	产品名称	涉案类别	立案时间	涉案金额(美元)	裁决时间	裁定结果	应诉情况
1	中国台湾	毛巾	6302.60.00.00 6302.91.00.00	2005年9月26日	2600万	2005年12月	不采取措施	10家企业答卷
2	哥伦比亚	纺织品	10章71个税号	2005年7月26日和8月1日	约5400万(2004年)	2005年8月17日	58个税号59%－91%附加税	
3	哥伦比亚	袜子	8个税号	2005年8月16日	约208万(2004年)	2005年9月8日	4个税号88%附加税	
4	哥伦比亚	服装	14个税号	2005年11月29日	约262万(2004年)	—	—	—

四、纺织品特保

序号	国家(地区)	商品名称	类别	起始日期	终止日期
1	美国	棉、毛及部分人纤制袜子	332/432/632部分	2004.10.29	2005.10.28
2	美国	棉制针织衬衫及上衣	338/339	5月23日	12月31日
3	美国	棉及人纤制内衣裤	352/652	5月23日	12月31日
4	美国	棉制裤子	347/348	5月23日	12月31日
5	美国	人纤制针织衬衫	638/639	5月27日	12月31日
6	美国	人纤制裤子	647/648	5月27日	12月31日
7	美国	棉及人纤制梭织男衬衫	340/640	5月27日	12月31日
8	美国	精梳棉纱	301	5月27日	12月31日
9	美国	其它合纤长丝织物	620	9月1日	12月31日
10	美国	棉及人纤制胸衣	349/649	9月1日	12月31日
11	土耳其	纺织品/家用产品	42个类别	2004年12月17日	仍在设限

大类商品篇

2005年中国纱线进出口概况及分析

一、纱线产量增幅可观

根据国家统计局公布的数据，2005年我国纱线产量完成1 412.4万吨，同比增长29%。近几年我国纱线产量基本保持每年平均15%的增长。随着我国纱线生产能力的不断增长，技术设备的不断更新，我国纱线出口近几年也保持了两位数以上的增长（表1）。

表1　2001～2004年我国纱线产量和出口量统计

（数量单位：万吨）

年份	国内纱产量	同比（%）	纱线出口量	同比（%）	出口所占份额（%）
2001	700	7.59	81	12.16	11.53
2002	802	15.79	106	30.3	13.11
2003	984	22.68	129	22.51	13.09
2004	1 095	19.43	141	9.15	12.84
2005	1 412	29	170	20.73	12.01

二、进出口基本情况：出口增幅增加，顺差扩大

近年来，随着我国纺纱生产能力逐年提升，出口能力也逐步提高，纱线进出口贸易由原来的逆差逐渐转变为小额顺差，2005年我国纱线进出口贸易顺差进一步扩大。

2005年我国纱线产品出口数量为169.69万吨，同比增长20.73%；出口金额为52.1亿美元，同比增长18%。出口金额占我国纺织服装出口总金额的4.53%。进口数量为174.43万吨，同比减少3.04%；进口金额为41.92亿美元，同比增长3.15%。进口金额占我国纺织服装进口总金额的24.46%。全年纱线贸易顺差为10.2亿美元，顺差比去年增加了6.69亿美元（表2）。

表2　2001～2005年我国纱线进出口金额统计

（单位：亿美元）

年份	出口金额	进口金额	进出口盈余
2001	27.16	30.36	－3.2
2002	30.68	34.63	－3.95
2003	38.28	39.34	－1.06
2004	44.15	40.64	3.51
2005	52.1	41.92	10.2

三、进出口商品结构

1.棉纱和化学纤维纱线是纱线出口主要品种

2005年分别出口棉纱/化学纤维纱线46.96万吨和80.78万吨，出口金额分别为14亿美元和22.28亿美元，分别占纱线出口总金额的26.88%和42.77%。

在所有纱线品种中，出口数量和金额增幅最大的都是玻璃纤维纱线，数量和金额同比增长分别为38.27%和36.85%（表3）。

2.纱线进口结构

从进口纱线种类来看，除了玻璃纤维纱线和棉纱进口数量有所增长外，其余品种的纱线进口数量都有明显下降。其中降幅最大的植物纤维纱线，同比下降34.5%，其进口金额也同比下降33.03%（表4）。

3.棉纱进出口贸易仍然呈现逆差

2005年我国棉纱全年出口数量同比增长8.65%，出口金额同比增长4.77%，比2004年有了一定的回升。在2004年时，受当时国内棉花价格大幅度波动的影响，当年棉纱出口数量和金额分别出现了14.28%和3.04%的下降。进入2005年，棉花价格虽然仍在高位徘徊，但是价格波动幅度不大，企业

表 3　2005 年全国纱线出口产品结构

(数量单位:t;金额单位:万美元)

商品名称	出口					
	数量	同比(%)	金额	同比(%)	单价	同比(%)
纱线	1 696 906.30	20.73	520 956.18	18.00	3.07	-2.27
丝线	16 736.37	22.03	33 872.70	39.33	20.24	14.18
棉纱线	469 630.15	8.65	140 026.87	4.77	2.98	-3.58
植物纤维纱线	28 643.54	-4.76	14 253.52	13.36	4.98	19.03
化学纤维纱线	807 755.03	25.91	222 812.90	29.93	2.76	3.19
玻璃纤维纱线	320 286.03	38.27	30 275.53	36.85	0.95	-1.02
羊毛、动物毛纱线	53 855.18	-4.31	79 714.67	3.07	14.80	7.71

表 4　2005 年全国纱线进口产品结构

(数量单位:t;金额单位:万美元)

商品名称	进口					
	数量	同比(%)	金额	同比(%)	单价	同比(%)
纱线	1 744 320.12	-3.04	419 208.89	3.15	2.40	6.39
丝线	1 098.81	-21.61	1 113.81	27.89	10.14	63.13
棉纱线	793 655.64	11.08	169 715.42	10.79	2.14	-0.27
植物纤维纱线	11 557.74	-34.50	3 075.05	-24.23	2.66	15.67
化学纤维纱线	819 356.66	-13.62	208 794.11	-2.35	2.55	13.05
玻璃纤维纱线	84 270.58	3.70	14 913.18	16.37	1.77	12.22
羊毛、动物毛纱线	34 380.70	-3.71	21 597.32	-0.26	6.28	3.58

原料成本的可控性和预期性增强，棉纱出口有了一定的回升。从全年棉纱出口月度数据显示,棉纱出口的季度波动比较平稳(图1)。

2005年我国进口棉纱79.37万吨,同比增长11.08%;进口金额16.97亿美元,同比增长10.79%。全年贸易逆差为2.97亿美元。

4.化学纤维纱线贸易出现顺差

根据国家统计局公布的数据,2005年我国化学纤维产量为1 629.2万吨,同比增长14.75%。产能的提高一定程度上带动了化学纤维纱线的出口，同时减少了对于国外产品的

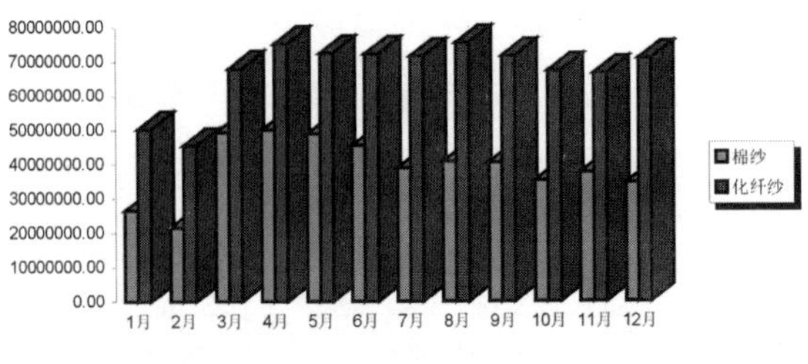

图1　2005年棉纱化纤纱出口月度统计

进口依赖。2005年我国化学纤维纱线的出口数量和金额同比分别增长了25.91%和29.93%。而进口数量和金额则继续

下降，全年进口81.93万吨，同比减少13.62%；进口金额为20.88亿美元，同比减少2.35%。化纤纱线进出口贸易由去年的逆差4.23亿美元转为今年的顺差0.14亿美元。

四、亚洲仍是我主要出口市场和进口来源地区

1.对北美、欧盟和土耳其出口增长迅速

2005年，我国纱线出口的各个主要市场都保持增长，其中亚洲地区仍然是我国纱线的主要出口市场，出口金额为41.59亿美元，同比增长12.33%，占我国对全球出口纱线总金额的79.84%。对其余地区如欧盟、北美洲出口增长迅速，出口金额同比分别增长57.14%和92.03%。对独联体和拉美地区出口增长速度下降，出口金额同比分别只增长了6.32%和21.5%（表5）。

表5　2005年全国纱线出口市场统计（按地区）

（单位：万美元）

国别/地区	金额	同比%	份额%
合计	520 956.18	18.00	100.00
亚洲	415 947.22	12.33	79.84
东南亚	30 087.89	17.97	5.78
中东地区	17 187.79	24.72	3.30
非洲	18 526.10	26.57	3.56
欧洲	51 171.22	51.19	9.82
欧盟	47 166.36	57.14	9.05
欧盟15国	42 890.11	60.68	8.23
东扩10国	4 276.26	28.75	0.82
独联体国家	3 512.18	6.32	0.67
拉丁美洲	10 572.44	21.50	2.03
北美洲	19 913.18	92.03	3.82
大洋洲	4 159.72	23.97	0.80

从单个国家和地区来看，中国香港仍然是我国纱线出口的第一大市场，占我国纱线总出口金额的42.87%，对其出口增幅为3.7%。其余各个出口市场所占份额都不超过10%。值得关注的是，在前10位出口市场中，增幅最大的是土耳其，出口金额同比增长达140.88%，对印度、美国和意大利的出口金额同比增长也都超过50%（表6）。

表6　2005年全国纱线出口市场统计（前20名）

（单位：万美元）

序号	国别	金额	同比%	占比%
1	中国香港	223 347.92	3.70	42.87
2	韩国	43 909.30	23.23	8.43
3	日本	32 184.47	6.97	6.18
4	印度	25 449.23	51.42	4.89
5	美国	17 127.10	89.16	3.29
6	孟加拉	15 409.41	15.10	2.96
7	意大利	14 481.22	67.27	2.78
8	德国	11 737.91	22.01	2.25
9	土耳其	10 030.15	140.88	1.93
10	泰国	6 622.10	25.98	1.27
11	巴基斯坦	6 576.79	96.73	1.26
12	越南	6 443.21	37.25	1.24
13	中国澳门	6 031.88	－13.41	1.16
14	印度尼西亚	5 891.90	25.16	1.13
15	马达加斯加	5 057.15	27.92	0.97
16	巴西	4 729.55	20.40	0.91
17	阿拉伯联合酋长国	4 212.12	13.21	0.81
18	西班牙	4 197.16	75.04	0.81
19	埃及	4 005.92	49.07	0.77
20	中国台湾	3 949.94	14.06	0.76

2.从巴基斯坦进口增长迅速，从其余国家进口普遍下降

2005年，我国从各主要市场的纱线进口普遍下降，在排名前10位的纱线进口来源国家和地区中，巴基斯坦是唯一一个对我出口呈两位数增长的国家。从其进口纱线数量为24.78万吨，同比增长了30.63%；进口额达到了4.56亿美元，同比增长30.19%；其所占进口金额份额为10.87%。从巴进口的主要纱线品种为棉纱线，全年进口4.52亿美元，同比增长30.16%。中巴之间的棉纱贸易逆差达到4亿美元以上，为我国棉纱对外贸易逆差的1.35倍（表7）。

按金额计，纱线进口95.8%是来自亚洲国家和地区，出

表7 2005年我国纱线进口市场统计

(按金额排序) (金额单位:万美元)

序号	国别/地区	金额	同比%	份额%
1	中国	121 872.43	5.58	29.07
2	中国台湾	98 635.76	3.39	23.53
3	巴基斯坦	45 569.32	30.19	10.87
4	韩国	37 400.89	-9.21	8.92
5	日本	26 230.06	-2.02	6.26
6	印度尼西亚	12 639.20	-7.03	3.02
7	印度	11 990.25	-26.51	2.86
8	中国香港	11 802.82	-16.76	2.82
9	意大利	9 552.95	2.06	2.28
10	泰国	8 180.84	3.97	1.95
11	美国	7 516.72	9.75	1.79
12	马来西亚	6 421.53	49.56	1.53
13	新加坡	3 441.15	-7.63	0.82
14	荷兰	3 310.55	41.71	0.79
15	越南	2 005.15	19.76	0.48
16	德国	1 936.18	-2.57	0.46
17	英国	1 883.19	34.18	0.45
18	墨西哥	721.77	-3.71	0.17
19	法国	720.37	-9.71	0.17
20	柬埔寨	718.70	-16.64	0.17

去从国内出口复进口外，排名前五位的国家和地区分别是中国台湾、巴基斯坦、韩国、日本、印度尼西亚，这些国家所占份额之和占了总进口额的50%左右。

2005年中国香港作为我国纱线进口来源地的地位进一步下降。全年从香港进口纱线4.77万吨，同比下降16.5%；进口金额为1.18亿美元，同比下降16.76%，所占进口金额份额为2.82%。排名从2004年的第七下降到2005年的第八。

五、加工贸易是纱线产品出口的主要贸易方式

在纱线出口中，国有企业往往采用一般贸易方式，三资企业多采用加工贸易方式。近两年随着三资企业家数和出口金额的迅速增加，以及国有企业家数减少等因素共同作用下，纱线产品出口中一般贸易比重持续下降，加工贸易出口金额增长迅速，比重持续上升，已经超过一般贸易成为我国纱线产品出口最主要的贸易方式。2005年纱线产品一般贸易出口额为25.8亿美元，所占份额为49.52%；加工贸易出口金额为25.96亿美元，所占份额为49.84%。其他贸易方式所占比重不超过1%。

六、出口以三资企业为主，私企增长迅速

近两年来，在纱线出口企业当中，国有及国有参股企业的比重正在逐渐下降。2005年，纱线出口企业共有5 416家，同比增长25.63%。其中，国有及国有参股企业1 232家，同比下降4.72%，出口金额为15.84亿美元，同比增长11.18%，占纱线总出口额的30.41%。三资企业1088家，同比增长9.24%，出口金额为23.14亿美元，同比增长16.24%，占总出口额的44.42%。其中，外商独资企业和中外合资企业出口金额增长都很迅速，分别为9.07亿美元和11.09亿美元，同比增长29.21%和11.95%，分别占总出口额的17.42%和21.28%。民营企业纱线出口继续迅猛增长，05年出口金额为13.11亿美元，同比增长31.27%，占总出口金额的25.17%。其中，私营企业同比增长最为迅速，出口金额为6.91亿美元，同比增长了48.05%，占比上升到了13.26%。

七、东南沿海传统纺织大省占据纱线出口主导地位

纱线出口排名前五位的省市分别为江苏、浙江、广东、山东、上海，这5个省市占今年全国纱线总出口额的76.28%。其中，江苏出口11.35亿美元，同比增长21.78%，排名第一位，它也是前五位省市中增长最快的。浙江的纱线出口排名上升到第二位，出口10.18亿美元，同比增长了36.73%，其所占份额为19.55%。广东的排名从第二下降到第三位，05年出口纱线9.52亿美元，同比增长8.97%，所占份额为18.09%。从整体来看，东部省市出口增速明显快于中西部省市。

*文中进出口数据均来自中国海关。

中国纺织品进出口商会纱布分会(执笔:张腾)

2005年中国面料进出口概况及分析

一、2005年全国面料出口情况

2005年面料进出口额为296.43亿美元，同比增长10.11%，其中，出口金额209.54亿美元，同比增长16.04%，进口金额86.89亿美元，同比减少1.96%。进出口相抵，顺差122.65亿美元。出口平均单价同比提高3.61%。出口企业14 596家，同比增长24.92%，(注：文中涉及的面料包含服装用和非服装用面料)。

1.国有、国有控股企业面料出口负增长，私营企业飞速发展

2005年国有、国有控股企业面料出口负增长，与上年同期相比，出口家数减少8.49%，出口数量和金额分别减少2.84%和0.77%(表1)。

私营企业出口增长惊人，与上年同期相比，出口家数增加47%，出口数量增长49%，出口金额增长54%。出口金额已

表1 2005年面料出口企业构成表

(数量单位：万m　金额单位：亿美元　价格：美元/m)

企业构成	家数	同比%	占比%	数量	同比%	占比%	金额	同比%	占比%	均价
合　计	14 596	24.92	100	1 859 998	11.99	100	210	16.04	100.	1.13
国有、国有控股企业	2 370	-8.49	16.24	542 902	-2.84	29.19	58	-0.77	27.47	1.06
三资企业	3 059	15.96	20.96	424 825	6.26	22.84	66	15.60	31.59	1.56
其中：独资企业	124	-13.89	0.85	28 176	-9.64	1.51	7	-5.28	3.11	2.32
合资企业	1 218	9.34	8.34	205 447	-1.85	11.05	28	4.27	13.20	1.35
合作企业	1 717	24.42	11.76	191 202	20.02	10.28	32	34.22	15.28	1.67
集体和私营企业	9 114	41.37	62.44	891 624	26.99	47.94	86	31.32	40.92	0.96
其中：集体企业	793	-0.75	5.43	312 056	-0.49	16.78	26	-2.31	12.36	0.83
私营企业	8 321	47.33	57.01	579 568	49.18	31.16	60	54.30	28.56	1.03

*资料来源：海关统计

表2 2005年面料商品大类出口表

(数量单位：万m　金额单位：万美元)

商品名称	数量	同比(%)	金额	占比(%)	同比(%)
面料	1 859 998	11.99	2 095 407	100.00	16.04
棉布	5 495 738	14.46	603 146	28.78	14.86
丝机织物	288 188	14.82	72 127	3.44	23.75
羊毛、动物毛机织物	9 938	3.86	52 603	2.51	4.33
化学纤维机织物	10 416 868	10.65	769 753	36.74	13.68
其他面料	2 299 868	12.39	597 777	28.53	20.79

*资料来源：海关统计

占总出口金额的28.56%。

2.一般贸易出口平稳增长

一般贸易仍然是面料主要出口方式，其出口额占面料总出口金额的75.05%，增长幅度达18.12%。进料加工是加工贸易的主要方式，其出口额占面料总出口金额的21.1%，增长幅度达8.77%。

3.棉布和化学纤维机织物是面料出口的主要品种

化学纤维机织物超过棉布成为面料出口的主要品种，其出口额占面料总出口金额的37%，增长幅度为14%(表2)。

4.服装面料出口持续增长

服装面料主要品种包括：棉和棉涤花色漂布、人棉布、化纤布、麻布和呢绒等。除苎麻布、棉坯布和呢绒外，其他品种金额增长幅度都超过10%。其中：化纤布增长幅度达到36.71%。除棉坯布出口价格降低外，其他品种普遍提高，其中：化纤布提高17.24%(表3)。

表3　2005年面料主要出口品种

(数量单位：万m　金额单位：万美元　价格：美元/m)

商品名称	出口数量	同比(%)	出口金额	同比(%)	出口价格	同比(%)
棉坯布	122 117	13.23	82 095	4.44	0.67	-8.08
棉涤纶坯布	63 287	3.69	30 968	14.47	0.49	10.54
苎麻布	7 995	-2.71	11 140	1.36	1.39	3.93
亚麻布	17 078	8.64	34 087	17.51	2	8.38
棉花色布	333 537	15.12	420 964	15.68	1.26	0.32
涤棉花色布	188 825	18.28	153 797	28.15	0.81	7.75
人棉布	89 819	18.7	66 036	19.03	0.74	0.93
化纤布	90 594	16.81	86 819	36.71	0.96	17.24
呢绒	9 269	2.1	51 614	3.88	5.57	1.77

*资料来源：海关统计

5.开拓新市场有成效，但热点过于集中现象没有根本改变

由于出口企业坚持实施市场多元化战略，对新兴市场开拓加大投入，成果明显，除对拉美和大洋洲出口减少外，其他地区增长幅度都超过10%，其中：对北美洲出口增长幅度达到116%(表4)。

我国同189个国家和地区有面料贸易，但主要贸易伙伴国仍集中在亚洲的中国香港、韩国、孟加拉、日本和阿联酋。按出口金额排序，前6个贸易国，出口额均超过6亿美元，对前10个出口市场出口额合计占面料总出口金额的53.82%，占贸易国总数5.29%的国家和地区占总贸易额53.82%，说明

表4　2005年面料主要出口市场

(金额单位：万美元)

国家和地区	出口金额	同比(%)
合计	2 095 407	16
亚洲	1 398 066	14.3
东南亚	271 928	29.6
中东地区	194 270	8
非洲	210 284	16.1
欧洲	234 623	24.7
欧盟	179 686	27.2
拉丁美洲	143 484	-8.8
北美洲	98 157	116
大洋洲	10 789	-3.9

*资料来源：海关统计

表5　2005年面料主要出口贸易国家

（金额单位：万美元）

	国家和地区	出口金额	同比(%)
1	中国香港	497 092	5.6
2	孟加拉	97 194	26.3
3	阿拉伯联合酋长国	87 529	4.9
4	美国	85 733	156.9
5	韩国	84 454	13.7
6	越南	62 249	48.5
7	意大利	56 165	45.1
8	印度	55 893	35.3
9	印度尼西亚	52 698	46.4
10	日本	48 812	5.7
	合计	1 127 819	

*资料来源：海关统计

面料市场相对比较集中（表5）。

值得关注的是，在主要贸易国中，对越南和印尼的出口额增长超过45%。由于年初配额暂时取消，对美国和意大利增长幅度分别达到156.9%和45%。

6.面料出口主要集中在东南沿海省市

东南沿海省市依然占据出口排名的前六位，浙江以出口63亿美元，增长14.76%名列第一。福建、江苏和山东增长幅度超过20%。

前10个省市出口额合计195亿美元，占面料总出口金额的93.01%。出口省市分布比较集中（表6）。

二、2005年全国面料进口情况

2005年进口金额86.89亿美元，比上年同期减少1.96%，进口主要用于加工贸易，占总进口额的94.97%，三资企业所占份额为72.67%，国有、国有控股企业只占15.74%。化学纤维机织物和棉布是面料类商品进口的主要品种，分别占总

表6　2005年面料主要出口省、市

（数量单位：万m　　金额单位：万美元）

	省 市	数量	同比(%)	份额(%)	金额	同比(%)	份额(%)
1	合计	1 859 998	11.99	100.00	2 095 407	16.04	100.00
2	浙江	614 150	9.85	33.02	631 081	14.76	30.12
3	江苏	317 833	23.06	17.09	419 754	20.96	20.03
4	广东	184 639	7.10	9.93	375 601	14.22	17.92
5	山东	304 221	17.74	16.36	225 527	22.71	10.76
6	上海	152 170	1.78	8.18	165 678	9.02	7.91
7	福建	43 254	65.34	2.33	42 088	45.65	2.01
8	四川	26 523	15.98	1.43	27 209	21.93	1.30
9	河北	27 805	-14.36	1.49	22 239	-11.75	1.06
10	天津	15 967	-14.68	0.86	20 494	-7.01	0.98
	合 计	1 705 274		91.68	1 948 926		93.01

*资料来源：海关统计

进口额的44%、26%。面料进口来源主要是亚洲，进口额占总进口额的95.14%，进口最大的来源国是日本，进口金额占总进口额的27.7%(表7)。

广东以进口额33.23亿美元，占总进口额的38.25%，持续排名全国进口省市第一位(表8)。

表 7　2005 年面料主要进口来源市场

(金额单位：万美元)

国家和地区	进出口额	进口金额	进口份额%
合计	2 964 289	868 882	100.00
日本	289 531	240 719	27.70
中国台湾	167 077	162 821	18.74
韩国	241 657	157 203	18.09
中国	135 671	135 671	15.61
中国香港	590 134	93 042	10.71

*资料来源：海关统计

表 8　2005 年面料进口主要省市

(金额单位：万美元)

省市	进口金额	进口份额	同比%
合 计	868 882	100.00	-1.96
广东	332 326	38.25	-1.61
江苏	129 264	14.88	0.12
上海	122 169	14.06	-9.22
山东	86 638	9.97	0.88
浙江	61 312	7.06	1.25
辽宁	47 778	5.50	-1.59
北京	22 750	2.62	-2.87
福建	21 929	2.52	-0.98
天津	15 964	1.84	-1.41
湖北	10 474	1.21	-9.03

*资料来源：海关统计

中国纺织品进出口商会花色漂布分会(执笔：虞苋)

2005年中国家用纺织品出口概况及分析

家用纺织品经过几年的发展，在优化产品结构和提高产品质量等方面取得了一定成效。同时，国际市场对家纺产品的需求依然旺盛，使我家纺出口规模持续扩大，2005年家纺出口再创佳绩。

一、出口企业家数与出口额同步增长，各月度出口波动较大

据中国海关统计，2005年家用纺织品出口75.1亿美元，增长36.4%，比上年高9个百分点。全年各单月出口呈前低后高态势，8、9两个月达到全年高峰。从出口增幅看，各月出口增长相对平稳，年底增速有所减缓。

家纺出口企业家数与出口额同步增长，增幅为26.4%，总计有11 391家企业出口家用纺织品。其中出口额超过1亿美元的有3家企业，合计出口额占出口总额的5.1%。

二、六大类商品出口额继续较快增长，出口单价有升有降

2005年家用纺织品出口的六大类商品在上年快速增长的基础上依然实现了较大增长，各大类商品出口额增幅均在20%以上。其中床上用纺织品保持强劲增长势头，在所有商品中出口额及增幅均居首位，出口额为21.5亿美元，增长61.9%，占家纺出口总额的28.6%，出口平均单价2.4美元/件(套)，增长12.2%。厨房用纺织品出口额增幅最小，为23.2%。其余四类商品出口额增幅均在30%左右。从出口单价看，厨房用纺织品有8.3%的下降，其余5类商品则呈不同程度的增长，增幅最大的是毛巾制品(含毛巾面料，下同)，为13.9%(表1)。

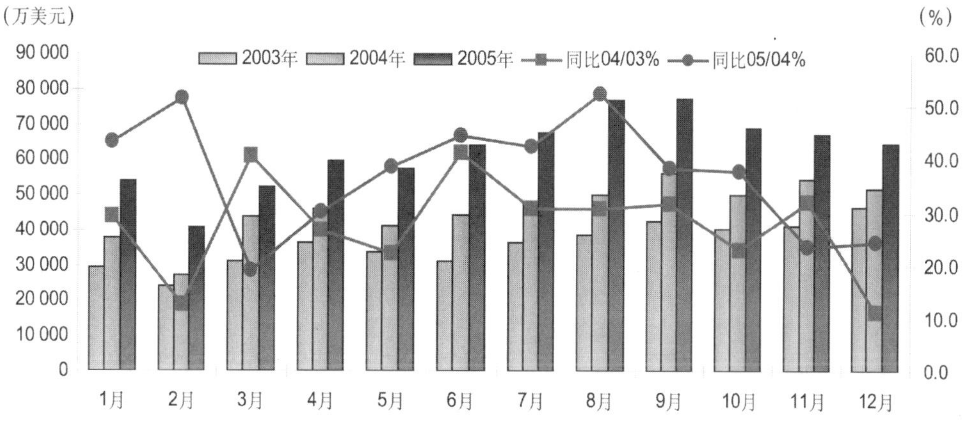

图1　2003~2005年中国家用纺织品统计图

表1　2005年家用纺织品出口商品统计

(数量单位：万件/条(套)；金额单位：万美元)

商品名称	出口量	同比(%)	出口额	同比(%)
合　计	783 205	23.1	750 752	36.4
床上用纺织品	89 449	44.3	214 972	61.9
毛巾制品	336 593	12.9	149 466	28.2
毯子	31 213	27.4	125 988	31.2
窗帘制品	37 049	21.3	116 633	27.9
其他装饰制品	43 566	14.0	79 832	28.8
厨房用纺织品	245 336	34.4	63 861	23.2

*数据来源：中国海关

三、一般贸易出口仍居主导地位，出口增幅小于加工贸易

2005年家用纺织品一般贸易出口额57.7亿美元，增长

29.1%，占家纺出口总额的76.8%，一般贸易出口仍占主导地位，但份额下降近6个百分点。

加工贸易出口额10.7亿美元，增长32.7%，占家纺出口总额的14.2%。六大类商品的加工贸易出口额增幅分布不均，其他装饰制品增幅达92.6%，而床上用纺织品及窗帘制品的增幅仅为10%左右。加工贸易主要以进料加工为主，出口9.2亿美元，增长33.7%，份额12.3%，其中各大类商品出口增幅分布也不均匀，增幅最大的达141.4%，而最小的为9.5%。来料加工出口1.47亿美元，增长26.4%，所占份额2%(表2)。

四、除个别省、市出口小幅下降外，绝大部分省市出口实现不同程度增长

2005年全国绝大部分省市出口额实现不同程度增长，其中新疆、黑龙江及内蒙古出口增幅在100%以上，新疆已跃居我家纺出口第七大省市。青海、宁夏、海南、甘肃及重庆出口额出现不同程度下降，降幅在10%~45%之间。山东、浙江、江苏、上海和广东分列省市排名前五位，合计出口额占家纺出口总额的75.9%(表3)。

(1) 山东　山东继续保持全国家纺出口第一大省市地位，2005年出口额15亿美元，增长26.3%，所占份额为20%。六大类商品出口额增长相对平稳，其中窗帘制品增长最快，为

表2　2005年家用纺织品贸易方式出口统计

(金额单位：万美元)

商品名称	一般贸易			加工贸易		
	出口额	同比(%)	份额(%)	出口额	同比(%)	份额(%)
合 计	576 791	29.1	76.8	107 125	32.7	14.3
床上用纺织品	160 758	46.6	74.8	13 371	11.6	6.2
毛巾制品	104 181	20.1	69.7	35 381	29.9	23.7
窗帘制品	102 911	28.9	88.2	7 727	10.0	6.6
毯子	89 281	27.9	70.9	29 508	32.2	23.4
其他装饰制品	62 882	18.7	78.8	16 233	92.6	20.3
厨房用纺织品	56 778	19.2	88.9	4 903	31.4	7.7

* 数据来源：中国海关

表3　2005年家用纺织品5省市出口统计

(金额单位：万美元)

省市名称	出口额	增长(%)	份额(%)	出口单价	增长(%)
山东	150 035	26.3	20.0	1.02	9.9
浙江	144 861	38.2	19.3	1.41	3.7
江苏	130 114	42.4	17.3	1.06	-3.2
上海	95 204	21.3	12.7	1.01	16.9
广东	49 754	29.3	6.6	0.50	5.8
五省市合计	569 968	—	75.9	—	—

* 数据来源：中国海关

38%。毛巾是山东家纺第二大出口商品，出口额占毛巾出口总额的31.2%，居全国首位，出口价格也有增长，增幅19.4%，比全国平均出口单价高11.4%。第一大类出口商品是床上用纺织品，出口额占山东家纺出口总额的33.1%。

（2）浙江　浙江近几年家纺生产、设计能力有了较大提高，家居装饰用品类商品已基本形成了集群经济形态的工业生产基地。2005年出口额14.5亿美元，增长38.2%，所占份额19.3%，与山东基本持平。六大类商品出口额均保持较快增长，增幅均在25%以上。其中，增幅最大的是床上用纺织品，为60.1%；增幅最低的是毯子，为26.9%。

（3）江苏　江苏居出口排名第3位，2005年出口额13亿美元，增长42.4%，增幅是五省市中最高的，所占份额为17.3%，六大类商品出口额保持不同程度增长。其中，床上用纺织品出口额增长83.6%，占江苏家纺出口总额的31.6%，比上年下降4个百分点。

（4）上海　上海家纺出口近年来一直保持平稳增长，2005年出口增幅是5省、市中最低的，出口额排名居省市第4位。出口额9.5亿美元，增长21.3%，所占份额为12.7%，与上年相比有所下降。六大类商品中床上用纺织品出口额增长最快，为43.4%，平均出口单价3.31美元/件（条），居5省、市之首，增长12.4%，比全国平均出口单价高37.9%。

（5）广东　广东居家纺出口全国省市排名第5位，2005年出口额5亿美元，增长29.3%，所占份额为6.6%。其中，毛巾和床上用纺织品是家纺出口大宗商品，出口额分别占该省家纺出口总额的26.2%和25.2%。

五、家用纺织品对亚洲出口份额缩减，对美欧市场出口份额进一步扩大

2005年家纺对大部分市场出口保持增长，但增速放慢。其中对亚洲出口增幅仅为9.6%，其中对香港出口下降22.3%，居出口市场第10位，对美欧出口比重则进一步上升。此外，家纺对俄罗斯出口继续保持大幅增长，成为继美日欧后的第四大家纺出口市场，出口额5.3亿美元，增长98.2%，所占份额为7.1%。在美、日、欧三大出口市场中，我对日本出口增幅较为平稳，为9.3%，对美国、欧盟出口继续较大增长，分别为54.8%和48.5%。

（1）美国　美国自取代日本成为我家纺出口第一大市场以来份额稳步上升，2005年达到30.2%，比家纺第二大市场日本高近14个百分点，主要得益于配额取消。六大类商品中窗帘制品出口额最大，占家纺对美出口总额的25%；其次是床上用纺织品，占家纺对美出口总额的22.2%，出口额增幅达154.5%。出口额增幅居第二位的是毛巾制品，达100.9%（表5）。

表4　2005年家用纺织品出口前五大市场统计

（金额单位：万美元；单价：美元/件（套））

国别	出口额	同比（%）	份额（%）	单价	同比（%）
全 球	750 752	36.4	100	0.96	10.8
美国	226 699	54.8	30.2	1.44	5.5
日本	125 555	9.3	16.7	0.60	3.1
欧盟	116 857	48.5	15.6	1.03	-8.8
俄罗斯	53 098	98.2	7.1	2.28	34.2
英国	28 775	25.7	3.8	1.45	6.7

*（按出口额排序）

数据来源：中国海关。

（2）日本　中国商品在日本市场已趋近饱和，使得我对日家纺出口很难有较大增长。2005年我家纺对日出口额增长9.3%，所占份额下降至16.7%。家纺出口商品结构仍以毛巾制品为主，且是我毛巾出口的第一大市场，占我对日家纺

表 5 2005 年家用纺织品对美国出口统计

(数量单位:万件(条);金额单位:万美元)

商品名称	出口量	同比%	出口额	同比%	单价	同比%
合 计	157 350	46.7	226 699	54.8	1.44	5.5
窗帘制品	17 738	21.9	56 566	28.5	3.19	5.4
床上用纺织品	20 565	137.9	50 269	154.5	2.44	7.0
其他装饰制品	13 053	4.9	37 712	29.6	2.89	23.6
毯子	11 247	31.2	35 918	46.7	3.19	11.8
毛巾制品	46 638	66.4	26 674	100.9	0.57	20.7
厨房用纺织品	48 109	37.5	19 560	23.5	0.41	-10.2

*(按出口额排序)

数据来源:中国海关。

出口总额的36%,比上年下降3个百分点,占我毛巾制品对全球出口总额的38.7%。床上用纺织品是我家纺对日出口第二大宗商品,出口额占家纺对日出口总额的27.6%(表6)。

(3)欧盟 2005年家纺对欧盟出口11.7亿美元,增长48.5%,平均出口单价比家纺对全球出口平均单价高18.4%。各类商品出口额分布相对均匀,在1.5亿~2.3亿美元之间。其中窗帘制品是我对欧盟出口的第一大宗商品,出口额占家纺对欧盟出口总额的20.9%。六类商品中出口额增幅最大的是毛巾制品,达96.1%,但在家纺对欧盟出口各类商品中的比重仍是最低的,占13.1%(表7)。

近年来,国际市场对家纺产品的需求持续增长,同时,我国经过几年的发展,家用纺织品在设计水平、生产工艺上均有所提升,产品结构有所更新,产品附加值也在不断提高,从而也刺激了国外市场对我国家用纺织品需求的上涨。

表 6 2005 年家用纺织品对日本出口统计

(数量单位:万件(条);金额单位:万美元)

商品名称	出口量	同比(%)	出口额	同比(%)	单价	同比(%)
合 计	125 555	6.0	125 555	9.3	0.60	3.1
毛巾制品	111 705	0.8	45 138	3.8	0.40	3.0
床上用纺织品	12 758	3.7	34 649	9.6	2.72	5.7
毯子	2 969	17.5	15 547	20.3	5.24	2.4
窗帘制品	3 469	6.0	12 553	11.6	3.62	5.3
其他装饰制品	5 357	-3.9	9 978	17.4	1.86	22.2
厨房用纺织品	74 543	15.8	7 690	8.6	0.10	-6.3

*(按出口额排序)

数据来源:中国海关。

此外,全球纺织品一体化的实现也成为我国的家纺产品出口快速增长的推动力。

根据美国纺织品服装办公室的统计,美国家纺类别的产品从中国进口大幅增长,我家纺产品在美国进口市场中已占一半以上的份额。但我国的家纺生产仍存在着一些问题,总体上说,我国的家纺产业还处于发展的初级阶段,缺

表7　2005年家用纺织品对欧盟出口统计

（数量单位：万件（条）；金额单位：万美元）

商品名称	出口量	同比（%）	出口额	同比（%）	单价	同比（%）
合 计	113 022	62.9	116 857	48.5	1.03	-8.8
窗帘制品	8 650	45.5	24 461	49.5	2.83	2.8
床上用纺织品	9 129	53.7	22 328	61.8	2.45	5.3
毯子	7 328	30.0	20 821	22.8	2.84	-5.6
其他装饰制品	15 844	38.2	17 770	27.4	1.12	-7.8
厨房用纺织品	47 127	74.5	16 131	64.5	0.34	-5.7
毛巾制品	24 944	86.2	15 345	96.1	0.62	5.3

*（按出口额排序）

数据来源：中国海关。

乏自有品牌，自主设计能力不强，很多企业只是停留在单纯的生产加工水平上，产品的综合竞争力有待进一步提高。另一方面，由于今年我国经济的高速发展，居民收入也在不断增长，使我出口产品的人力成本进一步增加，出口的成本优势进一步削弱。这些因素都将阻碍我家纺产品出口规模的扩大。在这种情况下，企业只有通过加大优化出口产品结构的力度，继续提高产品档次，从而提高企业的综合竞争力，才能在变化多端的国际经济环境中巩固自己的比较优势。

中国纺织品进出口商会针棉织品分会（执笔：李强）

2005年中国丝绸商品出口概况及分析

2005年我国丝绸行业继去年全面恢复性增长后，又实现了产销两旺的良好局面。据我国海关统计，2005年丝绸商品出口84.99亿美元，同比增长10.89%，占全国纺织品服装出口额的7.39%；进口23.34亿美元，同比下降0.72%，实现顺差61.65亿美元。其中真丝绸商品出口37.52亿美元，同比增长15.6%；化纤绸出口47.47亿美元，同比增长7.43%。

一、蚕丝类商品出口概况

2005年我国蚕丝类商品出口3.05万吨，同比增长10.59%，平均单价为20.18美元/公斤，同比增长16.02%。由于蚕丝类商品出口量价齐升，因而出口金额增幅较大，达6.15亿美元，同比增长了28.3%。蚕丝原料占丝绸商品出口额的比例由2004年的6.25%回升至7.23%。

1.出口商品结构

主要出口商品依次为绢纺纱线、厂丝、捻线丝（见附表）。3种商品累计出口占丝类商品出口总额的比重高达78.42%。其中绢纺纱线出口1.24万吨，金额2.3亿美元，同比分别增长了28.22%和49.67%；厂丝出口继续大幅增长，出口量为6 722吨，金额达1.54亿美元，同比分别增长了89%和120.92%(表1)。

2.主要出口市场

表1　2005年蚕丝类主要商品出口统计表

（数量单位：吨　金额单位：万美元　单价：美元/公斤）

商品名称	占蚕丝类出口比重(金额)	2005年			同比(%)		
		数量	金额	单价	数量	金额	单价
绢纺纱线	37.45%	12 392	23 026	18.58	28.22	49.67	16.73
厂丝	25%	6 722	15 378	22.88	89	120.92	16.89
捻丝	15.97%	3 897	9 815	25.19	12.57	25.8	11.75

资料来源：中国海关。

蚕丝类出口市场(按金额计)前5位依次为：印度、日本、意大利、韩国、中国香港(见图1)。对中国香港出口由于去年增长幅度较大，今年略有下降；对日本和韩国增长幅度较大，已分别跃居第二和第四位；对其他市场均有所增长，特别是对东南亚国家出口增幅较大(表2)。

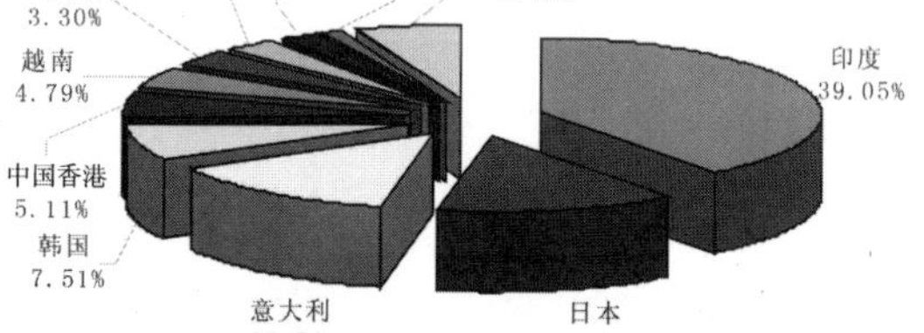

图1　蚕丝类商品出口市场构成图(按金额计)

印度：印度仍为我国蚕丝类出口的第一大市场，2005年对印度出口1.16万吨，同比仅增长了1.42%，出口金额2.4亿美元，平均单价20.78美元/公斤，同比分别增长22.6%和20.89%。占比(占我国对全球蚕丝类商品出口数量和金额的比例)(下同)分别为37.92%和39.05%。

日本：日本是我国丝类商品出口的传统市场，近几年对其出口呈下降趋势。但今年日本放开丝类商品配额管理后，对日本蚕丝类商品出口增幅较大，出口量达3 650吨，金额8 552万美元，同比分别增长了25.63%和45.55%。占比分别为11.98%和13.91%。

意大利：对意大利出口4 012吨，金额8 471万美元，同比分别增长18.94%和34.04%；占比分别为13.17%和13.78%。

韩国：出口量2 004吨，金额4 615万美元，同比分别增长

26.81%和50.34%，已超过中国香港成为第四大市场，占比分别达6.58%和7.51%。

东南亚：2005年蚕丝类商品对东南亚国家出口增长较快，对越南出口1 213吨，金额2 946万美元，同比分别增长了59.16%和98.45%；对巴基斯坦出口2 684吨，金额1 918万美元，同比分别增长了48.16%和110.18%；对泰国、印度尼西亚等也有不同程度的增长。

3.出口价格

受国内丝价影响，2005年丝类商品出口价格大幅上涨，平均单价达20.18美元/公斤，同比增长16.02%。排名前10位市场中，平均单价最高为中国香港，达25.35美元/公斤；最低为巴基斯坦，7.15美元/公斤，主要以低档次的绢纺纱线为主。

受丝价上涨的影响，较低档次丝的出口价格也大幅上扬，如柞蚕丝，虽然出口数量增长不大，但出口平均单价同比增长达35.2%，是丝类出口商品中单价增幅最大的产品；废丝出口平均单价增幅也达29.93%。

二、绸缎出口概况

2005年绸缎出口64.71亿米，金额54.8亿美元，同比分别增长8.82%和9.38%。绸缎出口占丝绸商品出口的比例由2004年的65.37%下降至64.48%。

1.化纤绸

绸缎类出口商品中，化纤绸出口占绸缎出口的比例高达86.63%，全年出口61.81亿米，金额47.47亿美元，但增长幅度不大，同比增长分别为8.54%和7.43%，平均单价略有下降，为0.77美元/米，同比下降1.03%。

化纤绸主要出口市场为阿联酋、伊朗、中国香港、美国、巴基斯坦、巴西、德国、沙特阿拉伯。

2.真丝绸缎

2005年真丝绸缎出口2.9亿米，金额7.33亿美元，平均单价2.52美元/米，同比分别增长15.04%、23.98%和7.77%。主要市场集中在印度、中国香港、意大利、韩国、美国、日本；对亚洲国家出口增长幅度较大，其中巴基斯坦、新加坡、土耳其已进入前10大市场。

由于在印染及后整理技术方面与欧盟、日本等发达国家有一定差距，我国真丝绸缎出口仍然以坯绸为主，其次是印染绸。

（1）坯绸　2005年我国坯绸出口2.36亿米，金额5.21亿美元，平均单价2.21美元/米，同比分别增长14.53%、25.52%和9.59%。

①主要出口市场依次为印度、意大利、韩国、中国香港、日本（见图2）。

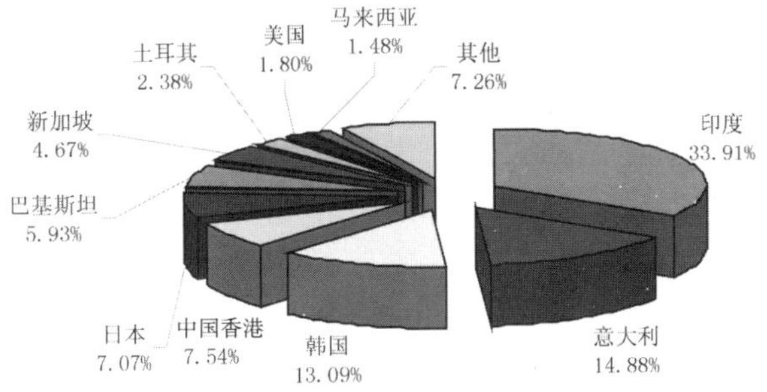

图2　坯绸出口市场构成图(按金额计)

印度仍为我国坯绸出口的第一大市场，2005年对其出口略有下降，全年出口9 088万米，同比下降2.12%，金额1.77亿美元，同比增长14.71%；平均单价上升到1.94美元/米，仍然低于对全球出口的平均水平。

对意大利出口增长幅度较大，全年出口数量为3084万米，金额7756万美元，同比分别增长33.5%和30.88%。

对韩国和中国香港出口数量均有下降，对韩国出口2485万米，同比下降3.29%；对中国香港出口1383万米，同比下降幅度较大，达11.67%。对亚洲国家出口大幅增长，其中对巴基斯坦出口1687万米，金额3 092万美元，同比分别增长280.72%和338.89%；对土耳其出口532万米，金额1 243万美元，同比分别增长169.92%和171.13%；对新加坡出口1 206万米，金额2 432万美元，同比分别增长25.54%和60.33%。

②出口价格整体上涨，全年出口平均单价为2.21美元/米，同比增长9.59%。主要出口市场中，除对意大利、中国香港有小幅下降外，对其他主要市场均有较大幅度的增长，对低价市场增幅较大，如对新加坡，出口平均单价为2.02美元/米，而同比增长达27.71%；对印度平均单价为1.94美元/米，同比增长17.2%。

（2）印染绸　2005年出口印染绸5261万米，金额2亿美元，同比分别增长了16.16%和19.37%，略高于丝绸商品出口的平均增幅，平均单价3.8美元/米，同比增长2.76%。

三、丝绸制成品出口概况

2005年我国丝绸制成品出口增幅放缓，全年出口24.04亿美元，同比增长10.53%，略低于丝绸商品出口整体增幅。

1.丝绸服装

2005年丝绸服装出口19.11亿美元，占丝绸制成品出口总额的79.49%，同比仅增长了6.82%。

（1）出口市场主要为美国、日本、中国香港、德国、英国

美国：仍为我国丝绸服装出口的第一大市场，2005年对其出口1.27亿套，金额11.92亿美元，同比分别增长7.09%和8.27%，占我国丝绸服装出口总额的62.4%。

日本：出口丝绸服装1 279万套，金额1.79亿美元，平均单价14.01美元/套。虽然数量有2.96%的下降，但由于平均单价较高，出口额同比仍有1.23%的增长。

中国香港：下降幅度较大，出口2 035万套，金额1.29亿美元，同比分别下降26.43%和22.07%。

德国：在主要市场中增长幅度较大，出口712万套，金额7924万美元，同比分别增长17.47%和23%。

英国：出口591万套，金额6 462万美元，同比分别增长10.73%和17.35%。

（2）出口平均单价整体上涨　对全球出口平均单价为9.33美元/套，同比增长5.73%。主要市场中对日本出口价格最高，为14.01美元/套；对英国和香港出口价格上涨幅度较大，增幅高于对全球平均增幅；对美国出口价格增幅较小，仅为1.1%。

2.领带、头巾及其他制成品

2005年领带、头巾及其他制成品出口增幅较大。其中，领带出口1.08亿条，金额2.28亿美元，同比分别增长18.25%和23.69%，平均单价2.12美元/条，同比增长4.6%；头巾出口3 630万条，金额8 705万美元，同比分别增长37.46%和29.28%，但出口价格有所下降，平均单价2.4美元/条，同比下降5.95%；其他制成品出口1.27亿美元，同比增长39.59%，平均单价上涨幅度较大，达20.68%。

四、主要省、市丝绸商品出口继续增长

出口省、市前6位依次为：浙江、江苏、上海、广东、四川、山东，6省、市合计出口额占我国丝绸商品出口的比重高达92.57%。排位第一的浙江省出口增幅放缓，占比也从2004年的60.57%下降至57.7%；江苏、四川及新疆出口增幅较大（表2）。

表2　2005年各省市丝绸商品出口前10名统计表

（单位：万美元）

序号	省市名称	金额	同比%	份额%
1	浙江	490 391	5.64	57.7
2	江苏	116 992	27.54	13.77
3	上海	75 482	13.60	8.88
4	广东	47 782	9.95	5.62
5	四川	28 264	22.81	3.33
6	山东	27 757	13.37	3.27
7	福建	11 506	20.03	1.35
8	北京	8 646	17.59	1.02
9	新疆	6 341	72.61	0.75
10	重庆	5 622	32.09	0.66

*（按金额排序）

资料来源：中国海关。

五、2005年我国丝绸商品出口情况分析

1.2005年我国茧、丝生产及运行回顾

（1）蚕茧生产及收购呈现三大特点：蚕茧产量略有增长、收购价格屡创新高、蚕农增收显著。

2005年全国蚕茧产量58.43万吨，同比增长6.86%；其中春茧产量26.22万吨，同比增长12.18%；夏、秋茧产量32.09万吨，同比增长3.08%。产量最大的为广西省，达12.13万吨，同比增长2.9万吨；其次是江苏、四川、浙江省，产量均在7万吨以上。

2005年蚕茧平均收购价格屡创新高，春茧收购平均价格为928.53元/担，而秋茧收购平均价格达到了1 055.96元/担。全年平均收购价格为975.76元/担，比上年每担提高179元，增长22.27%。主产省市中，全年平均收购价格在1 000元/担的有江苏、浙江、山东、安徽、四川省和重庆市收购价格较低。

由于2005年全国蚕茧平均收购价格在2004年增长19.2%的基础上又增长了22%以上，每公斤鲜茧平均收购价

格较2004年增加3.55元，按此推算，2005年蚕农仅卖蚕茧就比2004年多增加收入20亿元。其中，浙江省全年养蚕收入超过17亿元，比上年增收20%以上；四川省全年蚕农茧款收入约13亿元，同比增收约30%；广西由于去年已成为全国第一大桑蚕茧产区，蚕农比上年增收20%以上。

（2）茧、丝价格持续走高，主要有三个因素支撑　2005年以来，茧、丝价格一路走高。从中国茧丝绸交易市场交易价格看，干茧1月份最后交易日价格为5.82万元/吨，而12月份最后交易日价格为8.72万元/吨；3A级生丝1月份最后交易日价格为17.39万元/吨，12月份最后交易日价格为24.14万元/吨。

生丝出口价格也随之走高，2005年1月份，生丝出口平均价格为20.64美元/公斤，12月份已到了28.08美元/公斤。

目前，生丝国内交易价格已创下历史新高，出口价格也创下近15年来的新高并接近历史高位。据有关记载，仅1991年，我国生丝出口全年平均价格为42美元/公斤，但很快回落，而此次价格上涨行情持续时间较长。

支撑茧、丝价格持续高位运行的主要因素有以下三个方面：

①国际、国内市场需求稳定且有所放大。据业内人士按海关统计匡算，自2003年以来，丝绸全商品出口折丝量连续3年增长约10%以上；丝绸内销不断走旺，床上用品如蚕丝被等销势良好，内、外销协同拉动了茧丝需求的增长。据匡算，2003~2005年，我国丝绸商品内、外销折丝量相应需要的蚕茧应分别约为58万吨、64万吨和71万吨。

②蚕茧生产跟不上需求的增长。近年来，我国蚕茧产量有增有减。据中国丝绸进出口总公司统计，2003~2005年，我国蚕茧产量分别约为50.04万吨、55.01万吨和58.42万吨，每年增产幅度不大。因此，从总量上看出，茧丝供应缺口在不断加大，矛盾在逐年深化。

③企业加工能力的提高和囤货减少。近几年，国家对丝绸的加工能力进行了调整。从目前全国被核准的缫丝生产能力来看，如全国缫丝厂全年生产，所需的蚕茧缺口较大；另外，生产企业囤积的蚕茧已不多，在今年的上涨行情中，一些企业认为丝价到了一定的高位，已将手中货物抛出。从目前对企业了解的情况看，许多工厂蚕茧库存仅能维持生产到4月份。

2. 2005年丝绸商品出口增长的原因及2006年出口需关注的问题

2005年丝绸商品出口虽有一定程度的增长，但幅度并不大，增幅大大低于全国纺织品服装出口20.9%的增长水平。并且主要是原料类商品增幅较大，制成品增幅较小，特别是丝绸服装，增幅仅为6.82%。增长的原因主要有三个方面：

一是政策方面的变化给我国丝绸商品创造了进一步扩大出口的条件和机遇。纺织品一体化后，我国取消了对丝类商品的出口经营权管理，同时取消了坯绸和部分丝类商品出口配额的许可证管理；中日结束了近30年的丝绸贸易协议，日本取消了丝类配额管理。

二是国际市场需求稳定，主要市场中美国、印度、日本、意大利等增幅较大；仅中国香港、阿联酋有小幅下降。

三是美国、欧盟及其他国家对我国纺织品设限及其它贸易保护措施等，涉及到的丝绸商品数额较少，对我国丝绸商品出口影响较小。印度虽已对我国真丝绸缎提起了反倾销调查，但由于未出初裁结果，加之其国内需求较大，对其出口并未减少。

2006年丝绸商品出口存在诸多不确定因素。

首先，丝价持续高位运行将给消费及工业生产带来隐患。持续高价位的茧丝有可能抑制丝绸消费的进一步增长，丝绸工业原料成本过高，也将导致后道缫丝厂、绸厂生产效益下降甚至亏损。

其次，国际市场总体需求有限，加之国外针对我国的贸易保护措施时有发生，2005年美国、巴西等对我国纺织品出口设限产品中也涉及到部分丝绸商品，印度又对我国绸缎提起了反倾销调查，诸多不确定因素，都将会给我国丝绸商品出口带来负面影响。

面对竞争日益激烈的国际市场，我国丝绸出口企业只有努力调整出口商品结构，提高出口商品档次，增加高附加值商品的出口，才能使我国由“丝绸生产大国”成为“丝绸强国”。而政府则需要进一步协调国内生产与出口之间的供求关系，在解决蚕农生计与保证出口企业利益、维护我国丝绸大国关系三者之间找到更稳妥的平衡。

中国纺织品进出口商会丝绸分会(执笔：杨霞)

2005年中国服装出口概况及分析

2005年全国服装及衣着附件进出口额755.2亿美元，同比增长19.6%，占纺织服装贸易总额的比重为57.1%。其中，进、出口额分别为16.2亿美元和738.9亿美元，实现贸易顺差722亿美元，占纺织服装贸易总顺差额的73.7%。

一、总体情况

2005年纺织品一体化如期实现，对中国纺织服装行业来说既是机遇又是挑战，一方面，出口配额全面取消，另一方面，美欧对我实行了限制措施，使我大宗的纺织服装商品对美、欧出口受阻。2005年下半年中美、中欧分别签署协议，确定了部分商品对美、欧出口数量，出口企业因而可以做到心中有数，也避免了抢关出口情况的再度发生。2005年在全行业的努力下，服装及衣着附件出口再上新台阶，出口总额达738.9亿美元，同比增长19.9%，净增加122.7亿美元，平均单价比上年也有4.59%的微弱增长。

各月度出口额呈波浪型增长，7、8、9三个月是出口高峰期，而1月和12月的出口增幅不仅是全年各月最低的，且增幅比上年有大幅下降。服装出口企业的出口规模相对较为集中，全国共有出口企业2.7万家，同比增长27%。在2.7万家出口企业中，出口规模上亿美元的企业有39家，合计出口额占出口总额的11.5%。

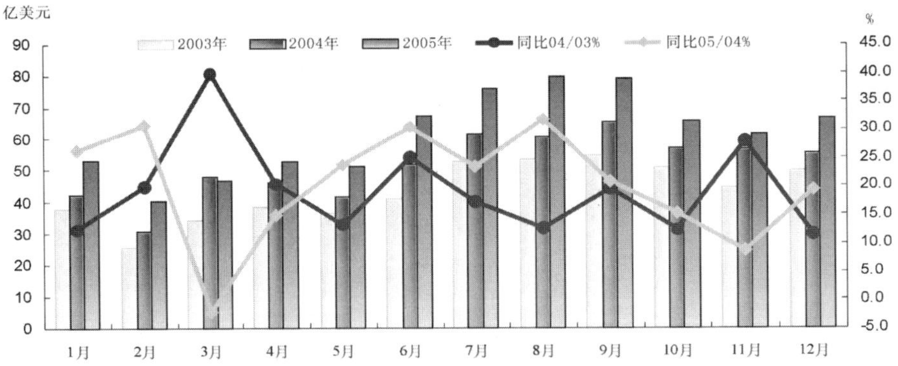

图1　2003~2005年中国服装出口统计图

二、贸易方式

2005年服装及衣着附件一般贸易出口比重继续上升，全年一般贸易出口额502.2亿美元，同比增长24.8%，占出口总额的68%，其中衣着附件一般贸易出口比重达72.5%。加工贸易出口额199.3亿美元，同比增长6.3%，份额为27%，比去年下降近3个百分点。其中来料加工和进料加工贸易比重分别为12.9%和14.1%，进料加工的增幅高于来料加工贸易，为11.6%(表1)。

三、出口省市分布

总体来看，2005年沿海省、市出口保持较平稳增长，在全国服装及衣着附件出口省市中仍占有较大优势。广东、浙江、江苏、上海及山东仍居出口省、市前五位，合计出口额占

表1　2005年服装及衣着附件出口贸易方式统计

(金额单位;亿美元)

	出口额	同比(%)	份额(%)
一般贸易	502.2	24.81	67.97
加工贸易	199.3	6.3	26.97
其中:来料加工	94.9	1.0	12.85
进料加工	104.4	11.6	14.12

* 数据来源:中国海关。

服装及衣着附件出口总额的74%，与上年持平（表2）。

1.广东

服装及衣着附件出口第一大省，出口额158.1亿美元，增长25.9%，远高于上年，出口份额为21.4%，比上年上升1个百分点，平均出口单价虽有小幅增长，但仍是五省市中最低的，为1.19美元/件（套），增长8%。出口商品结构以棉制梭织服装为主，占广东服装出口额的近1/3。

2.浙江

出口额133.2亿美元，增长23.7%，出口份额为18%，平均出口单价1.63美元/件（套），增长3.6%。出口商品结构发生了改变，改以棉制服装出口为主，出口额占浙江服装出口额的1/3以上，其次是化纤制服装，占浙江服装出口额的1/4以上。

3.江苏

出口额109.7亿美元，增长26.2%，是五省市中最高的，出口份额14.8%，平均出口单价2.05美元/件（套），增长8.6%。具体出口商品以棉制梭织服装为主，出口额占江苏服装出口额的1/3以上。

4.上海

出口始终保持平稳增长，出口额91.8亿美元，增长8.7%，是五省、市中最低的，所占份额为12.4%，平均出口单价则是五省、市中最高的，为2.2美元/件（套），增幅7.2%。出口商品以棉制服装为主，占上海服装出口额的42.3%。

5.山东

出口额54.4亿美元，增长13.8%，所占份额为7.4%，平均出口单价2.11美元/件（套），增长1.4%。出口商品以棉制服装为主，占山东服装出口额的48.12%，其所占比重是5省市中最高的。

表2　2005年服装及衣着附件5省市出口商品统计

（金额单位：万美元）

省市名称	出口额	增长（%）	份额（%）	出口单价	增长（%）
广东	1 580 909	25.87	21.39	1.19	7.96
浙江	1 332 218	23.74	18.03	1.63	3.60
江苏	1 096 633	26.21	14.84	2.05	8.55
上海	917 853	8.73	12.42	2.20	7.17
山东	543 842	13.82	7.36	2.11	1.42
五省、市合计	5 471 455	—	74.04	—	—

*数据来源：中国海关。

四、出口市场分布

2005年我服装及衣着附件对美欧出口快速增长，增幅在50%以上，对亚洲出口则下降6.5%，其中，对中国香港出口下降29.8%，出口额居日本、美国、欧盟之后，另外，我对韩国出口也有12%的下降。而我对俄罗斯出口继续较快增长，出口额已占我出口总额的7.2%，仅次于香港（表3、表4）。

1.日本

2005年日本经济继续处于复苏期，购买力也有所提高，由于我在日本服装市场所占份额也已趋于饱和，对日本出口不会再有较大增长，此时应该在商品结构上有所调整，努力在其高端市场占有一席之地。2005年我对日服装及衣着附件出口额146.8亿美元，同比增长4.5%，占我服装及衣着附件出口总额的19.8%，仍居服装出口市场第一位。我服装对日出口主要以梭织服装为主，出口额4亿美元，微增0.8%，平均出口单价6.31美元/件（套），增长0.6%，比对全球出口单价高73.8%。

从纤维原料分类看，出口商品以棉制服装及化纤制服装为主，两者分别占服装对日出口的46.6%和34.4%，棉制服装平均出口单价3.14美元/件（套），增长4.4%。化纤制服装出口平均单价4.52美元/件（套），下降0.8%，但仍比对全球出口

表 3 2005 年服装及衣着附件出口市场统计

(金额单位;亿美元)

国别	出口额	同比(%)	份额(%)	单价	同比(%)
全球	738.9	19.9	100	1.63	4.6
日本	146.8	4.5	19.87	2.43	0.4
美国	137.0	77.7	18.54	1.57	18.7
欧盟	136.3	64.5	18.44	1.72	3.9
中国香港	68.3	-29.8	9.25	1.38	8.6
俄罗斯	53.2	32.5	7.20	3.35	13.1
五大市场合计	541.6	23.7	73.3	—	—

*(按出口额排序)

数据来源:中国海关。

表 4 2005 年主要服装对日本出口统计表

(金额单位:万美元)

商品名称	数量单位	数量	同比(%)	金额	同比(%)
毛衫	万件	55 780	25.3	219 895	19.6
裤子	万条	40 809	5.9	216 310	7.9
上衣	万件	21 550	-39.1	168 738	-14.4
T恤衫	万件	75 371	10.3	152 722	17.8
衬衫	万件	17 953	5.7	93 588	7.9

*(按金额排序前五位)

数据来源:中国海关。

平均单价高99.1%。从商品分类看,19种大类商品中有13种商品增长,增幅在1%~30%之间,另有6种商品出口额下降,降幅最大的商品是便服套装,为15.7%。

2.美国

2005年我服装及衣着附件对美出口137亿美元，增长77.7%,占出口总额的18.5%,比上年增长6个百分点,为服装出口第二大市场，平均出口单价1.57美元/件（套），增长18.7%。其中出口商品以梭织服装为主,出口额63亿美元,增长94.5%,占服装对美出口的54.6%,平均出口单价3.77美元/件(套),下降10.2%,比同类服装对全球出口单价高3.9%。从纤维原料分类看,棉制服装出口增长最快,增幅达290.4%,且是服装对美出口第一大类商品,出口额36.5亿美元,占各纤维原料服装对美出口总额的36.2%。其次是化纤制服装,出口额增长173.9%,出口比例为29.9%。毛制服装出口额增长186.5%。这三种商品出口的大幅增长主要得益于纺织品一体化的实现。从服装商品结构看,大多数服装对美出口额呈快速增长态势,其中有12类商品出口额成倍增长,另有6种商品出口额增幅在1%~100%之间。出口价格方面,服装对美出口平均单价普遍下降,其中降幅最大的达70%左右。保持增长的商品有3种,增幅在3%左右。尽管如此,大多数商品出口单价仍高于我服装对全球出口单价(表5)。

3.欧盟

2005年我服装及衣着附件对欧盟也呈现快速增长势头,出口额136.3亿美元,增长64.5%,所占份额为18.4%,增长

表 5　2005 年主要服装对美国出口统计表

（金额单位：万美元）

商品名称	数量单位	数量	同比 %	金额	同比 %
裤子	万条	52 268	199.4	206 025	129.0
毛衫	万件	49 892	201.7	200 026	125.0
衬衫	万件	21 131	105.2	95 041	45.5
上衣	万件	16 353	343.6	92 756	224.9
婴儿服装	t	7 800	27.3	71 442	31.0

*（按金额排序前五位）

数据来源：中国海关。

5个百分点，是服装出口第三大市场，平均出口单价1.72美元/件（套），增长3.9%。对欧盟出口的服装中梭织服装占60.3%，针织服装占35.7%（表6）。

从纤维原料分类看，化纤制及棉制服装为对欧盟主要出口商品，分别占39.4%和38.5%。另外，毛制服装对欧盟出口增长159.8%。从服装品种看，绝大部分商品出口数量及金额均有不同程度增长，其中有8种商品出口金额增幅在100%以上，增幅最大的是袜子，增幅达372.5%，其余10种商品出口额增幅在10%~100%之间。各种商品出口单价全部高于对全球出口平均单价。

表 6　2005 年主要服装对欧盟出口统计表

（金额单位：万美元）

商品名称	数量单位	数量	同比（%）	金额	同比（%）
大衣	万件	22 953	28.7	187 835	33.6
裤子	万条	41 344	85.2	151 169	107.4
毛衫	万件	24 070	220.7	111 058	155.9
上衣	万件	13 155	98.8	80 566	150.5
婴儿服装	t	5 466	28.6	67 644	30.7

*（按金额排序前 5 位）

数据来源：中国海关。

五、商品构成

2005年服装及衣着附件分别出口607.4亿美元和58.4亿美元，分别增长18.6%和8.6%。

从服装生产工艺看，服装出口以梭织服装为主，出口额336.7亿美元，增长21%，占服装出口总额的51.2%，增长1个百分点，平均出口单价3.63美元/件（套），增长5.3%；针织服装出口额278.8亿美元，增长19.7%，占服装出口总额的42.4%；毛皮革服装出口增幅最小，为13.8%。三类服装出口平均单价均有上涨，其中毛皮革服装出口平均单价上升28.1%，居各类商品之首。另外，衣着附件出口以袜子、帽类及毛皮革附件为主，分别占衣着附件出口总额的24.4%、20.1%和17.9%（表7）。

从纤维原料分类看，棉制服装有较大增长，出口额261.1亿美元，增长39.2%，首次超过化纤制服装；化纤制服装出口额227.4亿美元，增长15.2%，这两类服装合计出口额占服装出口总额的79.4%，比上年增长4个百分点。而其他纺材制服装出口额则下降6.55%，占服装出口总额的13.1%，下降4个百分点。导致这种情况出现的原因主要在于纺织品一体化

表 7 2005 年服装对全球出口商品统计

(数量单位;万件/套;金额单位:万美元)

商品名称	数量	同比(%)	金额	同比(%)
针织服装	1 470 547	6.3	2 787 911	19.0
梭织服装	926 400	14.5	3 366 810	21.0
毛皮革服装	6 508	-11.1	415 027	13.8
棉制服装	1 088 571	23.9	2 611 222	39.2
化纤制服装	1 000 039	2.9	2 274 007	15.2
丝制服装	20 488	1.0	191 108	6.8
毛制服装	22 217	-0.9	273 873	15.5
其他纺材制服装	265 633	-11.2	804 511	-6.55

* 数据来源:中国海关。

表 8 2005 年主要服装对全球出口统计表

(金额单位:万美元)

商品名称	数量单位	数量	同比(%)	金额	同比(%)
裤子	万条	374 756	13.4	1 182 463	27.1
毛衫	万件	289 308	33.9	940 720	39.3
T 恤衫	万件	340 449	29.3	529 408	35.2
上衣	万件	104 753	-39.0	510 827	-4.6
大衣	万件	64 768	4.6	493 446	13.8

*(按金额排序前 5 位)
数据来源:中国海关。

的实现,使美国、欧盟被迫放开了其严格控制的棉制及化纤制商品市场。

从商品品种分类看,绝大多数服装出口额平稳增长,增幅在5%~40%之间。其中,增幅最大的商品是袜子和毛衫,分别为39.8%和39.3%。所有出口大类商品中仅上衣出口额有4.6%的下降。另外,19种大类商品中有16种商品出口单价保持增长,其中增幅最大的达56.3%,胸衣、连衣裙及运动服单价下降,降幅分别为15%、5.5%和1.4%(表8)。

2005年全球纺织品一体化如期实现,给中国纺织服装出口带来了机遇,使纺织品服装贸易的环境更为自由、公平,有利于我国服装出口的进一步扩大。虽然上半年我与美国、欧盟在纺织服装贸易方面摩擦不断,增加了出口的不确定性,但出口的总体情况仍属乐观。下半年,我与美欧分别签署协议,使我对美欧出口前景相对明朗,为出口企业创造可预见的贸易环境。但我们也应看到,我国纺织服装出口快速增长引起一些发展中国家的不满,土耳其、南非、巴西、哥伦比亚等国家采取了"特保设限"或反倾销等一系列的贸易救济措施,虽然涉及金额不大,但其负面影响不可低估。这就需要我纺织服装企业积极去应对,首先,应从产品入手,努力优化产品结构,提高产品档次及附加值。同时应采取相应的措施进行行业的自律与互律,以维护行业的利益,减少企业的损失。其次,为减少贸易摩擦及规避进口国设限,进一步积极探索新的道路,如到境外投资、设厂,加强与其他国家的合作,谋求共赢。

中国纺织品进出口商会梭织服装分会、针棉织品分会
(执笔:李强)

中非棉花合作前景广阔

我国放开棉花市场后，国内棉花生产在市场和国家宏观调控的双重作用下，获得了健康的发展。由于众所周知的纺织行业产能的释放和快速发展，棉花的需求量逐年扩大，加剧了国内棉花供需的矛盾，进口棉花补充国内棉花需求缺口，成为解决棉花供需矛盾的手段之一。在关税内棉花进口配额远远不能满足国内棉花需求的情况下，2004年我国增发适用滑准税的进口棉花配额，对于缓解国内棉花供需矛盾、调整国内棉花市场价格、保护我国棉农利益起到了重要的作用。

多年来，美国一直是我国的主要棉花进口国，自2000年至2005年，美棉占我国棉花进口份额一直稳定在40%以上，有些年份甚至高达50%。除了美棉在品质、质量、包装、运输等方面的技术因素外，美国在棉花生产和贸易等不同环节大量使用的补贴，不仅使美国的棉花生产可以稳定在一定的规模，也使美棉在国际市场上具有较强的价格竞争力，在客观上保证了美棉对我进口的优势。

近几年来，随着我国与非洲的经济贸易合作领域和范围的扩大，非洲棉花引起国内用棉企业的普遍关注。2000年我国进口棉花的非洲国家只有埃及、坦桑尼亚、马里等8个国家，进口份额只占6%，至2005年我国进口棉花的非洲国家包括贝宁、布基纳法索、马里、科特迪瓦、喀麦隆、多哥、马拉维等在内的二十多个国家，几乎囊括了所有非洲产棉国，进口份额占到20%以上，对我国进口棉花的国家42%是非洲国家（表1）。

对我棉花进口份额曾经占到18%的澳大利亚，在进口棉花的总量上虽有所增长，但是进口棉花份额到2005年已下降到7.6%。非洲国家相对于占我棉花进口份额10%的乌兹别克和进口份额占19%的其他亚、欧、北美国家，非洲产棉国家已经成为我国的主要棉花进口地区。

表1　2000年～2005年非洲国家对我棉花进口份额及国别

年度	棉花进口份额（%）	进口棉花非洲国家
2000	6.40	埃及、贝宁、坦桑尼亚、乌干达、马里、南非、叙利亚
2001	3.30	埃及、马里、乌干达、坦桑尼亚
2002	20.90	贝宁、埃及、科特迪瓦、多哥、坦桑尼亚、叙利亚、乍得、马里、乌干达、布基纳法索、塞内加尔、赞比亚、苏丹、喀麦隆
2003	17.82	贝宁、布基纳法索、马里、科特迪瓦、多哥、喀麦隆、埃及、叙利亚、坦桑尼亚、苏丹、塞内加尔、乍得、乌干达、赞比亚、加纳、南非
2004	20.73	布基纳法索、贝宁、马里、科特迪瓦、喀麦隆、多哥、叙利亚、乍得、赞比亚、苏丹、津巴布韦、埃及、乌干达、坦桑尼亚、加纳、尼日利亚、塞内加尔、肯尼亚、莫桑比克、埃塞俄比亚
2005	20.26	布基纳法索、贝宁、马里、科特迪瓦、喀麦隆、坦桑尼亚、赞比亚、多哥、埃及、乍得、叙利亚、津巴布韦、乌干达、塞内加尔、莫桑比克、南非、马拉维、尼日利亚、加纳、中非、肯尼亚

2005年12月18日，WTO中国香港部长级会议上，美国同意取消棉花出口补贴，今年2月美国众议院通过取消棉花出口补贴的决议。这对于棉花在国民经济中占有重要地位的非洲产棉国具有积极的、长远的影响。目前，越来越多的非洲国家重视宏观经济调整，推进经济改革，加强财政、货币、汇率等方面的管理，为经济增长创造了较好的环境，国际原

材料市场的需求和价格的坚挺也为非洲棉花生产的发展提供了机遇和条件。在国际贸易一体化进程中,棉花已经成为中非贸易中最为活跃的商品之一。据中国纺织品进出口商会2006年初的一项调查,国内60%以上的涉棉企业在不同的程度上进口和使用非洲棉花,中非棉花贸易前景十分乐观。

非洲是棉花的发源地,驯化和种植历史悠久,种植范围广泛。在北非、西非、中非、东非和南非等5个非洲产棉区中,西非棉区种植棉花的国家为数众多,种植面积大,主要产棉国包括尼日利亚、毛里塔尼亚、马里、布基纳法索、塞内加尔等国家。目前该地区的棉花年产量在75万吨左右。在尼罗河流经的埃及和苏丹及地中海沿岸其他国家的棉花种植形成北非棉区,伴随着这里棉花种植面积和产量的不断扩大,在非洲产棉国家中的地位愈发重要。

中非和南非棉区的棉花种植主要分布在适宜棉花生长的盆地、水系附近地区,而东非棉区则是颇具特色的高原棉花种植。中非棉区的乍得、喀麦隆,南非棉区的津巴布韦、南非、赞比亚,东非棉区的坦桑尼亚、肯尼亚等国家都具有良好的棉花种植条件并获得了较快的发展。

棉花种植在非洲具有得天独厚的生态环境及气候条件,棉花种植技术要求不是很高,大部分产棉国依托良好的自然环境,以一家一户式的小规模棉花种植为其主要生产方式。例如在非洲中、西部产棉国的棉花种植仍处于极少使用化肥、农药,甚至不使用机械动力和灌溉技术的耕作状态。在法属非洲区的高地棉花种植,受到自然条件的限制,通常种植面积一般不超过0.5~10公顷,平均面积只有1~1.5公顷,很难形成大规模集约化生产。大部分非洲产棉国棉花生产成本较低而生产效率和生产力水平相对比较低下。

自20世纪中叶以来,非洲棉花的生产获得了较快的发展。棉花种植面积从1961年的5 745万亩提高到2004年的7 770万亩,籽棉产量从1961年的221万吨提高到2004年的510万吨。目前,非洲的35个主要的棉花生产国,棉花种植面积占世界棉花种植面积的17%,从业人口15万人,将近2 000万人口将棉花生产作为主要生活来源。棉花这一古老的农产品,在非洲国家经济发展中正在发挥着重要的作用。

棉花是大部分非洲产棉国唯一有市场保证的经济作物,非洲产棉国对棉花种植和出口采取了鼓励政策。目前,非洲棉花总产量的90%以上用于出口,在一些非洲产棉国,棉花出口占全部出口商品的20%~40%,是全部农产品出口的50%~70%。最为突出的西非棉区棉花出口占到全部棉花产量的95%。

2004年,在棉花生产发展较快的法属非洲区棉花出口87万吨,超过了乌兹别克斯坦,出口份额占到世界棉花出口总量的12.6%。到目前为止,非洲棉花出口的数量已经占世界棉花出口总量的20%,成为仅次于美国,居世界第二位的棉花出口地区。

大多数非洲产棉国家的棉花产业基础设施、产业配套能力、劳动力素质方面比较薄弱,他们与发达国家之间生产力差距的日益扩大,使得绝大部分非洲国家生产的棉花质量还不能满足高档纺织品的要求,使我国进口的非洲棉花在使用上受到局限。

例如,非洲有些国家棉花的红土污染情况比较突出,其原因一是轧花厂房和设备相对落后,二是棉花集港主要依靠敞篷卡车在简陋的公路上运输,沿途蔽日的扬尘,常常使包装好的外层棉花变成红色;有些非洲产棉国的棉花仍然采用方形包装,不适应现代化的运输、装卸和库存;在粗放的棉花初加工过程中异型纤维污染和其他异物的污染等等,降低了非洲棉花的质量,增加了棉花在运输、加工等方面的难度。

中非在棉花产业内的合作领域非常广阔,双方的深入合作,对于我国纺织服装出口持续稳定地发展、对于非洲产棉国经济的发展都具有深远的意义。2006年,在商务部和国际贸易发展组织(ITC)的倡导下,中国纺织品进出口商会将在我国举办非洲棉花及棉制品研修班,这将进一步推动中非棉花贸易的健康发展和经济技术方面的合作,推动国内涉棉企业"走出去"的步伐。

(执笔:肖平)

中国纺织品服装对外贸易年鉴

YEARBOOK ON CHINA'S INTERNATIONAL TRADE IN TEXTILES AND CLOTHING

（2005/2006）

敏感商品篇

2005年中美纺织品协议21种产品对美国出口概况及分析

2005年全球纺织品一体化如期实现，中国纺织行业迎来了无配额时代。然而，美国、欧盟对中国频频发起纺织品特别限制措施，5月和9月美国相继对中国产的棉制裤子等9种纺织品设限，中国纺织业遭受空前的贸易寒流。11月中美就纺织品达成协议，持续三年的中美纺织品贸易摩擦暂告一段落。

在中美达成的纺织品协议中，包括21种产品，其中服装产品有13种，涉及23个类别，涵盖服装主要出口产品；纺织品8种，涉及9个类别。

据中国海关统计（按海关商品10位编码编计，下同），2005年中美纺织品协议21种产品直接对美国出口59.5亿美元，比2004年增长192.7%，占全国纺织品服装对美出口总额的31.9%。其显著的特点是：出口数量、企业家数大幅增加，出口企业重新洗牌，生产型贸易企业、民营私人企业迅速发展，显示出较强的竞争实力。

一、零售用缝纫线及纱/精梳纱（200/301类）

出口快速增长，占美市场份额仍然较低——2005年我国对全球出口该类产品48.07万吨，同比增长6.93%；金额为14.81亿美元，同比增长5.7%。其中，我对美出口7 059吨，同比增长181.76%；出口金额为2 287万美元，同比增长148%；对美出口金额占该类产品对全球出口金额的1.54%。

一般贸易为主要贸易方式——2005年我国对美出口精梳棉纱的贸易方式主要为一般贸易，出口1 351万美元，同比增长112.6%，占对美出口金额的59.07%。

广东出口增幅最高——全国共有17个省、市在2005年有对美出口业绩。对美出口前5位的省份分别是江苏、浙江、上海、广东和河北，这五省对美出口总额占了全国对美出口总金额的90%以上。其中，对美出口增幅最大的广东省，出口金额同比增幅达422.5%。

三资企业和集体私营企业是对美出口的主体——其出口占对美出口金额的72.76%。集体企业对美出口增长迅猛，出口金额同比增加426.55%。国有及国有参股企业对美出口仅占对美出口总金额的27.24%。

二、针织布（222类）

对美出口增长较快——2005年我国对全球出口该类产品69.57万吨，同比增长12.95%；金额为28.67亿美元，同比增长20.8%。其中，我对美出口2.1万吨，同比增长135.72%；出口金额为9 472万美元，同比增长141.1%；对美出口金额占该类产品对全球出口金额的3.3%。

主要贸易方式为一般贸易——2005年我对美一般贸易出口8 719万美元，同比增长154.23%；占对美出口金额的92.05%。加工贸易所占份额不足10%。

出口前5省市出口占九成——全国共有21个省、市在2005年有对美出口业绩，其中，对美出口排名前5位的省份占了总出口金额的95%以上。排名第二的江苏对美出口增长最快，出口金额同比增加244.74%。

外商独资企业对美出口增长最快——全国共有631家企业对美出口，其中三资企业、国有及国有参股企业和集体私营企业对美出口金额份额分别为41.16%、22.96%和36.88%。对美出口增长最快的企业是外商独资企业，增幅为506.9%，出口额所占份额为22.6%。

三、特殊用途布(229类)

对美出口增长超过对全球同类产品出口增幅——2005年我国对全球出口该类产品49.89万吨,同比增长29.66%;金额为18亿美元,同比增长39.5%。其中,我对美出口2.92万吨,同比增长61.84%;出口金额为1.18亿美元,同比增长83.5%;对美出口金额占该类产品对全球出口金额的6.57%。

一般贸易出口占主导——对美出口贸易方式主要为一般贸易。2005年我对美一般贸易出口9 766万美元,同比增长89.23%,占对美出口金额的82.59%;加工贸易对美出口1 616万美元,同比增长62.43%;占对美出口金额的13.66%。

福建出口位居第五,增幅最高——全国共有27个省、市对美出口,其中排名前5名的分别是浙江、江苏、上海、广东和福建。这5个省、市对美出口金额占了我国对美出口总金额的89.93%。其中,对美出口增长最快的是福建,其出口金额同比增长了230.48%。

229类对美出口"三分天下"——国有及国有参股、三资和集体私营企业对美出口所占出口总金额比重分别为31.79%、38.43%和29.79%。外商独资企业对美出口增长最快,同比增长135.14%。

四、聚合长丝织物(619类)

对美出口大幅增长——2005年我国对美国出口619类产品数量为8 669万米,同比增长46.26%;出口金额为5 268万美元,占中国对全球出口同类产品出口额的4.57%。

483家出口企业中,民营企业出口居首——民营企业出口家数占总出口家数的55%,出口金额占出口总额的49%。一般贸易是出口的主要方式,出口金额占该类总出口额的74%。

浙江是最大的出口省份——浙江对美出口额占该类对美出口额的70%;排列第二的江苏省出口额占该类对美出口额的11%。

五、其他长丝织物(620类)

出口增长迅速——2005年我国对美国出口数量为1.63亿米,同比增长1319%;出口金额为1.2亿美元,占中国对全球出口同类产品出口额的3.74%。

民营企业是出口该产品的主要力量——共有803家企业对美国出口620类产品,民营企业出口家数占总出口家数的62%,出口金额占620类产品出口额的54.2%。

一般贸易为主要贸易方式,浙江出口居首——一般贸易出口金额占619类总出口额的91.6%。浙江出口额占620类出口额的70%;排列第二的江苏省出口额占620类出口额的11.1%。

六、玻璃纤维长丝织物(622类)

出口增幅平稳——2005年我国对美国出口622类产品数量为622万米,同比增长24.61%,占面料对美国出口总量的0.81%;出口金额为1 383万美元,占面料对美国出口总额的1.61%。

一般贸易是出口的主要方式——只有94家企业对美国出口该类产品,一般贸易出口金额占622类总出口额的75.93%。上海、浙江和江苏是主要的出口省份,3省出口金额之和占622类总出口额的78%。

七、棉制裤子(347/8类)

出口数量、金额成倍增长——棉制裤子是我服装主要出口产品,在国际市场上具有一定的竞争优势。配额时代对美出口受到严格数量限制,配额量每年在250万打左右。尽管美国从2005年5月份开始对我进行了数量限制,但我对美国出口仍达到3.26亿条(2 719万打),增长932.4%,金额12.24亿美元,增长714.1%,平均出口单价3.75美元/条,下降21.22%。

民营私人、三资企业迅猛增加——出口企业达到2 814家,比2004年增长428.9%,在11种协议服装产品出口企业家数中位居首位,主要是民营私人和三资企业迅猛增长,家数分别为818家、1 367家,增长6倍以上,出口额为4.96亿美元和3.17亿美元,占出口总额的40.5%和29.2%,而出口平均单价下降1.73%和9.56%。

一般贸易出口占八成——一般贸易出口占主导地位,出口额10亿美元,占出口总额82%,出口平均单价4.12美元/条,每条高于平均出口价格0.37美元;加工贸易出口只占16.8%,其中进料加工占11.8%,出口单价2.62美元/条,每条低于一般贸易出口单价1.5美元。

广东出口位居首位——广东、江苏和上海位居出口前三位，出口额分别为6.4亿美元、2.14亿美元和1.19亿美元，增长1796.7%、474.6%和384.6%。其中，广东出口平均单价低于江苏和上海近20%。在出口前10位省、市中，出口额增长较大的省市还有四川、福建和江西，增幅在11~97倍。广州南大地纺织服装有限公司跃居出口第一。

八、化纤制裤子(647/8类)

出口单价降幅最大——配额时代对美出口配额量每年在300万打左右。美国从2005年5月份对我实施数量限制，截至2005年底，我对美国出口化纤制裤子达到1.03亿条(849万打)，增长315.5%，金额3.93亿美元，增长141.7%，平均出口单价3.82美元/条，下降41.8%，是11个协议服装产品中出口单价下降最大的产品之一。

民营私人、三资企业迅猛增长——出口企业达到2128家，比上年增长316.4%，主要是民营私人和三资企业增长迅猛，增幅达4~6倍，出口额增长262.8%和281.2%，出口平均单价下降45.2%和18.1%。

加工贸易出口单价降幅最大——一般贸易出口2.93亿美元，占出口总额74.6%，出口平均单价3.63美元/条，下降32.8%，每条低于加工贸易出口价格0.98美元；加工贸易出口单价下降52.4%。

江苏、广东和上海分列前三位——江苏出口位居第一，广东出口快速增长，直追江苏。上海出口平均单价5.32美元/条，每条高于广东2.76美元、江苏1.02美元。在出口前10位省、市中，出口额增长较大的省、市有福建、江西和辽宁，增幅在6~51倍。南通金飞达服装有限公司跃居出口第一。

九、毛制裤子(447类)

出口快速增长——配额时代对美出口配额量每年在12万打左右。2005年我对美出口达到686万条(57万打)，增长421.2%，金额4 588.1万美元，增长245.7%，平均出口单价6.68美元/条，下降33.7%。

民营私人企业出口占据2/3——出口企业达到218家，比上年增长215.9%，主要是民营私人和三资企业快速增长，均增长4倍以上。其中，民营私人企业出口额占总额的63.2%，出口平均单价低于其他类型企业45%。

一般贸易出口占主导地位——一般贸易出口额占总额67%，出口平均单价5.67美元/条，每条低于平均出口价格1美元；加工贸易出口单价10.7美元/条，每条高于一般贸易5美元。

广东、浙江出口增长迅猛——广东、浙江和北京位居出口前三省，其中广东、浙江出口额增长41倍和14倍。广东出口平均单价上升12.2%，而浙江下降13.9%。在出口前5位省市中，出口额增长较大的省市有江苏和上海，增幅在1.7~2倍。深圳市百业兴贸易有限公司出口位居第一。

十、植物纤维制裤子(847类)

出口总体呈下降——植物纤维制裤子是我对美出口占据垄断地位的产品，市场份额高达90%。2005年对美出口1.1亿条(885万打)，同比下降2.9%，金额4.8亿美元，下降7.5%，平均出口单价4.55美元/条，略降4.8%，出口单价高于棉制和化纤制裤子。

出口家数平稳增长——出口企业1 136家，比上年增长18%，国有及控股、三资和民营私营企业各占1/3，除民营私营企业出口增长外，其它企业均出口下降。三资企业出口单价4.77美元/条，略高于民营私营企业和国有及控股企业。

一般贸易占主导——一般贸易出口4.28亿美元，占出口总额88.6%，出口平均单价4.61美元/条，每条比加工贸易低0.45美元。

江苏占据优势——江苏、广东和上海位居出口前三位，其中，江苏出口额1.68亿美元，是广东的2.3倍、上海的2.7倍，三省均呈下降趋势。上海出口单价4.79美元/条，高于江苏和广东。在出口前10位省市中，出口额呈增长的省、市有四川、天津、辽宁和福建，增幅在14.8%~105.1%。山东绮丽集团美达服装有限公司继续保持出口第一。

十一、毛制套装(443类)

配额取消、单价增长——配额时代毛制套装配额量每年在15万打左右，2005年纺织品一体化后，我对美出口303万套(25万打)，增长701.1%，金额0.89亿美元，增长760.9%，平均出口单价29.3美元/套，增长7.5%，是13个服装协议产品中出口单价唯一增长的产品。

出口家数相对集中——出口企业165家，比上年增长358.3%，是13种服装产品出口家数最少的产品，主要是三资企业和民营私人企业增长较快，出口额分别增长25倍和17倍，集体私营企业出口单价31.7美元/套，高于三资和国有及控股企业3.7%~54.6%。

一般贸易增幅高于加工贸易——一般贸易和加工贸易出口各一半，其中一般贸易出口额增长10倍，出口单价26.2美元/套，每套低于加工贸易7.4美元。

浙江出口位居第一——浙江、江苏和辽宁位居出口额前三位，其中浙江出口额增长了22倍，江苏、辽宁出口增长6倍和4倍。江苏平均出口单价31.3美元/套，高于浙江1.2%、辽宁12.3%。在出口前10位省、市中，出口额成倍增长的省、市有上海、山东、北京、天津和河北。宁波雅戈尔进出口有限公司跃居出口第一。

十二、棉制针织衬衫(338/9类)

出口数量、金额成倍增长——配额时代我对美出口年配额量在280万打左右。2005年5月美对我实施年数量限制，但我对美出口仍保持快速增长，数量达到3.48亿件(2 899万打)，增长624.7%，金额8.14亿美元，增长501.9%，平均出口单价2.34美元/件，下降17%。

民营私人、三资企业迅猛增长——出口企业达到2 649家，比上年增长428.9%，位居11种协议服装产品出口企业家数第二，主要是民营私人企业和三资企业迅猛增长，家数增长9倍和6倍，出口额分别占出口总额的39.3%和38.2%，民营私人企业出口平均单价下降22.3%，而三资企业上升28.4%。

一般贸易占七成，单价高于加工贸易——一般贸易出口5.8亿美元，占出口总额71.6%，出口平均单价2.67美元/件，每件高于平均出口价格0.33美元；加工贸易出口占27.9%，出口单价1.78美元/件，每件低于一般贸易出口单价0.89美元。

广东优势明显，位居出口首位——广东、江苏和浙江位居出口前三位，出口额分别为3.68亿美元、1.33亿美元和1.25亿美元，增长543.9%、741.8%和958.5%，虽然广东出口平均单价上升18.1%，但仍然低于江苏、浙江38%左右。在出口前10位省、市中，出口额增长较大的省市有江西、福建、山东、四川和辽宁，增幅在11~63倍。东莞对外加工装配服装公司继续保持出口第一位置。

十三、化纤制针织衬衫(638/9类)

出口数量、金额成倍增长——配额时代对美出口配额量每年在280万打左右。从2005年5月美对我实施数量限制，但我对美出口依然达到2.14亿件(1 783万打)，增长519.3%，金额5.84亿美元，增长349.1%，平均出口单价2.73美元/件，下降27.6%。

民营私人企业跃居出口首位——出口企业达到2 636家，比上年增长466.9%，主要是民营私人企业和三资企业迅猛增长至7倍以上，出口额2.56亿美元和1.45亿美元，占出口总额的43.8%和32%，民营私人企业出口平均单价下降45.4%，三资企业出口单价上升27.78%，国有及控股企业出口单价虽下降，但仍然高于其它类型企业21%以上。

一般贸易占主导——一般贸易出口占八成，出口平均单价3美元/件，每件高于平均出口价格0.27美元；加工贸易出口占18.8%，来料、进料加工各占一半，出口单价1.99美元/件，每件低于一般贸易出口单价1.01美元。

广东占有绝对优势——广东、浙江和江苏位居出口前三位，其中广东占有绝对优势，出口额为2.1亿美元，是浙江的2.2倍、江苏的2.4倍，3省出口增幅分别为557.3%、255.4%和387.4%。虽然广东出口单价上升17.1%，但低于浙江和江苏。在出口前10位省、市中，出口额增长较大的省市有福建和山东，增幅分别为61.2倍和16倍。辽宁成大股份有限公司跃居出口第一。

十四、棉制和化纤制男士衬衫(340/640类)

出口数量、金额增长1倍——配额时代对美出口配额量每年在250万打左右，尽管美国从2005年5月份对我实施数量限制，我对美出口仍达到8 386万件(699万打)，增长185.8%，金额3.06亿美元，增长130.3%，平均出口单价3.65美元/件，下降19.6%。

出口家数增长一倍——出口企业达到1 113家，比上年增长160.1%，民营私人企业和三资企业增长较快，增长3倍和2倍以上，出口额增长385.6%和427.7%。三资企业出口平均单价3.84美元，高于国有及控股企业、三资企业4.6%和12.3%。

一般贸易占六成——一般贸易出口占出口总额62.4%，增长112.2%，低于加工贸易增幅，出口平均单价3.37美元/件，每件低于加工贸易0.92美元。加工贸易出口1.1亿美元，占出口总额37.1%，出口单价4.29美元/件，与上年持平。

广东出口迅猛增长——广东、浙江和江苏位居出口额前三位，出口额分别为6.4亿美元、2.14亿美元和1.19亿美元，增长1 796.7%、474.6%和384.6%，广东出口平均单价上升13.2%，高于浙江出口单价34%。在出口前10位省、市中，出口额增长较大的省、市有四川、福建和江西，增幅在11~97倍。广东溢达纺织有限公司跃居出口第一。

十五、毛衫(345/645/646类)

出口单价降幅小——配额时代对美出口配额量每年在100万打左右，2005年我对美出口达到8 308万件（692万打），增长792.8%，金额2.7亿美元，增长766.9%，平均出口单价3.25美元/件，下降2.7%，是11个协议服装产品中出口单价降幅最小的。

出口企业家数快速增长——出口企业达到1 413家，比上年增长533.6%，主要是民营私人企业和三资企业迅猛增长，家数达到807家、299家，均增长10倍以上，出口额1.5亿美元和0.45亿美元，增长20倍和18倍，集体私营企业出口单价3.97美元/件，高出其它类型出口企业，三资企业出口价格最低，为2.43美元/件。

一般贸易出口价格高于加工贸易——一般贸易出口占主导地位，出口2.31亿美元，占出口总额85.7%，出口平均单价3.84美元/件，每件高于加工贸易出口单价1.58美元。

广东出口占居一半——广东、江苏和福建位居出口前三位，其中广东占有绝对的优势，出口1.26亿美元，增长11倍，出口额是江苏的3.2倍、福建的6倍，但出口单价比江苏低60%，为2.76美元/件，比上年增长47.1%。在出口前10位省市中，出口额增长较大的省市有江西、辽宁、天津、山东等，增幅在10~32倍。广东惠州泰织造有限公司出口排列第一。

十六、袜子(332/432/632部分)

出口呈平稳增长——2004年10月美对我袜子实施一年的数量设限，截至2005年底，对美出口袜子15.3亿双（1.3亿打双），增长10.2%，金额4.5亿美元，增长2.38%，平均出口单价0.29美元/双，下降9.4%。

民营私人企业占一半——出口企业641家，比上年增长33.8%，民营私人企业占据一半，家数339家，增长75.7%，高于其它类型企业。三资企业135家，出口1.89亿美元，占出口总额41.9%，出口单价0.34美元/双，高于其他类型企业。

一般贸易出口占主导地位——出口额4.26亿美元，占出口总额94.3%，出口平均单价0.29美元/双，每双低于加工贸易0.06美元。

主产省浙江出口占半壁江山——浙江、上海和江苏位居出口前三位，其中浙江出口2.3亿美元，占出口总额51.7%，下降11.9%，出口额分别为上海的2.6倍、江苏的8.5倍，但上海出口单价高于浙江和江苏34.5%。在出口前10位省市中，出口额增长较大的省、市有北京、四川、江西和福建，增幅在2~15倍。上海飞马进出口贸易公司跃居出口第一。

十七、棉制化纤制内衣(352/652类)

出口数量增长13倍，位居服装产品第一——配额时代对美出口受到严格数量限制，配额量每年在520万打左右。美从2005年5月份对我进行数量限制，但我对美出口达到3.48亿件（2 902万打），增长13倍，金额2.5亿美元，增长467.2%，平均出口单价0.72美元/件，下降62.1%，是11个协议服装产品中数量增长最大、单价下降最多的产品。

出口单价降幅大——出口企业达到1 715家，比上年增长464.1%，主要是民营私人企业和三资企业迅猛增长，家数达到836家、476家，增长9倍和8倍。其中，集体私营企业出口额1.1亿美元，增长12倍，但出口单价低于其他类型企业70%，且单价降幅最大，为75%。

一般贸易出口占近八成——一般贸易出口占主导地位，出口1.94亿美元，占出口总额77.6%，出口平均单价0.76美元/件，每件高于加工贸易0.14美元，但出口单价下降

67.5%,超过加工贸易出口单价降幅。

广东出口占全国三成——广东、浙江和江苏位居出口额前三位,广东、浙江出口0.87亿美元和0.61亿美元,增长24倍和10倍。其中广东出口单价最低,仅有0.39美元/件,远远低于浙江、江苏出口单价。在出口前10位省市中,出口额增长较大的省市有福建、江西、湖南和辽宁,增幅在18~413倍。宝佳制衣(北京)有限公司跃居出口第一。

十八、胸衣(349/649类)

两次遭受纺织品特别限制,出口仍较快增长——根据ATC协议,2002年胸衣对美出口取消数量限制,我胸衣对美出口快速增长,已占美进口份额的35%。美国先后于2003年和2005年两次对我胸衣进行数量限制,截至到2005年底,胸衣对美出口依然呈快速增长,出口2.3亿件(1 914万打),增长265.7%,金额1.84亿美元,增长213.3%,平均出口单价0.8美元/件,下降14%。

出口家数继续快速增长——出口企业761家,比上年增长325.1%,主要是民营私人企业和三资企业快速增长,家数分别为519家、123家,增长7倍和2倍,出口额增长681.9%和163.9%。三资企业出口平均单价为1.35美元/件,每件高于集体私营企业0.76美元,国有及控股企业出口单价0.72美元/件,同比增长20%。

一般贸易出口增长较快——一般贸易出口额增幅高于加工贸易增幅4倍,但加工贸易出口单价0.99美元/件,高于一般贸易出口单价45.6%,其中进料加工贸易出口单价最高,为1.5美元/件。

广东出口占据全国三分之二——广东、江苏和山东位居出口前三位,其中广东出口1.2亿美元,增长4倍,出口单价0.64美元/件,虽然比上年增长18.5%,但仍低于平均出口单价25%。在出口前10位省市中,出口额增长较大的省市有江西、四川和福建,增幅在24~53倍。江苏AB集团有限责任公司名列出口第一。

十九、游泳衣(359S/659S类)

出口量快速增长、价格下降较大——配额时代对美出口配额量每年在120万公斤左右,截至到2005年底,我对美出口3 552万公斤,增长10倍,金额0.7亿美元,增长5倍,平均出口单价1.96美元/公斤,下降44.2%。

三资企业出口迅速——出口家数出口企业达到288家,比上年增长357.1%,主要是民营私人企业和三资企业迅速增长,增长16倍和6倍,其中三资企业出口单价高于其他类型企业。

一般贸易和加工贸易出口各占一半——一般贸易出口平均单价0.68美元/件,每件低于加工贸易出口价格0.31美元,进料加工出口单价高于来料加工。

广东出口位居第一——广东、江苏和上海位居出口前三位,其中广东出口增长21倍,江苏、上海出口增长2倍和9倍。广东出口平均单价低于江苏和上海30%~48%。在出口前10位省市中,出口额增长较大的省、市有福建、浙江和山东,增幅在9~46倍。广东博罗园洲大泰制衣有限公司跃居出口第一。

二十、棉制毛巾(363类)

出口量快速增长、单价下降四成——配额时代对美出口配额量每年在2 500万条左右。2005年我对美出口达到1.7亿条,增长512.7%,金额1.9亿美元,增长241.4%,平均出口单价1.08美元/条,下降44%。

出口家数增长近2倍——出口企业451家,比上年增长180.1%,主要是民营私人企业和三资企业快速增长,增长4倍和2倍。三资企业出口单价低于其它类型企业48%。

加工贸易增幅高于一般贸易——一般贸易出口额1.03亿美元,增长241.4%,占出口总额55%。加工贸易出口增长5倍,主要是进料加工增长,加工贸易出口单价高于一般贸易89%。

主产省山东出口位居第一——山东、广东、江苏位居出口前三省,出口额增幅314.9%、432.3%和117.5%。其中,山东出口平均单价1.54美元/条,每条高于广东1美元。在出口前10位省市中,出口额增长较大的省市有湖北、湖南,增幅在6~17倍。山东孚日家纺股份有限公司位居出口第一。

二十一、窗帘制品(666部分)

出口增长平稳——在21种协议商品中,窗帘制品出口金额最少，只有739.6万美元，增长39.1%，平均出口单价3.3美元/公斤，增长18.6%。

出口企业集中——出口企业87家，仅比上年增长4.8%，民营私人企业和三资企业出口额占46.4%和38.7%，出口平均单价上升36.3%和48.3%。

一般贸易出口占主导地位——一般贸易出口额占出口总额70.4%，出口平均单价2.86美元/公斤，仅为加工贸易出口单价的一半。

广东出口位居第一——广东、河北和浙江位居出口前三省，广东出口增长4倍，增幅高于其他二省市。在出口前5位省市中，出口额增长较大的省市有上海。河北献县商林工艺绣品厂继续保持出口第一。

（执笔：中国纺织品进出口商会服装部、纺织部）

2005年中欧纺织品协议10种产品对欧盟出口概况及分析

2005年6月11日，中国与欧盟就部分输欧纺织品问题签署备忘录，双方约定了自2005年6月11日至2007年底中方欧输10种纺织品的数量。这10种设限产品包括两个纱线面料类别(2类梭织棉布和115类亚麻纱及苎麻纱)、两个家用纺织品类别（20类床单和39类桌布）和6个服装类别（4类针织衬衫、5类套头衫、6类梭织裤子、7类女式衬衫、26类连衣裙和31类胸衣）。

纵观2005年，中国对欧盟纺织品服装出口实现了快速增长，出口金额达到183.2亿美元，同比增长56.9%，占中国纺织品服装出口总额的15.9%。欧盟跃居中国第二大出口市场。其中纺织品对欧盟出口46.93亿美元，同比增长38.2%，服装出口136.29亿美元，同比增长64.5%。2005年中国对欧盟10种设限产品的出口金额达到31.03亿美元，同比增长145.35%，占中国对欧盟纺织品服装出口额的16.9%。

2类(梭织棉布)

1.出口快速增长，国有及国有参股和民营企业是主要出口力量

按照中国海关统计(HTS10位码统计，以下同)，2005年我国对欧盟出口2类产品2.14亿米，同比增长57.1%；出口金额为2.38亿美元，占中国对全球同类产品出口额的4.33%。共有753家企业对欧盟出口该类产品，国有及国有参股和民营企业出口家数之和占总出口家数的87%，出口金额之和占总出口额的85%。

2.一般贸易是主要贸易方式

一般贸易出口金额占2类总出口额的67.76%。山东、江苏和浙江是主要的出口省份，三省出口额之和占2类出口额的71%。

4类(针织衬衫，T恤衫，轻质圆领衫)

4类是2005年一体化的产品，2005年全年中国共对欧盟出口4.05亿件，总额8.41亿美元，数量和金额分别比2004年增长153.1%和141.8%，平均单价2.07美元/件，同比下降4.61%。4类对欧盟出口呈现如下几个特点：

1.出口以一般贸易为主，加工贸易增长迅速

一般贸易出口数量为3.57亿件，价值7.54亿美元，分别占到了4类全部出口的近90%。由于一般贸易基数较大，在出口增幅上略低于总体增幅，数量、金额分别增长133.15%和129.28%。相比之下，加工贸易增长迅速，虽然占比不足总出口的10%，但数量和金额的增幅分别达到了605%和347%，尤其是进料加工贸易，出口金额增长了640%。加工贸易价格下降幅度较大。

2.国有及国有参股企业和民营企业是出口的主力

在总计8.41亿美元的出口中，国有及参股企业完成了3.62亿美元，民营企业出口3.04亿美元，占比分别为43%和36%。尤其值得注意的是，民营企业在实现出口金额比2004年增长2倍的同时，出口价格同比增长了16%，虽然1.98美元/件的平均单价仍低于总体均价，但一体化之后价格未降反升的趋势值得思考。从出口家数来看，在全部3502家对欧盟出口企业当中，1 622家是民营企业，占46%。国有及国有参股企业和三资企业家数相当。

3.浙、粤、沪、苏四省市占总出口的80%

4类的出口省市较为集中，浙江、广东、上海和江苏4省、市合计出口7.04亿美元，占总出口的80%，其中浙江省出口3.19亿美元，独占38%，广东出口1.31亿美元，同比增长是646%，是主营省、市中增长最快的。从出口平均单价看，广东

最低，仅为1.85美元/件，上海、江苏较高，分别为2.98美元/件和2.65美元/件。

在对欧盟出口4类的企业排名中，浙江企业、尤其是宁波企业表现出众，在前10名、前20名和前30名中，宁波企业均占到半数以上，体现了宁波作为针织服装生产基地的强劲实力。4类对欧盟出口前五名分别是：上海利泰、宁波致和、江苏汇鸿棉针织、宁波布利结合江西纺织丝绸。

5类（毛衫，针织夹克及上衣）

5类也是2005年一体化的产品，全年中国共对欧盟出口1.61亿件，总额7.29亿美元，数量和金额分别比2004年增长271.1%和238.1%，平均单价4.52美元/件，同比下降8.87%。5类对欧盟出口呈现如下几个特点：

1.出口仍以国有及参股企业为主，三资、民营企业获得极大增长

在总计7.29亿美元的出口中，国有及参股企业出口3.18亿美元，民营企业出口2.46亿美元，占比分别为43.6%和33.8%。值得关注的是，三资企业在出口额中的占比虽然只有22.6%，但其同比增幅却达到了760.5%，民营企业的出口金额增幅为470.3%，都大大高于国有企业107.4%的增幅。从5类来看，三资企业和民营企业从一体化获益更多。

从出口单价看，国有及参股企业均价5.01美元/件，略高于总体均价；民营企业4.38美元/件，接近于均价，三资企业3.96美元/件，且同比下降了41.68%。在全部2 748家对欧盟出口企业当中，1 200家是民营企业，占43.6%，三资企业808家，家数增幅最大，达339%。

2.一般贸易为主，加工贸易增长迅速但价格下降较大

一般贸易出口数量为1.26亿件，价值6.34亿美元，出口金额占到了5类全部出口的87%。一般贸易在出口增幅上接近总体增幅，数量、金额分别增长247%和227%。相比之下，加工贸易增长迅速，虽然金额仅占总出口的11.7%，但数量和金额的增幅分别达到了372%和315%，尤其是进料加工贸易，出口金额增长了559%。但加工贸易价格下降幅度较大，降幅为12%，尤其是进料加工贸易，平均单价同比下降了52%。

3.浙、粤、沪、苏4省、市占总出口的80%

5类的出口省市较为集中，浙江、广东、上海和江苏4省、市合计出口5.53亿美元，占总出口的76%，其中浙江省出口1.69亿美元，占23%，广东出口1.6亿美元，同比增长是55%，是主营省、市中增长最快的。从出口平均单价看，广东最低，仅为2.95美元/件，上海、江苏较高，分别为6.23美元/件和5.72美元/件。其他出口超过1 000万美元的省、市依次是山东、北京、内蒙古、福建、辽宁和天津。5类对欧盟出口前五名分别是：南京纺织、内蒙古鄂尔多斯、东莞纺织品、内蒙古鹿王羊绒和上海利泰。

6类（男女梭织长裤）

6类也是2005年一体化的产品，全年中国共对欧盟出口1.66亿件，总额7.37亿美元，数量和金额分别比2004年增长209.9%和188.9%，平均单价4.44美元/件，同比下降6.72%。6类对欧盟出口呈现如下几个特点：

1.虽然出口以国有及参股企业为主，但民营企业增长迅速且家数最多

在总计7.37亿美元的出口中，国有及参股企业出口3.45亿美元，民营企业出口2.15亿美元，占比分别为46.8%和29.2%。虽然国有及参股企业占出口较大比重，但其增幅较小，出口金额仅同比增长了114.6%，与此形成对比的是，民营企业出口金额增幅达347.5%，几乎是6类总体增幅的2倍。三资企业出口金额的同比增幅也达到了282.3%。

从出口单价看，国有及参股企业均价4.55美元/件，略高于总体均价；民营企业4.34美元/件，接近于均价，三资企业4.33美元/件，虽同比下降了41.68%，但也与总体平均价格相差不大。在全部2 697家对欧盟出口企业当中，1 100家是民营企业，占40.8%，三资企业849家，家数增幅最大，达249%。

2.出口以一般贸易为主，加工贸易价格下降较大

一般贸易出口数量为1.37亿件，价值6.19亿美元，出口金额占到了6类全部出口的84%。一般贸易在出口增幅上接近总体增幅，数量、金额分别增长187%和195%。加工贸易数量增长了336%，而金额近增长了121%，加工贸易出口平均价格下降了49%。

3.出口省、市集中，粤、浙、苏、沪是出口主力军

6类的出口省、市较为集中，广东、浙江、江苏和上海4省

市合计出口6.01亿美元，占总出口的82%，其中广东一省出口1.74亿美元，占23.6%，增幅达1 007%，一跃成为6类出口欧盟第一大省。其他三个主营省市增幅平稳，同比增长都在1~2倍之间。虽然广东规模大、增长快，但其价格偏低，仅为3.92美元/件，远低于其他主营省、市的出口均价。上海、江苏较高，分别为5.34美元/件和4.86美元/件。其他出口超过千万美元的省市依次是北京、山东、福建和辽宁。6类对欧盟出口前五名分别是：上海丰润外贸、北京服装、江苏舜天股份、江苏华瑞国际和深圳勤辉投资开发（该公司虽位列海关统计前茅，但其业绩实际上是深圳多家公司业绩总和）。主营企业格局与2004年相比发生了很大的变化。

7类(女式衬衫)

根据ATC一体化协议，从2005年起欧盟对我纺织品服装出口全面放开，尽管在6月11日中欧签署了新的纺织品协议，对我10类纺织品重新实行数量限制，但2005年我纺织品服装对欧出口仍有大幅增长。其中，属于欧盟重新设限的女式衬衫(欧盟7类)，据中国海关统计，2005年我国对欧出口2542.3万件，比上年增长139.5%；出口金额为9 417.1万美元，增长89.6%；出口均价为3.7美元/件，下降20.9%。其主要出口特点包含以下几方面(表1)：

1.一般贸易占绝对主导地位，来料加工增长较快

一般贸易出口2 037.9万件、7 783.3万美元，分别占对欧女式衬衫出口总量和总额的80.2%和82.7%，处于绝对主导地位。一般贸易出口均价为3.82美元/件，下降14%，仍高于加工贸易0.51美元/件。加工贸易中来料加工增长较快，带动加工贸易整体增长。但来料加工只是数量增幅高达446.6%，金额增长只有135.5%，相应其出口单价下降幅度较大，为56.9%，使加工贸易整体出口均价也随之下降48%。

2.三资企业出口增长迅猛

2005年我国对欧盟女式衬衫出口企业共有1 117家，增长89.6%，其中国有及国有参股企业383家、三资企业333家、集体和私营企业401家。三资企业家数增幅高达197.3%，集体和私营企业家数增长了1倍。

表1 2005年中国输欧女式衬衫贸易方式统计

贸易方式	数量(万件)	同比(%)	金额(万美元)	同比(%)	单价(美元/件)	同比(%)
合计	2 542.3	139.5	9 417.1	89.6	3.70	-20.9
一般贸易	2 037.9	121.9	7 783.3	91.0	3.82	-14.0
加工贸易	479.0	247.8	1 585.0	80.6	3.31	-48.0
其中：来料加工	311.1	446.6	838.6	135.5	2.70	-56.9
其中：进料加工	167.9	107.7	746.4	43.1	4.45	-31.0

资料来源：中国海关。

2005年国有及国有参股企业对欧出口保持平稳增长，数量和金额增幅分别为83.7%和30.5%，虽远低于三资、集体和私营企业的增幅，但仍占对欧出口比重的45%以上，其出口单价下降了28.9%，仅为3.61美元/件，低于其他类型出口企业的单价。三资企业出口飞速增长，数量和金额增幅分别高达314.9%和271.9%，出口均价在所有企业类型中最高，为3.91美元/件。集体和私营企业出口增长也较快，数量和金额分别增长了188.5%和176.4%，单价降幅最小仅为4.1%。

3.九成出口集中在浙江、江苏、上海和广东4大省、市

我国女式衬衫对欧出口主要集中在浙江、江苏、上海和广东4大省、市，其合计占我对欧出口总量的90%、出口总额的91.3%。其中浙江出口832.1万件、3 307.万美元，在4省、市中所占出口比重最高。广东出口增长最为迅猛，数量和金额增幅分别高达686.7%和657%，但其出口单价较低，仅为2.39美元/件。此外，北京出口呈下降趋势，但其出口均价在全国各省、市中最高为5.31美元/件(表2、表3)。

表 2　2005 年中国输欧女式衬衫企业构成统计

企业构成	家数	同比(%)	数量(万件)	同比(%)	金额(万美元)	同比(%)	单价(美元/件)	同比(%)
合计	1 117	89.6	2 542.3	139.5	9 417.1	89.6	3.70	－20.9
国有及参股企业	383	38.3	1 204.4	83.7	4 346.6	30.5	3.61	－28.9
三资企业	333	197.3	547.1	314.9	2 140.2	271.9	3.91	－10.3
集体和私营企业	401	100.5	790.8	188.5	2 930.3	176.4	3.71	－4.1

* 资料来源:中国海关。

表 3　2005 年中国输欧女式衬衫主要省、市统计

省　市	数量(万件)	同比(%)	金额(万元)	同比(%)	单价(美元/件)	同比(%)
合计	2 542.3	139.5	9 417.1	89.6	3.70	－20.9
浙江	832.1	104.9	3 307.7	78.9	3.98	－12.5
江苏	522.0	156.8	2 124.9	111.8	4.07	－17.6
上海	487.7	83.5	2 094.6	43.5	4.29	－21.9
广东	447.4	686.7	1 067.4	657.0	2.39	－3.6
山东	72.2	818.1	233.5	557.7	3.24	－28.2
北京	38.9	－18.4	206.7	－20.2	5.31	－2.2

* 按 2005 年出口金额排序
资料来源:中国海关。

20类(床单)

20类是2005年一体化的产品,也是中欧协议签署后,第一次单独计算数量的类别（2005年以前20类与39类共用设限数量)。全年中国共对欧盟出口4 949万件,总额1.61亿美元,数量和金额分别比2004年增长97.13%和56.44%,平均单价3.24美元/件,同比下降20.78%。20类对欧盟出口呈现如下几个特点:

1.一般贸易出口占绝对优势,加工贸易增长迅速且价格较高

20类一般贸易出口数量为4 821万件,价值1.55亿美元,分别占到了20类全部出口的97%。由于一般贸易比重较大,在出口增幅上决定了总体的增长情况。相比之下,加工贸易增长迅速,虽然占比仅为总出口的3%,但数量和金额的增幅分别达到了738%和801%。与其他服装类别形成对比的是,床单的加工贸易价格高于一般贸易,均价为4.77美元/件,高于一般贸易的3.22美元/件。

2.民营企业是对欧盟出口床单的主要力量,三资企业增长较快

在总计4 949万件、8.41亿美元的出口中,民营企业完成了2 870万件、1.07亿美元,占比分别为58%和66.7%。而国有及参股企业和三资企业在出口金额中的占比仅为24%和10%。民营企业在出口家数上也占有绝对优势,总计4 964家出口企业中,有2 633家民营企业,占53%。

另外值得注意的是，三资虽然仅占出口份额的10%,但其增长势头强劲，出口金额增长了398%，出口加数增长了224%,远高于其它类型的企业。在出口价格方面,民营企业高居首位,为3.73美元/件,国有及参股企业为2.52美元/件,而三资企业为2.7美元/件。

3.山东几占出口半壁江山,鲁、苏、浙、沪合计占总出口84%

20类的出口省、市高度集中，山东一省出口7 670万美元，遥遥领先于其他主营省、市，占总出口的47.8%。山东、江苏、浙江和上海4省、市合计出口1.35亿美元，占总出口的84%。各主营省、市中，除上海出口金额仅增长5%外，其他增幅均比较稳定，且价格下降幅度不大。从出口平均单价看，山东依然高于其他地区，达到4.61美元/件，浙江较低，仅为2.77美元/件。

在对欧盟出口20类的企业排名中，山东企业表现出众，在前10名和前20中，山东企业分别占到7席和13席，充分体现了山东作为床单和棉制家纺用品生产基地的实力。

26类(连衣裙)

据中国海关统计，2005年我对欧出口连衣裙1 008.5万件，比上年增长62.6%；出口金额为4 902.1万美元，增长90.9%；出口均价为4.86美元/件，上涨17.4%。其主要出口特点包含以下几方面(表4)：

1.一般贸易占主导地位，加工贸易出口成倍增长

一般贸易出口867.2万件、3787.9万美元，分别占对欧连衣裙出口总量和总额的86%和77.3%，处于绝对主导地位，但其出口单价仅为加工贸易产品的1/2，4.37美元/件。加工贸易出口增长较快，数量和金额分别增长了259.6%和194.7%，其中来料加工增幅高于进料加工。来料加工出口价格较高，达到13.43美元/件，是一般贸易出口价格的3.1倍，但其降幅也最大，为36.7%。

2.三资企业出口快速增长

2005年我国对欧盟连衣裙出口企业共有996家，增长109.7%，其中国有及国有参股企业332家、三资企业297家、集体和私营企业367家。三资企业家数增幅高达296%，集体和私营企业家数增长了125.2%。

2005年国有及国有参股企业对欧出口增长平稳，虽增幅远低于三资、集体和私营企业，但仍分别占对欧出口总量和总额的43.9%和42.4%，其出口单价出现下降，降幅为6.8%。三资企业出口快速增长，数量和金额增幅分别高达207.2%和295.1%，出口均价在所有企业类型中最高，为6.11美元/件，增长28.6%。集体和私营企业出口增长也较快，数量和金额分别增长了55.5%和147%，单价增幅达到58.7%(表5)。

3.广东出口数量、金额、单价均大幅增长

表4　2005年中国输欧连衣裙贸易方式统计

贸易方式	数量(万件)	同比(%)	金额(万美元)	同比(%)	单价(美元/件)	同比(%)
合计	1 008.5	62.6	4 902.1	90.9	4.86	17.4
一般贸易	867.2	50.3	3 787.9	74.6	4.37	16.2
加工贸易	121.4	259.6	1 060.9	194.7	8.74	-18.0
其中：来料加工	44.3	480.8	594.2	267.4	13.43	-36.7
其中：进料加工	77.2	195.1	466.7	135.4	6.05	-20.2

*资料来源：中国海关。

表5　2005年中国输欧连衣裙企业构成统计

企业构成	家数	同比(%)	数量(万件)	同比(%)	金额(万美元)	同比(%)	单价(美元/件)	同比(%)
合计	996	109.7	1 008.5	62.6	4 902.1	90.9	4.86	17.4
国有及参股企业	332	40.1	443.2	38.3	2 078.0	29.0	4.69	-6.8
三资企业	297	296.0	200.9	207.2	1 227.9	295.1	6.11	28.6
集体和私营企业	367	125.2	364.5	55.5	1 596.3	147.0	4.38	58.7

*资料来源：中国海关。

我国连衣裙对欧出口主要集中在浙江、广东、江苏和上海4大省、市，其合计占我对欧出口总量的87.2%、出口总额的91.2%。其中浙江出口最多，达到420.7万件、1448.4万美元。广东位居第二，但出口增幅全国最高，数量和金额增幅分别为438.6%和983.6%，出口单价也上涨100.8%，跃居全国最高，达到7.23美元/件。上海出口增幅最少，在20%以内，而且出口单价下降5.9%（表6）。

31类（胸衣）

据中国海关统计，2005年中国对欧出口胸衣1.04亿件，比上年增长345.4%；出口金额达到1.06亿美元，增长263.3%；出口均价为1.02美元/件，下降18.4%。其主要出口特点包含以下几方面：

1.进料加工出口增长超过10倍

一般贸易出口5 360.6万件、5 643万美元，数量和金额增幅分别为292.5%和198.1%，所占对欧出口比重均在50%以上，其出口单价下降24.5%，为1.05美元/件。加工贸易出口数量和金额增幅均在4倍以上，所占出口比重上升到45%左右，已接近一般贸易所占比重。其中进料加工增长迅猛，出口数量和金额增幅分别达到13.2倍和12倍，出口单价也较高，为1.26美元/件（表7）。

表6　2005年中国输欧连衣裙主要省、市统计

省市	数量（万件）	同比（%）	金额（万美元）	同比（%）	单价（美元/件）	同比（%）
合计	1 008.5	62.6	4 902.1	90.9	4.86	17.4
浙江	420.7	66.9	1 448.4	82.5	3.44	9.2
广东	187.0	438.6	1 352.6	983.6	7.23	100.8
江苏	134.5	75.4	854.5	78.1	6.35	1.4
上海	136.7	19.0	814.0	12.1	5.95	-5.9
福建	44.2	-24.4	121.6	52.4	2.75	100.7
山东	29.5	348.3	91.1	205.4	3.09	-31.8

*按2005年出口金额排序　资料来源：中国海关。

2.三资企业出口增长

2005年我国对欧盟胸衣出口企业共有506家，增长了175%，其中国有及国有参股企业126家，增长38.5%；三资企业110家，增幅最高为378.3%；集体和私营企业270家，多于国有及参股企业和三资企业家数总和，增幅为285.7%。

表7　2005年中国输欧胸衣贸易方式统计

贸易方式	数量（万件）	同比（%）	金额（万美元）	同比（%）	单价（美元/件）	同比（%）
合计	10 423.0	345.4	10 629.7	262.3	1.02	-18.4
一般贸易	5 360.6	292.5	5 643.0	198.1	1.05	-24.5
加工贸易	4 858.7	433.7	4 737.0	415.3	0.97	-4.0
其中：来料加工	3 061.5	290.7	2 467.7	231.2	0.81	-14.7
其中：进料加工	1 797.2	1 318.7	2 269.3	1 202.9	1.26	-8.0

*资料来源：中国海关。

三资企业出口飞速增长，数量和金额增幅分别高达16.5倍和13.7倍，其出口数量所占比重在三种企业类型中最低，但出口金额所占比重却已达到40.9%,出口均价在所有企业类型中也是最高,为1.35美元/件。国有及国有参股企业对欧出口增长较快,但增幅远低于三资、集体和私营企业,其出口数量所占比重最高为36.3%,出口金额所占比重略低于三资企业为39.9%。集体和私营企业出口增长也较快,数量和金额增幅均在3倍以上,但出口单价仅为0.63美元/件,每件产品分别低于三资和国有企业0.72美元和0.47美元(表8)。

3.六成以上出口集中在广东一省

我国胸衣对欧出口主要集中在广东省,2005年其出口数量和金额增幅分别高达567.6%和720.1%,所占比重已上升到74.1%和63.6%,但其出口单价较低,仅为0.86美元/件。其他主要出口省、市中,浙江出口增长也较快,数量和金额增幅分别为536%和238%,但出口单价降幅较大为46.9%。与其他服装产品不同,北京超过江苏成为胸衣对欧出口的第四大出口省、市,江苏位居第五(表9)。

表8 2005年中国输欧胸衣企业构成统计

企业构成	家数	同比(%)	数量(万件)	同比(%)	金额(万美元)	同比(%)	单价(美元/件)	同比(%)
合计	506	175.0	10 423.0	345.4	10 629.7	262.3	1.02	-18.4
国有及参股企业	126	38.5	3 780.6	160.1	4 157.5	95.9	1.10	-24.7
三资企业	110	378.3	3 153.2	1 647.5	4 264.8	1 368.7	1.35	-16.2
集体和私营企业	270	285.7	3 489.2	394.2	2 207.5	323.6	0.63	-14.9

*资料来源:中国海关。

表9 2005年中国输欧胸衣主要省、市统计

省市	数量(万件)	同比(%)	金额(万美元)	同比(%)	单价(美元/件)	同比(%)
合计	10 423.0	345.4	10 629.7	262.3	1.02	-18.4
广东	7 720.2	567.6	6 626.2	720.1	0.86	22.9
上海	524.0	39.2	1 192.9	29.8	2.28	-6.6
浙江	974.6	536.0	1 147.2	238.0	1.18	-46.9
北京	360.9	87.2	626.0	96.8	1.73	4.9
江苏	132.1	181.7	352.6	205.9	2.67	8.5
福建	269.1	337.9	273.5	270.3	1.02	-15.0

*资料来源:中国海关。　　按2005年出口金额排序

39类(餐桌、厨房及盥洗用织物制品)

根据ATC一体化协议,从2005年起欧盟对我纺织品服装出口全面放开,使我纺织服装生产出口能力得以充分释放。尽管在6月11日中欧签署了新的纺织品协议,对我10类纺织品重新实行设限,但2005年我受限产品对欧出口仍保持大幅增长。其中,据中国海关统计,欧盟39类餐桌、厨房及盥洗用织物制品对欧出口1.2亿件,比上年增长82.9%;出口金额达到9 581.5万美元,增长64.8%;出口均价为0.8美元/件,下降10.1%。其主要出口特点包含以下几方面:

1.一般贸易占绝对主导地位

一般贸易出口1.04亿件、9 129.2万美元,分别占对欧餐桌、厨房及盥洗用织物制品出口总量和总额的87.2%和95.3%,处于绝对主导地位,其出口单价为0.87美元/件,高于加工贸易产品价格2.1倍。加工贸易出口增幅高于一般贸易,数量和金额分别增长了126.1%和151.5%。其中来料加工出

口数量增幅高达189.5倍，但出口金额只增长了1.5倍，相应单价下降了98.7%（表10）。

2.集体和私营企业出口增长较快，显现优势

2005年我国对欧盟餐桌、厨房及盥洗用织物制品出口企业共有4 535家，增长94.6%，其中国有及国有参股企业1 851家；三资企业578家，增长166.4%；集体和私营企业2 106家，增幅最高为208.8%。

表10　2005年中国输欧餐桌、厨房及盥洗用织物制品贸易方式统计

贸易方式	数量（万件）	同比（%）	金额（万美元）	同比（%）	单价（美元/件）	同比（%）
合计	12 005.1	82.9	9 581.5	64.8	0.80	-10.1
一般贸易	10 464.7	78.1	9 129.2	62.3	0.87	-9.4
加工贸易	1 429.6	126.1	406.6	151.5	0.28	7.7
其中：来料加工	510.7	18 954.9	124.1	153.6	0.24	-98.7
其中：进料加工	918.9	45.9	282.5	150.6	0.31	72.2

资料来源：中国海关。

2005年国有及国有参股企业对欧出口保持稳步增长，但其主导地位逐步让位于集体和私营企业，虽然出口数量所占比重仍然最高为45.8%，但出口金额所占比重已低于集体和私营企业12.7个百分点，且出口单价最低，仅为0.63美元/件。三资企业出口呈快速增长态势，但出口单价降幅较大为51.5%，已低于集体和私营企业的价格。集体和私营企业出口增长1倍以上，所占出口数量和金额的比重分别上升到39.5%和48.7%，出口单价则在所有企业类型中最高为0.98美元/件（表11）。

3.山东是我国餐桌、厨房及盥洗用织物制品对欧出口第一大省、市

我国餐桌、厨房及盥洗用织物制品对欧出口省市分布相对分散，不同于其他设限类别，四五个省、市的出口份额就能占据九成以上的出口比重。山东是第一出口大省、市，分别占对欧出口总量和总额的31.8%和44.5%，其出口单价在主要出口省、市中是最高的，达到1.12美元/件。浙江位居第二，出口增长较快，数量和金额增幅分别为197.4%和324.5%，出口单价上涨了41.9%。此外，河南也是餐桌、厨房及盥洗用织物制品的主产地，出口数量仅次于浙江，排名第三，但其出口单价较低，仅为0.33美元/件。湖北出口增长全国最快，数量和金额增幅均超过20倍。

表11　2005年中国输欧餐桌、厨房及盥洗用织物制品企业构成统计

企业构成	家数	同比（%）	数量（万件）	同比（%）	金额（万美元）	同比（%）	单价（美元/件）	同比（%）
合计	4 535	94.6	12 005.1	82.9	9 581.5	64.8	0.80	-10.1
国有及参股企业	1 851	29.4	5 497.7	33.2	3 451.2	16.5	0.63	-12.5
三资企业	578	166.4	1 763.6	273.0	1 459.8	80.5	0.83	-51.5
集体和私营企业	2 106	208.8	4 743.9	141.3	4 670.5	128.6	0.98	-5.8

资料来源：中国海关。

115类（亚麻纱和苎麻纱）

1.出口单价略有上升

2005年我国对全球出口该类产品2.34万吨，同比减少6.68%；金额为1.32亿美元，同比增长14.67%。其中，我对欧盟出口7 776.46吨，同比增长207.53%；出口金额为5 282.3万美元，同比增长224.49%；对欧盟出口金额占该类产品对全球出

表 12　2005 年中国输欧餐桌、厨房及盥洗用织物制品主要省、市统计

省市	数量(万件)	同比(%)	金额(万美元)	同比(%)	单价(美元/件)	同比(%)
合计	12 005.1	82.9	9 581.5	64.8	0.80	-10.1
山东	3 822.1	84.7	4 266.7	34.5	1.12	-26.8
浙江	1 527.2	197.4	1 347.8	324.5	0.88	41.9
上海	1 181.5	55.7	751.4	52.1	0.64	-1.5
广东	1 108.5	260.3	426.9	190.6	0.39	-18.8
河南	1 264.9	-7.4	418.4	14.1	0.33	22.2
湖北	448.9	2 162.5	404.2	2 154.2	0.90	0.0

*按 2005 年出口金额排序　资料来源:中国海关。

口金额的39.96%;出口单价6.79美元/公斤,同比增长5.51%。

2.加工贸易出口居首

2005年我对欧盟加工贸易出口3 559.15万美元,同比增长204.43%,占对其出口总金额的67.38%。一般贸易对欧盟出口1 723.12万美元,同比增长276.37%,占对美出口金额的32.62%。

3.浙江省出口增幅最高

在13个出口省市中，前5位的省市出口金额总占比为97.8%。出口增长最快的省份是浙江,2005年其对欧盟出口金额同比增长了372.36%。

4.三资企业和集体私营企业是对欧盟出口的主体

三资企业占对欧盟总出口金额的58.46%，集体和私营企业占35.77%,国有及国有参股企业仅占5.77%。中外合资企业对欧盟出口该类产品增长最快，出口金额同比增长602.39%,其出口金额占比达47.26%(表14)。

表 13　2005 年中国输欧亚麻纱和苎麻纱主要省、市统计

(数量单位:吨;金额单位:万美元)

省市名称	数量	同比(%)	份额(%)	金额	同比(%)	份额(%)	单价	同比(%)
合计	7 776.46	207.53	100.00	5 282.30	224.49	100.00	6.79	5.51
浙江	5 565.66	408.53	71.57	3 947.23	372.36	74.73	7.09	-7.11
江苏	1 264.34	509.10	16.26	813.32	362.83	15.40	6.43	-24.02
安徽	304.41	112.79	3.91	194.59	100.94	3.68	6.39	-5.57
湖北	198.67	-	2.55	111.37	-	2.11	5.61	-
黑龙江	226.27	-69.09	2.91	99.21	-69.06	1.88	4.38	0.10

*按 2005 年出口金额排序　资料来源:中国海关。

表 14　2005 年我国 115 类输欧企业构成统计

（数量单位：吨；金额单位：万美元）

企业构成	家数	同比%	占比%	数量	同比%	占比%	金额	同比%	占比%
合计	54	125.00	100.00	7 776.46	207.53	100.00	5 282.30	224.49	100.00
国有及国有参股企业	16	60.00	29.63	507.22	10.38	6.52	304.65	-0.25	5.77
三资企业	15	150.00	27.78	4 417.30	503.48	56.80	3 087.94	460.32	58.46
其中：中外合作企业	0	-	0.00	0.00	-	0.00	0.00	-	0.00
中外合资企业	11	175.00	20.37	3 499.16	560.17	45.00	2 496.21	602.39	47.26
外商独资企业	4	100.00	7.41	918.14	354.69	11.81	591.74	202.34	11.20
集体和私营企业	23	187.50	42.59	2 851.94	113.28	36.67	1 889.70	144.98	35.77
其中：集体企业	3	200.00	5.56	1 668.06	171.47	21.45	1 187.50	146.82	22.48
私人企业	20	185.71	37.04	1 183.89	63.80	15.22	702.20	141.93	13.29

* 按 2005 年出口金额排序

资料来源：中国海关。

（执笔：中国纺织品进出口商会纺织部、服装部）

涉案化纤布反倾销终裁后对欧盟出口评估

2004年6月17日，欧盟委员会应欧洲丝和人造丝使用者协会（AIUFFASS）的要求对我国出口的涉案化纤布实施反倾销立案调查。2005年3月15日，欧盟委员会公布初裁结果，我56家应诉企业中，有25家企业获得市场经济地位。应诉企业获得的税率为20%~85.3%，没有应诉的企业的税率为85.3%。2005年7月中旬，欧盟委员会披露终裁结果：裁定26家中国应诉企业获得市场经济地位，比初裁时增加1家；另有19家企业获得分别裁决。同时反倾销税下调到14.1%，比初裁时下降5.9%；未获市场经济地位的企业税率有所调低，为26.7%~56.2%。

一、反倾销调查期内出口状况

据中国海关统计，调查期内（2003年4月1日~2004年3月31日）我国对欧盟25国出口涉案化纤布4.87亿美元，同比增长36.6%，占我对全球出口同类产品份额的17%，是我国第一大出口市场；出口数量5.23亿米，同比增长33.4%；出口平均单价0.93美元/米，同比增长2.4%。

据欧盟海关统计，调查期内欧盟15国共进口涉案化纤布6.71亿平方米，比上年同期增长6.67%。其中：从中国进口3.74亿平方米，进口排名第一，同比增长27.78%，市场份额为55.75%；进口金额3.33亿美元，同比增长26.04%；进口价格为0.89美元/平方米，同比降低1.36%，在90个进口国中，位居第六十一位。

二、获得反倾销分别税率出口企业统计分析

1.反倾销终裁结果分析

在56家企业应诉中，有45家应诉企业获得分别税率，其中26家获得市场经济地位，反倾销税率为14.1%。其余19家企业税率分别是：1家企业为26.7%，2家为33.9%，14家为37.1%，余下2家分别为46.4%和56.2%。这45家涉案企业分别占对欧盟15国出口数量（15 765万米）和金额（16 686万美元）的33.2%和36.06%，占涉案企业总数的4.17%。

在45家获得分别税率的涉案企业中，三资企业18家，占45家企业数的40%；出口数量为6 334万米，出口金额为8 403万美元，分别占45家总出口数量和金额的40.17%和50.35%。分别占对欧盟15五国总出口数量和金额的13.34%和18.16%。

集体企业5家，占45家家数的11.11%；出口数量为4 762万米和出口金额6 096万美元，分别占45家总出口数量和金额的30.21%和36.53%。分别占对欧盟15国总出口数量和金额的10.03%和13.17%。

私人企业21家，占45家家数的47.73%；出口数量为4 669万米，出口金额6 096万美元，分别占45家总出口数量和金额的29.62%和36.53%。分别占对欧盟15国总出口数量和金额的9.83%和13.17%。

国有企业1家分别税率最高，为74.8%。

2.主要出口企业均获得较低的反倾销税率

2004年按金额计，排列在出口前十位出口企业均获得分别税率，其中5家（排列第1、2、3、5和8位）企业均获得14.1%反倾销税率，第四名税率为33.9%，第六七名税率为37.1%。

26家企业税率为14.1%，占涉案企业总数的2.37%，出口数量为8 102万米，出口金额为10 064万美元，分别占45家总出口数量和金额的51.42%和60.32%。占对欧盟15国总出口数量和金额的17.07%和21.75%。

26家企业中，出口金额达到100万美元以上的有18家，出口数量为7 774万米，出口金额为9 884万美元，分别占45家总出口数量和金额的49.31%和59.23%。占对欧盟15国总出口额的16.37%，占总出口量的21.36%，出口平均单价1.271美元/米，比全国对欧盟出口平均单价高30.41%。

有3家企业出口额在20万~90万美元，2家企业出口额在1万~2万美元，另有2家2004年没有出口实绩的统计。

根据我会调查，企业认为分别税率在37.1%以下产品仍可顺利出口，分别税率为37.1%的部分产品经过努力能够维持出口。

共有43家企业税率在14.1%~37.1%之间，占应诉企业总数的95.56%，出口数量为12 808万米，出口金额为15 431万美元，分别占45家总出口数量和金额的81.24%和92.48%。分别占对欧盟15国总出口数量和金额的26.98%和33.35%。

43家企业中，有28家企业出口额超过100万美元，出口数量为12 125万米，出口金额为14 859万美元，分别占45家总出口数量和金额的49.31%和59.23%，占对欧盟15国总出口量和总出口额的25.54%和32.11%，出口平均单价1.225美元/米，比全国对欧盟出口平均单价高25.69%。

3.三资企业是最大赢家

按企业性质分析，三资企业是此次应诉的最大赢家，共有11家三资企业获得市场经济地位，税率为14.1%，占获得市场经济地位家数的42.3%，出口数量和金额合计分别占25家总出口量和金额的65.37%和71.86%，私营企业10家，占获得市场经济地位家数的36%，出口数量和金额分别占25家的22.41%和16.04%。

集体企业有两家也获得市场经济地位，税率为14.1%。

4.浙江企业是积极应诉的最大获益者

浙江是此次应诉工作最积极的主要参与者，终裁结果也最为理想，获得分别税率家数、出口数量和金额合计分别占44家的85%，61%和68%。

表1　44家获得分别税率省、市统计

（数量单位：万米　金额单位：万美元）

	浙江	江苏	福建	上海	合计占比(%)
家数	38	4	2	1	45
占45家比重%	85	7	5	3	100
出口数量占45家比重%	60.81	17.77	16.64	4.77	100
出口数量占对欧盟比重%	20.19	5.9	5.53	1.58	32.57
出口金额占45家比重	67.82	7.56	14.17	10.45	100
出口金额占对欧盟比重	24.46	2.73	5.11	3.77	35.36

*资料来源：中国海关。

表2　44家获得分别税率的涉案企业出口统计

（数量单位：万米　金额单位：万美元）

	家数	占总家数份额(%)	占45家数份额(%)	出口数量	占总量份额(%)	占45家量份额(%)	出口金额	占总额份额(%)	占45家量份额(%)	单价	比均价提高(%)
总计	1 056	100		47 479	100		46 273	100		0.9746	
14.10%	26	2.37	56.83	8 102	17.07	51.42	10 064	21.75	60.32	1.271	30.41
14.1%~33.9%	29	2.65	63.55	9 673	20.37	61.36	12 044	26.03	72.19	1.245	27.74
14.1%~37.1%	43	3.98	95.44	12 808	26.98	81.27	15 431	33.35	92.48	1.205	23.64
85.3%以下	45	4.17	100.00	15 765	33.2	100.00	16 686	36.06	100.00	1.058	8.56

*资料来源：中国海关。

三、欧盟反倾销终裁后出口评估

欧盟反倾销最终目的是利用欧盟反倾销法，限制我涉案化纤布对欧盟的出口数量，虽然，在商务部的领导下，商会带领出口企业积极应诉，但是，欧盟反倾销终裁结果对涉案化纤布出口行业造成损失是难以弥补的，对大多数出口企业造成的后果是灾难性的，特别是1 000多家企业因税率过高无法出口，67%的涉案化纤布出口受阻，每年直接出口损失近3亿美元，而对相关的生产领域的间接打击更是无法用金钱来衡量。反倾销对我涉案化纤布生产与出口的影响是深远的，它除了造成我国出口直接经济损失外，还会引发其他进口国贸易保护措施滥用的连锁反应。

但是，通过此次反倾销应诉工作，我们也看到，出口企业对国际贸易保护主义有了清醒认识，一些规模大，管理好、出口量大的生产型出口企业敢于运用法律武器保护自己的合法权益，并取得成果。此次，反倾销应诉工作是成功的，它不但为纺织出口行业用法律武器反击贸易保护主义提供了成功的经验，而且为涉案化纤布今后出口的健康发展提供了一个较为坚实的基础。

1.基本保证了主要出口大企业生产和出口的连续性

从欧盟终裁结果分析，欧盟在保证欧盟进口企业的基本需求的前提下，对我主要出口大企业给予分别税率中较低的税率，而且终裁结果比初裁更有利，基本保证它们今后生产和出口持续发展。同时有1/3的出口能力受到较小的伤害(税率在37%以下企业)。在全国1056家涉案出口中，共有4家企业年出口额超过1 000万美元，4家企业均获得较低的税率，出口数量为4 634万米，出口金额为6 779万美元，出口数量和金额分别占45家总出口数量和金额的29.39%和40.63%。分别占对欧盟15国总出口数量和金额的9.76%和14.65%。

2.基本保证主要产区的出口平衡

在浙江、江苏、上海和福建主产区均有企业获得分别税率，4省、市的主要生产和出口企业均获得14.1%的税率，终裁后各省、市出口能力与涉案前的出口实绩有正比关系，也就是，原来出口量大的省、市保留的出口能力较大。

3.尚有挖掘出口潜力的空间

由于获得20%税率均为生产企业或工贸企业，有7家企业2004年出口额在不足60万美元，其中两家2004年根本没有出口实绩统计。因此，挖掘出口潜力还是有可能的。

4.发展高档次、质优价好的产品是企业的生存之道

(执笔：虞芃)

2005年中国输日毛巾制品概况及分析

一、中国对日本毛巾进出口概况(以中国海关统计数据为准)

(一)出口情况

据中国海关统计,2005年中国对日本出口毛巾制品10.3亿条(米),增长4.2%,占我国对全球毛巾制品出口总量的39.8%,主要以毛巾为主,占出口量92.4%;出口额4.36亿美元,增长7.4%,占对全球毛巾制品出口总额的31.9%,其中毛巾出口占66.5%;出口平均单价0.42美元/条(米),增长3.1%。

表1 2005年中国对日本毛巾制品出口品种统计

(数量单位:万条(米) 金额单位:万美元 单价:美元/条(米))

商品名称	数量	份额(%)	同比(%)	金额	份额(%)	同比(%)	单价	同比(%)
毛巾制品	102 784.56	100	4.21	43 636.28	100	7.39	0.42	3.05
棉制毛巾	94 995.94	92.42	3.2	29 001.16	66.46	3.89	0.31	0.67
棉制浴巾	7 223.06	7.03	19.61	11 693.66	26.8	14.72	1.62	-4.09
毛巾被	553.53	0.54	4.56	2 913.81	6.68	16.67	5.26	11.59
未漂毛巾面料	2.94	-	9.37	4.63	0.01	-32.87	1.57	-38.62
其它毛巾面料	9.09	0.01	-33.37	23.02	0.05	2.66	2.53	54.07

* 数据来源:中国海关。

1.中国对日本毛巾出口放缓,贸易流向有所改变

2005年,我国对日本毛巾出口转变了前几年快速增长的势头,出口量增幅控制在5%以内,比上年下降了近4个百分点,比我国对全球毛巾出口量增幅低16个百分点;出口额增幅为7.4%,比上年下降了近15个百分点,比对全球出口额增幅低32个百分点;出口均价在上两年平均增长10%的基础上保持了小幅上扬,但仍低于我对全球出口均价(表1)。

我国毛巾出口对全球的较大增长和对日本的放缓,反映出毛巾出口贸易流向的变化。受欧美取消配额的利好因素影响,2005年,我国对欧盟和美国毛巾出口量分别增长1.3倍和1倍,缓解了毛巾出口对日本市场依赖的压力。但应该看到,对欧美出口的大幅增长也引起了对方的关注,在2005年签署的"中美纺织品协议"中,363类(毛巾制品)被列为21种设限产品之中,这将对美国出口产生一定影响。数据显示,2006年1月,我国对美毛巾出口量下降17.6%,但对其它主要出口国家/地区如日本、欧盟、俄罗斯等的出口量增幅比上年同期高出5-50个百分点(图1)。

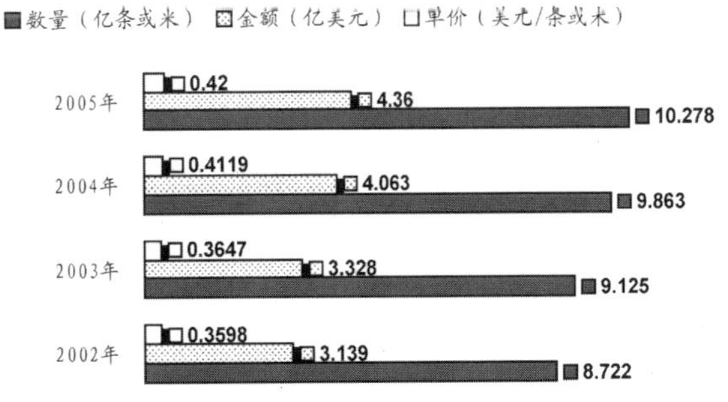

图1 2002年—2005年中国对日本毛巾制品出口统计

2.我国原料供应市场的稳定使加工贸易比重下降

2005年,一般贸易的出口量和金额分别增长7.8%和13.3%,所占市场份额为67.5%和60.1%。加工贸易转变了上两年连续增长的势头,出口量和金额分别下降了2.8%和0.6%,所占份额为32.3%和39.8%,主要是进料加工贸易的下降,出口量和金额分别下降了3.1%和0.7%。其主要原因是:

表2 2005年中国对日本毛巾制品出口贸易方式统计

贸易方式	出口数量			出口金额			出口单价	
	万条（或米）	同比(%)	份额(%)	万美元	同比(%)	份额(%)	美元/条（或米）	同比(%)
合计	102 784.6	4.2	100	43 636.3	7.4	100	0.42	3.55
一般贸易	69 395.9	7.8	67.5	26 207.8	13.3	60.1	0.38	4.90
加工贸易	33 238.6	-2.8	32.3	17 370.0	-0.6	39.8	0.52	2.47
其中:来料加工	1 176.6	4.4	1.1	341.9	5.8	0.8	0.29	0.20
进料加工	32 062.0	-3.1	31.2	17 028.1	-0.7	39.0	0.53	2.13

* 数据来源:中国海关。

2005年我国原材料(主要为棉花)供应价格较为稳定及市场供应具有可持续性，使生产企业对国外原材料市场的依赖性减弱(表2)。

3.主要出口省市分布状况略有变化

对日本毛巾出口主要集中在山东、上海、辽宁、江苏和浙江五个省市(按出口金额排序)，五省市合计占我国对日本毛巾出口量和金额的九成(表3)。

从增长幅度来看，浙江最为突出，出口量和金额分别增长45.6%和68%，超过天津跃居第五位;其次是辽宁，出口量和金额分别增长10.9%和8.6%，超过江苏居第三位;山东省虽稳居第一位，但出口量出现了0.9%的负增长。在其他对日本毛巾出口的17个省市中有12个省市的出口量增长，增幅均在16%以上，其中，河南、湖南、江西、重庆、河北和福建出口量增长一倍以上;黑龙江、海南、四川、安徽和天津出口量下降，降幅在0.5%~96%之间。

从出口价格来看，主要省市出口价格变化不大，个别省市出口价格较高。出口第一的山东省平均价格为0.37美元/条(米)，提高3.9%，但仍低于全国出口均价;上海、江苏、天

表3 2005年中国对日本毛巾制品出口按出口省市统计(按出口金额排序)

出口省市	出口数量			出口金额			出口单价	
	万条（或m）	同比(%)	份额(%)	万美元	同比(%)	份额(%)	美元/条（或m）	同比(%)
合 计	102 785	4.2	100	43 636	7.4	100	0.42	3.1
山东	57 656	-0.9	56.1	21 301	3.0	48.8	0.37	3.9
上海	9 726	9.3	9.5	6 449	6.6	14.8	0.66	-2.5
辽宁	11 632	10.9	11.3	5 571	8.6	12.8	0.48	-2.0
江苏	10 955	2.0	10.7	5 558	4.9	12.7	0.51	2.9
浙江	4 174	45.6	4.1	1 647	68.0	3.8	0.39	15.4
天津	2 045	-0.5	2.0	1 060	2.3	2.4	0.52	2.9
广东	1 388	55.6	1.4	707	62.0	1.6	0.51	4.1
安徽	1 695	-22.0	1.7	316	-21.6	0.7	0.19	0.5
陕西	450	93.2	0.4	188	119.8	0.4	0.42	13.8
福建	257	134.9	0.3	183	125.9	0.4	0.71	-3.8

* 数据来源:中国海关。

津、广东、湖南和黑龙江六省市出口价格保持在较高的水平，在0.5美元/条（米）以上；湖北、四川、河北、北京和安徽出口价格较低，均低于0.2美元/条（米）。各省市出口价格的差异主要是因为其出口产品结构不同，价格较高的省市出口产品中毛巾被及毛巾面料所占比例相对较高，反之则较低，各省市出口价格按单一产品品种相比较则差异不大。

4.三资、民营企业家数快速增长

2005年，对日本毛巾出口企业家数由上年的611家增加到693家，增长13.4%。其中，主要是三资企业及民营企业家数增多，三资企业102家，增长22.9%，民营企业337家，增长45.3%。国有企业254家，减少14.2%。国有、三资和民营企业的出口量贡献率分别为：34.7%、20.9%和44.4%。

（二）进口概况

2005年我国从日本进口毛巾制品数量为14.38万条（米），减少18.1%；进口金额68.1万美元，增长23.5%；进口平均单价为4.74美元/条（米），提高51%。

二、日本从中国进口毛巾概况（以日本海关统计数据为准）

1.进口数量小幅增长

据日本海关统计，2005年日本从全球进口毛巾制品8.52万吨，增长1%。进口格局稳定，中国、越南和印度尼西亚仍为日本毛巾三大进口来源国，三国进口量合计已占到日本进口总量的98.6%（图2）。

2005年日本从中国进口毛巾制品7.03万吨，增长1.06%，增幅比上年下降了7.4个百分点，已占到进口份额的82.5%，与去年持平；从越南进口1.23万吨，微增0.93%，所占份额为14.38%；从印度尼西亚进口1 488吨，下降4%，所占份额为1.75%。

从月度进口情况看，2005年有5个月份日本从中国进口毛巾制品数量当月同比出现负增长，分别是1月（-3.42%）、7月（-12.94%）、9月（-1.65%）、11月（-5.46%）、12月（-8.3%）；有2个月份出现较大增长，分别是2月（16.34%）、5月（12.97%）。

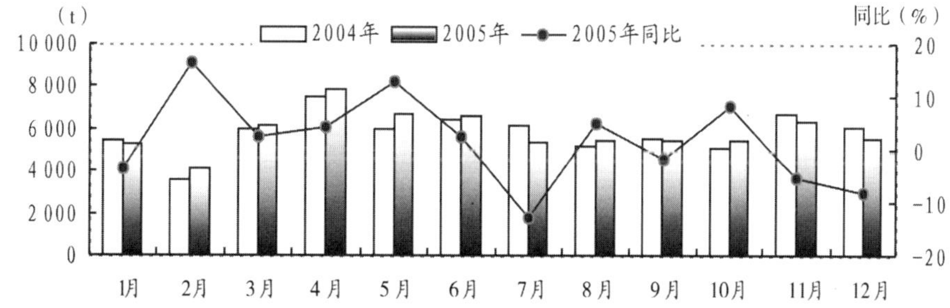

图2　2004年和2005年各月日本从中国进口毛巾制品数量统计

2.进口金额稳步增长

2005年，日本毛巾制品进口总额为543.5亿日元，增长3.86%。其中，从中国进口额为463.4亿日元，增长4.31%，占日本毛巾制品进口总额的85.26%。

从月度进口情况看，日本从中国进口金额有3个月出现了小幅下降，分别是1月（-2.77%）、7月（-8.38%）、9月（-1.03%）；有3个月出现较大增长，分别为2月（13.37%）、5月（10.82%）、10月（10.26%）。

3.进口价格有所提高

2005年，日本进口毛巾制品平均单价为637.8日元/公斤，增长2.84%。其中，从中国进口毛巾制品的平均单价为659.5日元/公斤，增长3.22%，比日本毛巾制品进口平均单价高3.4%。从越南进口的平均单价为396.4日元/公斤，下降3.16%，比从中国进口的平均单价低39.89%。

三、2006年出口展望

总体来讲，2006年我国毛巾对全球出口将继续保持平稳增长，对部分国家/地区出口将快速增长。

1.对欧洲市场出口将继续保持较快增长。2005年配额取消后，国内毛巾产能得到合理释放，我国输欧洲毛巾类产品增长一倍多。2006年，由于欧盟对我国设限产品中不包括毛巾制品，我国输欧毛巾类产品将继续保持较快的增长势头。

2.对日本及俄罗斯市场出口有可能出现较大增长。日本是我国毛巾类产品第一大出口市场，俄罗斯列第三位，加之两国与我国都较为临近，运输便利，在毛巾对美国出口受到数量限制情况下，企业有可能重新考虑日本、俄罗斯市场。中国海关数据显示，2006年1月，我国对日毛巾出口量和金额比上年同期分别增长18.6%和26.3%，对俄罗斯出口量和金额分别增长69.8%和47.8%。我国应密切关注对日本毛巾出口动向，以防止其对我国重新实施设限调查。

3.对其他主要市场出口将平稳增长。除对欧、美、日、俄罗斯出口保持增长外，其他主要出口市场如加拿大、澳大利亚、哈萨克斯坦等，受市场容量的限制，预计不会出现大的增长。

(执笔：郭巍)

2005年中国对土耳其纺织服装出口概况及分析

2005年中国纺织服装产品对土耳其的出口，在土方制造的层层障碍下取得了骄人的成绩。据中国海关统计，2005年中土纺织品服装贸易额合计达6.62亿美元，其中对土耳其出口6.26亿美元，比2004年增长48.69%，自土耳其进口0.37亿美元，增长17.8%。

一、中国对土耳其纺织服装出口情况

1.对土耳其出口以一般贸易为主

一般贸易出口额达4.88亿美元，占出口总额的77.92%，增长41.18%；加工贸易出口额1.36亿美元，占总出口额21.79%，同比增长83.71%。

2.国有、国有参股、民营企业为出口主力

国企和国有参股企业出口1.98亿美元，占出口总额的31.63%，比04年下降7.56%；三资企业和民营企业出口额分别为1.81亿美元和2.47亿美元，增幅分别为86.25%和55.51%，其中私营企业增长了76.49%。民企在对土耳其出口中所占的份额已达到39.46%，成为对土耳其出口的重要力量。

3.对土耳其出口以织物为主

纺织品(含制品)出口在对土耳其出口中占主要地位，出口额占总出口额的比重为86.45%，服装占比为13.55%。织物的出口额3.28亿美元，增长32.36%，占总出口的52.46%。其中以棉、化纤面料占较大份额。除面料外，对土耳其出口增长主要是纱线和纺织制成品，增幅分别达到141%和60.45%。

2005年我国纺织品对土耳其出口结构详见表1。

2005年，对土耳其出口数量、金额和单价整体保持同步

表1　2005年我国纺织服装对土耳其出口商品结构

(单位：万美元)

商品名称	出口金额	占比(%)	同比(%)
合计	62 558		48.69
纺织品	54 083.1	86.45	50.4
纱线	10 030.2	16.03	140.88
棉纱线	68.5	0.11	
丝线	126.5	0.2	0.99
羊毛、动物毛纱线	481.4	0.77	125.71
化学纤维纱线	8 551.3	13.67	138.83
其他纱线	802.4	1.28	233.61
面料	32 820.5	52.46	32.36
棉布	7 722.8	12.35	101.06
丝机织物	1 747.6	2.79	248.87
羊毛、动物毛机织物	4 821.4	7.71	7.65
化学纤维机织物	7 260.7	11.61	5.61
其他面料	11 267.9	18.01	23.81
制成品	11 232.4	17.96	60.45
家用纺织品	1 506.1	2.41	150.78

(续表)

商品名称	出口金额	占比(%)	同比(%)
地毯	3 784.6	6.05	64
工业用纺织制品	2 594.4	4.15	13.18
无纺织物	1 243	1.99	16.02
其他制成品	2 104.3	3.36	188.87
服装	8 475	13.55	39.22
针织服装	1 376.7	2.2	139.46
棉制针织服装	562.9	0.9	339.16
丝制针织服装	31.3	0.05	－20.87
毛制针织服装	120.3	0.19	65.15
化纤制针织服装	532.3	0.85	107.05
其他材料制针织服装	130	0.21	68.16
梭织服装	3 873.9	6.19	35
棉制梭织服装	852.7	1.36	147.36
丝制梭织服装	18.3	0.03	109.52
毛制梭织服装	49.1	0.08	134.85
化纤制梭织服装	2 124	3.4	3.64
其他材料制梭织服装	829.9	1.33	86.1
其他服装	632.1	1.01	39.1

＊资料来源：中国海关。

增长，但部分品种量升价跌的现象也时有发生。纺织品单价增长5.7%，服装单价增长13.61%。纱线产品中，丝、毛类单价增长较大，分别为43.53%和32.56%，但棉纱的出口单价下降了27.16%，在出口份额中占较大比重的化纤纱线单价出现5.04%的下降。服装类产品中，针织服装出口单价全面下降；梭织服装中毛皮服装、衣着附件、其他服装、丝和毛制服装价格上升较大，带动了服装出口单价的整体上升，但其他产品的价格均出现不同程度下降(表2)。

表2　2005年中国对土耳其出口纺织品服装大类商品统计

(金额单位：万美元)

	出口额	占比(%)	同比±(%)
合 计	62 558		48.69
其中：纱线	10 030.2	16.03	140.88
面料	24 796	58.97	23.76
服装	32 820.5	52.46	32.36
家用纺织品	1 506.1	2.41	150.78

＊资料来源：中国海关。

4.对土耳其纺织服装出口以浙江、江苏和山东三省为主出口金额占全国出口金额的71%，增长幅度均在35%以上。

二、遭遇土耳其特保的44个类别对土出口情况

土耳其方面在2005年实施保障措施的42个类别的基础上，2006年新增了第40类：毛、棉、合成或人造纤维梭织帷幔包括隔帘、室内窗幕、窗帘、窗挂布和其他装饰品，第67类：针织或构编服装配件、家用布、帷幔、毯子、床罩等，设限类别总共是44个。

据中国海关统计，2005年，我国对土耳其出口这44个类别的金额共计1.69亿美元，占同期我国对土耳其出口纺织品服装总额的27%。这44个类别中，有18个类别出口金额的增长幅度超过100%，有11个类别出口金额的增长在100%以内，有一个类别没有出口，有14个类别出现负增长。出口金额增长的有27个类别，下降的15个类别，出口单价增长的有15个类别，下降的有27个类别。其中数量增长较快的有4类T

恤衫、20类床单枕套、31类胸衣，78类其他梭织成衣等，增长幅度均超过600%。出口单价下降幅度较大的有四个类别，分别是9类毛巾、13类针织内裤、16类男梭织套装和157类丝质成衣，下降幅度超过50%（表3）。

表3　2005年中国对土耳其44项纺织服装产品出口统计

（单位：万美元，m、件、kg、双）

类别	品名	出口金额	同比(%)	出口单价	同比(%)
	合计	16 931.08	30.77		
2	棉梭织布	5 164.29	103.91	0.86	-13.14
4	T恤	819.08	649.38	3.38	-21.45
5	毛衣	46.39	23.45	7.56	-28.66
6	裤子	775.1	207.07	4.17	-22.77
7	女衬衫	77.8	51.74	6.92	-20.98
8	男梭织衬衫	52.32	153.73	4.06	4.31
9	毛巾	12.43	249.61	0.08	-96.90
10	针织手套	200.14	-59.28	0.36	42.50
12	袜类	46.29	355.08	0.13	-19.36
13	针织内裤	43.2	467.33	0.18	-72.01
14	男梭织外套	81.86	261.94	2.93	40.30
15	女梭织外套	228.87	169.22	9.00	-12.36
16	男梭织套装	62.31	131.53	13.98	-50.07
17	男梭织西装上衣	155.55	1410.3	8.12	-3.41
18	梭织内衣	51.34	-46.55	1.84	-5.93
20	梭织床单、枕套	593.56	1758	3.46	5.27
21	梭织夹克	1 733.89	-12.7	9.21	-0.01
24	针织睡衣	10.86	54.12	1.80	173.40
26	连衣裙	1.12	0	2.78	0.00
27	裙子	36.45	199.05	3.15	7.74
28	针织长裤	94.65	1261.7	1.92	-0.87
29	女用梭织套装	13.77	-25.95	6.18	-34.53
31	胸衣	21.02	1415.6	0.39	81.64
36	再生纤维长纤梭织布	40.05	-75.41	0.81	16.89
39	梭织桌巾、浴巾	591.02	95.03	0.54	-1.16
40	帷幔等	1.04	-49.78	12.95	540.53
50	羊毛梭织布	1 179.55	-7.69	5.10	2.28
67	针织或钩编服装配件	144.5	47.04	0.44	-14.62

(续表)

类别	品名	出口金额	同比(%)	出口单价	同比(%)
68	婴儿装	29.66	-1.25	9.59	79.21
72	泳装	18.18	34.86	1.89	-4.59
73	针织运动套装	20.37	-81.39	4.27	-18.00
74	女针织套装	14.75	-74.03	2.03	-27.75
75	男针织套装	13.88	-38.61	6.49	13.93
76	梭织工作服	0	0	0.00	0.00
78	其它梭织成衣	478.01	680.25	7.49	3.18
83	其它针织成衣	104.43	360.54	5.33	-45.95
84	梭织围巾	193.53	-37.16	0.87	9.05
85	梭织领带	50.27	-60.93	0.68	-10.97
96	无纺布	836.75	0	2.07	6.84
100	涂层布	851.97	91.76	1.09	6.95
117	亚麻和苎麻梭织布	1 887.6	447.01	1.54	-5.53
156	女丝质针织衬衫、丝质毛衣等	19.7	-44.13	8.22	9.27
157	丝质成衣	17.93	73.04	3.23	-48.04
159	女用丝质梭织衬衫 连衣裙、围巾、领带等	115.59	41.78	2.72	30.24

* 资料来源:中国海关。

三、土耳其对华纺织品实施特保的背景

中土双边贸易额在各自国家的对外贸易总额中所占的比重都不大，土耳其只是中国纺织服装产品出口的第30大市场。但近年来,土耳其却扮演着积极的贸易摩擦制造者的角色。自2004年3月《伊斯坦布尔宣言》起,到2004年底土耳其单方面对我国纺织服装产品设限，到2005年12月17日又宣布2006年再次对我国纺织品出口单方面设限，再加上频繁发起的反倾销调查案件,中土纺织品贸易进入多事之年。

土耳其对华纺织品实施特保，实际上是土方对多年来中土双边贸易不平衡心存不满的一次爆发和报复：中国入世以来对土耳其纺织品出口持续高速增长(增长幅度在30%~72%之间),中土贸易多年保持顺差,土耳其是我国第九大顺差来源地。土方对此非常关注，但问题一直没有得到解决。因此,此案不仅仅涉及纺织品本身,而涉及到中土贸易和投资全局的问题。

配额取消后，土方顾虑中国挤占土耳其在欧盟的市场份额、阻碍其纺织服装业的发展是其对华纺织品实施特保的深层次原因。土耳其纺织业是其支柱产业,占其总出口的1/3,是其重要的顺差来源。土耳其纺织服装最重要的出口市场是欧盟,占其纺织服装总出口的70%以上。目前,整个世界纺织服装市场供过于求的大环境决定了本行业必将经历激烈竞争、重新洗牌、结构调整的发展过程。对此,为保障自己的利益,土方肯定会采取一切可能的措施对中国予以限制。另外,中土双方出口商品结构的相似性,纺织业发展阶段的一致性,决定了发生贸易摩擦的长期性和不可避免。

土方在对华贸易逆差、低开发票、中方部分采购项目未落实等方面十分关注。低开发票问题,虽然客观上此问题的出现是由于土耳其不法进口商为了偷逃关税要求甚至逼迫

我国出口商所为，我国企业虽处于弱势，但我方也有责任。2006年1月6日，由商务部、海关总署和税务总局联合发布了《低开出口发票行为处罚暂行办法》，低开发票问题将得到有效遏制。

2005年底，土耳其政府就2006年纺织服装重新设限事向国内产业界征求意见，重新设限的类别包括2005年设限的42个类别，另增加了32、35、38、40和67类5个类别。经中国政府和我会抗议后，土耳其外贸署12月17日发布官方公报，称依据2004年12月31日25687号官方公报公布的《关于特定纺织品进口监控和保障措施条例》的规定，将于2006年对来自中国的44类纺织品实施配额限制措施，除2005年设限的42类产品外，新增加了第40类：毛、棉、合成或人造纤维梭织帷幔和第67类：针织或钩编服装配件等，2006年正式设限产品为44个类别。2006年2月我会与商务部共同组团再次赴土磋商，抗争土方设限，力争将设限产品范围缩小，为企业创造一个良好的出口环境。

四、2005~2010年土耳其服装工业发展规划

为帮助有关出口企业深入了解竞争对手，我们搜集整理了土耳其纺织服装工业发展规划，该规划由土耳其服装生产商协会制定。希望对企业在竞争中减少盲目性、立于不败之地有所裨益。

2010年土耳其服装发展目标：

土耳其服装业制定的发展规划有两个指标，一称为竞争性发展规划指标，其中对服装的出口贸易制定的指标是，至2005年增长率为5%，出口总额达到150亿美元，至2010年增长率为3%，达到227亿美元。另一称之为挑战性发展规划指标，其中给出口设定的目标是至2005年增长率为6.1%，达到180亿美元，至2010年增长率为7.6%，达到348亿美元。

土耳其服装生产商协会为2010年制定的发展规划：

为达到上述基本目标，该协会制定了土耳其2005~2010年服装工业发展规划，其中关于布局的目标是：伊斯坦布尔成为时装业中心，安内托利亚成为服装生产中心，东南安内托利亚成为棉花产业中心。

这项当时用流行的路线图计划来命名的发展规划共分生产发展战略和市场开发战略，提出了相应的生产和营销策略，向政府提出了应该采取的政策建议，并就行业组织和机构发展提出了设想。

生产发展战略：降低服装加工贸易比例，尽量缩小服装加工贸易中中低档次的产品比例，尽量增加服装加工贸易中中高档次的产品比例，使用土耳其本土商标出口中档时装，并在2010年时将这一比例扩大至50%，使用土耳其地方性商标出口中档时装，选择独特的功能性纺织服装品种，达到生产和出口的能力。

市场开发战略：以市场营销利润的增长抵消日渐明显的生产利润减少，以产品的品质来确定价格，转换营销战略，变被动为主动，从而使生产适应市场，根据市场发展生产，推出区域性或全球性品牌，建立自己的营销和物流网络。

生产政策：根据出口目标的需要提升生产能力，提升产品档次，特别是扩大中档时装的开发和生产能力，改进生产质量，特别是发展棉花、羊毛制品及后整理，促进灵活的生产方式，确立全球性竞争地位，寻求同档次和不同档次的合作生产，鼓励国外厂商合作提高产品质量，降低包括劳动力、能源、信贷和经营费用在内的生产成本，贯彻符合服装工业发展目标的三项独特生产战略：重新定位服装工业的比较优势，鼓励出口土耳其制造和土耳其品牌产品出口，组建土耳其服装产业群。

营销政策：积极开展双边和多边贸易磋商，和欧盟、美国以及日本等出口目标市场达成有利的贸易安排，改变对传统出口市场的出口方式，增加全球性和区域性的品牌产品，增加中高档时装产品，在全球市场范围内整合营销网络，建设电子商务基础设施，运用新型的市场组织形式，促进对海外市场的开发。

政府鼓励措施：支持技术改造和研发，鼓励投资，注重生产、品质和营销。希望政府出台有利于服装行业投资和流动资金的信贷政策，扩大进出口银行的便利措施，加强有关信贷体系的建设。

行业合作：整合纺织工业，整合服装工业，建立生产营销联动机制，上下游联动整合生产资料市场，改革零售和批发机制，联合营销，共享电子商务窗口，与国外企业就生产与营销进行合作。在服装工业内部组建新型的行业组织和协会。

（执笔：吕丽）

2005年中国对印度丝绸商品出口概况及分析

印度是我国丝绸商品出口的主要市场，其中蚕丝类和坯绸均为第一大市场。近年来，印度政府为了保护本国蚕农及织绸商的利益，不断对我国丝绸商品进口设置障碍。2003年对我国2A及以下等级生丝征收反倾销关税；2005年又对我国绸缎进口提起了反倾销调查。

据海关统计，2005年我国对印度丝绸商品出口5.4亿美元，同比增长24.15%。增长幅度较大，高于我国对全球丝绸商品出口的平均增幅。

一、真丝绸商品出口概况

2005年对印度真丝绸商品出口4.26亿美元，同比增长18.7%。

主要以原料类商品为主，蚕丝类和真丝绸缎合计出口4.25亿美元，占我国对印度真丝绸商品出口总额的99.77%。

真丝绸商品出口金额的增长，主要由价格上涨带动，从出口量看，丝类商品仅有小幅增长，真丝绸缎还有小幅下降。

(一)蚕丝类

印度近年来一直是我国蚕丝类商品出口的第一大市场。2005年我国对印度蚕丝类商品出口1.16万吨，金额2.4亿美元，同比分别增长1.42%和22.6%，占我国对全球蚕丝类出口量和额的比重分别为37.92%和39.05%。

1.长丝出口下降，绢纺纱线出口增长

对印度出口蚕丝类商品中，长丝类出口6 720吨，同比下降10.83%，金额1.46亿美元，同比仅增长了4.65%。长丝类出口商品中，厂丝增幅较大，出口量3 637吨，金额8 083万美元，同比分别增长71.22%和97.39%；捻线丝出口也有较大幅度的增长，出口量607吨，金额1 452万美元，同比分别增长26.62%和42%；其它生丝出口下降幅度较大。(表1)

绢纺纱线出口4 456吨，金额8 960万美元，同比分别增长26.16%和69.22%。

表1　2005年对印度蚕丝类主要出口商品

(数量单位:吨　　金额单位:万美元　　单价:美元/公斤)

商品名称	占蚕丝类对印度出口额的比重(%)	2005年			同比(%)		
		数量	金额	单价	数量	金额	单价
绢纺纱线	37.33	4 456	8 960	20.11	26.16	69.22	34.13
厂丝	33.67	3 637	8 083	22.23	71.22	97.39	15.29
双宫丝	12.4	1 574	2 977	18.92	-46.49	-43.2	6.14
柞蚕丝	7.35	748	1 764	23.57	2.65	39.44	35.84
捻丝	6.05	607	1 452	23.94	26.62	42	12.14

*资料来源：中国海关。

2.出口价格增幅较大，已高于对全球平均水平

2005年对印度蚕丝类出口平均单价为20.78美元/公斤，同比增长20.89%，已高于对全球出口平均水平。其中出口量最大的厂丝平均单价为22.23美元/公斤，同比增长15.29%；绢纺纱线平均单价为20.11美元/公斤，同比增长34.13%。

(二)真丝绸缎

2005年对印度真丝绸缎出口9 333万米，同比下降1.89%，金额1.85亿美元，同比增长13.95%。其中坯绸出口占对印度真丝绸缎出口总额的95.34%，印染绸出口金额仅为841万美元。

印度是我国坯绸出口的第一大市场，2005年对印度坯

绸出口9 088万米，同比下降2.12%，金额1.77亿美元，同比增长14.71%，占我国坯绸对全球出口数量和金额的份额分别为38.58%和33.91%。

对印度坯绸出口平均单价为1.94美元/米，同比增长17.2%，虽然平均单价增幅较大，但由于对其出口的坯绸主要以低等级为主，因此，在主要市场中仍然较低。

二、化纤绸出口概况

2005年对印度出口化纤绸1.65亿米，金额1.14亿美元，同比分别增长了35.44%和49.87%，化纤绸出口占对印度丝绸商品出口的比重由2004年的17.47%上升到21.08%。平均单价0.69美元/米，同比增长10.65%。

三、对印度丝绸商品出口分析及应关注的问题

印度为我国丝绸商品出口的主要市场，真丝绸商品出口的第二大市场。从今年对印度丝绸商品出口情况看，出口商品虽然仍以原料类为主，但结构有所变化，即蚕丝类和真丝绸缎出口占比下降，化纤绸出口占比有所增长。

(一)对印度丝绸商品出口增长的原因：

1.印度国内蚕丝产量不足

印度是丝绸生产大国，同时也是消费和出口大国，每年对蚕丝的需求量约为2.5万吨左右，而每年产量均不能满足需要。2004~2005财政年度其国内蚕丝产量达到1.65万吨，比上年度增长4.82%，但仍有近万吨的需求缺口需要从我国进口。

2.印度出口增长的需要

印度丝绸商品在国内的消费主要用于生产纱丽，其余主要用于出口，据印度有关方面统计，近年来印度丝绸商品出口大幅增长，2002~2003财政年度，印度丝绸商品出口为4.71亿美元；2003~2004财政年度出口额迅速增至5.71亿美元，同比增幅达21.23%；而2004~2005财政年度，印度丝绸商品出口达6.12亿美元，同比再增长7.18%，随着印度丝绸商品出口的增长，需求缺口有所增加。

3.国内丝价大幅上涨所致

去年我国丝价持续上涨，带动了出口价格的整体上涨，对印度丝类商品和绸缎出口价格均有较大幅度的增长，以致出口金额大幅增长。

(二)2006年对印度出口应关注的问题

印度是我国丝绸商品的主要出口市场，由于其国内消费和出口的需要，加之国内原材料不足，短期内难以实现自给自足，仍然会对我国丝绸商品有一定依赖，但不确定因素也同时存在。

印度政府为了保护本国蚕农及织绸商的利益，不断对我国丝绸商品进口设置障碍。2003年对我国2A级以下等级生丝征收反倾销关税，致使我国低等级生丝全部退出印度市场；2005年又对我国绸缎进口提起了反倾销调查。

印度对我国绸缎进口提起反倾销调查，涉案金额1.81亿美元，涉案企业102家，企业主要集中在浙江、四川、江苏、重庆4省市。4省市均为我蚕茧主产省。本案是近年来发展中国家对中国进行反倾销调查涉案金额最大的案件之一，也是印度向中国传统出口商品绸缎发起的新挑战。该案作为2003年生丝反倾销案的延续，显示出印度在发展国内丝绸业的同时，大力打压中国丝绸产业。目前，我国丝绸企业积极参加了应诉和集体抗辩，但如果一旦应诉失利，将对我国向印度丝绸商品出口产生重大影响。

为此，希望我国丝绸企业积极调整出口商品结构和出口市场，尽早防范出口风险。

(执笔：杨霞)

2005年发展中国家和地区对我纺织品设限情况及分析

2005年是我国纺织品服装贸易发展史上绝无仅有的一年，"一体化" 如期到来，引发欧美主要消费市场的剧烈反应，贸易摩擦接连出现，最终以中欧、中美先后达成谅解备忘录而暂告平息；另一方面，众多发展中国家频频向中国的纺织服装产品发难，企图利用种种借口、运用各色贸易救济手段限制从中国的进口，要求设限呼声高涨，反倾销案例风起云涌。2005年下半年，随着中欧、中美贸易前景渐趋稳定，发展中国家的限制措施反而有愈演愈烈之势。现从"特保"和"特别限制措施"的角度回顾2005年我国纺织服装产品在发展中国家和地区遭遇的限制。

1.秘鲁：

早在2004年8月22日，在秘鲁工业协会的要求下，秘鲁竞争和知识产权保护署倾销和补贴调查委员会开始对海关税则第61、62和63章中的进口服装实施一般保障措施调查。同年10月13日秘鲁外贸旅游部在《秘鲁人》报发布最高法令，对20个海关税则号的进口纺织服装产品实施"特限"措施，征收进口附加税，期限为日历日200天。2005年5月4日，秘鲁外贸旅游部公布第014-2005-MINCETUR最高法令，决定根据秘鲁竞争与知识产权保护署倾销和补贴调查委员会第007-2005/CDS技术报告，终止对我国出口的部分纺织服装产品实施的"特限"措施，并决定不实施最终保障措施，同时返还已征收的进口附加税。

在实施调查的这段时间内，中国服装产品出口受到了严重的影响，而且，影响更波及到其后数年贸易的正常开展。

2.厄瓜多尔：

2005年1月17日，厄瓜多尔纺织工业协会援引我《入世议定书》第16条向其政府提出申请，要求对中国271类纺织品采取"特限"措施并加征5%~300%关税。

3.南非：

南非纺织服装行业和工会组织一直以中国纺织品严重冲击本国民族工业为由，要求南非政府对中国纺织品实施进口限制。2004年下半年，南非政府迫于压力，拟对中国纺织品实施"特限"措施，经中国政府和纺织商会赴南非交涉后，南非政府未采取限制措施。2005年3月，欧盟和美国对中国加紧设限进程，南非业界再次向政府施加压力，要求设限，中国商务部和纺织商会再次赴南非交涉，设限决定暂时搁置。2005年9月末，南部非洲国家8个工会组织(代表41万工人)发表联合声明，声称中国纺织品冲击南部非洲市场，导致他们损失了45 000个工作岗位，强烈要求南部非洲国家政府采取措施保护本地区服装、纺织和制鞋业。

2005年12月，经谈判，中国和南非两国政府草签协议，对30个HTS税号项下的中国纺织服装产品实施数量限制。

4.土耳其：

2005年2月1日起，土耳其对中国42个类别纺织品实施"特限"措施。按照中国海关统计，2004年中国对土耳其出口这42个类别纺织品的金额为9 946万美元，2005年出口金额为1.68亿美元。2005年11月1日，土耳其对我国部分重新设限商品封关。

2005年10月20日，土耳其外贸署发布25972-2005/8号公告，向其国内产业征求2006年对中国纺织品设限的建议。公告指出，国内产业对公告列出的47个类别纺织品(包括正在设限的42个类别)及其他所有从中国进口纺织品设限的建议和意见，在30天内提交给外贸署。12月17日，土耳其政府公布了2006年度对中国44个类别织品设限数量，2005年设限的42个类别期限为全年，新增第44类和第67类的期限为2006年2月1日至12月31日。

2006年1月23~24日，双方政府在北京就此进行了磋商。2006年2月，中方业界和政府分别组团赴土耳其进行磋商，目前，交涉仍在进行中。

5.哥伦比亚：

2004年，哥伦比亚政府宣布，从6月3日起，哥伦比亚海关对来自除安第斯集团国家（即玻利维亚、哥伦比亚、厄瓜多尔、秘鲁和委内瑞拉5国）之外国家的进口袜子实施海关限价。2005年5月11日，哥伦比亚政府发布第1480号法令，即针对中国纺织品的特别限制措施实施细则。

2005年7月26日，哥伦比亚贸易、工业和旅游部做出第0223号决定，接受哥伦比亚纺织业生产者协会（ASCOLTEX）的申请，依据《中国入世议定书》第十六条"特定产品过渡性保障措施"，对原产于中国5章17个分税号的纺织品实施"特限"调查。

2005年8月1日，哥伦比亚贸易、工业和旅游部做出第0227号决定，同样依据《中国入世议定书》第十六条"特定产品过渡性保障措施"，对原产于中国9章58个分税号的纺织品实施"特保"调查（部分设限产品税号与第0223号决定重叠）。两次"特保"调查共涉及产品类别总计达10章75个税号。

2005年8月17日，哥伦比亚财政部代部长和贸易、工业和旅游部长共同签署2005第2839号法令，决定对从中国进口的部分纺织品实施临时保障措施。此次设限产品为贸工部分别在7月26日及8月1日的0223号和0227号部令所调查的产品，临时"特限"措施有效期至依据上述部令进行的调查实施最终限制措施时止。2839号法令生效日为8月18日，在此法令发布前到港货物不受影响。

2005年9月8日，哥伦比亚贸易、工业和旅游部贸易实践司通告，该部3090号法令决定对从中国进口的袜子采取临时"特限"措施，所有产品一律征收88%的附加税。此前到港货物不受影响。

2005年11月29日，哥伦比亚海关颁布第11438和11439号决定，从当日起，对包括来自中国在内的14个国家和地区进口服装实行"海关估价"和"指导价"，共涉及101个十位税号的商品。

6.巴西：

2005年5月1日起，巴西对12种(28个8位海关编码)纺织品服装产品进口实行非自动许可。2005年10月5日，巴西总统卢拉和相关部长签署有关针对中国纺织品和其他特定产品特别限制措施立法的第5556和5558号两个法令。

2006年2月，中国和巴西两国政府在北京草签协议，对8大类中国纺织服装产品实施数量限制。

7.中国台湾：

2005年9月，中国台湾云林县毛巾产业科技发展协会向台湾"经济部"贸调会提出申请，要求对大陆产毛巾依据我入世承诺发起"特限"措施调查。贸调会在9月19日决定启动调查，根据其程序，最快只需要70天便可对大陆毛巾进行限制。这是台湾首次依据我国入世承诺发起的"特限"措施调查。2004年对台出口金额为2 600万美元。

2005年12月初，台贸调会裁定：由于申请方提供材料有诸多缺失，因此暂不对大陆毛巾进口采取临时限制措施。

2006年3月2日，贸调会举行台湾毛巾"大陆货品进口救济措施"损害听证会，3月1日，台"财政部"发布公告，宣布开始对大陆进口的毛巾进行反倾销调查。

2006年4月14日，台"经济部"贸调会决定，根据产业损害调查结果，建议对来自大陆的毛巾采取为期3年的高关税救济措施，并拟于60天内与我方进行磋商。

2005年，发展中国家和地区对中国实施的限制措施，是历年来数量最多、范围最广、影响最为严重的，纵观各国（地区）的设限举动，有以下几个特点：

一、欧美开先例，发展中国家跟进

2005年发生的纺织品贸易摩擦，表面看来是以欧美限制为主线，实际上他们也成功利用了第三世界国家的情绪。2004年3月，美国纺织制造商协会、美国制造贸易行动联盟和土耳其纺织服装出口商协会联合在土耳其签署了《伊斯坦布尔宣言》，攻击中国有关出口政策，要求WTO召开紧急会议讨论延长纺织品配额等问题，之后，全球纺织服装行业组织纷纷加入签名行列。截至目前，共有55个国家的97个行业组织签署了《伊斯坦布尔宣言》。尤其在地中海沿岸地区和拉美地区，有大量欧美企业家的投资，这些国家的行业组织乃至政府部门出于自身利益的考虑，积极拥护"宣言"的内容，纷纷站出来要求对中国进行限制。

另一方面，一部分发展中国家政府执政缺乏全盘考虑，容易受到局部利益集团的操控和舆论的误导。美国纺织服装组织总会曾多次声称，中国的纺织品出口将影响全球3 000万纺织服装工人的就业，主要集中在发展中国家和欠发达国家；欧洲纺织服装组织也曾援引WTO的专家报告“预测”：2005年以后中国和印度将占据世界纺织品服装市场的50%。这都引起了一些发展中国家对中国纺织品竞争力的担忧，他们纷纷效仿欧美发达国家对中国纺织品进行不公正限制，这其中“恐慌、盲从、跟风”的心态起了决定作用。

二、名为保护国内产业，实为转移国内矛盾

发展中国家和地区对中国纺织品实施限制，几乎无一例外地提出，设限的目的在于“防止从中国的大量进口对本国工业造成冲击，以此保护国内的就业和社会稳定”。实际上，除了对预期中来自中国的进口增加的恐惧之外，实施进口限制更是各国政府转移国内矛盾的手段之一。

以南非为例，其纺织品服装业的确面临相当严峻的形势，失业问题非常严重，在南非工人大量失业、工厂倒闭的现象背后，隐藏着南非社会、经济各方面的深层次问题，其社会贫富差距巨大，半数以上的人口生活在贫困线以下，加之近年来南非政府治理经济不力，导致贫困、艾滋病等社会问题加剧，政府的政策遭到国内各界的批评。在这种情况下，为转移矛盾，南非政府盯住中国纺织品问题不放，坚持实施限制。在这些发展中国家内部，往往矛盾错综复杂，政府的执政水平、管理经济的能力存在一定的问题，政策的出台带有相当的随意性，即使签署双边协议，这些国家的执行能力也不可高估。

三、经济、贸易问题政治化的趋势愈发严重

经过了2004年和2005年全球范围内围绕着纺织品问题发生的争端，纺织品贸易问题已经逐步超出单纯的经济、贸易范畴。欧美与中国的纺织品贸易摩擦历来带有政治色彩，而2005年以后，发展中国家也加入到这一行列，越来越多的国家和地区将纺织品问题纳入到双边谈判的总体框架下，试图将纺织品作为制约中国的一个新砝码。一方面他们不想在纺织品贸易问题上居于人后，另一方面，有些国家和地区也的确希望通过挑起纺织品贸易摩擦来向中国谋取其他方面的利益。

纵观全球纺织品贸易的新格局和我国纺织服装业的发展水平，可以看出，目前我国纺织业的综合优势在若干年之内保持世界领先地位是勿庸置疑的，增长是必然的，因此，如何化解第三世界国家的反感情绪不仅是目前急需解决的问题，更是今后相当长时间内摆在我们面前的课题。

首先，要正确认识中国的这些“对手”。目前对中国设限及有限制企图的发展中国家大致可分成两类：一是以土耳其、印度、巴西和孟加拉国为代表的纺织强国，与我们处于竞争态势。以印度为例，有资料显示，其整体状态接近四、五年前的中国，正在积极加大纺织业投入，大量采购机械设备，加紧调整国内产业结构，处于加速上升的阶段；另一类是其他拉美、非洲等地较小的发展中国家，纺织产业整体仍十分落后，但是靠近欧美等主要消费市场，享有区域性优惠贸易安排的便利，这些国家对中国产品的排斥情绪较重。

其次，在认清形势的基础上，积极制订战略，主动出击，化解矛盾。针对不同国家的不同情况，通过细致分析，找出各自的比较优势，淡化竞争色彩，取长补短，互惠互利。政府层面综合运用外交和经济的手段构建业界交流与合作的平台，中国企业可开拓思路，在这些发展中国家寻找利益空间，以谋求合作与共同发展的姿态出现在这些国家，在共事中找到双方的利益结合点，才可能最终实现增信释疑，化敌为友。同样，这也是一场长期的“战役”，需要一定的投入和相当长时间的摸索。在这方面，企业可充分利用国家的各项扶持政策，实现真正意义上的“走出去”。

可以看出，无论是运用“特保”、“特别限制措施”，还是发起反倾销诉讼，发展中国家与中国在纺织品贸易问题上的摩擦已经进入了一个“高发期”，可以预测，在今后的几年中，诸如环保、劳工、知识产权和技术壁垒等问题也将接踵而至。我们应对发展中国家的贸易限制，任重道远。

（执笔：王轶男）

2006年度输欧美纺织品出口许可数量第一、二次招标及业绩分配情况简析

一、输欧纺织品出口许可数量第一次招标情况

2006年度输欧纺织品出口许可数量第一次招标于2005年9月30日开标。本次招标是全球纺织品一体化后，为促进我国纺织品出口健康、有序发展而采取的新举措。从中标结果来看，企业投标率、中标率、中标价格都较理想，达到了预期目的，反映出企业对商务部招标政策的充分认同，投标比较理性。中标结果公布后，社会反映良好。

1. 20 010家企业获得投标资格

本次公开招标共有20 010家企业具有投标资格，主要集中在东部沿海地区。其中，广东、浙江、江苏、山东、上海5省市共有15 809家，占具有投标资格总家数的79%。

2. 5 284家企业参加投标

全国共有6 935家企业办理了投标程序许可，实际投标企业为5 284家，投标率76.19%。其中，广东居首位，达1 713家，占投标企业总数的32.4%，浙江、山东、江苏、上海依次分别占17.6%、11.3%、9.4%和8.2%。投标企业中，民营企业占47%，三资企业占30%、国有及国有参股企业占23%。

3. 3 386家企业中标，中标率近三分之二

本次招标共有3 386家企业中标，占实际投标企业的64.1%（中标率，下同），高于过去配额时代历年招标中标率。中标家数前五个省市依次为广东、浙江、山东、上海和江苏，分别占中标总家数的33%、18%、12.9%、8.3%和8.3%。中标企业中，民营企业占48%，国有及参股企业占26.4%，三资企业占25.7%。

从各省市类别中标数量来看，广东针织衬衫、裤子、胸衣等7个类别中标数量均位居全国第一；其次是浙江，套头衫中标数量居全国第一；山东列第三位，床单和桌布占全国第一。

4. 中标价格适中

从各类别情况看，中标平均价格适中，占欧盟从中国进口平均价3.2%~21.4%，且2/3的中标量在平均价格以下。值得一提的是本次招标缴纳100%比例保证金的高价中标企业90%左右为小企业，反映出大企业投标水平普遍高于小企业，对市场的判断力也更强一些。

二、输欧纺织品出口许可数量第一次业绩分配情况

2005年9月22日，商务部公布了2006年度全国出口企业输欧盟10类纺织品出口许可数量第一次业绩分配可申请数量名单，此次全国可申请总量为年度业绩分配总量的75%。

共有18 704家企业获得可申请数量，其中，国有及参股企业2 741家，三资企业7 280家，民营企业8 683家，分别占14.7%、38.9%和46.4%。广东、浙江、江苏、山东和上海五省市获得业绩分配的企业家数分别为5 443家、2 690家、2 535家、2 148家及1 758家，合计占全国企业总家数的77.9%。

三、输美纺织品出口许可数量第一次招标情况

2006年度输美纺织品出口许可数量第一次招标于2005年12月10日开标。从中标结果看，企业投标率、中标率、废标率都比较正常，中标价格较理想，招标达到了预期目的。

1. 28 226家企业获得投标资格

本次招标共有28 226家企业具有投标资格，主要集中在东部沿海地区，其中，广东、浙江，江苏，山东、上海等5省市共有22 014家，合计占78%。

2. 6 821家企业参加投标

全国共有9 721家企业办理了投标程序许可，实际投标企业6 821家，投标率70.17%。广东投标企业2 773家，位居第一，其中深圳1 740家。投标企业中，民营企业超过一半，占53%，三资企业占28.62%，国有及参股企业占18.38%。

3. 3 734家企业中标，中标率过半

此次招标共有3 734家企业中标，中标率54.7%。中标家数前五个省市依次为广东、浙江、江苏、山东和上海，分别占中标总家数的47.5%（深圳37.6%）、13.9%、8.4%、8.0%、6.6%。中标企业中，民营企业占59.43%，国有及参股企业占21.21%，三资企业占19.36%。

从各类别中标家数情况来看，中标率超过40%的有7种商品，中标率在40%~30%的有4种商品，中标率在30%以下的有10种商品。总体来看，纱线、面料类别企业中标率高于服装和家纺类。

4. 在21种招标商品中，广东有17种商品中标量居全国第一

从各省市中标数量来看，在21种招标商品中，广东有17种商品中标数量位居全国第一，其中，胸衣、特殊用途布、袜类、缝纫线及棉纱、棉制裤子中标数量远远高于其它省市。

5. 中标价格相对适中，个别类别价格偏高

各类别平均中标价格相对适中，占2005年1~10月美国从中国进口平均价的3.01%~33%，各类别三分之二的中标量在平均价以下。各类别高价中标企业共726家，占中标家数20.4%。

四、输美纺织品出口许可数量第一次业绩分配情况

2005年12月2日，商务部下达了全国各经营者2006年度输美纺织品出口许可数量第一次业绩分配可申请数量，此次全国可申请总量为年度业绩分配总量的50%。

共有20 485家企业获得可申请数量。其中，广东、浙江、江苏、山东和上海等五省市获得可申请数量的企业最多，家数分别为5 486家、3 933家、2 762家、2 137家及1 934家，合计占总家数的79.3%。

五、输欧美纺织品出口许可数量第二次招标情况

2006年度输美、输欧纺织品出口许可数量第二次招标于2006年4月6日开标，投标过程比较顺利，中标结果也基本正常。

1.34 074家企业获得投标资格

本次招标共有34 074家企业具有投标资格，主要集中在东部沿海地区，其中，广东、浙江，江苏，山东、上海等五省市共有26 400家，合计占77.48%。

2. 7 815家企业参加投标

全国共有8 566家企业办理了投标程序许可，实际投标企业7 815家，投标率91.23%。广东投标企业3 261家，占全国的41.73%，其中深圳企业2 199家，占全国的28.14%。

3. 5 107家企业中标，中标率超过六成半

此次招标共有5 107家企业中标，中标率65.35%。从中标企业省市分布情况来看，广东企业最多，达2 473家，占全国的48.42%，其中深圳企业1 916家，占全国的37.52%。中标家数位居第二至第五位的省市依次为：浙江740家、江苏424家、山东417家、上海264家。五省市合计占中标企业总数的84.55%。

从各类别中标情况来看，中标率超过40%的有7种商品，中标率在40%~30%的有11种商品，中标率在20%以下的有7种商品。总体看来，服装类别企业中标率高于纱线、面料和家纺类。

4. 在32种招标商品中，广东有29种商品中标量居全国第一

从各省市中标数量来看，在32种招标商品中，广东有19种商品中标数量位居全国第一，其中，胸衣、针织布、特殊用途布、床单、连衣裙、棉纱、棉制裤子等商品的中标数量远远高于其他省市。

5. 中标价格相对适中，个别类别价格仍然偏高

总体上，各类别中标价格相对适中，但个别类别的中标价格仍然偏高。中标平均价比第一次招标下降的有18个类别，占全部32个招标类别的56.25%。其中输美套头衫(345/645/646) 中标平均价每打下降35.54元，输美棉制针织衬衫(338/9) 中标平均价每打下降21.8元，输美化纤制针织衬衫(638/9)中标平均价每打下降11.04元。

最低中标价比第一次招标下降的有8个类别，占全部32个招标类别的1/4。其中输美套头衫(345/645/646)和棉制针织衬衫(338/9)下降最大，每打下降26.58元和15元。最低中标价比第一次招标上涨较多的有输美毛制男裤(447)、毛制西服

套装(443)、植物纤维制裤子(847)和化纤制裤子(647/8)，分别比第一次招标上涨98元/打、27.92元/套、23.8元/打和15.06元/打。

最高中标价普遍下降，只有5个类别的最高中标价高于第一次招标。其中，输美毛制男裤(447)最高中标价每打上涨39.98元，其他类别小幅上涨。

六、输欧美纺织品出口许可数量第二次业绩分配情况

2006年3月28日，商务部下达了全国各经营者2006年度输美、输欧纺织品出口许可数量第二次业绩分配可申请数量。其中，输美国21类纺织品可申请数量为各经营者2006年度全年可申请数量与第一次分配可申请数量的差值，部分企业第二次可申请数量出现负数，将在相关经营者2007年度第一次业绩分配中作等量扣减；输欧盟10类纺织品第二次分配可申请数量为年度业绩分配总量的25%。

共有22 679家企业获得可申请数量。其中，广东、浙江、江苏、山东和上海等五省市获得可申请数量的企业最多，家数分别为6 324家、4 406家、3 044家、2 348家及2 049家，合计占总家数的80.1%。

附表1为中美纺织品协议数量、招标及业绩分配统计。

附表2为中欧纺织品协议数量、招标及业绩分配统计。

中国纺织品进出口商会招标办公室

(执笔：傅浩)

附表 1　中美纺织品协议数量、招标及业绩分配统计

序号	类别	数量单位	中美协议数量			2006年分配总量	第一次分配		第二次分配		2006年招标总量	第一次招标			第二次招标		
			2006	2007	2008		可申请量	分配家数	可申请量	分配家数		中标数量	中标家数	最低价②	中标数量	中标家数	最低价②
1	200/301	t	7 529.6	8 659.0	10 131.1	5 270.7	2 635.3	514	2 628.0	553	2 258.9	1 355.3	111	1.25	1 014.9	85	2.50
2	222	t	15 966.5	18 361.5	21 482.9	11 176.5	5 588.2	793	5 478.4	1 131	4 789.9	2 874.0	146	0.96	2 226.0	152	5.67
3	229	t	33 162.0	38 467.9	45 007.5	23 213.4	11 606.6	3 001	11 606.8	3 317	9 948.6	5 968.2	622	0.80	5 275.8	553	4.30
	332/432/632T①	万打双	6 438.7	7 396.4	8 505.8	4 507.1	2 253.5	2 307									
4	332/432/632B①	万打双	6 114.6	7 031.8	8 086.6	4 280.3	2 140.1	2 289	2 140.4	2 637	1 834.4	1 100.6	649	4.95	818.4	627	8.60
	632A①	万打双							113.4	140	97.2	58.3	40	0.80	45.9	35	0.40
5	338/9①	万打	2 082.2	2 342.5	2 693.9	1 457.5	728.8	6 659	728.8	7 062	624.7	374.8	1 256	72.00	296.4	1 354	57.00
6	340/640	万打	674.4	758.7	872.5	472.0	236.0	3 128	236.0	3 387	202.3	121.4	767	64.65	85.5	869	67.00
7	345/645/646	万打	817.9	920.2	1 067.4	572.5	286.3	3847	283.9	4 096	245.4	147.2	767	78.08	128.2	1 060	51.50
8	347/8	万打	1 966.6	2 212.4	2 544.3	1 376.6	688.3	7 776	688.3	8 038	590.0	354.0	1 071	102.14	283.0	1351	111.36
9	349/649	万打	2 278.6	2 563.4	2 947.9	1 595.0	797.5	2 267	796.4	2 708	683.6	410.1	644	22.46	350.4	760	23.00
10	352/652	万打	1 894.9	2 131.8	2 451.5	1 326.4	663.2	5 351	663.3	5 923	568.5	341.1	1 383	21.00	258.7	1 116	21.00
11	359s/659s	t	4 590.5	5 164.5	5 990.8	3 213.4	1 606.6	602	1 589.3	611	1 377.2	826.3	172	24.61	574.4	186	32.88
12	363	万条	10 331.7	11 623.1	13 482.9	7 232.2	3 616.1	1 487	3 616.1	1 641	3 099.5	1 858.8	150	1.34	1 529.7	150	1.50
13	443	万套	134.6	151.4	175.7	94.2	47.1	209	46.9	245	40.4	24.2	90	26.26	19.2	85	54.18
14	447	万打	21.5	24.2	28.1	15.1	7.5	451	7.0	432	6.5	3.9	64	192.00	2.9	55	290.00
15	619	万 m^2	5 530.9	6 222.2	7 217.8	3 871.6	1 935.8	1 541	1 935.7	1 740	1 659.3	995.5	315	0.65	744.9	236	0.55
16	620	万 m^2	8 019.7	9 022.2	10 375.5	5 613.8	2 806.9	2 146	2 807.3	2 539	2 405.9	1 443.5	456	0.65	1 091.9	363	0.52
17	622	万 m^2	3 226.5	3 710.5	4 341.3	2 258.6	1 129.3	303	1 129.2	338	968.0	580.8	53	0.52	457.2	21	0.65
18	638/9①	万打	806.0	906.8	1 042.8	564.2	282.1	5 712	282.1	6 458	241.8	145.1	895	72.17	122.5	1 145	68.12
19	647/8①	万打	796.0	895.5	1 029.9	557.2	278.6	6 171	278.6	6 675	238.8	143.8	904	79.94	118.0	1 163	95.00
20	666①	t	964.0	1 084.5	1 268.9	674.8	337.3	515	337.3	561	289.2	173.5	201	14.50	122.1	147	13.20
21	847	万打	1 764.7	1 985.3	2 303.0	1 235.3	617.7	3 000	617.7	3 630	529.4	317.7	619	16.20	223.4	532	40.00

* ①为该类别部分商品。②中标价格单位为人民币元/公斤、打双、打、条、套或平方米。

附表 2　中欧纺织品协议数量、招标及业绩分配统计

序号	类别	数量单位	中欧协议数量			2006 年分配总量	第一次分配		第二次分配		2006 年招标总量	第一次招标			第二次招标		
			2005 年①	2006 年②	2007 年		可申请量	分配家数	可申请量	分配家数		中标数量	中标家数	平均价③	中标数量	中标家数	平均价③
1	2 类	t	26 217.0	61 948.0	69 692.0	43 363.6	32 640.9	2 493	17 953.7	3 225	18 584.4	11 149.0	523	1.46	7 871.8	370	30.43
2	4 类	万件	15 098.5	54 020.4	59 422.5	37 814.3	28 395.5	9 789	9 418.8	6 535	16 206.1	9 723.7	1 475	2.55	6 783.3	1 658	37.68
3	5 类	万件	6 897.4	18 971.9	21 967.4	13 280.3	9 986.1	6 140	3 294.2	3 482	5 691.6	3 414.9	974	10.34	2 375.8	1 106	28.68
4	6 类	万件	10 404.5	33 892.3	3 828.8	23 724.6	17 824.4	8 288	5 900.2	5 335	10 167.7	6 100.6	1 619	6.97	4 319.1	1 737	47.42
5	7 类	万件	2 476.1	8 049.3	8 854.3	5 634.5	4 245.7	4 059	1 388.8	2 106	2 414.8	1 448.9	923	3.51	1 007.8	869	34.04
6	20 类	t	6 451.0	15 795.0	17 770.0	11 056.5	8 378.6	1 657	2 677.8	695	4 738.5	2 843.1	304	10.56	1 943.0	226	13.64
7	26 类	万件	795.9	2 700.1	2 970.1	1 890.1	1 434.7	3 241	455.3	1 291	810.0	486.0	631	8.09	337.6	605	27.54
8	31 类	万件	9 608.6	21 988.2	24 826.1	15 391.7	11 554.5	2 408	3 837.2	1 368	6 596.5	3 957.9	599	2.95	2 701.6	738	38.26
9	39 类	t	5 521.0	12 349.0	13 892.0	8 644.3	6 562.6	1 524	2 081.6	596	3 704.7	2 222.0	244	9.65	1 522.7	192	13.62
10	115 类	t	1 911.0	4 740.0	5 214.0	3 318.0	2 497.1	160	820.7	79	1 422.0	853.2	14	4.92	608.8	10	18.87

* ①为 2005 年 6 月 11 日至 12 月 31 日协议数量。②为 2006 年原协议量扣除 2005 年预借量后的数量。③中标价格单位为人民币元/公斤或件。

专家、企业访谈

论纺织服装业实施“走出去”战略

中国纺织品进出口商会副会长 曹新宇

一、实施“走出去”战略的必要性

近十年来，中国的纺织业发展很快，已具备完整的产业链和较强的加工、制作能力，具有极大的发展空间。现今之所以提出“走出去”的国际化经营策略，应该说是出于一种战略性安排。

1.产业的发展需要国际化经营，这是纺织大国向纺织强国转变的阶段

从纺织产业的发展状况来说，中国的纺织服装业已经成为产业链最完整、门类最齐全、加工水平很高的行业，也是最具竞争力、市场化程度最高的行业，是中国所有制造业中最具备条件走出去的行业之一。从20世纪80年代开始，我国的纺织服装业就有了突飞猛进的发展。经过2000年以后的技术改造，目前中国的纺织设备、纺织技术已经非常发达，几乎所有品种、种类的纺织品，只要有订单中国企业都可以做，很多国际名牌的产品都在中国加工。而中国的技术水平、管理水平也有了非常大的提高和进步。这无疑使得中国纺织企业“走出去”成为可能。

从纺织产业的市场需求来说，我国纺织服装业面临产能过剩的危机。首先东西部的纺织服装业发展很不平衡，各自面对的国内外市场需求也不同。按照现在的发展趋势，产业布局将出现东部承担以出口为主要导向的企业，西部以满足国内需求为主要导向的企业，而中部则兼顾内外市场的需求。据商务部近期对国内市场调查结果显示，我国国内市场上仅有13种纺织产品供需趋于平衡，而84种纺织类产品供大于求。因此，“走出去”开拓国际市场势在必行。

从生产要素的影响看，纺织业还面临着原料供应的困难。我国棉花种植面积仅有8 200~8 500万亩，年产600余万吨棉花，然而这远远不能满足我纺织行业的飞速发展。2004年，我国棉花缺口高达200万吨。除棉花外，化纤等原材料对进口依赖程度也相对较高，如此一来，原材料大量依靠进口，产业风险也将随之增加，有效规避风险“走出去”不失为良策。

另外从劳动力价格、土地、环境等综合成本的变化考虑，高能耗、低产出的生产方式无疑应该遏制。因此，转变纺织行业发展思路，走可持续发展道路，寻找新的发展途径已经成为纺织企业新的发展趋势。实施跨国经营，拓展销售渠道，争取进入到终端也是企业为什么要走出去的原因。

再者，从我国纺织贸易发展的历史来看，在面向国际市场的生产中，我们走过了从“三来一补”到定牌，再到贴牌的道路，如果要想继续深入发展，则必须走国际化的道路。

因此，产业的发展需要国际化的经营，这是由纺织大国向纺织强国转变的必经阶段。

2.纺织服装国际贸易的现状要求国际化的经营

我国纺织服装2004年的出口在国际纺织服装贸易中已占到21%的份额，2005年又有很大发展，但就其构成而言，仍将以中低端为重。但如果继续这样发展，必将导致矛盾摩擦加剧，贸易环境恶化。因此，今后纺织服装贸易的发展应稳定低端市场，拓展中端市场，突破高端市场。

在现代条件下，市场决定生产。就目前国际市场需求而言，纺织服装贸易发展应是以小批量、多品种、交期短、个性化为主要趋势的。但我国距传统市场北美、欧洲并无地域优势，而纺织服装这样的传统行业中，生产成本透明，零售价格竞争激烈，因此只有在未来的发展中压缩中间环节，缩短物流时间，才能获利。故而，“走出去”开拓他国市场，利用地域优势提高运营效率也不失为后配额时代的制胜法宝。

3.“走出去”是为了顺应贸易环境变化

从我国加入WTO之后，全球贸易逐步趋于自由化，纺织服装行业也于今年元月始结束了长久以来的配额制度，实现了一体化。

然而自2005年以来,我国纺织行业贸易摩擦频发,受到各种针对中国纺织品的限制压力,国际贸易环境不尽人意,整个行业居于重压之下。国际贸易摩擦正在从以企业为主体的微观层面开始向宏观的政策、体制和制度方面发展。我国已经连续十年成为全球遭受反倾销调查最多的国家,这种状况在今后一个时期内仍将持续,并有愈演愈烈的趋势;国际贸易摩擦的形势也更加复杂。

面对这些复杂的贸易环境,企业将不得不寻求新的应对政策。当前除了充分、合理运用WTO规则外,根本途径就是提升我国产业在国际分工中的位置和竞争力。应对国际贸易摩擦最有效的方式之一就是要把一部分加工生产能力转移到第三国,避开贸易摩擦。即运用"走出去"战略,充分利用国内国外"两个市场、两种资源",包括运用对外直接投资、对外承包工程和对外劳务合作等方式进行。

二、如何"走出去"

1."走出去"的现状

纺织业"走出去"的历史早已有之。纺织行业"走出去"大概经历了这样一些阶段:首先是一些援外项目,这从新中国建立后不久就开始了。特别是在非洲,从20世纪60年代开始中国政府在当地帮助建立了一些纺织项目。第二阶段是在90年代中后期,随着中国纺织工业的发展,一些企业为了开拓国外市场,纷纷在非洲、南美等地开办工厂,比如上海在牙买加,宁波在墨西哥等。这些企业利用当地的原材料,就地生产、就地销售,并赢得利润。第三个阶段是国家鼓励企业开展境外带料加工业务,并且放宽了贷款限制,同时对于产品出口提供了一些方便。这样,出口企业可能有了更加优惠的贷款条件,更加方便地获得资金,对企业进行改造,有力地推动了纺织企业的出口。

对于纺织行业来说,"走出去"并不是陌生的名词,实施"走出去"战略应该具备了基础条件。然而总体来说,中国纺织业"走出去"的总体金额不多,单体规模也不大。截至2005年9月,纺织业在外投资约7.7亿美元。规模超过2 000万以上的企业更属凤毛麟角,且其目的性不明确,缺乏长远规划,效益也不是很好。甚至有的企业2002年设厂,2004年就撤回国内。另外,在这些项目中,经营性项目往往多于生产性项目,而生产性项目多于研究性项目,真正的考虑跨国化经营的企业很少。

2.造成目前"走出去"状况的原因

造成这种状况的原因在于两个方面。一方面是国企缺乏长期的战略考核机制。目前的国企领导往往是任期制,没有长期的战略考核机制将造成企业的目光短浅,缺乏长远的持续的企业经营策略。另一方面,对于中小企业特别是民营企业来说,"走出去" 最大的障碍是动力不足,认识不明确,满足于国内市场,缺乏紧迫感。只要有了认识,其他诸如人才、对国外环境的了解等技术困难都不难解决。

3.国际化经营的方向

"走出去"可以有多个出发点,有的为了营销,有的为了研发,有的为了品牌运作,有的为了原产地多元化,有的为了控制原材料,还有的是出于全球化战略考虑。我国纺织企业在选择"走出去"路径时,可以"对号入座",进行积极慎重的抉择。

只有把握全球纺织品发展趋势,才能找到应对之策。未来国际纺织品贸易中,大型跨国采购集团角色会越来越重要。目前,欧美在纺织产业萎缩情况下,能够保持很强的盈利能力,原因就在于拥有市场和营销渠道的控制权。我国纺织企业"走出去",应该也可以改变我们这方面的被动局面。

在经济全球化时代,国际竞争都是以跨国公司、大企业作为主角的,中国经济发展的未来在于跨国公司。我国的纺织行业也需要尽快地培育自己的大企业,要通过市场整合与政府推动加快企业组织结构的调整,在一些重要的产业和领域形成一批具有自主知识产权、规模大、盈利能力强、管理水平高的大公司和企业集团,并且逐步培育若干家中国自己的跨国公司,使其在产业技术进步、结构优化、行业布局、海外投资等方面发挥领头雁和主力军的地位。

中国与土耳其纺织品贸易摩擦原因与对策分析

对外经济贸易大学国际经济研究院 徐兴元

从中土两个对手之间的关系来看，土耳其是中国对外纺织品贸易摩擦中除了欧盟和美国以外最重要的角色，是率先对我国纺织品发难的发展中国家。中土两国间的贸易摩擦表现在两个层面上，一是我国对土耳其的纺织服装出口，二是在欧美等主要市场上争夺市场份额。在摩擦的应对上，我们腹背受敌先忙于应对欧盟，后忙于跟美国周旋，对包括土耳其在内的一些发展中国家贸易对手重视不够。土耳其方面未雨绸缪，进退自如，一面鼓动欧盟对中国纺织品设限，一面在WTO范围内推迟取消对中国纺织品的配额限制，最后还频频使用单边设限的杀手锏。

从更为广泛的范围、更为久远的时段来看，无论是与欧美等主要发达国家，还是与土耳其、墨西哥、印度、巴基斯坦等许多发展中纺织工业大国，纺织品贸易摩擦将在很长一段时间内困扰我国纺织服装贸易，因而也是困扰我国纺织服装工业顺利发展的实际问题。而且，随着印度、巴基斯坦等国纺织服装工业规模的扩张，随着土耳其、墨西哥等国在欧美主要市场上的扩张性竞争，与相当一部分发展中纺织服装大国之间的贸易摩擦将比现阶段更为频繁、更为激烈。在当今WTO框架内，两反一保措施被滥用已司空见惯，而两反一保的直接结果就是被限制的一方市场份额减少或彻底退出。

因此，如何妥善处理与土耳其之间的贸易摩擦，不仅关系到今后解决中土两国之间的经济贸易利益分歧，而且也关系到解决我与其他发展中国家已经和可能出现的经济贸易利益分歧。应对摩擦是否得当，比产业、产品本身的竞争力更为重要，至少一样重要。

自2004年3月3日的《伊斯坦布尔宣言》起，到2004年底土耳其单方面针对我国纺织品设限，到2005年12月17日又宣布2006年再次对我国纺织品出口单方面设限，土耳其始终是一个活跃的贸易摩擦制造者。土耳其这么强烈地在对中国纺织品设限问题上大做文章，其背后真正的目的是它自己要做大，不仅在欧盟市场上欲与中国平分秋色，而且要在北美市场上争取三、四分天下有其一。从纺织品贸易摩擦看土耳其的立场、策略及目的，对我们总结因果得失、确定今后阶段的应对策略将是十分有益的。

一、中土纺织品贸易现状

我国和土耳其直接贸易始于1965年。1971年8月4日，我国与土耳其建交，1987年北京至伊斯坦布尔的航线正式开通。20世纪90年代以来，两国贸易发展较快。

我国对土出口商品结构随着我经济发展水平的提高也在不断变化。20世纪90年代初，纺织品是我国对土耳其出口的最大宗商品。1995年起，机电产品超过纺织品成为我国对土耳其出口的最大类商品，占我国对土耳其出口商品总额的近一半。土耳其缺乏对我国适销对路且有竞争性的商品，近两年来更呈增长乏力态势。

总的来看，双边贸易额在各自国家的对外贸易总额中所占的比重都很小，进一步发展双边经贸关系的余地还很大。存在的主要问题是商品结构的竞争性大于互补性。在双边贸易中，土方长期存在大量逆差以及土耳其频繁对我国出口商品实施反倾销、保障措施以及其他限制性手段。

中土在世界纺织品市场上的竞争是结构性的。土耳其针对中国采取的一系列限制措施反映了中土之间在世界纺织品服装市场，特别是在欧盟和美国等主要市场的竞争。因为从我国对土纺织服装出口来看，我国对土耳其的纺织服装出口量全年不过4.21亿美元(2004年数据)，而在欧盟市场上，双方都有数以百亿美元计的利益，是旗鼓相当的对手。事实上，以单个国家的市场规模衡量，美国市场是土耳其纺织服装出口的最大目标市场，超过了其在欧盟的第一国别市场德国。土耳其联美抗中是在努力保住并扩大自己最大的出口市场。

这种竞争是两国的、甚至是世界的纺织品贸易结构性因素造成的，具体表现在以下三个方面：

一是，主要市场的集中性。世界纺品市场集中在欧美，在主要市场上发生主要贸易伙伴之间的竞争是必然的，发生贸易摩擦也就不可避免。可以预料，在有发展潜力的市场上也必将发生激烈竞争和摩擦。我们刚刚想到的，土耳其人已经在做了。2005年以来，土耳其一方面联美、联欧对中国实施贸易限制，另一方面，针对中国出台了特保措施。与此同时，土耳其正加紧与中东地区(伊朗)、北非地区(埃及)和前东欧地区的合作和开发。

二是，出口商品结构的相似性。土耳其主打的出口产品基本上也是我国所具备比较优势的产品，这主要是由于市场经济发展水平、消费偏好取向、纺织品贸易需求市场的发展阶段所决定了的。从规模上看，土耳其的纺织服装工业小于中国，但从结构上看，土耳其可以生产各类纺织服装产品，在纯棉、针织、内衣等方面具有更为突出的集中优势。

三是，发展阶段的一致性。除了规模数量不等外，世界范围内主要纺织品出口大国都经历着加工贸易、贴牌生产、品牌发展的过程，在同一跑道上的竞争对手发生摩擦是十分正常的。但竞争对手之间，不进则退。从市场的直观角度看，土耳其纺织服装业在营销发展阶段走在了大多数中国服装企业的前面。无论以本土品牌营销还是与欧美品牌合作营销，都比中国的企业做得更成功些。

不能小视与土耳其的贸易争端及解决。总结起来，一方面土耳其政府所采取的上述那些贸易保护主义措施，都是在WTO规则允许的范围内采取的，至少在表面上是这样。另一方面，近年来土耳其采取了一系列贸易限制措施，有许多是特别针对中国的，有的即使是针对所有贸易伙伴的，但背后的原因也主要是针对中国或者至少包括中国在内的。

从时空阶段上分析，当我们还在憧憬取消配额将会带来巨大好处的时候，土耳其已经在谋算如何应对可能产生的不利局面。早在2003年，土耳共就开始怂恿欧盟和美国牵头对中国实施保障措施。事实上，土耳其不但是多边范围内这场纺织品贸易摩擦最先的和直接的挑起者之一，而且是率先对中国实行单边限制的国家。早在2003年底，土耳其就明确表示希望欧盟对中国纺织品设限，而后在2004年初，土耳其与美国一起提出了推迟取消针对中国的纺织品配额的建议，并最终单方面对中国纺织品采取了设限。2004年12月26日，ATC协议纺织品配额还没有取消，土耳其就又提出对我国纺织品和成衣实施了单方面的保障措施。2005年12月17日，土耳其外贸署又发布公告，宣布对我国44类纺织品进口自2006年起实施配额限制。

土耳其对我国纺织服装产品重新设限，给发展中国家作出了一个很坏的榜样。如果说，自2005年1月1日起，中国进入贸易摩擦高发期，那么与发展中国家的贸易摩擦则自土耳其始。如何妥善处理与土耳其之间的贸易摩擦不仅关系到今后解决中土两国之间的经济贸易利益分歧，而且也关系到解决我国与其他发展中国家已经和可能出现的经济贸易利益分歧。

二、贸易摩擦产生的深层原因

从全球视角看，整个世界纺织服装市场供过于求的大环境决定了必然在主要贸易伙伴之间产生贸易摩擦。世界范围内纺织品服装的生产能力远远超过世界市场的需求，当供过于求成为市场特点时，加上取消纺织品配额这样一个重要的变量的产生，世界纺织品市场必将经历激烈竞争、重新洗牌、结构调整的发展过程，贸易竞争与摩擦也随之产生。

从土耳其纺织服装业界的发展思路看，与墨西哥、印度、巴基斯坦许多发展中纺织大国一样，土耳其在2006年至2010年间将大力发展纺织服装业和出口贸易。土耳其纺织工业协会为2005至2010年制定了一个发展规划纲要，其中出口发展目标是在2003年的基础上翻一番左右，达到280亿美元。

但是，上述这位工业协会主席，就欧盟对中国纺织品设限所发表的谈话，很有意味。他说，“一旦消除与中国的不公平贸易条件，起码是部分的消除，土耳其在欧盟的市场份额将会增加。”他还表示，由于中欧签署了纺织品协议，2005年土耳其成衣和纺织品出口将达到200亿美元，在今后的4年中土耳其的纺织品出口会达到850亿美元。

这是个什么概念呢？首先，土耳其要将2004年200亿美元的出口规模翻两番以上，其次，2004年世界纺织服装贸易额约4 000亿美元，按10%的年增长率匡算，到2010年将达到6 000亿美元。土欲占850亿美元，也就是说将它目前在世界纺织品贸易中4%左右的份额用4年时间提高到15%左右。

这种咄咄逼人的态势是有事实为依据的。看2004年1~9月中土两国对欧盟的纺织服装出口额，我国对欧盟的纺织服装出口额为139.6亿美元，为第一大供货国，土耳其紧随其后，出口92.95亿美元，为第二大供货国，土耳其前9个月的数据就比上一年全年的数据高出11.65%。第三位的印度出口额也超过40亿美元，增长速度惊人。我们可以预料的是，当我们按7%~8%的增长率提高对欧盟出口的同时，土耳其以15%，印度等也以15%以上的增长率增长的话，到2010年，市场份额占有率将出现根本性的对土耳其、印度等有利而对我国极为不利的局面。

三、交流沟通解决争端

就国际贸易中的矛盾、分歧和摩擦，在当前WTO框架下，进行多边和双边的磋商谈判是展开交涉的主要途径和方式。中土之间就纺织品贸易问题在2005年初和年中有过两次交流，先是2005年2月2日，中国商务部部长薄熙来在北京会见土耳其副总理兼外长居尔。当时土耳其方面的主要目的是拿单边设限来压中国，希望中国采取措施主动设限。中方表示高度关注土耳其对中国纺织品采取的特别限制措施，中国纺织业界对土方的措施表示不满。薄熙来说，纺织品贸易一体化是世贸组织各成员方通过长期谈判取得的成果，所有世贸组织成员都有义务、有责任维护这一成果。中国愿与包括土耳其在内的发展中国家加强合作，实现纺织品贸易的共同发展。希望双方从两国经贸合作的大局出发，放眼长远，面向未来，通过友好协商，妥善解决纺织品问题。居尔则表示，中土两国进一步开展经贸合作的基础良好，两国合作具有很大空间。相信纺织品贸易问题通过谈判可以尽快得以解决。两国的贸易问题可通过扩展多方面的合作加以解决，如今后两国企业可在旅游和共同参与伊拉克战后重建等领域加强合作。

2005年5月中旬，我国商务部及纺织商会代表团访问北非和土耳其，拜会了有关政府部门和土纺织服装业界的行业组织。中方的态度明确表示，发展中国家之间、友好国家之间，应该通过交流和沟通，弥合意见分歧，找到解决问题的途径。应该说，这些交流和沟通至少部分地达到了目的。

但是我们应该十分清楚地看到，交流和沟通是必须的，但问题的实质只有通过可能的合作和必然的竞争来解决。中国、印度、巴基斯坦、土耳其、墨西哥和秘鲁等国之间，工业化发展程度差距不大，特别是在纺织服装工业这个领域内，首先看准的都是欧盟和美国等主要市场，其次看到主要市场竞争激烈因此又都把部分目光转向了发展潜力大的国别市场和区域市场。这些国家之间，在纺织服装产业领域，由于整体投资规模供给能力超过市场实际需求，而调整又需要相应的时间，在未来若干年内，竞争将是主要关系。只有在与其他一些投资规模相对小一些、但具有一定发展水平又遇到竞争压力的发展中纺织工业国家之间合作才可能是主要关系（表1）。

表1　土耳其服装出口商品结构

（单位：百万美元）

	2003年	2004年	2005年	2005年与2004年同比（%）
浴衣晨衣	179.759	191.420	219.514	14.68
毛巾	253.146	308.042	365.392	18.62
床单被罩	103.478	106.965	104.230	-2.56
睡衣睡袍	18.263	14.603	13.375	-8.41
男内衣	9.666	5.177	5.846	12.92
女内衣	4.698	3.223	4.763	47.78
男装	16.486	17.246	15.415	-10.62
女装	45.110	55.693	39.064	-29.86
棉机织品	27.573	35.385	37.561	6.15

与时俱进 打造“百年国泰”

——江苏国泰国际集团董事长、党委书记黄金兰访谈录

江苏国泰国际集团是江苏省重点企业集团之一。主要从事纺织服装、轻工工艺、五金机械、化工医药等商品的进出口业务。同时开展国际工程承包、外派劳务和现代物流等业务，并涉及宾馆旅游、软件开发、金融证券、保险、房地产等，已初步形成一业为主，多元拓展的经营格局。2005年，集团实现销售140.48亿元，入库地方税收超1.3亿元；集团全年完成进出口额12.5亿美元，其中出口10.84亿美元，同比增长14%，连续第五年在江苏省外贸企业中位居首位。在2005年公布的中国企业500强中，国泰集团列第198位；在中国服务业百强企业中，国泰集团列第85位。

国泰大厦是张家港城市的地标性建筑之一。站在大厦33层往外眺望，张家港的景色尽收眼底。很难想象，这座大厦的主人——江苏国泰国际集团在1992年还是一家刚获得进出口经营权、员工不过百人、资金不足百万的小公司。

作为江苏国泰的当家人，身兼董事长和党委书记的黄金兰，亲历、见证了国泰的发展壮大。从1989年部队转业到国泰，黄金兰以最快的速度完成了角色的转换，成为了国泰发展的主导者之一。理性、干练的风格和对工作极大的热情是他始终不变的本色。谈及国泰的发展历程、管理策略和发展前景，黄金兰平和的语气中掩饰不住思想的锋芒，让闻者受益匪浅。

一、“张家港精神”是发展之魂、力量之源

从1992年至今，经过短短十几年的发展，江苏国泰国际集团从一个县级外贸公司跻身中国企业500强，出口连续5年在江苏省外贸企业中位居首位。创造这样的奇迹靠的是什么？黄金兰认为，最重要的一条就是因为有了“张家港精神”这一发展之魂、力量之源。

他这样阐释张家港精神——

一是要自主自强，不断超越。处于下游时不甘落后，奋力赶超，在跻身先进方阵后更是登高望远，勇攀新高；

二是要勇于创新，锐意改革。国泰的发展有一个清晰的思路，并且不断创新。从自营初期划小核算单位到1997年在全省率先进行股份制改革；从1993年建办第一家生产企业，走贸工一体化道路，到如今服装、机电、化工、毛纱四大工业园区竞相争艳，国泰人不断地在诠释“创新也是生产力”；

三是要艰苦创业，昂扬斗志。发展，关键是靠人。国泰有一支“铁军”，他们是张家港精神的最好体现。在公司创业初期，在“家大业大”的今天，艰苦创业都是国泰广大干部员工坚持的传统；

四是要与时俱进，率先发展。站在新的起跑线，面对新世纪重要的战略机遇期，国泰提出了打造“百年国泰”的目标，并在2001年制定了三个“三年”规划：第一个三年，即2002~2004年，集团发展进入转型期。由出口贸易占绝对比例的贸易型公司逐步转变为实业与贸易并重的综合型公司，销售收入达到120亿元。目前，这个目标已经实现。第二个三年，即2005~2007年，集团发展进入基本成熟期，多元经营格局初步确立，贸易经营、实业经营、资本经营三足鼎立，销售收入达到200亿元。第三个三年，即2008~2010年，集团成为集贸易、金融、实业为一体，拥有自我品牌和自主知识产权、具有核心竞争力和跨国经营能力的“国际知名、国内一流”的综合性企业集团，销售收入达到300亿~400亿元。

脚踏实地，志存高远。国泰不愧是“飘扬在中国外贸大地的一面旗帜”。面对辉煌，黄金兰没有丝毫满足，他说国泰有强烈的危机感，因为在这个竞争激烈的时代，不进则退。

他要求国泰人要“永创大业，永不满足，解放思想谋发展”，他提出国泰不能满足于“规模国泰”，还要打造“效益国泰”、“人文国泰”和“形象国泰”。

二、企业文化是企业实现可持续发展的保障

在国泰参观期间，我们深切地感受到国泰人的那份自豪感和对公司的认同感。这一切与国泰的企业文化建设密切相关。黄金兰说，企业一二年的发展靠机遇，三五年的发展靠领导，十来年的发展靠制度，但可持续发展靠的是企业文化。而人才是企业发展的根本和保障，尤其对外贸企业更是关乎企业命脉安危，因此如何留住人才、用好人才，是企业文化面临的首要课题。

众所周知，外贸企业的人才流失是令许多企业头疼的问题，国泰有什么样的招数留住人、吸引人呢？黄金兰说，作为企业文化建设的根本任务，在人才问题上我们的体会是要重点解决好一个被动的“留人”到主动的“吸引人”的体制和机制问题。单靠“待遇留人”是远远不够的，要靠体制、机制“吸引人”、企业的发展潜力“导向人”、科学制度规范管理“教育人”、建立发展平台“用好人”，创造一种公平、公开、公正的人才竞争氛围，使企业形成强有力的集聚效应。

近年来，国泰已基本建立和形成了一套较为科学、规范的人才引进、培训和使用机制，以此搭建一块高层次的人才平台。集团最近几年每年都要通过初审、试用、考核引进人才，还专门投资成立了国泰光华卫星商学院，定期通过卫星进行远程培训，籍此为员工构建一个培训和再学习的平台。为了吸引人才，国泰还建立一个合理的有竞争力的薪酬机制。国泰公司奖金分配、职务提升、工资收入、福利待遇、出国进修等都与工作实绩直接挂钩，一律以工作实绩论英雄。同时，公司还运用股权激励，把企业和员工结成一个利益共同体，更加有效地调动了员工的工作积极性、主动性和创造性。目前国泰已经拥有1 300多名外贸业务员，其中800人拥有本科以上学历，并掌握六级英语或一级日语。

黄金兰说，在当今日益激烈的市场竞争中，一个不断发展的企业更需要一种凝聚力量、统帅全局的企业精神。国泰把培育和发扬积极向上的企业精神作为企业文化建设的关键手段。总结以往的发展经验，国泰确立了“团队、创新、超越”的企业精神，通过整体的价值认同来引导员工围绕企业事业齐心协力、奋斗不止，引导员工树立个人价值体现与企业发展、社会需求三方面相一致的发展理念。

除了创造一个良性的竞争机制，国泰还致力营造一个和谐的文化氛围、人际氛围。黄金兰要求，公司的管理层要给予员工更多更深的人文关怀，努力缓解员工工作压力、生活压力，在企业内部营造出人与人之间相互服务、相互关爱的氛围。国泰充分发挥工会、共青团、妇联等群工组织的作用，开展各类体育、文艺、公益等活动，沟通员工的思想感情，增强员工对国泰的认同感和归属感，使员工把自己的思想、感情、行为与整个企业联系起来，从而使企业产生一种强大的向心力和凝聚力，发挥出巨大的整体效应。

三、以诚信打造企业品牌

打造品牌是时下的流行语，但不同的企业对品牌的认识、定位也是不尽相同的。黄金兰对品牌的见解反映出他务实、理性的个性。他说，品牌应划分为两个范畴，一是企业品牌，一是产品品牌。对于一个外贸流通企业来说，企业品牌要重于、先于产品品牌。因为外贸企业并非制造商，国外采购商与外贸企业打交道首先看重的是该企业的声誉，而诚信无疑是企业品牌最重要的因素。

为了把“江苏国泰”打造成一块金字招牌，国泰在多年的经营中一直着力树立一个诚实、正直的企业形象。黄金兰介绍说，为了建立企业的诚信，近年来，国泰集团以ISO9000质量体系的认证和改版工作为契机和切入点，建立了一套以质量预防和制度管理相结合的诚信机制。按照顾客最终满意率100%的质量目标，国泰坚持“优质产品、高效服务、持续改进、满足客户”的质量方针，强化质量，以优质产品和服务促诚信。从而使得多年来国泰出口的产品顾客满意率都在98%以上。黄金兰认为，一个企业在市场上确立的诚实守信的形象和声誉，是企业每位员工诚实守信的综合反映：员工诚信于企业，就能忠于职守，自觉维护企业的利益和荣誉；而企业对员工报以诚信，则能激发起员工的工作热情，给客户提供最佳服务。因此，长期以来，国泰在内部加强对

全体员工诚实守信道德观念的教育，强化全体员工的诚信意识，确立“诚信做人、诚信管理、诚信经营”的理念，让员工将诚信记于心、施于行，并把企业看成是“讲道德、讲信用、讲商誉”的市场主体，而不只是赚钱的工具。黄金兰强调，企业要具有高度的社会责任感。

商无信不立，业无诚不远。多年的诚信建设，使国泰品牌在外商中间有口皆碑，也为国泰赢得了竞争优势。

四、利用配额取消的良好机遇，保持外贸发展势头

纺织品服装是国泰的主营商品，2005年国泰集团的纺织品出口额在全国纺织品出口企业中排名第三。然而国泰的纺织品出口最初却是从非配额产品和非配额市场做起，因为在20世纪90年代，国泰几乎没有享受到纺织品配额，这反倒练就了国泰的市场生存能力。去年配额的取消，为国泰纺织品出口带来了新的发展机遇。黄金兰认为，目前国家对纺织品出口数量进行管理的政策有利于企业的公平竞争，但配额成本加上不断上涨的原材料、劳动力成本，促使企业不得不提高产品附加值，同时从行业的长远发展、躲避国外贸易保护主义风险的角度考虑，我们也必须转变贸易增长方式。他介绍，目前效益是国泰考核的唯一指标，外销员在做纺织品出口时，没有效益的定单不做，价格达到一定水平方可使用配额。他解释，只有这样，才能真正有效地用好、用足有限的配额资源。

目前国家政策倡导有实力的纺织企业“走出去”，黄金兰认为政策的导向是好的，但企业必须根据自己的实际情况出发。黄金兰并不热衷以在外投资建厂的方式“走出去”，他的理由是，在外投资建厂出于成本的考虑，多选择在发展中国家，而这些国家大多数贸易政策和投资环境并不理想，风险较大，而国泰自身的优势在贸易而非生产管理。因此国泰要走出去就是直接在外建立贸易公司、销售网络，这样可以绕开进口商，获取更好的效益。目前国泰已在美国、日本、中国香港等地开设了多个贸易和销售公司，到“十一五”期末，国泰计划在国内以及美国、欧洲、日本等国家和地区再建立10家分销机构。

今年是国家“十一五”规划的开局之年，国泰也制定了新的5年计划。到“十一五”期末，国泰外贸出口额年递增15%以上，形成30亿美元的年进出口贸易规模，其中出口22亿美元，力争继续保持在江苏外贸企业的龙头地位。

（执笔：梁世瑜）

锐意创新，迈出国企后配额时代的新步伐

——访上海服装集团进出口有限公司董事长　乐可辛

上海服装集团进出口有限公司创立于1992年，是一家国有控股外贸企业，以服装制造及贸易为主，兼营国内贸易、实业投资。目前已发展成为一家集教育、媒体、商业、房地产等多元业态的产业集团。集团下属股份制、独资、三资、联营等企业以及海内外公司三百余家，并拥有技术开发中心、设计中心等科研机构及教育培训机构。拥有一批自主知识产权的商标，其中有康派司、司麦脱、百灵鸟、双羽、钻石、天嘉爱、大地等。2001年为出席APEC领导人设计制作新唐装，受到中外广泛赞誉。公司从主营服装、纺织品的出口扩展到轻工、机电等商品的出口，年进出口规模为1.7亿美元。1994年进入中国进出口额最大的500家企业排行榜，2005年在全国纺织服装出口企业中排名第50位。

2005年是纺织品配额取消元年，摆脱了桎梏的中国纺织品服装出口达到了新的高峰，出口额超过千亿美元大关。但仔细分析可以看出，并不是所有的企业都能够适应市场化的竞争条件，抓住这一难得的机遇。随着外贸经营权的放开，中国的民营企业显示出了蓬勃生机，取得了突飞猛进的发展，这一点在纺织品服装领域显得尤其突出。2005年，民营企业超过了国有企业和三资企业，成为我国纺织品出口第一主力。而多年来一直处于纺织品出口支柱地位的国有企业，由于历史包袱沉重、体制陈旧等诸多原因，近年来出口份额不断下降，尤其是在失去配额保护的情况下，国有企业遇到了从未有过的困难和挑战。

面对日益激烈的竞争和新的贸易环境，是抱残守缺、不思进取，还是扬长避短、锐意创新、焕发新的活力，是国有企业面临的生死抉择。

上海服装集团进出口有限公司（以下简称上服）是大型国企中具有代表性的一家，在多年的风风雨雨中走过了一段不平凡的坎坷路。20世纪90年代，上服发展迅速：自1992年末取得自营进出口权后，1994年起即进入中国进出口额最大的500家企业排行榜。1997年、1999年，被上海市人民政府批准列为上海市重点扶持的大型企业集团之一。公司拥有一大批自主知识产权的品牌，其中"司麦脱"衬衫、"敦煌"领带等也得到了业内人士和普通消费者的认同。但随着公司规模的扩大，国企体制陈旧的弊病开始显露，上服集团所背负的包袱日益沉重：每年为退休、待岗、下岗职工支出的费用就高达四千多万。同时，最主要的利润来源——服装出口业务也不再是一帆风顺，面临日益激烈的竞争。上服在发展快速路上一度遭遇了"瓶颈"。

面对这些困难，上服集团没有一味地怨天尤人、坐等政策扶持。为实现可持续发展，公司上下经过不懈的努力，从自身特点出发，摸索出一套"量身订做"的经营模式，并加快转变外贸增长方式，增强抵御和化解风险的能力。2005年上服出口纺织品服装达1.4亿美元，在内有配额取消，出口企业大量增加、低成本竞争激烈，外有欧美重新设限等不利因素的冲击下，继续实现了出口的增长，保持了大型国有企业的风范，焕发出新的活力。

上服集团是如何保持不败业绩的？他们的思路对其他国企有何启示？带着疑问，我们在三月一个温暖的春日里，走进上服，听上服集团董事长乐可辛对创新和发展的独到见解。

一、管理手段到位，国有机制照样能激励员工

由于长年受机制影响，国企极易陷于管理不善、平均分配、人才流失严重的尴尬境地。对于这个问题，董事长乐可

辛(下称乐董)对集团的现状十分满意——"我们公司的管理班子年轻,有朝气。我们是依靠管理上、技术上的高水平打开市场的。目前公司对员工进行激励的方法完全与市场接轨。现有的16个业务部全部是独立核算。在利润分配上,公司制定两个方案,一个是净利分配,一个是毛利分配,这两个方案业务部门自己选择。公司只提供资金和企业品牌等无形资产,如果业务部门努力,肯用心,做得好的话年收入不菲。公司在管理上还有一个特点,就是如果一个部门做得好,就将其分拆成几个部门,以促进新部门的成长,并带动整个业务的增长,如此一来,就成功地调动了年轻业务员的积极性。公司还会拿出相当的资金用于对管理人员进行培训和认证,提升管理人员的整体水平。"

二、进行产品创新,提升核心竞争力

位于长江三角洲的上海拥有百年的纺织工业发展史,上海制造的服装始终是款式新颖、质量可靠的代名词。改革开放后秉承深厚的文化积淀和工业实力,上海创造了优良的对外贸易环境,贸易额始终位居全国前列。但近几年,在纺织品服装领域,随着浙江民营企业的崛起,上海的企业开始面临挑战。加上2005年配额取消,原先依靠国家进行协议数量分配的大型国企失去了政策支持,在原材料、劳动力成本不具备比较优势的情况下,与机制灵活,成本压力低的民企进行竞争,明显处于劣势。同时,从全球的范围看,其他发展中国家的纺织服装业也在迅速发展,对低价格的中国同类产品造成了极大的冲击。

上服集团同样感受到了来自各方面的压力,但依然能够在失去配额分配的"保护"后实现出口增长,其成功的秘诀就在于公司清醒地预示到大环境的变化,并及时作出战略调整。乐董强调指出"靠低价竞争早晚要崩盘!面对来自周边地区、周边国家的双重竞争,我们公司希望搞一些高档的,有知识产权的东西。公司的发展方向就是走高科技、新品种的路子,而不是再走回头路,走弯路。"

上服集团近年来加速研发高新技术产品,拥有自主知识产权的新一代集阻燃隔热、防水透气等功能于一体的多层消防服产品。在大批量投入国内市场的同时,该产品及其延伸产品军用坦克服、特种工作服等已出口法国、新加坡等地,2005年实现创汇254万美元。目前正在申请对欧盟消防装备的体系认证,争取扩大高新技术产品出口市场份额。2003年SARS在国内及东南亚地区大规模暴发后,公司意识到医用防护服广阔的应用前景,自主研发出另一项高科技产品"医用一次性防护服",该产品具有阻燃、防水、防血液渗透、防静电、无皮肤刺激等诸项功能。公司目前已建成10万级洁净生产车间和1万级菌检室,目前已有国内大批订单和正在洽谈30万件出口订单。公司还引进了日本专利印花技术、运用手绘、复制图案等方式,采用环保型特殊颜料,创造性地在T恤、牛仔服、时装、包袋、鞋帽上绘制色彩鲜艳、逼真的立体图案,其加工产品在国内和国际市场得到很高的评价和欢迎。

目前公司集中资源优势,正在实施国家和上海市批准的四项重大科研攻关项目,推进高技术高附加值特种服装的研制和开发,计划逐步形成高科技产品群和新的经济增长点。

三、发挥自身优势,实现多元化发展

谈及目前纺织品服装的贸易形势,乐董表示谨慎乐观,他说,"外销方面,由于国际贸易量大,如果市场完全放开,我国具有很强的竞争实力。但是完全放开并不现实,所以近几年预计整体变化不大。我们公司要牢守阵地,加强管理,为生产商和进口商,即为出口公司的上、下家客户服务到位,让他们都满意";"另一方面,我们会将高新技术产品的研发作为亮点,这是别人比不了、学不去的。"

与传统外贸公司或生产型服装企业相比,上服经过十几年的发展已经形成自己的鲜明优势,体现在其特有的服务技术、管理加外贸市场营销方面。据乐董介绍,公司目前具备承揽小批量多品种、即时跟踪产品质量、行业内外综合配套等外贸实单的能力。近年来,公司接受的高端客户订单,除了要求服装面料的技术含量外,还在于生产设备的专门化和自动化、工厂管理和产品供应的高效化和信息化、配送流通的电子化和无纸化。公司现有业内业外合作供应商几百家,根据客户要求十分注重工贸联动,优化配置面辅料采购、生产加工、技术管理，物流配送供应链，以良好的服务加强对上下游的控制，突出服务贸易在进出口流程中的重要作用，以个性化的操作适应不同客户不同订单的要求，从而以服务贸易见长实现与客户的共赢。乐董强调，“公司提倡扬长避短，发挥差异优势。要求各个企业各个业务部门要找准自己的位置，要培育和发具有特色经营的能力”。

近年来，随着政府对公司经营范围的放宽和公司自身营销能力的提升，经营商品逐步多元化、经营方式逐步多样化。公司现有的业务部已成为某几个国际品牌的主要出口供应商，有的业务部已成为某大类商品的特色经营商，有的业务部已成为高端客户、高端产品的代理商。经营的主要商品均进入全国100强的行列。

在实业投资方面，上服集团坚持“出口导向型”原则，拥有一批配套的制衣公司、特种工艺服饰公司、物流公司，拥有专业媒体《上海时装报》、有鲜明教学特色的大中专技校、有不同层次的展会经济、有服装服饰商场、有以“假日”命名的旅馆餐饮连锁业、有国内模特摇篮之称的中国第一支职业模特队，为公司多头并进实施主营业务的国际化发展战略提供了有力的经济支撑。

四打造自有品牌成为未来发展重点

关于品牌建设，乐董对于前一段时期国内过份强调企业要自创品牌、盲目“走出去”这种急功近利的做法不以为然，他说：“一个品牌的诞生、成长、成熟需要很长的时间和大量的前期投入。在创立初期，即前五到十年这个品牌都不会给企业带来效益。而在现行的国有体制下，这样的结果是不能被接受的”。“‘走出去’不容易，公司以前在蒙古和洪都拉斯都进行过尝试，但都证明不可行。我们与外国执行的政策不同，思维方式有差距，管理体制上也与人家不同，不易融进当地的社会。对于大多数企业而言，‘走出去’还是要以谨慎为主，不能盲目乐观”。但是，从长远方向看，乐董还是坚信要走自主品牌之路，尤其是针对客户对面料的高要求，公司要做到能够提供设计和生产出好的面料。“公司的发展方向就是要创立自主品牌，做到自主设计。”

作为一名有经验的老外贸人员，乐董对上服集团的发展充满信心。他说，今后5年内，公司首先要在内销方面实现个性化突破，作到设计时尚、交货快速。公司要成立“设计制作有限公司”，针对时尚的、个性化的高档服装进行设计和生产。创造出企业知名度和品牌知名度。

上服集团怎么办。乐董“靠低价竞争早晚要崩盘！”的这句肺腑之言始终在我们心中闪现。作为大型国有企业的佼佼者，上服集团已经对中国纺织品服装的出口现状有了清醒的认识，在转变外贸增长方式，实现可持续发展方面做出了有益的尝试。

（执笔：朱宇星）

晨风集团扬企业社会责任风帆竞逐全球

傅莲英

江苏晨风集团股份有限公司是幸运的。当珠江三角、长江三角众多劳动密集型企业因“民工荒”而影响企业接单，影响企业正常运转时，晨风集团1万多人的员工队伍却稳如泰山。不用招聘，晨风集团能保证足够的用工需求。不仅老员工人心稳定，老员工回乡探亲时，还带来一批批新员工。晨风集团股份有限公司董事长尹国新很自豪地告诉记者，这是因为工人感觉到晨风有责任感，信任企业，愿与企业共发展。他感慨道，企业的竞争关键是人的竞争，在劳动力日益趋于紧张的环境下，一个尽社会责任的企业起码有两方面好处：员工稳定，产品质量逐步提高，客人对产品更有信心；员工稳定，生产效率会逐步提高，企业的成本相对降低了。一个企业既能保证产品质量，又能保证交货期，还能有效地控制成本，有这三方面的优势，也就有了议价的实力，进而也就增强了企业的竞争能力，从某种意义上说，企业社会责任也就是竞争力。

由于在承担企业社会责任方面有出色表现，晨风集团2005年年初被国际公平劳工协会吸收为会员。国际公平劳工协会1999年成立于美国，其宗旨是配合国际劳工组织，各国政府及其劳资关系协调机构确保其会员和经销商在他们的供应链工厂中遵守劳动标准和企业行为准则。其会员包括了adidas-Salomon、Asics、Outdoor Cap等20个国际知名品牌和1个生产供应商。这个生产供应商就是晨风集团股份有限公司。这是截至目前，全球第一家来自制造业领域、以供应商身份加入的会员。这对整个中国及亚洲的制造业来说，都是一件具有深远意义的事情。

一、绿色晨风

晨风集团位于江苏昆山花桥国际商务城的工厂，2003年才投入使用。当汽车驶入厂区时，司机指着一幢气派的大楼问记者，“这是什么楼”，记者毫不迟疑地答道：“办公楼”。司机一边笑着，一边自豪地说道：“这是员工宿舍。好多人都像你一样猜错了”。晨风集团昆山厂区，三栋宿舍楼位于工厂的中心地段，占据了公司最好的位置。当国外验厂的人员向公司董事长尹国新问起为什么把这么好的位置建成宿舍区时，尹国新答道，工厂最重要的是员工，当然要把厂区最好的位置建成员工休憩的场所。在宿舍区，记者看到，超市、医务室、理发厅、餐厅、美食中心、咖啡厅、蓝球场、羽毛球场应有尽有。宿舍区旁甚至还有一个鱼塘和一片小树林。陪同记者参观的办公室主任沈须照谈到，这块地原本也打算盖成厂房，但为了员工能有更大的活动和休息空间，在商务区这寸土寸金之地，晨风集团还是宁愿牺牲一点眼前的利益，从长远考虑，为工作和生活在场区的员工保留一块田园景致。

沈须照指着办公楼外的桂花树向记者介绍道，现在一棵桂花树就要花17-18万人民币，相当于一辆好车的价格，而晨风集团有好些这样的桂花树；一株冬青树苗要5元，而晨风集团场区遍植着冬青；晨风集团员工宿舍区还有一棵花大价钱买来的树龄达百年老枣树，虽在早春还未吐新芽，但它遒劲的枝丫仍显出特有的刚劲和旺盛的生命力。正如晨风集团这个在服装行业有强大实力和无可比拟的加工规模巨无霸般企业一样，它内敛、有旺盛的生命力，但却只求实实在在结果，不图轰轰烈烈开花。据沈须照介绍，公司仅在昆山工厂花的绿化费用就达2 300多万元。这么大的费用足以建一座相当不错的服装厂。

二、亲情晨风

生活在晨风集团的工人是幸福的。首先，他们能拥有同地区较高的工资。晨风集团在昆山的工厂，最低保障工资是1 200元。而且工人还能拿到13个月的工资。工厂一些技术能手甚至每个月能拿到近3 000元的工资。据公司工会主席曹仁伟介绍，晨风集团公司每个月能拿到2 600元以上的员工越来越多。

晨风集团有严格的休假制度。在公司综合部为工厂制定的休假计划表中，记者看到，员工全年能休法定假114天，休假计划表详细标明了每个工厂员工的具体休息日。工人还能享受到许多福利，其中家在江苏金坛的员工每个月都能乘坐公司的免费班车回家。每个月几十辆大巴车浩浩荡荡开回老家，晨风集团的员工大包小包从大巴上下来，搭乘出租车回家，成了金坛的一大风景。据尹国新介绍，仅是为职工提供免费乘坐大巴一项，晨风集团昆山厂区每个月就要花费25万元。

而家在更远地方的员工，国家三个法定长假都能享受到报销路费的福利。每到节假日，晨风集团管理部门的人员要通宵达旦为员工回家排队买票。晨风集团的员工享受免费住宿、免费吃饭、免费用电、免费用水，每逢节假日还能享受到免费发放的饮料及其他一些福利品。

为了丰富员工的业余生活，晨风集团还经常组织蓝球比赛、卡拉OK比赛、模特大赛，既活跃了企业员工的生活，增强了企业的凝聚力，又让一些有才能的年轻人得到展示才华的机会。“在晨风不仅生活愉快，而且在这个大家庭里也学到了很多东西。等自己走出晨风时，能比从其他工厂出来的人具备更强的竞争力。”晨风集团的员工这样自豪地向记者描述。

三、效率晨风

早就听说过中国有足球场般大的服装加工厂。在晨风集团，记者就看到了这样的生产车间。晨风集团生产工位最密集的缝制车间，能容纳上千人，但却洁净明亮，噪音低，在这样的车间里，接手机仍然能听得清，和老式服装生产车间有着天壤之别。

为了保障工人有足够的休息时间，同时又要保证按期交货，晨风集团提前考虑生产工艺的改进，靠工艺设备来保证产品的品质和生产的效率，减少劳动密集型企业对人员的使用。在工厂里，记者看到了世界最先进的法国Lectra裁剪机，操作员只要按照设计人员传的版式在电脑上操作，一下就能裁剪几百层面料，生产效率大大提高。缝制车间，引进了德国杜克普的缝纫机。服装加工的每个关键部位，都有专门设备，如自动克夫整型机、自动冷却窝领机、订扣机等。在订扣机的针头上，记者看到专门安装的一块透明档板。沈须照向记者介绍，这是公司的“小发明”，可防止订扣眼时断针对工人的伤害。公司类似这样的“小发明”还有许多，都是源于实践，以人为本的产物。

由于设备先进，尽管晨风集团的工人休假加班都要严格的规定，但晨风集团仍能很好地满足客商的要求。沈须照向记者介绍，晨风集团每个月仅向日本就能供应各类服装200万件(套)左右。由于出色的加工能力，晨风集团已成为日本、欧美等许多国际知名品牌的供应商。

四、务实晨风

记者采访晨风集团时，晨风集团办公楼的一层正在装修。董事长尹国新向记者介绍，一层将装修成一个5 000多平方米的服装和面料展示大厅，并且有一个专门做服装表演的T型台。设立面料展示区的目的，是想把全国优秀的面料汇聚在展厅内，给品牌商提供选择面料的便利，同时也促进国产优质面料的销售。这是晨风集团加深对品牌商服务的一项具体措施。

尹国新对中国服装企业的贴牌之路有许多独特的认识。他认为，创品牌是一个服装企业发展的最高境界，也是最终发展目标。但就目前来说，许多服装企业的贴牌工作都还没做好，创品牌的基础还有待夯实，品牌之路还很遥远。在尹国新看来，完成贴牌三步曲后，才有可能开始去创品牌。第一步是纯粹的缝制。这一步很多中国企业做得很好了，中国在这方面有优势。第二步，除了缝制外，还要能为品牌商提供面料、辅料，翻新款式，为客人提供设计，现在能做到这步的企业不多。假如中国的贴牌企业，能为品牌商提供面、辅料和款式设计，贴牌的利润能增长许多，中国贴牌企业的不可替代性也将更强，对品牌商转移贴牌的担忧也将减少许多。第三步为品牌商提供纵深服务。比如储运、物流配送等服务。现在中国的贴牌生产企业，产品检验都不能自己完成，货物配送也没有能力做，也要依赖国外第三方机构。

务实的晨风董事长尹国新认为，中国的贴牌商还有许多工作要做。创品牌在全世界范围，都是金字塔塔尖，面大量广的不是创品牌，而是找准自己的位置，做好产业链上自己该做的工作，并不是不做品牌就没有出息。

五、责任晨风

作为第九、第十届两届人大代表，尹国新在2005年两会期间，作了“必须完善企业社会责任”的发言。“很多人纳闷，你是个民营企业主，你怎么来谈社会责任。这不是给自己找麻烦？”但尹国新用自己朴实的语言，诠释了一个民营企业主发自内心的强烈社会责任感。尹国新认为，企业社会责任，是按照法律法规企业必须承担的责任，而不是慈善事业，是要强制企业执行的。中国必须完善企业社会责任，假如不完善，那安全生产不能得到保障；企业不承担社会责任，不要说工人的工伤事故得不到保障，就是一般的生病也得不到保障；企业不承担社会责任，那总理帮打工者讨工钱那种动人的故事还会发生。

在企业社会责任方面，尹国新的考虑远远超过一个民营企业主的范畴，他更多是以人大代表的视觉在思考、在呼吁。他认为，要建立和谐社会，首先企业要承担社会责任。因为企业承担社会责任，能解决许多根本的社会问题。比如：劳资关系的和谐问题。中国有2亿多农民工。如果不能给他们提供保障，如何去建立和谐社会。抓好企业这个环节，就能把2亿多打工农民的问题解决好，解决好了打工的农民问题，也就解决好了农村问题。

尹国新还认为，倡导企业承担社会责任，有利于解决贸易摩擦。去年纺织品轰轰烈烈过了一年。今年开年就碰到欧盟对中国鞋征反倾销税。中国企业为什么不能把交反倾销税的钱用于企业社会责任建设上，以改善企业的生产环境和员工的生活环境？尹国新认为，用姐妹的血汗，让发达国家有钱人享受中国低价的消费品，人家还不领情，还要向富国交纳反倾销税，为富国增加财政收入，这是中国企业的悲哀。

尹国新提出，不管从人性化角度，还是从中国现状，都要完善企业社会责任。承担企业社会责任已成为晨风进一步发展的内在需求。尹国新谈到，与国际公平劳工协会2年来的接触，他们一些科学、人性化的标准和措施以及2年来对晨风集团的培训，让晨风集团加速了企业社会责任建设的步伐，对晨风集团的企业社会责任建设起到促进和催化作用。据尹国新介绍，国际公平劳工协会要求，品牌商要对其供应商出现的社会责任问题负责，对供应商社会责任问题有帮助的义务，那些达不到品牌商要求的供应商，如果要品牌商付出太大帮助的代价的话，品牌商有可能转移订单。在企业社会责任越来越为品牌商关注的今天，承担社会责任的企业有可能获得更多的贸易机会。

绿色晨风、亲情晨风、效率晨风、务实晨风、责任晨风。在有限的采访中，记者快速捕捉“晨风”这艘服装巨舰前行的动力源泉……。

走向世界的LILY

——上海丝绸集团女装品牌LILY的成长经验

上海丝绸集团是我国最大的服装出口企业，每年的出口额达6亿美元，拥有研发、生产、技术、测试的全套流程。LILY品牌是上海丝绸集团股份有限公司使用至今的唯一品牌，1956年注册使用，目前已在全球58个国家注册；集团于2000年在国内市场推出了LILY的女装系列，并在2002年成立了上海丝绸集团品牌发展有限公司，专门从事品牌的设计、开发、生产和销售，从而加速了品牌的发展及国内外市场的拓展。

2004年的春季广交会，纺织服装馆品牌区一层展厅内流光溢彩，各种服装争奇斗艳。在众多装饰华丽的展位中，上海丝绸集团“LILY”系列女装的展位格外抢眼——展位的布置轻盈、通透，与青春俏丽的绿色系列时装相互映衬，烘托出了春天的气息。鲜亮的色彩、个性化的设计而不失知性、内敛、简洁、优雅的本色，让LILY时装初具国际流行时装的风范。LILY的展位因此吸引了不少国际买家。法国知名女装销售公司TERNAY S.A.S的一位代表对LILY时装样品观摩良久，仔细询问了LILY的设计、生产细节，最终与上海丝绸集团签下了3年在欧盟代理销售LILY的协议。LILY女装由此登堂入室，进入法国以及欧盟各国的百货公司和专卖店。据了解，目前真正在发达国家中高级百货店、专卖店出售拥有自主知识产权的中国大陆品牌服装，LILY还是第一个。

此后，2005年7月，在沙特阿拉伯地区拥有多家百货公司的I.M.BAAQEELEST公司与上海丝绸集团签订了独家销售协议，LILY女装进入中东地区。

LILY，开始踏上了国际品牌的征程。

梅花香自苦寒来。LILY品牌的成长经历了曲折的历程，凝聚了上海丝绸集团多年的心血。

一、长久历练，高度重视，组织配合，齐心协力打造品牌。

早在1965年，LILY就在国内注册了商标，后来陆续在十多个国家注册。70年代，LILY品牌的夜衣、睡袍曾经在西班牙和俄罗斯和中东国家名噪一时。然而四十年来，LILY几经沉浮，始终没有大作为。1998年，上海丝绸公司领导对公司所有品牌进行筛选，最后选择LILY女装作为的主要推广品牌，并专门成立了品牌工作领导小组，制定5年发展规划，投入大量人力物力全面开发LILY品牌。1999年公司专门成立了品牌发展部，并选派了一批在服装设计大赛中获奖的年轻设计师到国外进修学习后担任LILY的设计和各项策划工作。2002年注册成立了上海丝绸集团品牌发展有限公司，由集团董事长亲自兼任品牌发展有限公司董事长，指导工作。2005年上海丝绸集团抽调公司业务部门的优秀业务人员进一步成立了LILY品牌出口部，专营LILY出口工作。出口部组建期间，集团公司领导天天到部门指导工作，关心LILY的出口情况。为了提高研发水平，加强销售渠道建设，上海丝绸集团逐年提高研发费用和销售费用，2004年费用投入超过1 000万元。

功工夫不负有心人，在集团领导的高度重视和各方面工作人员的齐心努力下，四十年后的LILY再度闪亮。

二、风格定位清晰，市场目标明确。

培育一个品牌，首先要给这个品牌定位，这是一个品牌能否成功的前提。因为每一个品牌都有特定的消费层次和人群。LILY的品牌理念是“人性、文化、沟通、和谐”，品牌形象是"雅致、简洁",是适合22~32岁具有一定消费能力的女性穿着的职业女装。品牌整体风格是基本奉行时髦路线,强调星期五式的穿着风格,合身的剪裁,雅致、简洁的风格概念,突出产品的城市化倾向,具有鲜明时代感和亲和力,传达独立、内敛、聪慧的女性魅力。清晰的风格定位、明确的市场目标,使LILY与同类品牌在竞争上占据优势。

三、立足国内,放眼世界,走国际品牌之路。

品牌的发展需要坚实的基础。从2002年成立品牌发展公司以来,LILY品牌独立运作,并借鉴国际著名品牌公司的做法,建立起融面料设计、服装设计、打样、制版、测试、生产、物流、销售为一体的外贸供应链,完成了从组织结构到销售通路、供应链的建设。时至今日,LILY女装已多次被评为中国驰名品牌和上海市著名品牌,拥有20多项设计和发明专利以及高档丝绸标志使用证明等。为了在国内市场推广LILY品牌,上海丝绸集团在北京、成都等全国各大城市建立了62个专卖店,发展了26家品牌加盟代理商,国内年销售额3 400万元。为了使LILY品牌有一个统一的对外形象,支持LILY品牌的持续发展,上海丝绸集团对LILY的市场销售制定了一整套运营管理细则,从终端营运管理、总部营运管理、店铺空间设计、店铺形象陈列到特许加盟管理等,都有详细规定。

随着后配额时代的到来,国内市场与国际市场逐步接轨,中国本土的服装品牌难以抗衡外来品牌,如何与欧美成衣品牌竞争,唯一的办法就是进入国际市场,以全球化的眼光和思路来面对一个全球化的市场。近年来,LILY女装在广交会品牌展区进行展示,吸引了大批的国外客户,打开了通往国际市场的通道,通过国外经销商的代理,2004年、2005年LILY系列服装顺利进入法国等欧盟各国以及中东市场。LILY正在成为真正意义上的国际品牌。

领导重视、思路清晰、目标明确、方法得当、坚持不懈,这无疑是LILY品牌成功的法宝。

培育一个品牌是长期的、艰苦的,但是回报也是丰厚的,与贴牌加工仅1.8%的销售净利率相比,LILY品牌女装的销售净利率有着天壤之别。上海丝绸集团并不满足于此,LILY的最终目的是成为一个国际化的全球连锁大型成衣品牌。

(执笔:梁世瑜)

新疆棉花产业发展战略思路

新疆贝正实业有限公司董事长张闻民
中国纺织品进出口商会进口部

一、新疆棉花产业的重要地位

1.新疆棉花在中国乃至世界棉花产业

在新疆国民经济中均居有举足轻重的地位。2005年新疆棉花种植面积1 740万亩，棉花生产量195万吨，占全国棉花生产量570万吨的34%和世界2 436万吨的8%；新疆是世界和中国最大的手摘细绒棉和中国唯一的长绒棉生产区域，作为中国最大的棉花产销经营区域和中国仅有的出口棉花货源区，新疆棉花生产量占全国的近1/3，占全国商品棉交易量的1/2和出口贸易货源量的100%强；新疆棉花种植面积、总产量、单产量、国内销售量、出口量连续12年居全国首位；新疆棉花产业拥有数百亿元固定和流动资产，已建成全国最大的自治区、兵团三级棉花生产科研经营的完整产业体系，已成为世界及中国具有广阔发展前景的新型棉花产业区域。

2.20世纪90年代以来，新疆提出了“一白一黑”的发展战略，新疆棉花产业取得了巨大的发展和进步，为中国棉花产业创造出一系列骄人的辉煌业绩：新疆棉花年均直接产值260亿~300亿元，占新疆国内生产总值2 203亿元的12%和新疆农业总产值750亿元的30%；新疆棉花产业占新疆各棉花主产区国内生产总值、税收和棉农收入的70%~90%，占新疆农业收入的40%以上；棉花产业为新疆提供了百万以上人口的就业机会，新疆国民经济及农业对棉花产业具有高度依赖和不可替代性：“世界棉花看中国，中国棉花看新疆”，准确形象表述了新疆棉花产业举足轻重的显著实力地位。新疆已成为世界及中国最具发展实力的棉花产业发展区域，国家亦把新疆作为全国棉花产业的重要战略发展地区。2010年新疆棉花生产量将达到280万吨，2015~2020年将进一步增至400万~600万吨。

3.新疆拥有世界最好的手摘细绒棉以及品质优良、品种齐全的长绒棉、中长绒棉、彩色棉、有机棉等特色专用棉，2005年新疆细绒棉生产量180万吨、长绒棉10万吨，其他棉花5万吨。

在全国棉花知名品牌等评比中，新疆各优质品牌名列前茅：

农一师“新农”牌（中国棉花名牌产品）；

农七师“锦”牌（全国棉花知名品牌并列第一名）；

莎车县“叶尔羌”牌（全国棉花知名品牌并列第一名）；

农八师“银力”牌（全国棉花知名品牌第二名）；

农五师“北疆”牌（全国棉花知名品牌第三名）；

麦盖提县“翰海”牌（全国棉花知名品牌第四名）；

二、中国及新疆棉花产业的主要困难和问题

1.中国及新疆棉花产业总体经营管理水平相对偏低，与其实力地位不相称。新疆棉花生产、科研工作处于全国前列，产业商品市场经营却长期处于动荡波折、反复徘徊之中。中国及新疆棉花生产持续稳定较快发展，而市场经营则相对较弱，未能建立健全现代化、高层次、多领域的国内国际棉花商品市场经营体系，尚未融入世界棉花贸易的主流主体市场；缺乏国家和新疆的统一品牌，营销手段方法相对落后，国内外市场营销基本处于相对较低层次水平，尚未建立经常性的市场价格调节体系和机制，棉花价格以及标准、规范、做法等未与国际产业和市场全面接轨。

2.中国及新疆棉花产业及产销经营存在相关问题

（1）国家和新疆地方政府　通过农业、供销、纺织、科研、外贸、发改、财政、银行、质检、海关、工商等部门机构分段领导管理经营棉花产业，尚未建立统管棉花产业的行业领导管理部门机构和产业经营集团，未有健全形成权威、统

一、高效、灵活的行业领导机构、信息系统、生产管理加工体系、商品销售经营系统、科研技术体系等完整体制。

(2)新疆棉花生产经营企业　各自为战,其政策、价格、策略、做法各不相同,尚未形成全新疆范围的地方兵团统一领导、管理、协调、经营新体制,这种状况已成为制约新疆棉花产业持续健康稳定高效发展的阻力障碍。

(3)棉花产业发展　战略规划、政策调控、组织实施、体制机制滞后,棉花产业及产销经营的生产、管理、经营、贷款、补贴等宏观和微观调节机制尚不灵活、有效,未有建立棉花社科经济领域的国家级及新疆棉花产业科学研究体系网络,尤其对棉花产业发展、战略规划、政策调控、市场价格、商情信息等研究尚未形成高层次、全方位、多领域、专业化,连接国内国际棉花产业及市场的健全体系。

(4)棉花占棉纺企业　生产成本的70%以上,棉花、纺织两大产业基本处于长期依存而又利益矛盾关系。中国棉花产业以满足国内棉纺工业需求为特征,属自给自足为主型;而新疆纺织工业自用棉比例仅为20%,则呈明显的市场经营型特征。这对新疆棉花产业的经营运作产生了一定的负面影响。

(5)铁路运输　已成为制约新疆棉花经营发展的重要因素。特别每年10月至翌年2月更是新疆棉花铁路运输的高峰期,今后将努力贯通亚欧铁路大陆桥向中亚、欧洲出口途径或东部进疆渠道,并采取多种有效措施,从根本上解决新疆进出疆物资平衡问题。

三、新疆棉花产业发展战略思想

(一)根据新疆棉花产业发展的近中远期规划要求,归纳总结提出确立一个思路、三大战略;组织实施六大项目、确定六个发展重点,达到四个发展目标:

1.确立一个思路

新疆棉花产业将实行长期稳定持续高效积极扩张的战略发展思路,将使新疆棉花产业成为中国及新疆最大规模实力、最具优势特长的支柱产业;

2.新疆棉花产业发展的三大战略

一是新疆棉花优势资源转化战略:新疆棉花产业要向优质高产高效方向发展,棉花生产量逐年持续增长,棉花质量稳定提高,棉花产销经营规模高效发展,使新疆棉花产业走向国内与国际两大市场融洽发展之路。完善新疆棉花产业的高效产供销经营模式;同时积极拓展棉花产业向纺织工业延伸的产业链,以棉花优质高产逐年扩大经营为基础,将棉花资源及轧花厂拓展为新疆棉花、纺纱(与沿海省市联合设厂)→沿海纺纱、织布、纺织品服装生产加工及销售的配套规模经营。

二是新疆棉花产业可持续发展战略:建立新疆棉花产业发展新体系;加强新疆棉花产业宏观调控体制机制;抓好种植、管理、加工、收购各项重点基础工作;棉农大户组建互助组、合作社,试行大面积连片棉田种植,形成生产规模,增强抵御风险的能力,确保棉花产业稳步健康发展。

三是新疆棉花市场营销战略:确立新疆作为中国棉花产业及产销经营的中心地位,使新疆成为中国乃至世界的棉花产业商品市场发展中心、定价中心、交易中心、信息、咨询中心;建立包括中亚、南亚国家部分资源在内的中国及新疆可用棉花资源和市场经营体系;实行国内与国际、现货与期货多元市场相结合,利用郑州商品交易所棉花期货、全国棉花交易市场电子撮合、现货市场及涉棉企业直销四途径阶梯式优价高效融通经营方式;利用国家优惠政策和调控措施开展棉花商品、实业、项目、资本综合经营。

3.确定六个发展重点

(1)抓紧培育北疆新一代早熟优质高产抗病虫主力棉花品种　提纯扶壮、升级换代,改善南疆现用中棉35、36主力品种及其他替代品种;

(2)兴建大河水库灌渠设施,改造中低产田;

(3)普及高密度矮密早种植,膜下滴灌节水节肥高效增产模式;

(4)鼓励新疆地方棉农大户建立棉农互助组、合作社,组织大面积连片互助种棉,建立农企银订单农业合作方式;

(5)以棉花轧花厂严格管理加工生产及棉花检验体制改革及期货交割为重点,利用现货期货高额价差,实现棉花期货套期保值交割,电子撮合交易为主的高效经营;

(6)以新疆优质棉花资源换取沿海纺织企业来新疆投

资建立纺织厂;延伸新疆棉花产业链,联营投资建设新疆与沿海联合外向型纺织工业体系。

4.组织实施四大项目

(1)组织实施新疆棉花产业一体化/标准化项目、优质棉花生产出口基地建设、棉花种子工程、棉花质量检验体制改革试点单位建设项目;农发行375亿元扶持粮棉油贷款项目、国家开发银行600亿元新疆建设项目等六大项目以及各分支子项目、配套设施、基础辅助材料、建设工程等;

(2)实施符合世贸组织规定的各项绿箱、黄箱政策措施,提供可行的棉花种子、种植、科研、教育、培训、水利等补贴、补助以及政策、行政、资金等扶持;

(3)设立种子、科研、生产、出口风险基金、专项基金等;

(4)通过银行、非银行金融机构、投资融资集团、上市公司、战略投资合作公司、各棉花生产加工经营企业、纺织企业等投资融资、合资、合作、联营、代理等。

5.实现四项发展目标:

(1)新疆棉花种植面积 2005年达到1 740万亩,2010年达到2 000万亩,2015年达到3 000万亩,2020年4 500万亩;

(2)新疆棉花生产量:2006年200万吨,2010年280万吨,2015年400万吨,2020年600万吨;

(3)增长方式(2006~2010年、2015~2020年) ①改造中低产田500~800万亩;②兴建水利扩大植棉面积800~1 000万亩;③推广膜下滴灌1 500~2 500万亩;④低效农作物种植面积转种棉花600~800万亩;

(4)实现棉花产销经营各项增值 ①新疆棉花产业直接产值:2015~2020年600~900亿元;②新疆棉花产业固定和流动资产1 600~2 000亿元;③争取社会和各项投资融资200~400亿元,项目资金400~800亿元;④实现棉花产销经营各项增值收益100~200亿元;⑤棉花增产增收300~400元/亩,或年均30~80亿元。

(二)确立新疆在中国乃至世界棉花产业的中心地位

1.新疆棉花产业持续稳定全面高效发展

将显著提高新疆棉花产业在中国、世界的实力与地位,大大增强新疆棉花产业对国内国际产业投资合作的吸引力、依附力,持续提高新疆棉花产业的核心竞争力,形成最大范围的综合运营合力,实施组织新疆棉花产业三大战略,将以中国及新疆棉花、纺织产业长期稳定发展为目标,采取高起点、高层次、大范围、多领域的经营方式,联合国内外棉花、纺织产业的大中型重点龙头企业,逐步形成棉花产业和纺织产业的棉花、棉纱、棉布、纺织品、服装、现货与期货,商品期货与金融期货及资本运营、国内与国际产业市场等多种形式相结合的综合经营模式,紧紧抓住中国棉花产业发展的各种有利机遇,瞄准2010~2020年中国棉花年产量780~1 250万吨、新疆280~600万吨和每年22 000~35 000亿元的棉花期货交易战略经营规模,用抓棉花原料资源和销售经营市场两头优势的方式,占据中国及新疆棉花、纺织产业发展的最高层次、中心领域。

2.以新疆棉花出口资源、棉花生产出口基地建设为先导

国家实行向新疆优惠倾斜政策做法,将新增纺织工业投资规模额度较多给予新疆,实行“东锭西建”新政策,以棉花产地产业延伸,鼓励新疆联合沿海发达纺织企业在新疆投资设厂、联营生产棉纱、棉布以及纺织品、服装,形成完整的棉花、纺织产业经营链,形成新疆提供棉花、棉纱→联合沿海地区纺织生产加工→中高档纺织品服装向国际市场出口的联营合作新模式,将使新疆棉花对口分销逐年增加出口30~100万吨。

3. 新疆作为世界及中国最大的优质棉花生产区域和重要市场

利用新疆地处欧亚大陆中枢的特殊位置,以新疆为中心,带动西部,连接中亚、南亚产棉诸国,建立中国新疆、中亚、南亚棉花产业经济合作关系,逐步形成新疆棉花面向中国东西部,辐射欧亚市场的产销经营网络渠道,争取国家进出口优惠政策、贷款等扶持,试行大进大出,两头在外,促成棉花补偿进口,纺织品服装向发达国家出口转口建成新疆优质棉花生产出口基地,制定并落实对外生产经营的扶持政策、鼓励措施,提出一系列促进新疆棉花稳定出口的可靠保障方式和做法。恢复增加新疆长绒棉、细绒棉向欧洲、美国、东亚、东南亚等传统市场出口。

4.建立新疆连接郑商所

全国棉花交易市场、纽约棉花期货等国内国际棉花产

业市场体系，组成棉花、期货、纺织、资本四大经营板块，使新疆棉花经营直接紧密融入中国及国际棉花产业的最高层次、居于领先地位，成为中国及新疆棉花产销经营发展趋势潮流的中心发源地。

（三）健全中国及新疆棉花产业新的有效调控机制体系，重视解决几大重要基本问题

1.中国棉花、纺织两大产业在国民经济发展中具有极为重要的突出地位

棉花产业拥有一亿多人口、4 000万农户，纺织产业近2 000万就业职工、其中1 300万农民工；数千亿元固定和流动资产，每年棉花、纺织品服装创造2 000亿元以上直接产值，纺织品、服装出口产值占中国出口总值1/4的巨大份额，进出口相抵实现贸易顺差900余亿美元，对国家行业生产出口贡献率居全国各行业之首。国家将对棉花、纺织两大产业的长期稳定高效发展，提供积极扶持政策和配套措施。2004年度中国棉花产业、纺织工业创立了四个历史最高水平，即2004年中国棉花生产量632万吨，进口外国棉花190.6万吨、纱线生产量1 100万吨，纺织品服装出口额951亿美元。

2.中国须逐步改变棉花产销供求平衡关系

建立在巨量进口外棉的现状，适当减少对进口外棉的过高依存度。中国其他棉花主产区种植面积已近饱和，大幅度增加面积已无多大余地，今后年度全国扩大棉花种植面积、增加优质棉花生产量将主要依靠新疆。新疆快速高效发展棉花产业，既是新疆得天独厚的种棉优势所在，也是新疆棉花产业千载难逢、高效扩张的客观需要和重大机遇。

3.新疆棉花年均生产

生产量190~200万吨，涉棉企业1 000余家。在棉花期货上市后，2004~2005年度新疆参与棉花期货交割的数量仅有1.4万吨，参与棉花期货交割的棉花企业不足10家。面对高于棉花现货市场1 000~1 500元/吨高额价差和利润的强劲吸引力，新疆企业应该学会利用棉花期货经营带来的套期保值、跨期套利、期转现、仓单质押贷款70%、以12%保证金做100%金额交易、无三角债、无拖欠款、无下家客户、20万~30万吨单日大交易量等经营方法技巧，实现棉花期货市场交割60%，全国棉花交易市场电子撮合交易20%，现货市场及纺织企业直销20%的四途径阶梯式高效优价融通经营比例，为新疆棉花生产经营企业、纺织生产企业提供了低成本、低风险、严格管理、稳定高效、创利增收的市场途径。

新疆通过制定短中长期的发展战略，促进新疆棉花产业稳步健康发展，为新疆国民经济发展注入强有力的生机和活力，创造新疆经济行业最大的产销经营和效益增长点，带来多领域的综合经营商机和连带效应，创造巨大的商贸资本经济效益，确保新疆棉花产业在中国乃至世界的实力与地位不断提高。

行业、商会工作及大事记

2005年国外对中国纺织品实施限制措施及中方应对大事记

第一部分 美国

2005年，美国纺织品协议执行委员会共受理其行业组织提出的针对中国纺织品实施特别限制措施的申请商品24种(42个类别)。实际上实施特别限制措施的商品共10种(19个类别)。

2005年1月14日 商务部高虎城副部长和美国商务部阿尔多纳斯副部长在北京就纺织品贸易问题进行讨论。纺织商会王沈阳会长率企业代表参加。

同日，纺织商会组织10余家企业代表与来访的美国纺织企业在京举行了双边企业座谈会。

2005年1月26日 美国政府宣布将对2004年12月30日美国国际贸易法院颁布的不能以“市场扰乱威胁”为由进行特别限制的临时禁令提起上诉。

2005年1月30日 纺织商会在广州组织召开了纺织品出口第一次应对联席会议，研究对美国出口形势。商务部外贸司鲁建华司长、纺织工业协会和香港纺织商会及有关企业代表50余人参加了会议。

2005年2月14日 美国政府正式向联邦巡回上诉法院对“临时禁令”提起上诉。

2005年2月21日 纺织商会在京组织召开了纺织品出口第二次应对联席会议。商务部外贸司鲁建华司长、纺织工业协会和香港纺织商会及有关企业代表50余人参加了会议。

2005年3月9日 纺织商会王沈阳会长会见来访的美国商务部纺织服装办公室主任哈金森，双方就中美之间纺织品贸易相关问题坦诚地交换了意见。

2005年3月11日 美国商务部公布了2005年1月自中国进口统计数据。美国全国纺织组织总会立即发表声明，要求政府自行启动特别限制措施。

2005年3月31日 美企业对中国艺术画布提起反倾销申请，这是美国近年来对中国纺织品发起的第一起反倾销调查案件。4月8日，纺织商会召集有关企业研究应诉。4月22日，美国商务部开始反倾销调查，案值约322万美元。企业各自聘请律师填交答卷。10月31日，美国商务部公布对中国艺术画布反倾销调查初裁结果，认定出口企业以低于正常价值出口涉案产品，并裁定倾销幅度为55.78%~264.09%。11月6日纺织商会派员到企业跟踪了实地核查。2006年4月26日，美国国际贸易委员会针对中国艺术画布反倾销调查做出终裁，认定自中国进口的涉案产品对美国产业造成实质性损害或损害威胁。

2005年4月4日 美国纺织品协议执行委员会宣布自行启动对中国棉制针织衬衫(338/9类)、棉制裤子(347/8类)、棉及化纤制内衣(352/652类)3种(6个类别)服装的特别限制措施程序。纺织商会立即在国内主流媒体上发表声明，指陈其不合理性，表明坚决反对的立场。

2005年4月6日 美国全国纺织组织协会、美国制造贸易行动联盟、美国全国纺织协会、团结起来！劳工组织等美国纺织业组织对中国产棉及化纤制男式梭织衬衫（340/640类）、棉及化纤制男女毛衫（345/645/646类）、棉及化纤制胸衣（349/649类）、棉及化纤制袍服（350/650类）、其他合成纤维长丝织物（620类）、化纤制针织衬衫（638/639类）、和化纤制裤子（647/8类）等7种(14个类别)的纺织品向美国纺织品协议执行委员会提出实施特别限制措施的申请。

2005年4月7日~8日 由纺织商会主办的中美纺织品贸易研讨会在上海召开。商务部公平贸易局李成钢副局长、美国谈判代表办公室纺织品副贸易谈判代表米乐女士、美国反倾销专业律师及经济师出席并发表演讲，约150余名中国企业代表参加了研讨会。

2005年4月26日 根据美国海关数据，中国输美国的袜子产品(332类，432类和部分632类产品)清关率近75%，纺织商会提醒企业审慎出口，建议在2005年10月28日设限期结束前暂停对美国出运该产品。

2005年4月27日 美国联邦巡回上诉法院驳回"临时禁令"，美国政府可以继续审理基于"扰乱威胁"申请案。

2005年4月28日 美国纺织品协议执行委员会宣布正式受理4月6日其行业组织提出的对中国7种(14个类别)纺织品实施特别限制措施的申请。

2005年4月30日 纺织商会向美国纺织品协议执行委员会递交关于美国政府自行启动"特限"程序的3种纺织品的评论意见。

2005年5月6日 美国纺织品协议执行委员会宣布恢复基于扰乱威胁限制案的审理进程。

2005年5月7日 商务部高虎城副部长率中国政府经贸代表团访问美国，与美国商务部部长古铁雷斯、副部长帮办豪斯、美新任贸易代表波特曼、副代表夏纳进行会谈，双方共同主持召开了第四次纺织品对话会议。代表团拜会了美众院筹款委员会贸易分委会主席克雷·肖、首席成员本杰明·卡丁等。此外，还拜会了美国棉花协会、美国服装鞋类进口商协会、美国纺织品团体协会、美国纺织品进口商协会等纺织行业组织和里斯克莱勃公司，重点就中美纺织品贸易问题阐述了中方立场。纺织商会姜哲副会长陪同访问。

2005年5月13日 美国政府决定对中国棉制裤子(347/8类)、棉制针织衬衫(338/9类)、棉制及化纤制内衣(352/652类)3种(6个类别)产品实施特别限制措施。

2005年5月16日 中国商务部廖晓淇副部长就美国对中国3种纺织品设限一事召见美驻华使馆临时代办西德尼，递交了中国政府照会，对美国政府对中国纺织品设限表示强烈不满和坚决反对。

2005年5月18日 美国商务部宣布，对2004年"市场扰乱威胁案"中的化纤制裤子(647/8类)、化纤制针织衬衫(638/9类)、棉制及化纤制男式梭织衬衫(340/640类)和精梳棉纱(301类)4种(7个类别)中国纺织服装产品实施特别限制措施。

2005年5月23日 美国政府向中方提出就棉制裤子(347/8类)、棉制针织衬衫(338/9类)、棉制及化纤制内衣(352/652类)3种(6个类别)产品的进口限制问题进行磋商请求。同时启动数量限制。

2005年5月27日 美国纺织品协议执行委员会宣布，正式向中国政府发出磋商请求，就化纤制裤子(647/8类)、化纤制针织衬衫(638/9类)、棉制及化纤制男式梭织衬衫(340/640类)和精梳棉纱(301类)共4种(7个类别)产品的进口限制问题进行磋商。数量限制同时启动。

2005年5月31日 美国全国纺织协会、全国纺织组织总会、美国制造业贸易行动联盟和"团结起来！"工会组织向美国纺织品协议执行委员会提出对中国产棉制窗帘(369类部分)和化纤制窗帘(666类部分)实施特别限制措施申请。

2005年6月3日 纺织商会王沈阳会长会见陪同美商务部长古铁雷斯访华的美商务部助理部长帮办、美国纺织品协议执行委员会主席莱奥纳德先生，就中美纺织品贸易面临的问题交换意见。

2005年6月17日 中美政府间就纺织品问题以视频会议方式举行第一轮磋商。

2005年6月20日 纺织商会姜哲副会长与商务部外贸司霍建国副司长共同会见了来访的美国国家棉花协会主席伊仕伦、总裁马良及东亚区总监寇杰，双方就中美棉花贸易及美国对华纺织品设限等问题交换了意见。

2005年6月22日 美国制造贸易行动联盟、美国全国纺织组织总会、美国全国纺织协会及"团结起来！"工会等4家组织在其针对中国产棉制窗帘(369类部分)和化纤维制窗帘(666类部分)的特别限制措施申请6月21日被驳回后，于6月22日重新向美国纺织品协议执行委员会提交了修改后的申请。

2005年6月28日 美国联邦巡回上诉法院正式公布判决，推翻美国国际贸易法院2004年底做出的禁止美国商务部受理"基于市场扰乱威胁"，而对来自中国的纺织品发起"特限"调查的申请。

2005年7月4日 纺织商会曹新宇副会长接受了美国

《华盛顿邮报》记者赛巴斯蒂安的采访，详细阐述了商会作为行业组织对中美纺织品贸易问题的立场和观点。

2005年7月8日 中美双方技术级官员在北京举行了纺织品问题第二轮磋商。

同日，美国袜类协会国内制造委员会连同美国全国纺织组织总会、美国全国纺织协会、美国制造贸易行动联盟等4家行业组织就仍在特别限制措施限制期内的棉制、羊毛制和化纤制袜类产品（332/432类和632类部分）重新提出了实施特别限制措施申请。

2005年7月11日 美国全国纺织组织总会、美国全国纺织协会、美国制造贸易行动联盟和“团结起来”工会等4家组织对中国产棉制和化纤制梭织女衬衫(341/641类)、棉制和化纤制裙子(342/642类)、棉制和化纤制睡衣（351/651类）和棉制和化纤制泳装（359-S/659-S）共4种(8个类别)产品向美国纺织品协议执行委员会提出实施特别限制措施申请。

2005年7月14日 美国纺织品协议执行委员会宣布受理由4家美国纺织业和工会组织于6月22日重新提交的针对中国产棉制及化纤制窗帘制品（369类部分和666类部分）实施特别限制措施的申请。

2005年7月15日 纺织商会就输美受特别限制措施限制的棉制针织衬衫(338/9类)、棉及化纤制内衣(352/652类)、棉制裤子(347/8类)和化纤针织衬衫(638/9类)4种(8个类别)纺织品发出红色警报，要求企业停止出口，并通过中央电视台、相关报纸、网站等媒体发布。

2005年7月18日 美国纺织品协议执行委员会宣布将对中国产其它化纤长丝织物（620类）是否实施特别限制措施的最终决定期限推迟至7月31日。

2005年7月22日 美国纺织品协议执行委员会宣布将对中国产毛制男裤（447类）是否实施特别限制措施的最终决定期限推迟至7月31日。

2005年8月1日 美国纺织品协议执行委员会宣布对中国产其他化纤长丝织物（620类）、毛制男裤（447类）、针织布（222类）、棉及化纤制袍服（350/650类）、棉及化纤制胸衣（349/649类）、棉及化纤制毛衫（345/645/646类）共6种(10个类别) 产品是否实施特别限制措施的最终决定期限推迟至8月31日。

同日，美国纺织品协议执行委员会宣布受理美纺织业界提交的针对中国产棉、毛制及部分人纤制袜子（332/432/632类部分）、棉及化纤制梭织女衬衫（341/641类）、棉及化纤制裙子（342/642类）、棉及化纤制睡衣（351/651类）、棉及化纤制泳衣（359s/659s类）共5种(11个类别)产品实施特别限制措施的申请。

同日，商务部高虎城副部长出席了由纺织商会在上海组织召开的“苏浙沪大型纺织品企业座谈会”，20余家企业代表参加了会议。

2005年8月9日 纺织商会在京组织召开了《应对美国设限座谈会》，同时征求企业对中美磋商的意见和建议。20余家企业代表参加了会议。

2005年8月16-17日 中美政府间纺织品贸易问题第三轮谈判在旧金山举行。

2005年8月30日至9月1日 中美政府间纺织品贸易问题第四轮谈判在北京举行。

8月30日，纺织商会组织40余名企业代表与随团来访的美国企业进行交流，并举办招待会。

2005年9月1日 美国纺织品协议执行委员会宣布对中国产胸衣（349/649类）和其他化纤长丝织物（620类）等2种(3个类别)产品实施特别限制措施。

同日，宣布对毛制男裤（447类）、针织布（222类）、棉及化纤制男女毛衫（345/645/646类）和棉及化制袍服（350/650类）共4种(7个类别)产品是否实施特别限制措施的决定期限再次推迟至9月30日。

2005年9月10日和12日 纺织商会组织企业在上海和北京分别召开了对美纺织品出口主营企业座谈会。共有40余名企业代表参加了会议。

2005年9月15日 美国纺织品协议执行委员会授权海关，允许美国进口商提取压港的中国纺织品来救助受卡提里娜飓风袭击的灾民，但不允许出售。

2005年9月16日 美国纺织业界组织向美国纺织协议执行委员会提出9个申请，要求将已实施特限措施的9种(16个类别)中国纺织品“特限”期延长至2006年9月14日。

2005年9月20日 美国纺织品协议执行委员会已受理19种(36个类别)纺织品的设限申请,其中10种(19类别)商品已实施特别限制措施,其余正在审理。

2005年9月22日 美国纺织组织总会等4家业界组织向美国纺织品协议执行委员会提交了针对中国产毛制男式西装(443类)、人纤制外套、夹克衫(634/635类)、计司布(226类)和聚酯长丝面料(619类)等4种(7个类别)实施特别限制措施的申请。

2005年9月26~28日 中美政府间纺织品问题第五轮谈判在华盛顿举行。

2005年9月29日 纺织商会姜哲副会长应邀出席了在上海召开的美国大型服装进口商里斯克来勃公司(Liz Claiborne)全球董事会午餐会,在会上就中国纺织品出口的相关问题进行了专题介绍,并回答了美方人士的提问。

2005年9月30日 美纺织品协议执行委员会宣布,再次推迟对中国产毛制男裤(447类)、针织布(222类)、棉及化纤制男女毛衫(345/645/646类)和棉及化纤制袍服(350/650类)共4种(7个类别)产品是否实施特别限制措施的决定期限至11月30日。

2005年10月5日 美国纺织品协议执行委员会宣布受理业界提出的对我棉制针织衬衫(338/339类)等9种正在受限产品的"重复设限"申请和计司布(226类)等4种纺织品的新设限申请。

这一决定涉及的产品包括两个部分。一是将于2005年12月31日设限期满的9种产品,美国纺织品协议执行委员会将考虑是否延长对这些产品的设限时间;二是考虑是否对另外4种产品实行新的限制,这4种产品是:计司布(226类)、毛制男式西装(443类)、轻质聚酯长丝织物(619类)和化纤制外衣(634/5类)。

2005年10月11日 美全国纺织组织总会、美制造贸易行动联盟、全国纺织协会和"团结起来"工会向美国政府递交了针对中国产棉制毛巾产品(363类)实施特别限制措施的申请。

2005年10月12~13日 中美纺织品第六轮谈判在北京举行。

2005年10月17日 美国纺织品协议执行委员会宣布将对中国产棉制及化纤维制窗帘和帷幔(369类部分和666类部分)是否实施特别限制措施的决定期限推迟至11月30日。

2005年10月18日 纺织商会组织企业在广州召开输美纺织品问题座谈会,60名企业代表参加了会议。

2005年10月31日至11月2日 中美政府间纺织品第七轮谈判在美国举行。

2005年11月1日 中美双方就袜子问题签署协议,规定新的配额数量为1 000万打棉制、毛制和化纤维制袜子,为期2个月,至2005年年底。

美国纺织品协议执行委员会宣布,对中国产棉制及化纤维制非针织女衬衣(341/641类)、棉制及人造纤维制衬衣(342/642类)、棉制及人造纤维制袍服(351/651类),棉制及人造纤维制泳衣(359-S/659-S类)共4种(8个类别)是否实施特别限制措施决定期限推迟至11月8日。对中国产的棉制、羊毛制、及人造纤维制毛巾(332/432类和632类部分)是否实施特别限制措施的决定期限推迟至12月31日。

美国纺织品协议执行委员会发布公告,决定自2005年11月1日起,取消对原化纤制裤子(647/648类)项下的滑雪裤及滑雪板裤的数量限制和封关措施。

2005年11月8日 中国商务部部长薄熙来和美国贸易代表波特曼在伦敦签署了《中华人民共和国政府与美利坚合众国政府关于纺织品和服装贸易的谅解备忘录》。规定:2006年1月1日至2008年12月31日,对中国向美国出口的棉制裤子等21种产品实施数量管理。协议产品2006年基数基本上是2005年有关产品美国从中国的实际进口量,2007年和2008年基数均为上一年度全年协议量。协议产品2006年增长率为10%~15%,2007年增长率为12.5%~16%,2008年增长率在15%~17%。对协议外产品,美方将克制使用242段条款。美国对协议签署日之前因242段设限个案造成的卡关货物立即放行,不计入协议量。

美国对中国实施数量管理的纺织品共21种(35个类别),具体是:

棉纱、缝纫线及精梳棉纱(200/301类)、针织布(222类)、特殊用途布(229类)、332/432/632类别-部分(及婴儿袜)母类别

T、332/432/632类别-部分(及婴儿袜)子类别B、棉制针织衬衫(338/339类别-部分)、男式梭织衬衫(340/640类)、套衫(345/645/646类)、棉制裤子(347/348类)、胸衣(349/649类)、棉及化纤制内衣(352/652类)、泳衣(359S/659S类)、起绒毛巾(363类)、纺织制百叶窗及窗幔 (666类别-部分)、毛制西装套装(443类)、毛制裤子(447类)、化纤织物(619类)、其他合纤织物(620类)、玻璃纤维织物(622类)、化纤制针织衬衫(38/639类别-部分)、植物纤维制裤子(847类)。

2005年11月10日 美国纺织品协议执行委员会宣布，对中国产棉制及化纤制、非针织女衬衣(341/641类)、棉制及化纤制裙子(342/642类)、棉制及人造纤维制睡衣(351/651类)、和棉制及化纤制泳衣(359-S/659-S类)共4种(8个类别)产品是否实施特别限制措施裁决期由原来的11月8日推迟至11月30日。

2005年11月21日 纺织商会常务理事单位及大型纺织企业出口工作会议在京召开，共有常务理事单位、部分大型纺织企业和全国、地方人大、政协代表企业60余家近80名代表到会。会上，商务部高虎城副部长、外贸司鲁建华司长和孙际文副司长通报了中美纺织品谈判有关情况。

同日，纺织商会组织企业在无锡召开了输美纺织品招标研讨会。240名企业代表参加了会议。

2005年11月22日 美国纺织品协议执行委员会宣布，美国海关在11月28日至12月2日期间放行11月8日之前进入保税仓库，或送进政府扣押货物仓库，或进入外国贸易区的部分滞港中国产棉制针织衬衫 (338/339类)、棉制裤子(347/348类)、棉及化纤制内衣(352/652类)、化纤制针织衬衫(638/639类)、化纤制裤子(647/648类)共5种10个类别产品。

11月8日以后出运的上述产品及袜子产品(332/432/632类部分)不属于以上放行产品之列。

另外，其他仍处在特别限制措施限制期内的精梳棉纱(301类)、棉及化纤制梭织男衬衫(340/640类)、棉及化纤制胸衣(349/649类)和其他化纤长丝织物(620类)共4种(7个类别)产品在2006年1月1日前受特别限制措施约束。

同日，输美纺织品招标工作会议在京召开，230名企业代表与会。

2005年11月23日 美国商务部宣布，美国纺织品协议执行委员会决定终止24种(41个类别)中国纺织品特别限制措施裁决程序(因已设限商品的限制期到12月31日，部分类别为重新申请设限)。具体商品是：针织布(222类)、计司布(226类)、精梳棉纱(301类)、棉、毛及人纤制袜子(332/432/632类部分)、棉制针织衬衫(338/339类)、棉及化纤制男梭织衬衫(340/640类)、棉及化纤制女梭织衬衫(341/641类)、棉及化纤制裙子(342/642类)、棉及化纤制毛衫(345/645/646类)、棉制裤子(347/348类)、棉及人纤制胸衣(349/649类)、棉及化纤制袍服(350/650类)、棉及化纤制睡衣(351/651类)、棉及化纤制内衣(352/652类)、棉及化纤制泳衣(359-S/659-S类)、棉制毛巾(363类)、窗帘及帷幔(369/666类部分)、男式毛制西服(443类)、男式毛制裤子(447类)、聚酯长丝织物(619类)、其他合成长丝织物(620类)、人纤制男女外衣(634/635类)、化纤制针织衬衫(638/639类)、化纤制裤子(647/648类)。

第二部分 欧盟

2005年1月7日 欧盟委员会正式启动对华纺织品进口监测体系，在其网站上每日发布欧盟自中国进口38个类别(包括36个类别及2个子类别)纺织品服装动态数据，包括进口许可签发数量、金额和单价，以及2004年相关进口统计数据。

2005年4月6日 欧委会公布根据《中国加入世贸组织工作组报告书》第242段制定的《对华纺织品特别限制措施行动指南》。

4月7日，中方对欧盟出台此项政策表示坚决反对和强烈不满。

2005年4月24日 欧盟委员会启动对中国T恤衫 (第4类)、套头衫(第5类)、男裤(第6类)、女式衬衫(第7类)、袜子(第12类)、女式大衣(第15类)、胸衣(第31类)、亚麻苎麻纱(第115类)和亚麻苎麻织物(第117类)9类产品的“特限”调查。

中方对欧盟启动9种产品“特限”调查提出抗议。5月18日，纺织商会向欧委会递交了书面评论意见。

2005年5月10日 西班牙、法国、意大利、希腊、葡萄牙五国向欧盟提出申请，要求欧盟调查配额取消后对欧盟及地中海国家的纺织服装行业在工业和就业两方面所造成冲击的程度。

2005年5月11日 纺织商会王宇秘书长应约紧急会见了来访的欧委会贸易总司负责纺织品事务的司长万多能先生一行。双方重点就欧方对我纺织品设限问题交换了意见。

2005年5月17日 欧盟贸易委员曼德尔森建议欧盟就T恤衫和亚麻纱与中方开展紧急磋商。5月23日，欧盟委员会接受曼德尔森的建议，授权其向中方提出正式磋商请求。欧方决定暂停启动对T恤衫和亚麻纱的"特限"程序。

2005年5月24日 商务部高虎城副部长率中国政府经贸代表团结束访问美国后直赴布鲁塞尔，与欧盟贸易委员曼德尔森重点就妥善解决中欧纺织品贸易问题交换意见。

2005年6月9日 欧盟对中国产T恤衫(4类)和亚麻纱(115类)向中方提出正式磋商请求。

2005年6月10~11日 中国商务部部长薄熙来与欧盟贸易委员曼德尔森在上海就中欧纺织品贸易问题举行磋商，并于6月11日凌晨签署了《中华人民共和国与欧盟委员会关于中国部分输欧纺织品备忘录》。根据《备忘录》，欧盟承诺对源自中国的棉布(2类)、T恤衫(4类)、套头衫(5类)、裤子(6类)、女式衬衫(7类)、床单(20类)、女连衣裙(26类)、胸衣(31类)、桌布(39类)、亚麻纱(115类)等10类纺织品终止"特限"调查。在2005年6月11日至2007年底期间内，对上述10类纺织品合理确定基数，并按照每年8%至12.5%的增长率确定中方对欧出口数量。欧盟承诺在2005~2007年期间，对上述10类产品之外的2005年实现一体化的中国纺织品克制使用中国加入世界贸易组织报告书第242段条款；2008年，对所有2005年实现一体化的中国纺织品克制使用"242段"条款。

2005年6月14日 商务部通过纺织商会、纺工协会和外商投资协会召集了62家纺织服装进出口大型企业到京，通报了中欧纺织品贸易谈判及《备忘录》签署的情况，介绍了《纺织品临时出口配额管理办法》。

2005年6月23日 欧委会公布《中欧谅解备忘录》实施办法。

2005年7月26日 欧盟25成员国贸易官员开会讨论增加中国第5类毛衫配额问题，但遭到法国、西班牙和意大利的反对。迫于进口商和零售商压力，8月3日欧盟同意增加5类毛衫配额。

2005年8月18日 荷兰外贸大臣卡琳·范根尼普、丹麦经贸大臣本特·本特森、瑞典工贸大臣托马斯·厄斯特罗斯和芬兰外贸部长保拉·莱赫托迈基在《金融时报》上共同发表文章。此外，瑞典贸易部长托马斯·厄斯特劳斯和德国经济部长沃尔夫冈·克莱门特还分别致函欧盟贸易委员曼德尔森，敦促欧盟重新审查2005年对中国纺织品的配额数量，要求解决中国纺织品在欧盟滞港问题。

此前，瑞典、德国等国进口商和批发商组织及大型零售企业也纷纷采取行动，要求欧盟尽快解决中国纺织品滞港问题。

2005年8月25~26日 商务部外贸司司长鲁建华与欧盟贸易救济司司长维尼格在京就中国纺织品在欧盟滞港问题举行技术级磋商。纺织商会王沈阳会长参加。

2005年9月5日 商务部长薄熙来与欧盟贸易委员曼德尔森在北京就中国纺织品在欧盟滞港问题经磋商达成共识，双方签署了《磋商纪要》。欧盟将全部放行所有滞港货物，对执行6月11日签署的《中国部分输欧纺织品和服装谅解备忘录》超过2005年协议数量的部分，中欧双方各自承担其签发的许可证数量。实际滞港货物数量双方各承担一半，其中欧方承担部分，欧盟将通过增加2005年《备忘录》规定的数量解决。中方承担部分，将通过个别品种的调剂来解决。

2005年9月7日 欧盟批准中欧就中国输欧纺织品滞港问题在北京达成的《磋商纪要》。

2005年9月12日 欧盟委员会发言人勒·贝尔在布鲁塞尔宣布，根据欧盟与中国9月5日在北京达成的协议精神，欧盟委员会完成了相关法律手续，各成员国将从9月14日起对积压在欧盟各港口的中国纺织品和服装发放进口许可证。

2005年9月13日 纺织商会在京组织召开了输欧纺织品招标工作座谈会。近200名企业代表参加了会议。

第三部分　其他国家和地区

印度：

●2005年4月7日，印度商工部发布公报，对中国产粘胶长丝发起反倾销调查，涉案金额为1 689万美元，案件调查期为2004年1月到2004年12月。4月18日，纺织商会召集有关企业在京召开应诉会。组织了4家企业应诉，并进行了行业无损害抗辩。

●2005年1月8日，纺织商会在成都组织召开绸缎商品出口预警会议，共有28家企业代表与会。

2005年5月18日，印度对中国绸缎商品开始反倾销立案调查。5月25日，纺织商会组织相关企业在杭州召开应诉会。共组织了30家企业应诉。涉案金额1.86亿美元。

2005年6月13日，纺织商会在京召开印度绸缎反倾销无损害抗辩律师选聘会，浙江凯喜亚公司作为本案中出口金额最大的企业，代表涉案企业参加了选聘过程，共有5家律师事务所参与选聘，14家涉案企业参加了会议。

2005年8月和9月，印度调查当局2次发布抽样调查结果，纺织商会均及时做出评论，印方采纳了中方意见。

●2005年7月4日，印度商工部发布公报，将对来自中国、中国台北、马来西亚、印度尼西亚、泰国和韩国的尼龙长丝纱线发起反倾销调查，案件调查期为2004年1月到2004年12月。7月14日召集有关部门及企业研究应对策略。纺织商会组织了1家企业应诉。

秘鲁：

●2004年11月8日，秘鲁开始对中国棉机织物反倾销调查，涉案金额约200万美元。

2005年11月11日秘鲁国家竞争和知识产权保护署倾销和补贴调查委员会公布了对中国产棉机织物反倾销调查终裁结果，确定总体倾销幅度为23.4%，即0.89美元/公斤。并按下述方法征收反倾销税：出口价格FOB高于3.77美元/公斤，付0.89美元/公斤反倾销税；出口价格FOB高于或等于3.77美元/公斤而低于4.66美元/公斤，反倾销税为4.66美元与出口价格FOB的差价；出口价格FOB高于4.66美元/公斤，将不支付反倾销税。

●2005年8月初，秘鲁industria Nuevo Mundo公司向其竞争和知识产权保护署倾销和补贴调查委员会提交申请，要求对中国产含棉85%以下的粗斜纹棉布进行反倾销调查。调查期为2004年全年，涉案金额约276万美元。

2005年8月18日，秘鲁竞争和知识产权保护署倾销和补贴调查委员会（秘鲁反倾销调查当局）接受申请，对原产于中国的含棉在85%以下的粗斜纹棉布发起反倾销调查。

2005年9月23日，纺织商会召集企业举行了应诉会。后经多方做工作，有1家企业应诉。同时，纺织商会以行业组织名义参与了应诉，并办理了相关应诉认证手续。应诉企业和纺织商会向秘方提交了调查问卷。

墨西哥：

2005年8月30日，墨西哥经济部结束对从中国进口纺织品的反倾销行政复审，继续维持对从中国进口婴儿服533%的反倾销税（现税号为6111.20.01，6111.30.01，6209.20.01，6209.30.01）。征收该反倾销税已持续了10年。

土耳其：

●2004年12月10日，土耳其对中国起绒机织物开始反倾销调查。纺织商会组织8家企业应诉。

2005年7月28日土耳其外贸署公布了对中国出口起绒机织物和绳绒织物的反倾销初裁结果，裁定该产品对土出口存在倾销行为，并对土国内产业造成了实质损害。同时，裁定应诉的9家企业的税率在78%~167%不等。土从公布之日起，将对中国出口涉案产品按50%（CIF）的税率征收保证金。

2005年11月24日，纺织商会派员出席了调查听证会，后土耳其外贸署向我应诉企业补发了补充问卷。

2006年1月27日土发布终裁决定，对我国出口涉案产品征收1.50美元/公斤的反倾销税，应诉企业未获市场经济地位待遇。涉案金额7 700万美元。

●2005年2月1日起，土耳其对中国42个类别纺织品实施“特限”措施。2004年中国对土耳其出口这42个类别纺织品的金额为9 946万美元。

●2005年10月20日，土耳其外贸署发布25972–2005/8号公告，向其国内产业征求2006年对中国纺织品设限的建议。公告指出，国内产业对公告列出的47个类别纺织品（包括正在设限的42个类别）及其他所有从中国进口纺织品设限的建议和意见，在30天内提交给外贸署。纺织商会代表行业发表声明，表示强烈抗议。

2005年12月17日，土耳其政府公布了2006年度对中国44个类别织品设限数量，期限为全年，新增第44类和第67类除外，为2006年2月1日至12月31日。

哥伦比亚：

●2005年5月11日，哥伦比亚政府发布第1480号法令，即针对中国纺织品的特别限制措施实施细则。

●2005年7月26日，哥伦比亚贸易、工业和旅游部做出第0223号决定，接受哥伦比亚纺织业生产者协会（ASCOLTEX）的申请，依据《中国入世议定书》第十六条“特定产品过渡性保障措施”，对原产于中国5章17个分税号的纺织品实施“特限”调查。

2005年8月1日，哥伦比亚贸易、工业和旅游部做出第0227号决定，同样依据《中国入世议定书》第十六条“特定产品过渡性保障措施”，对原产于中国9章58个分税号的纺织品实施“特限”调查。（部分设限产品税号与第0223号决定重叠）。两次“特限”调查共涉及产品类别总计达10章75个税号。纺织商会向涉案企业发出了应诉通知，并翻译了西班牙语调查问卷向各企业发送。

2005年8月17日，哥伦比亚财政部代部长和贸易、工业和旅游部长共同签署2005第2839号法令，决定对从中国进口的部分纺织品实施临时保障措施。此次设限产品为贸工部分别在7月26日及8月1日的0223号和0227号部令所调查的产品，临时“特限”措施有效期至依据上述部令进行的调查实施最终限制措施时止。2839号法令生效日为8月18日，在此法令发布前到港货物不受影响。

●2005年9月8日，哥伦比亚贸易、工业和旅游部贸易实践司通告，该部3090号法令决定对从中国进口的袜子采取临时“特限”措施，所有产品一律征收88%的附加税。此前到港货物不受影响。

●2005年11月29日，哥伦比亚海关颁布第11438和11439号决定，从当日起，对包括来自中国在内的14个国家和地区进口服装实行“海关估价”和“指导价”，共涉及101个十位税号的商品。

●2006年1月13日，哥伦比亚贸工部外贸司致函中方，通告其将依据2006年1月第0001号决定，对原产于中国的服装产品实施“特限”调查。

巴西：

●2005年5月1日起，巴西对12种(28个8位海关编码)的纺织品服装进口实行非自动许可。

●2005年9月24日，纺织商会曹新宇会长与巴西纺织服装工业协会国际关系协调人莫斯卡先生就巴方要求中方自限纺织品问题进行了磋商。巴方希望中方对7类(65个8位海关编码)产品出口实行自限。

●2005年9月23、26日，商务部马秀红副部长会见巴西工业发展贸易部副部长，9月29日，商务部薄熙来部长与巴西工业发展贸易部富兰部长就巴方要求中方对部分轻纺商品自限问题进行磋商，纺织商会曹新宇副会长参加。

●2005年10月5日，巴西总统卢拉和相关部长签署有关针对中国纺织品和其他特定产品特别限制措施立法的第5556和5558号两个法令。

加拿大：

加拿大“团结起来”工会组织2005年7月8日针对中国9类服装向加拿大国际贸易法庭提出“特限”申请。具体商品是：男西装、男夹克和运动夹克、男大衣、男裤、男梭织正装衬衫、女胸衣、女夹克和运动夹克、女裤和女裙。7月29日，国际贸易法庭拒绝了这一申请。

中国台湾地区：

2005年9月，中国台湾云林县毛巾产业科技发展协会向台湾“经济部”贸调会提出申请，要求对大陆产毛巾依据我入世承诺发起“特限”措施调查。贸调会在9月19日决定启动调查，根据其程序，最快只需要70天便可对大陆毛巾进行限制。这是中国台湾首次依据我国入世承诺发起的“特限”措施调查。2004年对台出口金额为2 600万美元。

2005年10月10日，纺织商会紧急召集有关企业在京召开应诉会。

2005年10月25日，王宇秘书长与即将上任的台湾纺拓会候任董事长、现任副董事长、台湾化学纤维股份有限公司总经理王文渊先生会面，就台湾对大陆毛巾启动“特限”调查案及两会合作等问题交换了意见。

2005年12月初，台贸调会裁定：由于申请方提供材料有诸多缺失，因此暂不对大陆毛巾进口采取临时限制措施。

韩国：

2005年10月12日，中国纺织品进出口商会在杭州召开了“韩国弹力丝反倾销预警会”，共有6家涉案企业参加了此次会议，2家律师事务所就法律问题做了讲解。

2005年11月11日，韩国贸委会决定对从中国进口的弹力丝进行反倾销调查。被调查产品为聚酯长纤延伸加工丝，简称DTY。产品税则号为5 402.33。调查期为2004年6月30日至2005年7月1日。涉案金额为1 276万美元。

2005年11月11日，纺织商会召集涉案企业举行应诉工作会。组织了3家企业应诉，并向韩方递交了调查问卷。

（执笔：于华波）

增信释疑，减缓摩擦

——商会"外交"的作用

随着纺织品贸易一体化的到来，国际贸易环境变化不定，中国作为全球最大的纺织品出口国在这一变化中经历了前所未有的考验。为给企业创造稳定的贸易环境，纺织商会作为广大生产商和出口商的利益代表，本着"广交朋友、增进了解、推动合作、减缓摩擦"的原则，开展了一系列的民间外交工作，取得良好效果，在我国对外经贸交往中发挥着越来越重要的作用，受到政府有关部门和会员企业的高度评价，也赢得国外同行们的日益关注，成为国际上最具影响力的纺织行业中介组织之一。

近年来，商会与日本、韩国、美国、德国、加拿大、瑞典、巴西、巴基斯坦、孟加拉、埃及等50多个国家的80多个纺织服装领域的组织建立了联系。这些组织不仅包括进口、零售、生产、出口等行业商协会，也有展览、设计和科研机构等。通过与其开展形式多样的活动，为维护我国企业利益、推动双边合作和缓解贸易纠纷起到了积极作用。

一、增信释疑，增进了解

2004年3月，以美国和土耳其为首的十几个国家的纺织行业组织在土耳其签署了所谓的"伊斯坦布尔宣言"，攻击中国纺织品出口政策，呼吁世贸组织延长配额体制，要求各国行业组织向本国政府施压，限制进口中国纺织品。随后在不长的时间内，陆续有57个国家的97个组织参与签署了该宣言。在个别国家的鼓动下，又在此基础上成立了"全球纺织品公平贸易联盟"，并多次开会，制造不利中国纺织品出口和贸易一体化的各种舆论，企图让纺织品贸易自由化重回老路，开历史倒车。

针对"伊斯坦布尔宣言"签署组织的不同情况，商会有选择地与来自欧盟成员国、美国、突尼斯、摩洛哥、毛里求斯、马达加斯加、巴西、秘鲁、阿根廷等30多个国家的40多个组织进行了积极接触，详细介绍中国纺织业发展状况和出口政策，表明中国无意也无能力垄断世界纺织品贸易，希望加强与各国合作，在自由贸易条件下取长补短、共同发展。大部分组织在了解情况后表示，他们是在只听取个别西方媒体片面宣传后签署宣言的，单纯限制中国纺织品解决不了他们自己的问题，只有加强国际合作，才能实现本国纺织业的持续发展。希望与商会保持联系，加强信息交流合作，为他们的企业与中国开展合作做好服务。德国、奥地利和孟加拉等国的行业组织还与商会签订了双边文件，明确双方在推动企业间开展合作的责任和义务。

经过各方不懈努力，2005年纺织品贸易一体化如期实现，"全球纺织品公平贸易联盟"让2005年12月世贸组织香港部长级会议将纺织品作为特殊行业议题的企图也未得逞，使中国纺织服装出口获得了相对稳定和宽松的国际贸易环境和条件，出现了较快增长。

二、积极开展与欧美对话，坚决反对美欧设限，捍卫行业利益

1. 美国是在纺织品贸易一体化前就启动特别限制措施的国家

作为我纺织品出口主要市场，美方的任何不良举措，都将起到不良示范作用，为我国带来不利影响。为最大限度地降低美国任何举措的不良影响，自2003年5月起，王沈阳会长5次率团赴美国开展游说工作，拜会了多名议员和纺织服装业相关组织领导人，阐明纺织业在我国经济发展和社会稳定中的地位和作用，与美方探讨共同发展之策，并与美国纺织品进口商和零售商组织建立"统一战线"。在双方政府部门指导下，商会还与美国申请设限的有关行业组织进行了4次对话会，同时组织企业与美方企业直接交流意见，表达各自关切的问题，加深相互了解，探讨合作。

在美方不断发动对我国纺织品实施特别限制措施期

间，商会领导多次接受美国主流新闻媒体采访，宣传中方观点和立场，让美国消费者及时了解限制将给其造成利益损失。同时，积极配合美国纺织品进口商和零售商组织，共同应对。这样，在舆论上未曾出现一边倒的情况。

2003~2005年期间，商会代表行业多次向美国总统布什致函，并向美国纺织品协议执行委员会提交了10余万字的抗议信、评论意见等文件，指陈其设限的不合理性，呼吁美方取消限制。

尽管由于美国国内各种因素未能最终取消设限，但由于上述努力，美方多次推迟实施设限，为我国企业扩大出口赢得了宝贵时间，同时也为双方商谈协议时我国出口基数增大和减少设限种类奠定了基础。

2.预防欧盟在一体化后继续对我国纺织品大面积设限

纺织商会有选择地对欧盟成员国的纺织服装行业组织开展工作，寻找共同利益，探讨加强双边企业直接合作。2004年中欧纺织行业组织间成功对话两次，虽然双方在是否对中国纺织品设限问题上未达成一致，但在欧盟新化学品法规和社会责任标准等问题上认为应协调行动，维护行业的正常发展，特别是欧盟一些纺织品业发达的国家已意识到加强与中方合作的重要性。2005年3月，商会与德国、奥地利、荷兰和捷克4国行业组织在京举办了双边纺织服装企业经贸合作洽谈会，受到商务部和欧盟的大力支持，双方共有150家企业近300名代表参加，达成多项合作共识。

针对欧盟成员国中北欧和部分西欧国家纺织业高度发达、与我国互补性强并且强烈反对设限的特点，商会在与其行业组织保持交流的同时，还不断向这些国家政府部门寄送相关宣传材料，呼吁取消设限，加强合作。欧盟启动对我国9类纺织品设限调查后，商会所做的宣传和游说工作发挥了积极作用，这些国家反对设限的声音一直未断。双方签署纺织品协议后，面对我国纺织品滞港问题，这些国家的政府部门和行业组织或公开发表文章、或致函欧委会贸易委员曼德尔森，强烈要求予以解决，最终迫使欧盟就滞港问题与我国磋商并圆满解决，维护了双方企业利益。

三、积极应对，减缓贸易摩擦

1. 通过磋商成功解决了日本拟对我国毛巾产品设限问题

日本是我国毛巾产品重要的出口市场，年出口额达3亿多美元。2001年4月，受日本毛巾工业联合会申请，日本政府宣布对中国毛巾产品进行设限调查。为保住这一市场，避免我国企业利益受到损害，商会组织企业积极应对，与日方政府部门和行业组织进行全方位磋商，先后与日本毛巾工业联合会举行了7次意见交换会。通过中方有理有据的争取，日本政府不得不5次延长设限调查期限，并于2004年4月最终取消调查。这是我国由行业组织出面成功解决双边贸易纠纷的第一案例，受到了商务部和有关企业的高度评价。同时，也加深了中日毛巾产业界的相互了解，日本毛巾工业联合会表示，限制进口中国产品不会保护本国企业，只有加大向中国投资，开展双边直接合作，才能实现“共存共荣、共同发展”。

2.配合政府部门工作，成功打掉南非和委内瑞拉的设限计划

2004年获悉南非拟对我国纺织品实施“特限”措施后，商会两次派员随政府代表团赴南非游说，与当地纺织行业组织广泛接触，说服其放弃设限，共同引导双方企业间开展直接合作。商会的工作有力地配合了政府交涉，南非最后未对我国纺织品采取限制措施，2006年上半年，南非政府和行业组织还将组织企业代表团访华，考察我国纺织服装业行业状况，洽谈合作。

2002年9月，委内瑞拉开始对服装进行保障措施立案调查后，商会积极组织企业应对，填写调查问卷，并与政府部门共同做解释说服工作。最后，委内瑞拉政府未采取限制措施。

3.积极组织企业应诉反倾销案件，力争企业获市场经济地位

在应诉欧盟对我国化纤布反倾销案件中，商会积极组织主营企业应诉，并指导企业如何获市场经济地位，同时，在与欧盟官方和行业组织对话中，不断呼吁欧方考虑中国纺织服装业改革开放以来的根本性变化，给予整个行业市场经济地位待遇。在案件审理过程中，商会曹新宇副会长两

次率团赴欧盟参加听证会，详细陈述我方立场和观点，进行无损害抗辩。在2005年9月欧盟终裁中，我国26家企业获市场经济地位，19家获分别裁决税率，使我国主营出口企业未受到实质影响。这是我国应诉国外反倾销案件中获市场经济地位和分裁税率企业最多的一次。此外，2003年南非对我国产丙烯酸织物反倾销案中，虽然涉案金额较小，仅有1家企业应诉，但在商会的精心指导下，最终获零税率裁决。

四、帮助发展中国家行业发展，引导企业实施“走出去”战略

1.广大发展中国家

虽不是我国纺织品出口重要市场，但大多与我国政治关系良好，其纺织业一般就业人口较多，出口商品和出口市场与我国相似。随着纺织品贸易一体化，在西方一些媒体片面宣传的蛊惑下，担心中国产品挤占其市场，影响行业发展和社会稳定，故通过各种途径希望中国帮助其提高竞争力。为此，在商务部的大力支持下，商会组织国内知名专家、学者和大型企业的管理、设计人员，先后对纺织业较为发达的摩洛哥、突尼斯和毛里求斯等国的企业负责人进行专项培训，向其传输先进的生产、管理、营销和设计理念，并组织他们与国内企业座谈，开展面对面交流，取得了较好效果。有的外国企业代表在培训结束时表示，中国是在真心帮助其发展，今后要更好地提高自己在各方面的水平，缩小与中国的差距，提高产品竞争力，而不该再抱怨中方，要加强与商会的联系，派更多的人员到中国参观学习。

2.减少欧美设限对我出口影响

帮助企业实现生产和市场多元化，多年来，商会一直在开展发展中国家投资环境调研。同时，与有关国家行业组织开展信息交流，组织企业赴境外考察。在商会的引导和帮助下，一些企业已到环境相对较好又不受数量限制的发展中国家投资办厂，取得了较好的经济和社会效益。

商会“外交”已成为我国对外经贸交往的重要组成部分。随着经济全球化和贸易自由化的不断深入发展，我国纺织品服装对外贸易可能还会遇到更多的摩擦和纠纷，充分发挥商会“外交”的作用，维护企业正当利益，也将是商会今后长期的工作重点。

（执笔：于华波）

2005年中国纺织品进出口商会主要工作和2006年工作思路

中国纺织品进出口商会

2005年主要工作

针对2005年纺织品一体化后出现的新情况，我会以维护出口经营秩序、推动纺织品服装出口的有序稳步增长为工作重点，利用自身优势，努力提高服务水平，切实维护国家和行业利益。2005年，我国纺织品服装贸易总额达到1 321.7亿美元，其中出口1 150.3亿美元，进口171.4亿美元，同比分别增长20.9%和1.7%。2005年我会重点开展了以下工作：

一、深入开展“保持共产党员先进性教育活动”，认真学习党的十六届五中全会精神。

纺织商会根据中央和商务部的计划安排，从2005年1月至6月开展了以实践“三个代表”重要思想为主要内容的保持共产党员先进性教育活动，商会领导非常重视这次活动，“先进性教育”期间正值我国与欧美等国在纺织品问题上发生贸易摩擦的关键时期，但是在紧张工作的同时，我们力求保证学习质量和效果，坚持理论与实践相结合，做到“两不误”和“两促进”，促使商会工作作风有了新的转变，党群关系进一步密切，纺织商会在群众对“保持共产党员先进性教育活动”的测评中也取得了较高的评价。

党的十六届五中全会召开之后，我会多次组织党员和群众学习会议精神，将以人为本、构建和谐社会的宗旨贯彻到日常的工作中，通过加深、细化为会员企业的服务推动纺织行业的和谐发展。

二、积极准备，配合政府做好纺织品的各项应对工作。

为配合商务部纺织品应对的整体战略部署，遵照部领导的指示，今年我会先后召开由商务部纺织品主管部门、纺织工业协会、外资企业协会和香港纺织业联会、香港纺织商会等参加的纺织品应对工作联席会议2次，使各方达成共识，并通过《纺织品出口行业自律协议》；组织不同地区、不同类别企业座谈会10多次，深入了解企业情况，反映企业的建议和意见，并在相关办法的具体操作细节和技术问题上征求企业看法，维护企业利益；参加政府各种应对工作会议近20次，为历年最多；陪同和遵照部领导指示出访美国、加拿大、南非、突尼斯、摩洛哥、孟加拉、巴基斯坦、斯里兰卡、英国、德国、欧盟、马达加斯加、毛里求斯等国家做工作8次，通过与这些国家政府、行业和企业的深入交往和对话，争取同盟军，创造合作机会，从而影响对方政府的政策和决定。

三、做好发展会员工作，提高行业代表性。

我会始终把努力发展会员，尤其是积极发展不同类型会员，提高行业代表性和凝聚力作为长期的工作重点，通过与相关地方经贸管理部门加强配合、增强我会各项服务、加大工作宣传力度，2005年我会共发展新会员525家，会员总数超过6 400家，极大地提高了行业代表性。

四、以欧美市场为重点做好商品协调工作。

2005年是纺织品配额取消的第一年，纺织行业呈现欧美“特保”限制多和政府出台相关政策多的新特点，针对此情况，我会一方面及时通过媒体发表声明，向欧、美政府递交行业和企业评论意见，另一方面耐心解答企业的大量咨询电话，了解企业困难并向有关部门反映，先后上报了“退税调整方案意见”、“纺织行业加入WTO‘后过渡期’应对工作方案建议”等报告。

在中国同欧盟和美国分别达成部分纺织品类别谅解备忘录，确定由我会负责对欧、美部分纺织品出口许可数量招标工作后,我会对招标所需设备进行了更新,扩充了网络和计算机容量,开通了与EDI中心的专线连接;在商会网站新增招标专栏发布相关政策;针对新企业多、对招标情况不熟的情况,延长工作时间;召开招标工作会议,向企业介绍有关注意事项、解答企业问题。并对相关数据进行大量分析和测算,在考虑投标既不能出现垄断又不能过于分散的原则下,提出各类别投标档次和最高投标量方案讨论稿提交招标委员会。从对美招标最后中标结果来看,企业中标率达到64.1%,兼顾了大、中、小型各类企业的利益。我会各类别投标档次和最高投标量制定的科学、合理,保证了招标工作的顺利进行。

五、博采众长,用先进的手段推动信息服务。

信息工作是我会对外的窗口,本着服务企业,推动商会公众形象建立的宗旨,从传统刊物和现代化网络两方面入手,我会在不断提高《纺织品贸易快讯》内容和时效性的同时,还编撰、出版发行了《2004/2005中国纺织服装对外贸易报告》、《2004/2005中国服装行业发展报告》、《2004/2005中美、中欧纺织品服装贸易报告》,得到政府有关部门和企业的好评。同时运用网络等先进技术,设计、开发纺织品服装进出口统计及预警系统,实现了海关进出口统计的网上自主检索、查询、下载,并及时通过电子邮件向理事单位提供敏感及涉案产品出口预警信息;4月初建立了毛巾出口网上核章系统,实现毛巾核章网上申报,降低了出错率,方便了企业,大幅提高了效率;10月份完成了商会网站的全新改版,丰富了网站栏目及相关信息内容,增加了电子商务功能,为企业发布产品供求信息、与客户间互动交流、网上商务洽谈等提供便利;使由我会维护的商务部纺织服装频道访问量连续7个月蝉联各进出口商会之首。

六、从减轻企业负担入手,提高展览服务水平。

2005年,我会共组织会员企业参加了春夏季杜塞尔多夫CPD展览、春秋季拉斯维加斯MAGIC展、意大利国际针织服装展等12个国外展览,共有200家企业的300多人参加,与去年相比无论是参加企业数还是人数都有下降,主要原因是今年美国和欧盟不断对我纺织品实行限制措施,增加了纺织品出口的不确定性,在一定程度上打消了企业参加国外展览的积极性。为此,我会想办法为企业参展申请中小企业开拓基金,减轻企业负担,在我会今年申报的16个项目中,境外展览项目就有10个,并都已通过初审,申请资金支持总额超过500万元;我会还加强与地方省市经贸委、贸促会的横向联系,通过深化、细化各项展览服务,提高我会办展、参展能力,取得了较好的效果。同时,我会连续成功主办的第五届澳大利亚中国纺织服装展览会已经成为澳大利亚纺织界的知名展览。

我会还利用广交会、香港小交会、丝绸交易会等各种展览机会积极推进品牌建设,并积极参与商务部品牌宣传的招标活动,经过我会努力,98届广交会恢复了在纺织服装展区进行品牌企业服装展示,对吸引客商下单、提升企业形象起到了显著的作用。

七、积极应对国外贸易壁垒,为企业争取最大利益。

面对国外越来越多的贸易壁垒,2005年我会重点组织了欧盟对化纤布、土耳其对起绒织物、印度对绸缎、粘胶、尼龙长丝、秘鲁对粗斜纹棉布、韩国对弹力丝的反倾销调查和哥伦比亚对部分纺织品、中国台湾地区对毛巾的特保措施等九起案件的企业应诉和预警工作,召开应对会议,配合政府交涉,取得了较好的效果。尤其是欧盟化纤布案,于2004年6月17日立案,涉案金额4.87亿美元,在我会组织下,共有56家企业应诉,在2005年8月做出的终裁披露中有26家企业获得市场经济地位并获得14.1%的税率,取得历史性突破,最终保住了市场。

八、开展深层次的交流与合作,加强对外交往。

2005年我会对外交往以加深了解,促进合作为宗旨,共接待了来自美国、欧盟、东南亚、日本、韩国、印度、土耳其等10多个国家20多个行业组织的代表团;安排了巴基斯坦纺织城代表团访问江苏、山东、浙江和广东等省;与奥地利、孟加拉等国的行业组织签署了合作备忘录;参与筹备了商务部援助摩洛哥纺织官员、援助突尼斯纺织培训和毛里求斯纺织业研讨会等项目。3月份,我会与德国、奥地利、捷克和荷兰四国纺织服装组织在北京共同举办了“中欧纺织服装企业对口洽谈会”,得到商务部和欧盟的大力支持,共有150多家中外企业的300多名代表参加;9月份我会主办了“WTO与中国:北京国际论坛(2005)——中国纺织品贸易发展的战略选择”主题论坛。通过以上这些工作和活动,加深了与各国纺织业的联系,也为企业间的合作创造了更多的机会。

九、以棉花进口为切入点,做好进口服务工作。

为做好进口服务工作,我会根据新的商品定义重新整合和完善了进口统计系统;参与了《中国棉花形势月报》的审定工作;为掌握今年进口棉、特别是进口美棉的情况,两次向企业发放调查问卷,并向商务部及时反映调查结果。同时为积极配合下半年中美高层会谈和互访,我会组织6家企业赴美国采购棉花,并积极通过商务部为这些企业申请增加进口棉花的配额。

2006年工作思路

一、加强内部建设,提高工作效率。

2006年我会将认真贯彻中央经济工作和全国商务工作会议精神,加强政治、业务学习,根据工作需要,优化岗位设置,全面推动办公自动化,建立规范、完善的工作流程。同时进一步改革商会职员聘用聘任制度,建立科学合理的用人机制,通过量化考核测评办法开创竞争择优的新局面;将工资收入同岗位职责、工作业绩挂钩,以岗定薪,岗变薪变。通过完善创新的制度提高职工工作积极性和水平,提升工作效率。

二、探索分级模式,大力发展会员。

2006年发展会员工作,我会将在提高服务和管理水平上下功夫,尽可能对企业做到人性化管理,在网上公开征询意见,设立商会工作投诉栏,更好的听取意见,并筹备试行建立不同等级不同服务的标准,为企业提供个性化的服务。同时加大发展私营企业加入商会的工作力度,不断提高我会的行业代表性。

三、深化服务意识,做好商品协调工作。

在做好其他市场纺织品服装出口协调工作的同时,2006年我会将通过加强日常管理、跟踪招标类别出口情况、召开出口主要企业会议、确定各类别投标档次、投标数量、投标价格和总结招标经验等方式重点做好落实中美、中欧纺织品贸易谅解备忘录内容有关商品的公开招标工作。同时继续跟踪国外“特保”动向,做好敏感商品出口的相关协调工作,减少企业贸易的风险和不确定性。

四、加强分会建设,推动企业参与行业协调。

2006年我会将进一步加强分会工作,适时召开部分分会会员代表大会和理事会,改选、调整理事及副理事长单位。并在分会内设立专家小组,充分发挥理事长、理事单位和专家小组的作用,以分会和商品协调小组为依托开展行业自律、价格协调、举办境内外洽谈会等工作,逐步建立协商共议、民主决策、自我约束的分会运作机制。

五、满足企业需求,做好各项服务工作。

1.信息服务工作

明年我会将在继续做好《纺织品贸易快讯》的内容充实、版面调整和扩大非会员订阅范围,完成《2005/2006年度纺织品服装贸易报告(中、英文)》编撰工作的同时,充实我会网站,拓展电子商务服务,完善海关进出口统计及预警系统功能,建立招标有关网上实时查询系统,做好招标系统维护工作,保障招标工作的顺利进行。

2.法律服务工作

2006年我会将在做好现有案件后续工作的基础上,建立完善预警机制,从贸易纠纷、知识产权、海事商事等方面拓展法律服务的领域。并启动“应对欧美最新贸易保护措施系列讲座”“政府出台应对政策业务培训”“中国企业WTO贸易规则实务培训”等项目和相关高层论坛,提高企业法律应对水平,反映企业呼声。

3.展览服务工作

随着国内展览服务业竞争的加剧,明年我会将加强对老客户的跟踪,提供更多人性化的服务,加大开拓北方地区和地市级公司的招展力度,充分利用国家相关扶持基金政策,做好广告宣传和摊位搭建,在维持和巩固现有展览项目的同时,从地区分布、专业搭配更合理的角度开拓新展。

4.做好广交会和小交会工作

2006年秋交会恰逢广交会百届大庆，我会将从展位搭建、品牌扶持、模特展示和保护知识产权几方面保证广交会参展企业综合素质、展馆秩序及有效地吸引客商，把纺织服装馆办成中国纺织产业的精品馆，为一百届广交会献礼。

同时继续与地方外经贸主管部门合作办好小交会并探索举办丝绸和面料小交会的新思路。

六、扩大与国内外相关组织之间的交流与合作。

2006年，在继续开好与日本、韩国、德国、法国、奥地利等国相关行业组织年会的基础上，我会还将组织中国纺织印染企业赴欧洲印染企业、研发中心学习，协助巴基斯坦驻华经商处在国内举办巴基斯坦棉纱、棉布和家纺产品推介会。争取更多地利用有关政府部门或组织的资助，促进国内外企业间的合作。

2006年我会还将探讨通过建立互惠互利关系、开展定期合作会议制度和进行培训等方式加强与地方经贸管理部门和一些组织机构的联系与合作，促进工作的开展。

七、加强进口服务工作，为企业创造新效益。

2006年，我会筹备建立部分纺织品进口分会，完善进口商品统计，建立进口商品预警系统，及时发现隐患，规避风险，向政府有关部门反映纺织品进口中存在的主要问题及对策；重点培育“棉花、棉纺织品市场形势与发展趋势研讨会”，筹备组织进口商品洽谈会，提高进口工作服务水平。

过去一年的工作我会取得了一定的成绩，这是与商务部及相关部门的正确领导分不开的，新的一年面对新的形势，我会将继续贯彻“做会员知心朋友，把商会办成会员之家”的工作宗旨，集思广益、开拓进取，用优质的服务为我国纺织品对外贸易的平稳、健康发展做出贡献。

(执笔：肖领)

一体化后纺织品外展市场的格局变化及商会的应对措施

一体化后国际纺织专业展览格局变化趋势

1.配额取消后对纺织品生产格局和贸易方式的影响

2005年1月1日，扭曲了全球纺织品贸易多年的配额制度被取消。世界纺织品贸易真正迎来自由贸易、公平竞争的新时期，并由此给纺织品生产和贸易的一系列环节带来了深刻的影响。原来由于配额的存在而被压制的一些国家和地区的竞争优势变得十分活跃起来，在市场机制的作用下，资源配置进一步优化，产业从高成本地区转移到综合优势突出的地方，形成新的纺织产品供应地。新发展的供应商为扩大自己的市场分额，涌向主要的市场国寻找商机，由此，全球进口商也开始了一次史无前例的全球采购大转移。采购的要求不仅是质量和价格，交货是否及时，服务是否全面周到等都成为他们的考虑。

2.国际纺织专业展览变化趋势分析

在近年的展览中，由于纺织品贸易一体化导致的贸易格局及贸易方式的改变对国际纺织专业展览的影响也逐渐表现出来。有些国家由于一体化后的格局变化而调整了国家对纺织行业的发展战略，直接影响到了其所在国的展览业。比如澳大利亚的TCF展览，由于纺织品一体化后其国家对纺织行业发展战略的调整，导致其国内纺织产业逐渐萎缩，加之我会连续5届在澳举办的“中国纺织服装展览会”的影响，该展会从2006年起永久停办。

为适应纺织品一体化的变化，国外专业展览自身也在竞争中进行着调整。有的在展览区域划分上增加了加工采购区，直接连接大型进口商和出口加工企业。有的联合其他展览做大做强，也有部分展览惨遭淘汰。美国拉斯维加斯MAGIC服装展览会原是面向北美及周边地区小型批发商和零售商的展会，但是它早在2003年就预见到这一趋势，于当年2月在展会上首度将以定牌贸易加工生产为主要参展目的的参展企业集中在一起，建立了“SOURCING ZONE生产及加工展区”。针对该展区参展企业的实际参展要求，展会主办方投入了大量人力与物力邀请了大量来自美洲及世界其他地区的服装进口商、批发商、大型服装超市、服装连锁店及服装品牌持有商到该展区参观及洽谈贸易。由于该展区定位清晰，符合美国服装市场发展的需求，以定牌贸易加工生产为主要参展目的的参展企业在该展区大多取得了良好的参展效果。在两年多的时间内，该展区的参展规模就得到了成倍的增长，而中国的参展企业在该展区上一直扮演着举足轻重的角色。另外，美国纽约IFFE流行面料展也被合并到了美国拉斯维加斯MAGIC展，进一步增加了MAGIC展的影响力和综合性。

德国杜塞尔多夫CPD国际服装博览会是包括女装、男装、童装、面料、服饰在内的综合性展会，是世界上规模和影响最大的服装博览会之一，被誉为“欧洲时装业的晴雨表”。该展览也在2003年8月创立了GLOBAL FASHION非品牌厂商的贸易平台，目标客户主要是大批量采购的客户及自有品牌商，包括成衣进口商、转包商、中间商及批发商等，为其提供量身订做的国际生产及采购服务。目前该展览已经成为中国企业参展的重要目的地。

2005年纽约家用纺织品展取消了秋季展，并将以后的展览地点改在了美国东南部的奥兰多市；阿联酋迪拜展览也取消了秋季展览，改为一年一届。这些展览的变化都反映出纺织品一体化后国际展览行业的调整发展趋势。

纺织商会应对国际纺织专业展览变化采取的服务措施

1.细分展览格局，开拓新展览，为企业选择展览提供咨询；

我们针对纺织品一体化引发的变革，仔细分析了对纺织品专业展览的影响，有针对性地对美国拉斯维加斯MAG-IC展和德国杜塞尔多夫CPD等展览进行重点建设，加强与展览公司的联络与沟通，在摊位位置和展位装修上进行了投入，为企业参展创造更好的条件，目前这几个展览已成为我会组展的重点之一。

针对国际纺织品专业展览的发展趋势以及广大参展企业的要求，我会在2005年新开辟了一些专业性更强的著名展览。里昂内衣泳装展览会是全球规模最大、最驰名的专业内衣、贴身服装及沙滩装展览，每届展会数十亿欧元的成交额，是国际展览联盟(UFI)特别推荐的展会。以往中国企业只能个别参展，且受到很多限制，2005年9月，我会首次组织了18家企业参加了该展，这也是中国组团单位首次参加里昂内衣展，由于该展览展馆面积的限制，展览公司并不十分欢迎中国企业进入，在我会驻法国办事处与展览公司管理层的大力沟通与磋商下，最终使得我会争取到了18个标准摊位的位置，这也使得里昂内衣展首次出现了中国团组参展的局面，今后我们将进一步在国内宣传此展，帮助企业开拓国际内衣泳装市场。

另外，我会又开发了法国里尔第一面料展览，法国巴黎INTERSELECTION展览，英国伯明翰MODA国际成衣展等专业展览，使得我会展览在类别划分及地域分布上都有了一定的提升，为会员企业拓展国际市场提供了更多的途径。

2.加大签证资料申请力度，保证较高签证通过率；

从2005年开始，除了美国签证申请工作依然复杂严格以外，欧洲一些国家比如法国、德国等展览目的地国家的签证申请也日趋严格，个别国家签证材料增加很多，对申请程序和资料的审查也越来越严格，这给签证申请工作带来很大困难。为保证展览顺利成行，我会针对不同国家签证手续的要求制定了详细的计划与工作流程，在具体工作中尽量提前展览筹备时间，为企业精心准备签证所需资料，以商会团组名义出具各种证明文件，给签证申请预留充足时间，保证个别企业拒签之后及时再次申请签证。经过我们几年的探索总结，我会在企业出国签证通过率方面一直保持着较高的通过率，有效保证了企业参展的顺利进行。

3.加强内部自身建设，打造强有力专业展览队伍。

通过几年展览工作的锻炼，我会已经积累了较多的展览经验，在展览专业化、规范化等方面也有了很大进步。我们在与展览公司的沟通方面也取得了很大进展，使得我们在摊位位置、付款期限及协助签证等方面都取得了良好的效果。通过几年的锻炼，我们培养了一批在展览筹备以及签证申请等方面的专业骨干，有力保证了商会出国考察及企业参展的顺利进行。在目前的基础上，我们正在就展览工作内容差异化，管理流程化以及形式艺术化等方面加强学习；努力提高专业知识，在与企业打交道过程中解答企业具体的业务问题，增强商会展览的服务水平，突出商会展览的特色。今后我们将进一步加强对业务知识的学习，争取在展览规范化和专业化的工作中做的更好，为更广大的参展企业服务。

中国纺织品服装对外贸易年鉴
YEARBOOK ON CHINA'S INTERNATIONAL TRADE IN TEXTILES AND CLOTHING

(2005/2006)

统计资料篇

统 计 说 明

1. 本篇中所涉及到的中国进、出口数据除特殊说明外均来自中国海关。

2. 本篇文中所指纺织品服装包括纺织品和服装，涉及HS码50-63章中的除原料外的商品、以及其他章节的部分商品。不包括纺织原料、纺织机械。

3. 美国、欧盟、日本、中国香港的进口数据来源于当地国(地区)海关。纺织品服装统计范围同中方。

4. 表格中同比所列“***”指2004年同期对比数为零或同比结果过大。

5. 企业排名中，仅纺织品服装出口企业总排名按集团公司合并海关码，其他排名均未合并。

6. WTO数据资料摘自WTO Annual Report。因WTO每年对数据进行调整更新，故2002年、2003年的部分数据与我会《2004/2005年度报告》中所列数据略有不同，以此次统计为准。

“十五”期间中国纺织品服装各大类商品出口情况

(金额单位:亿美元)

年度	纱线		面料		服装		纺织制成品	
	出口金额	同比(%)	出口金额	同比(%)	出口金额	同比(%)	出口金额	同比(%)
2001	27.2	1.3	89.7	3.8	365.9	10.7	51.7	7.0
2002	30.7	12.9	112.9	25.9	412.0	12.6	62.3	20.5
2003	38.3	24.8	145.9	29.2	519.3	26.0	85.2	36.8
2004	44.1	15.3	180.6	23.8	616.2	18.7	110.3	29.5
2005	52.1	18.0	209.5	16.0	738.9	19.9	149.8	35.8

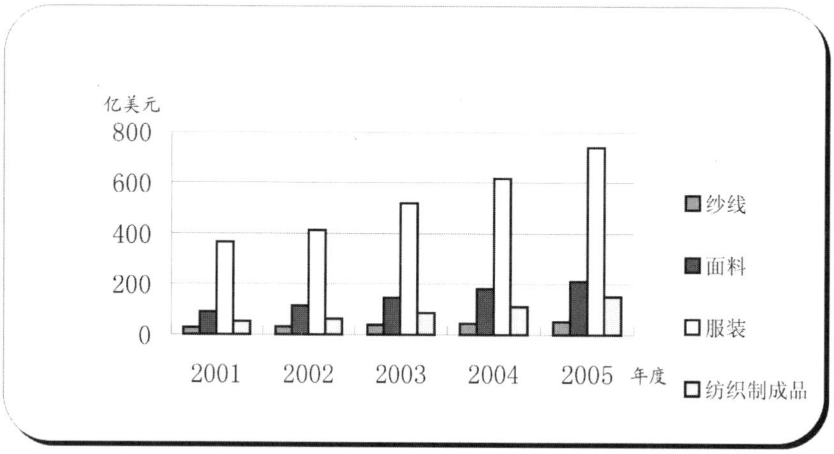

“十五”期间中国纺织品服装各大类商品出口金额

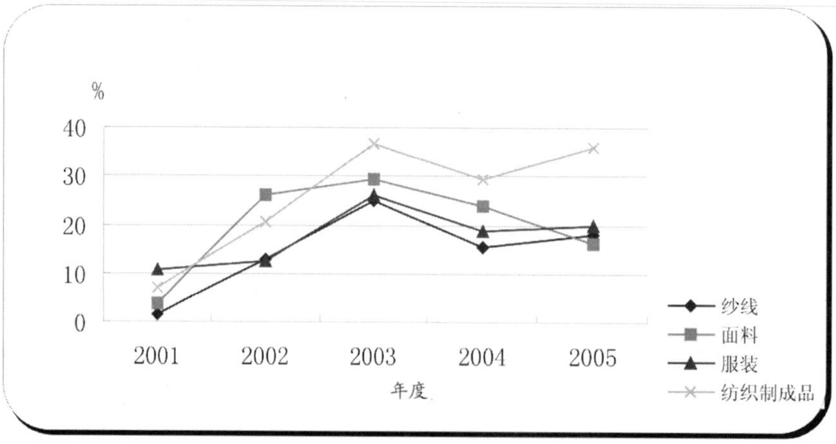

“十五”期间中国纺织品服装各大类商品出口增长情况

2002～2004 年世界前 15 位国家(地区)服装出口统计

(单位:亿美元)

国家(地区)	出口金额			份额(%)			同比±(%)		
	2002	2003	2004	2002	2003	2004	2002	2003	2004
全　　球	2 023.1	2 259.4	2 581.0	100.0	100.0	100.0	4	12	11
欧盟(25 国)	579.6	684.6	749.2	28.6	30.3	29.0	6	18	9
其中:欧盟外出口	151.7	172.1	191.3	26.2	25.1	7.4	4	13	11
中国	413.0	520.6	618.6	20.4	23.0	24.0	13	26	19
中国香港	223.4	231.5	251.0	11.0	–	–	－5	4	8
其中:本地出口	83.1	82.0	81.4	4.1	3.6	3.2	－10	－1	－1
其中:转口	140.4	149.5	169.6	6.9	–	–	－1	7	13
土耳其	80.6	99.4	111.9	4.0	4.4	4.3	21	23	12
墨西哥	77.5	73.4	72.0	3.8	3.2	2.8	－3	－5	－2
印度	60.4	64.6	66.2	3.0	2.9	2.8	10	7	–
美国	60.3	55.4	50.6	3.0	2.5	2.0	－14	－8	－9
罗马尼亚	32.5	40.7	47.2	1.6	1.8	1.8	17	25	16
印度尼西亚	39.5	41.1	44.5	2.0	1.8	1.7	－13	4	8
孟加拉	40.1	43.3	44.4	2.0	1.9	1.7	－6	8	0
泰国	33.7	36.2	40.5	1.7	1.6	1.6	－6	7	12
越南	26.3	35.6	39.8	1.3	1.6	1.5	41	35	12
韩国	39.2	36.1	33.9	1.9	1.6	1.3	－9	－8	－7
突尼斯	27.0	27.2	32.7	1.3	1.2	1.3	0	1	20
巴基斯坦	22.2	27.1	30.3	1.1	1.2	1.2	4	22	12

* 资料来源:WTO Annual Report。

2002~2004年世界前15位国家(地区)服装进口统计

(单位:亿美元)

国家(地区)	进口金额			份额(%)			同比±(%)		
	2002	2003	2004	2002	2003	2004	2002	2003	2004
欧盟(25国)	895.2	1 068.7	1 216.6	41.8	45.3	45.0	7	19	14
其中:欧盟外进口	474.5	571.0	658.6	22.5	24.2	24.4	7	20	15
美国	667.3	712.8	757.3	31.7	30.2	28.0	1	7	6
日本	176.0	194.9	216.9	8.4	8.3	8.0	-8	11	11
中国香港	156.4	159.5	171.3	-	-	-	-3	2	7
其中:本地区进口	16.0	9.9	1.7	0.8	0.4	0.1	-16	-38	-83
俄罗斯	38.6	37.1	54.6	1.8	1.6	2.0	27	-4	13
加拿大	40.1	45.0	52.2	1.9	1.9	1.9	2	12	16
瑞士	34.5	39.3	43.4	1.6	1.7	1.6	7	14	9
韩国	22.4	25.0	27.5	1.0	1.1	1.0	38	11	8
澳大利亚	18.2	21.9	26.7	0.9	0.9	1.0	11	20	22
墨西哥	33.4	30.3	25.8	1.9	1.3	1.0	-5	-9	-15
新加坡	18.1	19.4	20.6	0.9	0.8	0.8	7	7	6
其中:本地区进口	5.4	5.3	5.6	0.3	0.2	0.2	18	-2	12
阿联酋	17.8	17.8	20.5	-	0.8	0.8	15	-	-
挪威	13.6	15.2	16.7	0.6	0.6	0.6	10	12	8
中国	13.6	14.2	15.4	0.6	0.6	0.6	6	5	8
沙特阿拉伯	9.1	10.3	10.3	-	0.4	0.4	6	13	-

*资料来源:WTO Annual Report。

2002～2004年世界前15位国家(地区)纺织品出口统计

(单位:亿美元)

国家(地区)	出口金额			份额(%)			同比±(%)		
	2002	2003	2004	2002	2003	2004	2002	2003	2004
全　　球	1 527.6	1 694.2	1 947.3	100.0	100.0	100.0	4	11	13
欧盟(25国)	570.4	649.1	712.9	37.3	38.3	36.6	3	14	10
其中:欧盟外出口	184.8	211.9	243.1	32.4	32.6	12.5	5	15	15
中国	205.6	269.0	334.3	13.5	15.9	17.2	22	31	24
中国香港	123.7	130.8	143.0	8.1	–	–	1	6	9
其中:本地出口	9.8	7.6	6.8	0.6	0.4	0.4	-7	-22	-10
其中:转口	114.0	123.3	136.1	7.5	–	–	2	8	10
美国	107.0	109.2	119.9	7.0	6.4	6.2	2	2	10
韩国	107.1	101.2	108.4	7.0	6.0	5.6	-2	-6	1
中国台湾	95.3	93.2	100.4	6.2	5.5	5.2	-4	-2	8
日本	60.3	64.3	71.4	3.9	3.8	3.7	-3	7	11
印度	60.3	65.1	68.5	3.9	3.8	4.0	12	9	5
土耳其	42.4	52.4	64.3	2.8	3.1	3.3	8	24	225
巴基斯坦	47.9	58.1	61.2	3.1	3.4	3.1	6	21	55
印度尼西亚	29.0	29.2	31.5	1.9	1.7	1.6	-10	1	8
泰国	19.3	21.6	26.3	1.3	1.3	1.3	2	12	22
加拿大	21.8	22.7	24.3	1.4	1.3	1.2	1	4	7
墨西哥	22.1	21.0	22.4	1.4	1.2	1.1	6	-5	7
瑞士	14.2	15.0	16.0	0.9	0.9	0.8	-1	6	7

* 资料来源:WTO Annual Report。

2002~2004年世界前15位国家(地区)纺织品进口统计

(单位:亿美元)

国家(地区)	进口金额			份额(%)			同比±(%)		
	2002	2003	2004	2002	2003	2004	2002	2003	2004
欧盟(25国)	544.3	622.4	679.7	33.3	34.7	33.0	2	4	9
其中:欧盟外进口	159.5	183.8	209.9	10.0	10.3	10.2	0	15	14
美国	170	182.9	206.6	10.6	10.2	10.0	10	8	13
中国	130.6	142.2	153.0	8.1	7.9	7.4	4	9	8
中国香港	120.2	129.3	141.1	–	–	–	-1	8	9
其中:本地进口	6.2	6.0	5.0	0.4	0.3	0.2	-39	-3	-17
墨西哥	55.7	54.6	57.9	4.0	3.1	2.8	3	-2	6
日本	45.4	50.4	56.0	2.8	2.8	2.7	-5	11	11
土耳其	28.4	34.2	41.7	1.8	1.9	2.0	48	21	21
加拿大	38.1	38.6	41.1	2.4	2.2	2.0	0	1	7
韩国	32.1	29.4	33.8	2.0	1.6	1.6	4	-8	8
越南	20.7	27.9	33.5	–	1.6	1.6	60	35	20
罗马尼亚	23.7	28.7	33.3	1.5	1.6	1.6	18	21	16
阿联酋	20.7	20.7	21.5	–	1.3	1.2	9	0	4
俄罗斯	14.8	19.3	21.0	0.9	1.1	1.0	3	30	15
澳大利亚	14.7	16.7	18.3	0.9	0.9	0.9	13	13	10
泰国	15.0	16.3	18.1	–	–	0.9	-3	9	11

* 资料来源:WTO Annual Report。

近10年中国纺织品服装进出口统计

（金额单位:亿美元）

年度	出口额	占全部出口(%)	同比±(%)	进口额	占全部进口(%)	同比±(%)	顺差额	是全国货物贸易总顺差的倍数	同比±%
1996	349.7	23.1	-2.5	166.8	12.0	5.4	182.9	1.5	-8.8
1997	432.1	23.7	23.5	171.9	12.1	3.0	260.2	0.6	42.3
1998	404.8	22	-6.3	143.9	10.3	-16.3	260.9	0.6	0.3
1999	403.3	20.7	2.0	120.2	7.3	-3.2	283.1	1.0	8.5
2000	521.7	20.9	29.4	140.2	6.2	16.6	381.5	1.6	34.8
2001	534.4	20.1	2.4	138.4	5.7	-1.3	396.0	1.8	3.8
2002	617.9	19.0	15.6	144.0	4.9	4.0	473.9	1.6	19.7
2003	788.7	18.0	27.7	156.3	3.8	8.5	632.4	2.5	33.4
2004	951.3	16.0	20.6	168.5	3.0	7.8	782.8	2.4	23.8
2005	1 150.3	15.1	20.9	171.4	2.6	1.7	978.9	0.96	25.1

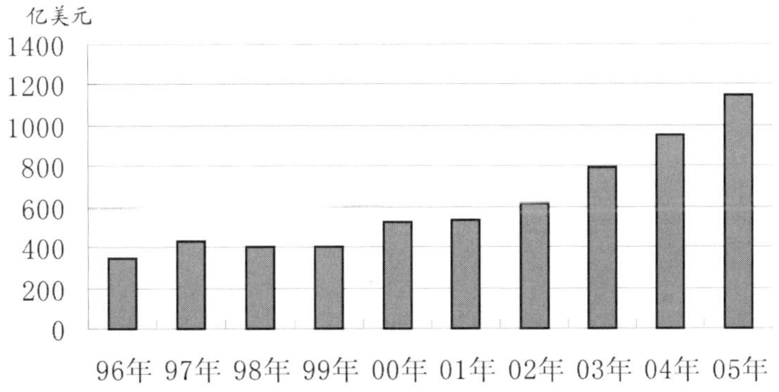

近十年中国纺织品服装出口额走势图

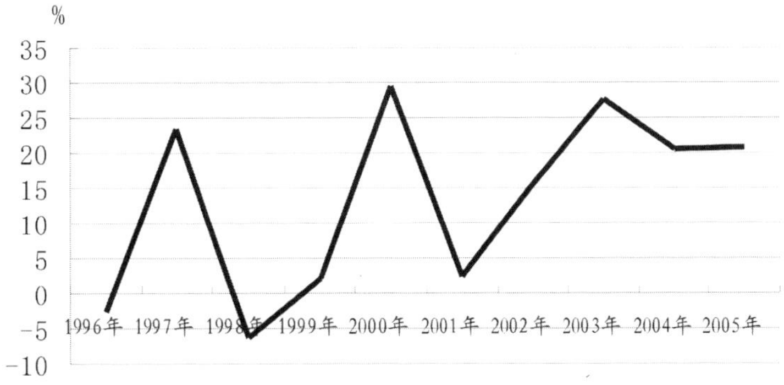

近十年中国纺织品服装出口同比走势图

2005年中国纺织服装进出口市场统计

(按出口金额排序前20位)

(金额单位:万美元)

序号	国别(地区)	进出口金额	出口金额	同比±(%)	进口金额	同比±(%)
	合计	13 216 956	11 503 337	20.9	1 713 619	1.7
	亚洲	7 034 187	5 474 780	2.9	1 559 408	0.3
	东南亚	631 184	562 573	23.2	68 611	5.4
	中东地区	629 829	627 136	14.7	2 693	20.6
	非洲	489 227	487 831	20.2	1 396	64
	欧洲	2 848 005	2 742 901	45.2	105 104	20
	欧盟25国	1 932 377	1 832 320	56.9	100 057	20.3
	欧盟15国	1 844 078	1 746 298	66.2	97 780	19.3
	东扩10国	88 299	86 022	-26.6	2 277	89
	拉丁美洲	463 098	460 439	4.6	2 659	22.8
	北美洲	2 121 693	2 080 866	68.6	40 827	18
	大洋洲	260 570	256 478	15.2	4 091	-18.7
1	美国	1 902 963	1 863 812	70.5	39 151	20.4
2	日本	2 088 594	1 752 111	5.6	336 483	-4.1
3	中国香港	1 668 298	1 482 623	-14.5	185 675	-6.3
4	俄罗斯	621 761	621 281	35.4	480	-21.6
5	韩国	673 423	409 648	-1	263 776	0.9
6	德国	416 348	399 991	64.5	16 357	13.9
7	英国	288 594	279 801	64.7	8 793	32
8	意大利	324 373	277 481	63.7	46 891	21.4
9	阿拉伯联合酋长国	238 264	238 034	8.4	230	47.4
10	澳大利亚	222 145	218 460	15.4	3 685	-18.8
11	加拿大	218 671	216 995	53.4	1 676	-19.5
12	法国	210 693	204 276	72	6 417	4.7
13	西班牙	163 360	160 945	81.4	2 415	1
14	新加坡	162 886	158 368	17.6	4 518	-16.8
15	荷兰	135 664	130 968	63.4	4 696	36.3
16	巴拿马	126 976	126 976	41.5	-	-100
17	印度	137 412	122 682	48.6	14 730	-23.6
18	哈萨克斯坦	121 984	121 967	32.8	17	-8.6
19	沙特阿拉伯	121 333	121 048	29.8	285	25.1
20	孟加拉	119 208	118 621	24.5	587	26.8

2005年中国服装(含衣着附件)进出口市场统计

(按出口金额排序前20位)　　(金额单位:万美元)

序号	国别(地区)	进出口金额	出口金额	同比±(%)	进口金额	同比±(%)
	合计	7 551 569	7 389 374	19.9	162 195	6
	亚洲	3 225 308	3 089 553	-5.9	135 756	2
	东南亚	202 720	196 783	14.4	5 937	40.2
	中东地区	336 853	335 958	15.1	895	18.4
	非洲	183 302	182 606	18	696	113.9
	欧洲	2 152 158	2 129 548	47.1	22 610	42.2
	欧盟25国	1 383 601	1 362 964	64.5	20 637	39.6
	欧盟15国	1 323 250	1 303 382	77	19 868	37.7
	东扩10国	60 350	59 582	-35.4	768	116.2
	拉丁美洲	251 333	250 849	7.7	484	14
	北美洲	1 540 645	1 538 823	75.9	1 822	18.3
	大洋洲	198 782	197 958	16.7	824	-53
1	日本	1 484 340	1 468 355	4.5	15 985	-15
2	美国	1 371 522	1 369 824	77.7	1 698	21
3	中国香港	751 664	683 145	-29.8	68 519	-0.9
4	俄罗斯	531 939	531 870	32.5	68	-43.8
5	德国	309 048	307 637	74.8	1 410	32.1
6	韩国	255 593	244 459	-12	11 134	19.1
7	英国	215 486	214 155	88.9	1 331	43.1
8	意大利	193 615	180 388	71	13 227	39
9	澳大利亚	170 960	170 147	17.5	813	-52.6
10	加拿大	169 075	168 951	63.4	124	-9.6
11	法国	167 254	165 224	77.6	2 031	34.4
12	西班牙	122 046	121 397	100.7	649	-15.6
13	新加坡	121 162	121 018	17.4	144	-28
14	阿拉伯联合酋长国	110 656	110 652	7.1	4	36.2
15	巴拿马	101 064	101 064	53.2	-	-100
16	荷兰	100 609	100 553	66.9	56	103.5
17	哈萨克斯坦	93 875	93 875	8.7	-	-100
18	沙特阿拉伯	81 369	81 368	33.4	2	-0.4
19	南非	71 142	71 140	28.1	2	-30.4
20	比利时	63 071	62 951	81.1	119	1398.5

2005年中国家用纺织品进出口市场统计

(按出口金额排序前20位)　　(金额单位:万美元)

序号	国别	进出口额	出口金额	同比±(%)	进口金额	同比±(%)
	合计	754 116	750 168	36.4	3 949	41.2
	亚洲	248 364	245 538	18.0	2 826	40.2
	东南亚	17 219	16 963	5.6	256	36.9
	中东地区	39 329	39 303	21.6	26	483.0
	非洲	20 047	20 047	20.9	1	-61.5
	欧洲	185 949	185 497	57.3	452	4.7
	欧盟25国	117 259	116 844	48.5	415	1.3
	欧盟15国	111 121	110 772	50.7	349	1.8
	东扩10国	6 138	6 072	16.6	66	-1.1
	拉丁美洲	25 371	25 370	17.1	1	-93.9
	北美洲	247 115	246 511	53.6	604	118.2
	大洋洲	27 269	27 205	8.3	64	17.4
1	美国	227 287	226 690	54.8	596	120.7
2	日本	126 613	125 528	9.3	1 085	84.7
3	俄罗斯	53 098	53 097	98.3	1	57.0
4	英国	28 792	28 773	25.7	18	-7.8
5	澳大利亚	23 070	23 007	5.1	62	18.2
6	德国	22 520	22 394	56.5	126	35.3
7	阿拉伯联合酋长国	20 912	20 911	12.0	1	91.9
8	加拿大	19 822	19 814	41.3	8	19.3
9	中国香港	19 396	19 308	-22.4	87	-10.5
10	哈萨克斯坦	17 677	17 677	689.7	0	0.0
11	巴拿马	13 347	13 347	6.6	0	0.0
12	意大利	12 992	12 912	73.2	80	-14.3
13	韩国	10 701	10 418	55.0	283	-12.6
14	西班牙	10 010	9 990	70.7	20	10.1
15	法国	8 752	8 689	62.9	63	-24.5
16	中国台湾	8 538	8 341	4.5	197	-20.8
17	荷兰	7 854	7 850	71.0	4	78.8
18	新加坡	6 439	6 391	-0.5	49	23.8
19	沙特阿拉伯	6 111	6 111	53.8	1	246.6
20	比利时	5 560	5 557	49.0	3	399.5

2005年中国纱线面料进出口市场统计

（按出口金额排序前40位）（金额单位：万美元）

序号	国别(地区)	进出口金额	出口金额	同比±(%)	进口金额	同比±(%)
	合计	3 904 454	2 616 363	16.4	1 288 091	-0.4
	亚洲	3 029 988	1 814 680	13.9	1 215 309	-1.1
	东南亚	355 876	302 016	28.4	53 859	0.7
	中东地区	212 810	211 457	9.1	1 352	17.5
	非洲	229 291	228 810	16.9	481	30
	欧洲	339 391	285 794	28.7	53 598	16
	欧盟25国	278 460	226 852	32.5	51 608	17.4
	欧盟15国	263 969	213 529	36.7	50 440	15.8
	东扩10国	14 491	13 323	-11.3	1 168	175.2
	拉丁美洲	155 989	154 057	-7.2	1 932	44
	北美洲	132 684	118 070	111.6	14 614	11.7
	大洋洲	17 007	14 948	2.5	2 058	-1.6
1	中国香港	825 285	720 440	5	104 845	-10.6
2	韩国	322 967	128 363	16.8	194 603	-3.4
3	孟加拉	112 783	112 603	24.6	180	40.5
4	美国	116 569	102 860	142.5	13 709	15.8
5	阿拉伯联合酋长国	91 934	91 741	5.3	193	38.1
6	印度	95 144	81 343	39.9	13 801	-24.8
7	日本	347 945	80 996	6.2	266 949	-5.2
8	意大利	100 631	70 646	49.1	29 985	13.4
9	越南	71 501	68 693	47.4	2 808	12.5
10	印度尼西亚	76 508	58 590	43.9	17 918	-4.7
11	德国	48 261	43 092	28.6	5 169	27.3
12	土耳其	44 893	42 851	48	2 042	-1.2
13	伊朗	40 558	40 526	-9.1	31	-9.7
14	贝宁	38 644	38 644	34	0	0
15	泰国	53 702	36 702	21.3	17 000	-1.9
16	斯里兰卡	33 788	33 713	21.4	75	50.8
17	巴基斯坦	90 683	33 546	70.3	57 137	27.3
18	柬埔寨	34 318	33 533	19.6	785	-13.9
19	菲律宾	33 727	32 351	18.3	1 376	82.6
20	巴西	31 272	30 578	13.2	694	238.5

2005年中国丝绸商品进出口市场统计

(按出口金额排序前20位)　　(金额单位:万美元)

序号	国别(地区)	进出口金额	出口金额	同比±(%)	进口金额	同比±(%)
	合计	1 082 913	849 233	12	233 680	-0.6
	亚洲	645 868	420 437	12	225 430	-1.6
	东南亚	65 621	59 309	25.3	6 312	15.9
	中东地区	106 722	106 541	1.1	181	64
	非洲	54 724	54 716	17.1	8	-51.2
	欧洲	159 044	152 489	8.8	6 555	37.1
	欧盟25国	131 087	124 798	5.9	6 288	38.3
	欧盟15国	127 281	121 085	6.8	6 196	36.9
	东扩10国	3 806	3 713	-16.9	93	394.1
	拉丁美洲	50 103	50 000	-13.6	104	59.1
	北美洲	168 427	166 958	24.2	1 469	53.9
	大洋洲	4 742	4 632	26.2	111	-44.4
1	美国	160 373	158 994	25	1 379	53.2
2	中国香港	69 392	56 405	-2.3	12 987	-18.8
3	阿拉伯联合酋长国	55 217	55 207	-5.5	10	-39.1
4	印度	54 646	54 021	24.2	625	1.5
5	日本	114 612	42 579	19.5	72 033	-1
6	意大利	39 517	35 784	12.8	3 733	42.2
7	伊朗	33 221	33 185	-16.6	35	509.4
8	德国	30 657	29 825	11.4	831	42.2
9	韩国	74 769	25 394	26.1	49 375	2.4
10	巴基斯坦	23 285	23 241	64.4	45	1041.7
11	巴西	19 034	18 989	-0.5	46	-21.3
12	沙特阿拉伯	15 654	15 521	4.2	133	106.2
13	英国	15 248	14 880	-7.8	368	12.4
14	马来西亚	14 024	12 794	17	1 230	-31.5
15	越南	12 878	12 395	54.5	483	-5.7
16	印度尼西亚	13 112	12 146	38.9	967	68.4
17	孟加拉	11 671	11 643	57.9	28	54.8
18	法国	12 215	11 450	-0.2	765	52.4
19	俄罗斯	11 335	11 335	29.8	-	0
20	乌克兰	9 537	9 537	34.9	-	742.6

2005年中国纺织原料进出口市场统计

（按出口金额排序前20位）　　（金额单位：万美元）

序号	国别	进出口额	出口金额	同比±(%)	进口金额	同比±(%)
	合计	878 430	182 303	72.6	696 127	2.2
	亚洲	284 810	66 845	32.1	217 966	3.5
	东南亚	29 480	7 337	108.9	22 142	11.3
	中东地区	12 510	5 435	97.9	7 075	-2.9
	非洲	75 854	3 909	172.3	71 945	3.2
	欧洲	129 446	78 391	69.2	51 054	12
	欧盟25国	103 181	54 872	26.2	48 309	8.5
	欧盟15国	101 472	53 292	27.9	48 180	9
	东扩10国	1 710	1 580	-13.5	130	-59.9
	拉丁美洲	40 890	6 380	405	34 510	18.3
	北美洲	205 121	25 749	349.5	179 372	-12.8
	大洋洲	142 272	1 029	257.8	141 242	17.3
1	意大利	40 017	35 808	38.8	4 209	-10.8
2	美国	201 457	25 012	349	176 445	-12.2
3	印度	34 515	16 822	7.4	17 694	72.6
4	乌克兰	12 870	12 600	1 557.40	270	358.6
5	日本	56 347	10 318	10.9	46 029	16.2
6	韩国	43 283	9 933	27.3	33 350	-7.1
7	土耳其	10 846	7 644	86.7	3 202	-10.3
8	英国	10 588	6 461	2.6	4 127	2.4
9	德国	9 331	5 459	40.8	3 872	-12
10	中国香港	5 184	4 280	59.8	905	10.6
11	俄罗斯	4 014	3 607	332.3	407	-24.3
12	罗马尼亚	3 238	3 236	571.1	2	***
13	中国台湾	42 978	2 939	47.2	40 039	-27
14	比利时	11 548	2 343	-5.2	9 205	0.7
15	越南	3 952	2 287	90.7	1 666	113
16	马来西亚	5 810	2 175	370.7	3 635	-0.5
17	墨西哥	12 698	2 033	1 833.90	10 666	12.4
18	克罗地亚共和国	2 009	2 009	1 208.50	0	0
19	巴西	10 164	1 610	441.1	8 554	109.4
20	保加利亚	1 349	1 349	804.3	0	-100

2005年中国纺织机械进出口市场统计

(按出口金额排序前20位)

(金额单位:万美元)

序号	国别	进出口额	出口金额	同比±(%)	进口金额	同比±(%)
	合计	390 182	79 213	18.7	310 968	-30.6
	亚洲	205 378	65 231	22.3	140 147	-34.1
	东南亚	10 319	9 492	35.4	827	8.1
	中东地区	4 260	4 256	33.2	4	158.7
	非洲	2 805	2 803	-21.1	2	-90.7
	欧洲	170 519	7 234	8	163 284	-28.8
	欧盟25国	151 712	6 065	0.6	145 647	-25.4
	欧盟15国	150 133	5 858	0.8	144 275	-25.3
	东扩10国	1 579	207	-3.6	1 373	-32.7
	拉丁美洲	2 480	1 934	24	545	671.6
	北美洲	8 497	1 878	26.8	6 619	15.4
	大洋洲	503	132	46.8	371	-17
1	印度	14 240	14 004	115.5	236	-14
2	中国香港	18 662	13 344	-2.4	5 318	-8
3	巴基斯坦	10 929	10 929	-7.8	0	-46
4	孟加拉	5 409	5 404	4.2	6	390.8
5	印度尼西亚	3 197	3 178	26.8	19	-73.6
6	越南	2 917	2 908	92.5	9	595.1
7	土耳其	2 756	2 709	37	47	384.5
8	德国	83 947	2 618	-12.1	81 329	-31.9
9	日本	88 380	2 390	10.9	85 991	-34.9
10	泰国	1 926	1 880	17.4	46	74.8
11	美国	8 368	1 795	24.9	6 573	16.8
12	中国台湾	22 692	1 591	22.4	21 100	-23.5
13	叙利亚	1 378	1 378	30.3	0	0
14	韩国	18 913	1 233	65.7	17 680	-54.5
15	埃及	1 131	1 131	-2.9	1	0
16	意大利	40 765	792	23.4	39 974	-6.7
17	新加坡	1 190	636	57.4	554	10.8
18	法国	8 439	627	16.7	7 812	-39.1
19	巴西	786	568	-26.1	218	217.3
20	沙特阿拉伯	450	450	78.3	0	0

2005 年中国纺织品服装出口商品结构统计

（金额单位：万美元）

商品名称	数量单位	出口数量	同比±（%）	出口金额	同比±（%）
合计				11 503 337	20.92
纺织品				4 113 963	22.78
纱线	kg	1 696 906 295	20.73	520 956	18
棉纱线	kg	469 630 154	8.65	140 027	4.77
丝线	kg	16 736 365	22.03	33 873	39.33
羊毛、动物毛纱线	kg	53 855 180	-4.31	79 715	3.07
化学纤维纱线	kg	807 755 029	25.91	222 813	29.93
其他纱线	kg	348 929 567	33.32	44 529	28.34
面料				2 095 407	16.04
棉布	m	5 495 734 255	14.46	603 146	14.86
丝机织物	m	288 181 510	14.82	72 127	23.75
羊毛、动物毛机织物	m	99 335 609	3.86	52 603	4.33
化学纤维机织物	m	10 416 863 612	10.65	769 753	13.68
其他面料				597 777	20.79
制成品				1 497 600	35.72
家用纺织品				750 168	36.4
地毯	m^2	175 224 623	28.2	93 264	20.57
工业用纺织制品				175 505	41.83
无纺织物	kg	352 124 600	36.53	86 048	44.69
其他制成品				392 615	34.02
服装				7 389 374	19.92
针织服装	件（套）	14 705 470 077	6.26	2 787 911	19.01
棉制针织服装	件（套）	7 525 439 608	22.67	1 269 755	37.61
丝制针织服装	件（套）	92 696 694	3.02	81 105	4.43
毛制针织服装	件（套）	154 695 567	-7.89	117 801	10.93
化纤制针织服装	件（套）	5 680 842 452	-6.37	1 058 695	11.89
其他材料制针织服装	件（套）	1 251 795 756	-9.22	260 556	-10.11
梭织服装	件（套）	9 264 002 257	14.53	3 366 810	20.97
棉制梭织服装	件（套）	3 360 270 432	26.59	1 341 467	40.78
丝制梭织服装	件（套）	112 180 166	-0.54	110 003	8.66
毛制梭织服装	件（套）	66 714 128	20.16	155 993	19.32
化纤制梭织服装	件（套）	4 319 548 291	18.2	1 215 312	18.33
其他材料制梭织服装	件（套）	1 405 289 240	-12.81	544 035	-4.75
毛皮革服装	件（套）	65 079 271	-11.13	415 027	13.84
皮革服装	件（套）	56 239 774	-8.2	227 660	-1.15
毛皮服装	件（套）	8 839 497	-26.13	187 367	39.57
其他服装	件（套）	3 177 322 259	11.67	115 048	31.72
衣着附件				562 431	20
帽类				142 147	22.8

2005 年中国纺织品服装进口商品结构统计

(金额单位:万美元)

商品名称	数量单位	进口数量	同比±(%)	进口金额	同比±(%)
合计				1 713 619	1.72
纺织品				1 551 424	1.3
纱线	kg	1 744 320 122	-3.04	419 209	3.15
棉纱线	kg	793 655 644	11.08	169 715	10.79
丝线	kg	1 098 808	-21.61	1 114	27.89
羊毛、动物毛纱线	kg	34 380 695	-3.71	21 597	-0.26
化学纤维纱线	kg	819 356 661	-13.62	208 794	-2.35
其他纱线	kg	95 828 314	-3.12	17 988	6.6
面料				868 882	-1.96
棉布	m	1 564 513 962	-2.95	215 944	-0.69
丝机织物	m	45 693 032	11.98	11 710	1.45
羊毛、动物毛机织物	m	70 407 480	-8.63	53 557	-12.27
化学纤维机织物	m	2 852 003 057	-10.87	304 533	-4.43
其他面料				283 138	1.99
制成品				263 334	10.24
家用纺织品				3 949	41.18
地毯	m^2	9 791 033	-6.66	6 253	6.97
工业用纺织制品				145 062	7.55
无纺织物	kg	186 236 015	11.66	70 663	14.36
其他制成品				37 407	11.42
服装				162 195	5.98
针织服装	件(套)	410 782 196	-13.22	60 896	6.52
棉制针织服装	件(套)	260 597 717	-4.64	35 676	27.63
丝制针织服装	件(套)	481 288	-18.43	266	35.04
毛制针织服装	件(套)	17 410 845	-34.7	6 433	-17.22
化纤制针织服装	件(套)	117 053 072	-22.6	15 456	-11.19
其他材料制针织服装	件(套)	15 239 274	-29.57	3 065	-20.23
梭织服装	件(套)	230 540 908	-14.89	68 912	6.87
棉制梭织服装	件(套)	174 370 836	-7.06	41 752	13.78
丝制梭织服装	件(套)	314 355	10.02	3 381	40.71
毛制梭织服装	件(套)	1 844 982	-29.04	6 298	21.38
化纤制梭织服装	件(套)	42 831 872	-27.39	13 606	-9.95
其他材料制梭织服装	件(套)	11 178 863	-47.7	3 874	-23.82
毛皮革服装	件(套)	95 174	42.53	1 516	27.76
皮革服装	件(套)	83 978	42.09	1 248	13.36
毛皮服装	件(套)	11 196	45.93	269	211.92
其他服装	件(套)	508 236 446	20.69	6 289	11.59
衣着附件				23 336	-0.62
帽类				1 246	14.85

2005年中国纺织品服装出口省、市统计

(金额单位:万美元)

省、市名称	进出口额	同比±(%)	出口金额	同比±(%)	进口金额	同比±(%)
合计	13 216 956	18.04	11 503 337	20.92	1 713 619	1.72
浙江	2 558 361	23.33	2 443 507	24.27	114 855	6.27
广东	2 964 065	16.31	2 201 023	23.22	763 042	0.12
江苏	2 086 133	23.82	1 881 968	26.27	204 166	5.07
上海	1 514 415	8.91	1 286 866	10.45	227 549	0.94
山东	1 212 776	17.93	1 061 994	19.78	150 782	6.4
福建	531 324	5.24	469 932	6.14	61 392	-1.14
河北	324 682	3.26	317 271	2.94	7 411	19.13
辽宁	346 844	15.09	271 441	19.7	75 403	1.08
黑龙江	258 733	80.33	257 680	80.71	1 053	19.89
北京	284 617	26.22	244 652	32.65	39 965	-2.68
天津	220 083	26.73	192 516	31.99	27 567	-0.86
新疆	178 101	33.92	177 955	34.03	146	-31.32
安徽	110 422	14.74	106 888	16.23	3 534	-17.35
湖北	111 458	11.54	98 474	15.35	12 984	-10.81
四川	97 972	24.29	94 925	24.65	3 047	14.08
江西	78 230	-1.41	73 488	-2.3	4 742	14.66
河南	73 449	15.64	72 623	16.12	826	-14.98
湖南	46 522	8.04	43 776	6.51	2 745	39.98
内蒙古	42 691	-10.78	42 395	-9.79	296	-65.4
陕西	28 926	-8.03	28 537	-8.28	389	15.11
广西	30 203	11.14	27 730	12.67	2 473	-3.53
吉林	31 291	15.93	26 908	15.35	4 382	19.63
海南	22 457	-5.44	19 257	-8.08	3 200	14.31
重庆	19 344	10.93	18 724	9.36	620	95.95
云南	14 051	16.94	13 603	15.08	448	129.07
山西	7 180	27.98	6 768	33.71	413	-24.86
宁夏	5 489	28.06	5 476	27.98	13	73.75
甘肃	5 339	-13.57	5 308	-12.82	31	-65.11
西藏	5 347	1.48	5 227	0.38	120	93.52
青海	5 036	14.59	5 034	14.84	2	-84.35
贵州	1 413	4.35	1 389	7.07	24	-57.53

欧盟海关进出口统计

2003年~2005年欧盟(15国)纺织品服装贸易主要商品统计

(金额单位:百万美元)

商品名称	金额			占比(%)			同比±(%)
	2003	2004	2005	2003	2004	2005	2005/2004
自全球进口							
纺织品服装合计	146 135	163 606	168 181	100.00	100.00	100.00	2.80
其中:纱线	11 929	12 341	11 508	8.16	7.54	6.84	-9.64
面料	16 718	17 790	16 538	11.44	10.87	9.83	-7.04
家用纺织品	6 393	7 555	7 737	4.37	4.62	4.60	2.41
服装	97 481	110 355	116 111	66.71	67.45	69.04	5.22
其他	13 614	15 565	16 287	9.32	9.51	9.68	4.64
对全球出口							
纺织品服装合计	119 873	132 917	131 944	100.00	100.00	100.00	-0.73
其中:纱线	9 829	11 908	10 749	8.20	8.96	8.15	-9.73
面料	26 152	27 833	25 614	21.82	20.94	19.41	-7.97
家用纺织品	3 571	3 945	3 880	2.98	2.97	2.94	-1.65
服装	60 976	68 499	70 727	50.87	51.54	53.60	3.25
其他	19 345	20 732	20 974	16.14	15.60	15.90	1.17

* 资料来源:欧盟(15国)海关统计。

2003~2005年欧盟(15国)与中国纺织品服装贸易主要商品统计

(金额单位:百万美元)

商品名称	金额			占比(%)			同比±(%)
	2003	2004	2005	2003	2004	2005	2005/2004
自中国进口							
纺织品服装合计	17 183	21 645	30 479	100.00	100.00	100.00	40.81
其中:纱线	259	310	447	1.51	1.43	1.47	43.9
面料	1 150	1 408	1 607	6.69	6.50	5.27	14.15
家用纺织品	737	1 077	1 387	4.29	4.98	4.55	28.78
服装	14 193	17 686	25 453	82.60	81.71	83.51	43.91
其他	844	1 164	1 585	4.91	5.38	5.20	36.17
对中国出口							
纺织品服装合计	508	657	786	100.00	100.00	100.00	19.69
其中:纱线	76	109	116	14.96	16.59	14.76	6.42
面料	172	232	287	33.86	35.31	36.51	23.92
家用纺织品	4	4	4	0.79	0.61	0.51	0.00
服装	88	109	116	17.32	16.59	14.76	6.42
其他	168	203	263	33.07	30.90	33.46	29.56

* 资料来源:欧盟(15国)海关统计。

2003～2005年欧盟(15国)进口纺织品服装主要来源国(地区)统计

(按2005年进口金额排序前20位)　(金额单位:百万美元)

序号	国家(地区)	进口金额			占比(%)			同比±(%)
		2003	2004	2005	2003	2004	2005	2005/2004
	全球	146 135	163 606	168 181	100.00	100.00	100.00	2.80
	自欧盟内15国进口	59 785	65 134	63 641	40.91	39.81	37.84	-2.29
1	中国	17 183	21 645	30 479	11.76	13.23	18.12	40.81
2	土耳其	11 606	13 401	13 915	7.94	8.19	8.27	3.84
3	印度	5 381	6 304	7 458	3.68	3.85	4.43	18.31
4	孟加拉	4 052	5 349	5 115	2.77	3.27	3.04	-4.39
5	罗马尼亚	4 744	5 300	5 019	3.25	3.24	2.98	-5.30
6	突尼斯	3 601	3 752	3 557	2.46	2.29	2.12	-5.20
7	摩洛哥	3 158	3 407	3 252	2.16	2.08	1.93	-4.54
8	巴基斯坦	2 697	3 265	2 943	1.85	2.00	1.75	-9.88
9	中国香港	3 123	3 224	2 865	2.14	1.97	1.70	-11.11
10	印度尼西亚	2 369	2 511	2 302	1.62	1.53	1.37	-8.32
11	波兰	2 605	2 448	2 104	1.78	1.50	1.25	-14.07
12	泰国	1 630	1 843	1 728	1.12	1.13	1.03	-6.25
13	保加利亚	1 333	1 628	1 699	0.91	0.99	1.01	4.38
14	美国	1 492	1 554	1 683	1.02	0.95	1.00	8.26
15	捷克	2 081	1 903	1 537	1.42	1.16	0.91	-19.20
16	瑞士	1 425	1 557	1 447	0.98	0.95	0.86	-7.09
17	韩国	1 623	1 704	1 288	1.11	1.04	0.77	-24.40
18	匈牙利	1 466	1 411	1 250	1.00	0.86	0.74	-11.46
19	斯里兰卡	975	1 234	1 247	0.67	0.75	0.74	1.03
20	越南	777	1 056	1 121	0.53	0.65	0.67	6.13

* 资料来源:欧盟(15国)海关统计。

2003～2005年欧盟(15国)出口纺织品服装主要市场统计

(按2005年出口金额排序前20位)　　(金额单位:百万美元)

序号	国家(地区)	出口金额			占比(%)			同比±(%)
		2003	2004	2005	2003	2004	2005	2005/2004
	全球	119 873	132 917	131 944	100.00	100.00	100.00	-0.73
	对欧盟内15国出口	73 941	82 215	81 488	61.68	61.85	61.76	-0.88
1	美国	5 407	5 936	5 815	4.51	4.47	4.41	-2.05
2	瑞士	4 034	4 491	4 574	3.37	3.38	3.47	1.86
3	罗马尼亚	2 967	3 400	3 161	2.48	2.56	2.40	-7.02
4	俄罗斯	2 013	2 449	2 942	1.68	1.84	2.23	20.12
5	波兰	2 696	2 814	2 723	2.25	2.12	2.06	-3.25
6	日本	2 318	2 410	2 412	1.93	1.81	1.83	0.08
7	突尼斯	2 151	2 275	2 080	1.79	1.71	1.58	-8.58
8	土耳其	1 616	2 111	1 947	1.35	1.59	1.48	-7.78
9	中国香港	1 584	1 841	1 910	1.32	1.39	1.45	3.73
10	捷克	1 865	2 084	1 859	1.56	1.57	1.41	-10.79
11	摩洛哥	1 880	1 963	1 844	1.57	1.48	1.40	-6.02
12	挪威	1 237	1 327	1 364	1.03	1.00	1.03	2.79
13	匈牙利	1 370	1 386	1 325	1.14	1.04	1.00	-4.40
14	保加利亚	1 078	1 229	1 178	0.90	0.92	0.89	-4.20
15	乌克兰	659	792	820	0.55	0.60	0.62	3.49
16	中国	508	657	786	0.42	0.49	0.60	19.69
17	阿联酋	441	738	761	0.37	0.56	0.58	3.08
18	韩国	781	733	752	0.65	0.55	0.57	2.65
19	加拿大	629	705	697	0.53	0.53	0.53	-1.11
20	斯洛伐克	681	689	695	0.57	0.52	0.53	0.91

* 资料来源:欧盟(15国)海关统计。

2003~2005年欧盟(15国)进口纱线主要来源国(地区)统计

(按2005年进口金额排序前20位)

(金额单位:百万美元)

序号	国家(地区)	进口金额			占比(%)			同比±(%)
		2003	2004	2005	2003	2004	2005	2005/2004
	全球	11 929	12 341	11 508	100.00	100.00	100.00	-6.75
	自欧盟内15国进口	7 333	7 383	6 671	61.47	59.82	57.97	-9.64
1	土耳其	508	610	583	4.26	4.95	5.06	-4.57
2	印度	477	510	497	4.00	4.14	4.32	-2.61
3	中国	259	310	447	2.17	2.52	3.88	43.90
4	美国	278	273	288	2.33	2.22	2.50	5.19
5	波兰	215	248	253	1.80	2.01	2.19	1.74
6	捷克	251	263	231	2.10	2.13	2.01	-12.23
7	印度尼西亚	221	223	211	1.85	1.81	1.84	-5.32
8	韩国	200	236	201	1.68	1.91	1.75	-14.89
9	日本	167	191	199	1.40	1.55	1.73	4.19
10	斯洛伐克	193	207	194	1.62	1.68	1.69	-6.12
11	瑞士	212	196	166	1.78	1.59	1.44	-15.21
12	中国台湾	114	121	130	0.95	0.98	1.13	7.42
13	罗马尼亚	85	105	116	0.71	0.85	1.01	10.07
14	巴基斯坦	101	110	104	0.84	0.90	0.90	-6.33
15	埃及	108	110	101	0.90	0.89	0.87	-8.44
16	保加利亚	50	80	95	0.42	0.65	0.83	19.39
17	泰国	88	104	93	0.74	0.84	0.81	-10.66
18	斯洛文尼亚	84	81	87	0.70	0.65	0.76	8.25
19	匈牙利	118	94	76	0.99	0.76	0.66	-18.53
20	马来西亚	50	59	58	0.42	0.48	0.50	-2.39

*资料来源:欧盟(15国)海关统计。

2003～2005 年欧盟(15 国)出口纱线主要市场统计

(按 2005 年出口金额排序前 20 位)　　(金额单位:百万美元)

序号	国家(地区)	出口金额			占比(%)			同比±(%)
		2003	2004	2005	2003	2004	2005	2005/2004
	全球	9 829	11 908	10 749	100.00	100.00	100.00	-9.73
	对欧盟内 15 国出口	6 486	7 711	6 709	65.99	64.76	62.41	-13.00
1	美国	322	504	447	3.27	4.24	4.16	-11.36
2	土耳其	267	398	328	2.72	3.34	3.05	-17.53
3	中国香港	281	312	317	2.86	2.62	2.95	1.40
4	捷克	210	281	300	2.14	2.36	2.79	6.55
5	波兰	210	286	266	2.14	2.40	2.47	-7.12
6	罗马尼亚	174	212	209	1.77	1.78	1.95	-1.17
7	瑞士	159	187	165	1.61	1.57	1.53	-11.82
8	匈牙利	118	123	126	1.20	1.03	1.17	2.57
9	中国	76	109	116	0.78	0.92	1.08	6.02
10	阿联酋	6	86	89	0.07	0.72	0.83	4.38
11	突尼斯	93	101	87	0.94	0.85	0.81	-14.08
12	摩洛哥	85	90	80	0.86	0.76	0.74	-11.19
13	日本	66	90	80	0.67	0.75	0.74	-11.30
14	俄罗斯	45	63	75	0.46	0.53	0.70	18.45
15	斯洛伐克	62	60	70	0.63	0.50	0.65	16.83
16	立陶宛	66	77	66	0.68	0.65	0.61	-14.55
17	以色列	35	71	65	0.36	0.60	0.60	-8.99
18	斯洛文尼亚	62	62	62	0.63	0.52	0.58	0.35
19	保加利亚	60	60	62	0.61	0.50	0.58	3.79
20	澳大利亚	56	58	62	0.57	0.49	0.58	6.02

* 资料来源:欧盟(15 国)海关统计。

2003~2005年欧盟(15国)进口面料主要来源国(地区)统计

(按2005年进口金额排序前20位)　　(金额单位:百万美元)

序号	国家(地区)	进口金额			占比(%)			同比±(%)
		2003	2004	2005	2003	2004	2005	2005/2004
	全球	16 718	17 790	16 538	100.00	100.00	100.00	-7.04
	自欧盟内15国进口	10 156	10 565	9 537	60.75	59.39	57.67	-9.73
1	中国	1 150	1 408	1 607	6.88	7.91	9.72	14.15
2	土耳其	793	906	916	4.74	5.09	5.54	1.13
3	巴基斯坦	440	548	519	2.63	3.08	3.14	-5.37
4	印度	412	512	463	2.46	2.88	2.80	-9.63
5	韩国	492	446	428	2.94	2.51	2.59	-4.02
6	捷克	440	411	403	2.63	2.31	2.44	-1.84
7	瑞士	317	350	363	1.90	1.97	2.20	3.70
8	日本	207	229	197	1.24	1.29	1.19	-14.04
9	美国	197	181	190	1.18	1.02	1.15	5.40
10	中国台湾	230	199	178	1.38	1.12	1.08	-10.45
11	印度尼西亚	229	215	176	1.37	1.21	1.06	-18.26
12	泰国	156	166	170	0.94	0.94	1.03	2.15
13	俄罗斯	124	142	96	0.74	0.80	0.58	-32.62
14	突尼斯	98	106	95	0.58	0.60	0.57	-10.65
15	立陶宛	81	98	84	0.48	0.55	0.51	-13.80
16	罗马尼亚	64	80	82	0.38	0.45	0.50	2.48
17	保加利亚	66	76	74	0.39	0.43	0.45	-2.21
18	波兰	71	86	71	0.42	0.48	0.43	-17.39
19	摩洛哥	57	77	66	0.34	0.43	0.40	-14.35
20	马来西亚	56	60	59	0.34	0.34	0.36	-1.82

*资料来源:欧盟(15国)海关统计。

2003～2005年欧盟(15国)出口面料主要市场统计

(按2005年出口金额排序前20位) (金额单位:百万美元)

序号	国家(地区)	出口金额			占比(%)			同比±(%)
		2003	2004	2005	2003	2004	2005	2005/2004
	全球	26 152	27 833	25 614	100.00	100.00	100.00	-7.97
	对欧盟内15国出口	11 621	12 155	11 045	44.44	43.67	43.12	-9.13
1	罗马尼亚	1 682	1 896	1 734	6.43	6.81	6.77	-8.57
2	突尼斯	1 321	1 405	1 243	5.05	5.05	4.85	-11.50
3	摩洛哥	1 246	1 314	1 213	4.76	4.72	4.74	-7.66
4	波兰	1 276	1 235	1 087	4.88	4.44	4.25	-11.94
5	美国	934	1 033	1 000	3.57	3.71	3.90	-3.23
6	土耳其	699	922	797	2.67	3.31	3.11	-13.55
7	保加利亚	561	652	630	2.15	2.34	2.46	-3.36
8	中国香港	505	615	609	1.93	2.21	2.38	-0.94
9	瑞士	405	466	459	1.55	1.68	1.79	-1.50
10	匈牙利	503	472	431	1.92	1.70	1.68	-8.77
11	日本	369	381	390	1.41	1.37	1.52	2.38
12	捷克	392	386	351	1.50	1.39	1.37	-8.94
13	乌克兰	287	349	318	1.10	1.25	1.24	-8.73
14	中国	172	232	287	0.66	0.83	1.12	23.92
15	俄罗斯	269	278	280	1.03	1.00	1.09	0.47
16	斯洛伐克	314	289	249	1.20	1.04	0.97	-14.00
17	马其顿	157	197	202	0.60	0.71	0.79	2.86
18	斯洛文尼亚	188	198	195	0.72	0.71	0.76	-1.60
19	立陶宛	256	206	184	0.98	0.74	0.72	-10.86
20	克罗地亚	189	200	179	0.72	0.72	0.70	-10.47

* 资料来源:欧盟(15国)海关统计。

2003～2005年欧盟(15国)进口家用纺织品主要来源国(地区)统计

(按2005年进口金额排序前20位)　　(金额单位:百万美元)

序号	国家(地区)	进口金额			占比(%)			同比±(%)
		2003	2004	2005	2003	2004	2005	2005/2004
	全球	6 393	7 555	7 737	100.00	100.00	100.00	2.41
	自欧盟内15国进口	1 978	2 097	2 123	30.94	27.76	27.44	1.24
1	中国	737	1 077	1 387	11.53	14.26	17.93	28.78
2	土耳其	922	1 093	1 176	14.42	14.47	15.20	7.59
3	巴基斯坦	764	930	784	11.95	12.31	10.13	－15.70
4	印度	581	743	778	9.09	9.83	10.06	4.71
5	波兰	207	208	185	3.24	2.75	2.39	－11.06
6	孟加拉	77	145	139	1.20	1.92	1.80	－4.14
7	罗马尼亚	113	139	132	1.77	1.84	1.71	－5.04
8	埃及	85	116	116	1.33	1.54	1.50	0.00
9	捷克	162	139	99	2.53	1.84	1.28	－28.78
10	突尼斯	74	102	96	1.16	1.35	1.24	－5.88
11	巴西	68	68	53	1.06	0.90	0.69	－22.06
12	以色列	46	44	46	0.72	0.58	0.59	4.55
13	瑞士	40	44	45	0.63	0.58	0.58	2.27
14	印度尼西亚	40	38	40	0.63	0.50	0.52	5.26
15	越南	27	38	40	0.42	0.50	0.52	5.26
16	爱沙尼亚	39	42	37	0.61	0.56	0.48	－11.90
17	韩国	32	37	36	0.50	0.49	0.47	－2.70
18	摩尔达维亚	24	31	35	0.38	0.41	0.45	12.90
19	立陶宛	37	37	34	0.58	0.49	0.44	－8.11
20	中国台湾	19	20	27	0.30	0.26	0.35	35.00

* 资料来源:欧盟(15国)海关统计。

2003~2005年欧盟(15国)出口家用纺织品主要市场统计

(按2005年出口金额排序前20位)　　(金额单位:百万美元)

序号	国家(地区)	出口金额			占比(%)			同比±(%)
		2003	2004	2005	2003	2004	2005	2005/2004
	全球	3 571	3 945	3 880	100.00	100.00	100.00	-1.66
	对欧盟内15国出口	2 431	2 727	2 695	68.08	69.13	69.46	-1.16
1	美国	388	412	366	10.87	10.45	9.42	-11.32
2	瑞士	150	176	176	4.19	4.46	4.54	0.10
3	挪威	68	66	69	1.91	1.68	1.79	4.68
4	波兰	38	43	46	1.07	1.10	1.20	6.81
5	俄罗斯	28	34	41	0.79	0.87	1.06	19.77
6	日本	37	32	33	1.04	0.82	0.86	3.83
7	捷克	41	40	32	1.13	1.02	0.83	-19.88
8	沙特阿拉伯	26	25	31	0.72	0.62	0.79	24.17
9	突尼斯	16	24	28	0.44	0.62	0.73	16.47
10	匈牙利	17	18	25	0.46	0.47	0.64	35.08
11	阿联酋	17	21	25	0.48	0.53	0.63	17.14
12	加拿大	22	22	17	0.60	0.56	0.43	-23.43
13	克罗地亚	12	14	15	0.34	0.35	0.39	8.61
14	土耳其	9	9	14	0.24	0.23	0.36	54.19
15	摩洛哥	13	13	13	0.35	0.32	0.33	2.03
16	墨西哥	17	25	12	0.48	0.63	0.32	-50.50
17	澳大利亚	21	13	12	0.59	0.34	0.31	-10.70
18	斯洛文尼亚	9	11	12	0.25	0.27	0.31	11.35
19	罗马尼亚	6	9	10	0.17	0.22	0.26	15.02
20	安道尔	8	9	9	0.21	0.22	0.22	-2.03

* 资料来源:欧盟(15国)海关统计。

2003～2005年欧盟(15国)进口服装主要来源国(地区)统计

(按2005年进口金额排序前20位)　　(金额单位:百万美元)

序号	国家(地区)	进口金额			占比(%)			同比±(%)
		2003	2004	2005	2003	2004	2005	2005/2004
	全球	97 481	110 355	116 111	100.00	100.00	100.00	5.22
	自欧盟内15国进口	30 115	33 498	33 928	30.89	30.35	29.22	1.28
1	中国	14 193	17 686	25 453	14.56	16.03	21.92	43.91
2	土耳其	8 991	10 293	10 711	9.22	9.33	9.22	4.06
3	印度	3 392	3 879	4 972	3.48	3.51	4.28	28.18
4	孟加拉	3 909	5 127	4 894	4.01	4.65	4.21	-4.55
5	罗马尼亚	4 419	4 887	4 596	4.53	4.43	3.96	-5.95
6	突尼斯	3 345	3 453	3 279	3.43	3.13	2.82	-5.06
7	摩洛哥	3 043	3 257	3 114	3.12	2.95	2.68	-4.37
8	中国香港	3 028	3 121	2 791	3.11	2.83	2.40	-10.59
9	印度尼西亚	1 857	2 006	1 845	1.90	1.82	1.59	-8.05
10	保加利亚	1 181	1 425	1 487	1.21	1.29	1.28	4.35
11	泰国	1 332	1 505	1 390	1.37	1.36	1.20	-7.66
12	巴基斯坦	1 266	1 518	1 387	1.30	1.38	1.19	-8.67
13	波兰	1 834	1 550	1 243	1.88	1.40	1.07	-19.82
14	斯里兰卡	953	1 212	1 218	0.98	1.10	1.05	0.50
15	越南	678	929	1 004	0.70	0.84	0.86	8.01
16	匈牙利	1 097	1 062	966	1.12	0.96	0.83	-9.05
17	马来西亚	752	775	762	0.77	0.70	0.66	-1.57
18	柬埔寨	542	736	673	0.56	0.67	0.58	-8.61
19	毛里求斯	659	688	599	0.68	0.62	0.52	-12.87
20	乌克兰	494	590	582	0.51	0.54	0.50	-1.43

* 资料来源:欧盟(15国)海关统计。

2003～2005年欧盟(15国)出口服装主要市场统计

(按2005年出口金额排序前20位) (金额单位:百万美元)

序号	国家(地区)	出口金额			占比(%)			同比±(%)
		2003	2004	2005	2003	2004	2005	2005/2004
	全球	60 976	68 499	70 727	100	100	100	3.25
	对欧盟内15国出口	41 560	46 978	48 431	68.16	68.58	68.48	3.09
1	美国	2 655	2 805	2 777	4.35	4.10	3.93	-1.00
2	俄罗斯	1 399	1 754	2 184	2.29	2.56	3.09	24.50
3	日本	1 633	1 689	1 706	2.68	2.47	2.41	0.96
4	瑞士	2 884	3 194	3 282	4.73	4.66	4.64	2.75
5	挪威	815	875	909	1.34	1.28	1.29	3.95
6	罗马尼亚	770	875	782	1.26	1.28	1.11	-10.58
7	中国香港	593	679	762	0.97	0.99	1.08	12.17
8	波兰	486	563	620	0.80	0.82	0.88	10.06
9	捷克	676	804	599	1.11	1.17	0.85	-25.44
10	匈牙利	451	482	468	0.74	0.70	0.66	-3.02
11	突尼斯	512	508	462	0.84	0.74	0.65	-9.00
12	阿联酋	294	484	449	0.48	0.71	0.63	-7.28
13	土耳其	301	389	401	0.49	0.57	0.57	3.22
14	韩国	391	353	396	0.64	0.52	0.56	12.26
15	保加利亚	378	424	385	0.62	0.62	0.54	-9.12
16	沙特阿拉伯	323	345	385	0.53	0.50	0.54	11.63
17	加拿大	317	340	368	0.52	0.50	0.52	7.95
18	摩洛哥	396	386	367	0.65	0.56	0.52	-4.89
19	克罗地亚	310	332	319	0.51	0.48	0.45	-3.85
20	墨西哥	271	284	316	0.44	0.41	0.45	11.44

* 资料来源:欧盟(15国)海关统计。

美国海关进出口统计

2003~2005年美国纺织品服装贸易主要商品统计

(金额单位:百万美元)

商品名称	金额			占比(%)			同比±(%)
	2003	2004	2005	2003	2004	2005	2005/2004
自全球进口							
纺织品服装合计	89 738	96 628	102 840	100.00	100.00	100.00	6.43
其中:纱线	2 133	2 496	2 681	2.38	2.58	2.61	7.41
面料	4 822	4 964	4 921	5.37	5.14	4.79	-0.86
家用纺织品	4 624	5 536	6 590	5.15	5.73	6.41	19.04
服装	71 435	75 888	80 188	79.60	78.54	77.97	5.67
其他	6 724	7 744	8 460	7.49	8.01	8.23	9.25
对全球出口							
纺织品服装合计	16 709	17 360	17 703	100.00	100.00	100.00	1.98
其中:纱线	1 847	2 076	2 134	11.05	11.96	12.05	2.8
面料	4 671	5 212	5 057	27.95	30.02	28.57	-2.96
家用纺织品	301	313	348	1.80	1.80	1.97	11.34
服装	5 534	5 059	5 001	33.12	29.14	28.25	-1.16
其他	4 356	4 700	5 163	26.07	27.07	29.16	9.85

* 资料来源:美国海关统计。

2003~2005年美国与中国纺织品服装贸易主要商品统计

(金额单位:百万美元)

商品名称	金额			占比(%)			同比±(%)
	2003	2004	2005	2003	2004	2005	2005/2004
自全球进口							
纺织品服装合计	15 678	19 053	27 267	100.00	100.00	100.00	43.11
其中:纱线	76	112	195	0.48	0.59	0.72	73.25
面料	495	570	821	3.16	2.99	3.01	43.96
家用纺织品	1 300	1 729	2 470	8.29	9.07	9.06	42.89
服装	12 053	14 437	21 180	76.88	75.77	77.68	46.71
其他	1 754	2 205	2 601	11.19	11.57	9.54	17.96
对中国出口							
纺织品服装合计	272	322	403	100.00	100.00	100.00	25.26
其中:纱线	63	55	66	23.16	17.08	16.38	20.43
面料	50	72	80	18.38	22.36	19.85	11.86
家用纺织品	2	2	3	0.74	0.62	0.74	15.47
服装	18	31	40	6.62	9.63	9.93	29.04
其他	139	162	214	51.10	50.31	53.10	32.10

*资料来源:美国海关统计。

2003～2005年美国进口纺织品服装主要来源国(地区)统计

(按2005年进口金额排序前20位)　　(金额单位:百万美元)

序号	国家(地区)	进口金额			占比(%)			同比±(%)
		2003	2004	2005	2003	2004	2005	2005/2004
	全球	89 738	96 628	102 840	100.00	100.00	100.00	6.43
1	中国	15 678	19 053	27 267	17.47	19.72	26.51	43.11
2	墨西哥	8 848	8 715	8 164	9.86	9.02	7.94	-6.32
3	印度	3 840	4 330	5 415	4.28	4.48	5.27	25.05
4	中国香港	4 073	4 223	3 816	4.54	4.37	3.71	-9.64
5	加拿大	3 719	3 776	3 565	4.14	3.91	3.47	-5.59
6	印度尼西亚	2 600	2 895	3 411	2.90	3.00	3.32	17.82
7	巴基斯坦	2 470	2 821	3 178	2.75	2.92	3.09	12.66
8	越南	2 604	2 830	2 979	2.90	2.93	2.90	5.29
9	洪都拉斯	2 632	2 813	2 762	2.93	2.91	2.69	-1.80
10	泰国	2 632	2 759	2 718	2.93	2.86	2.64	-1.49
11	孟加拉	2 093	2 244	2 653	2.33	2.32	2.58	18.20
12	意大利	2 604	2 698	2 569	2.90	2.79	2.50	-4.79
13	韩国	3 050	3 076	2 327	3.40	3.18	2.26	-24.37
14	菲律宾	2 123	2 039	2 046	2.37	2.11	1.99	0.33
15	多米尼加	2 253	2 186	1 982	2.51	2.26	1.93	-9.33
16	中国台湾	2 522	2 444	1 945	2.81	2.53	1.89	-20.40
17	危地马拉	1 851	2 042	1 909	2.06	2.11	1.86	-6.52
18	斯里兰卡	1 626	1 737	1 837	1.81	1.80	1.79	5.81
19	柬埔寨	1 324	1 534	1 832	1.48	1.59	1.78	19.42
20	土耳其	1 906	1 917	1 750	2.12	1.98	1.70	-8.68

*资料来源:美国海关统计。

2003～2005年美国出口纺织品服装主要市场统计

（按2005年出口金额排序前20位）　　（金额单位：百万美元）

序号	国家（地区）	出口金额			占比（%）			同比±（%）
		2003	2004	2005	2003	2004	2005	2005/2004
	全球	16 709	17 360	17 703	100.00	100.00	100.00	1.98
1	墨西哥	4 804	4 831	4 820	28.75	27.83	27.23	－0.23
2	加拿大	3 248	3 485	3 816	19.44	20.08	21.56	9.50
3	洪都拉斯	1 500	1 529	1 441	8.97	8.81	8.14	－5.73
4	多米尼加	1 242	1 246	1 088	7.43	7.18	6.14	－12.69
5	日本	541	583	655	3.24	3.36	3.70	12.31
6	萨尔瓦多	712	653	624	4.26	3.76	3.53	－4.45
7	中国	272	322	403	1.63	1.85	2.28	25.26
8	英国	340	339	374	2.03	1.95	2.11	10.39
9	比利时	273	300	357	1.63	1.73	2.02	19.19
10	危地马拉	348	398	342	2.09	2.30	1.93	－14.16
11	中国香港	290	314	305	1.74	1.81	1.72	－2.86
12	哥斯达黎加	352	343	293	2.10	1.97	1.65	－14.57
13	德国	224	232	251	1.34	1.33	1.42	8.22
14	海地	192	190	228	1.15	1.10	1.29	20.04
15	韩国	181	187	183	1.08	1.08	1.03	－1.91
16	哥伦比亚	158	168	168	0.95	0.97	0.95	0.10
17	澳大利亚	131	141	160	0.78	0.81	0.90	12.84
18	意大利	116	122	127	0.69	0.70	0.72	4.37
19	荷兰	113	113	127	0.68	0.65	0.72	11.98
20	法国	99	96	120	0.59	0.55	0.68	25.50

＊资料来源：美国海关统计。

2003～2005年美国进口纱线主要来源国(地区)统计

(按2005年进口金额排序前20位)　　(金额单位:百万美元)

序号	国家(地区)	进口金额			占比(%)			同比±(%)
		2003	2004	2005	2003	2004	2005	2005/2004
	全球	2 133	2 496	2 681	100.00	100.00	100.00	7.41
1	加拿大	510	549	551	23.91	22.01	20.56	0.35
2	墨西哥	336	394	427	15.75	15.80	15.93	8.29
3	中国	76	112	195	3.56	4.51	7.27	73.25
4	韩国	119	123	163	5.60	4.93	6.07	32.26
5	日本	129	126	127	6.03	5.05	4.74	0.65
6	意大利	100	143	127	4.68	5.75	4.73	-11.60
7	巴基斯坦	67	138	122	3.14	5.53	4.57	-11.27
8	荷兰	76	104	111	3.56	4.15	4.16	7.49
9	德国	91	87	104	4.28	3.47	3.90	20.62
10	印度尼西亚	40	68	83	1.87	2.74	3.10	21.63
11	中国台湾	44	54	76	2.06	2.17	2.83	39.94
12	以色列	69	73	68	3.24	2.92	2.55	-6.12
13	土耳其	31	42	65	1.45	1.67	2.42	54.98
14	英国	48	53	61	2.26	2.12	2.27	14.84
15	泰国	39	47	51	1.81	1.87	1.89	8.27
16	印度	19	16	39	0.90	0.65	1.44	137.89
17	法国	37	44	34	1.71	1.75	1.27	-22.27
18	西班牙	21	25	22	0.98	1.01	0.82	-12.51
19	巴西	40	43	21	1.90	1.74	0.79	-51.24
20	马来西亚	32	26	21	1.51	1.06	0.79	-19.70

* 资料来源:美国海关统计。

2003～2005 年美国出口纱线主要市场统计

（按 2005 年出口金额排序前 20 位）　　（金额单位：百万美元）

序号	国家(地区)	出口金额			占比(%)			同比±(%)
		2003	2004	2005	2003	2004	2005	2005/2004
	全球	1 847	2 076	2 134	100.00	100.00	100.00	2.80
1	加拿大	439	470	520	23.79	22.65	24.34	10.45
2	洪都拉斯	288	382	408	15.60	18.41	19.13	6.79
3	墨西哥	269	311	354	14.59	14.96	16.58	13.95
4	比利时	98	109	90	5.29	5.25	4.22	-17.30
5	危地马拉	55	73	80	3.00	3.54	3.75	9.07
6	中国	63	55	66	3.40	2.63	3.08	20.43
7	萨尔瓦多	36	51	53	1.94	2.44	2.47	4.05
8	韩国	69	73	49	3.76	3.54	2.32	-32.59
9	多米尼加	39	34	49	2.11	1.65	2.29	42.53
10	日本	51	57	49	2.76	2.74	2.27	-14.54
11	英国	42	37	46	2.26	1.79	2.13	22.24
12	荷兰	29	29	35	1.57	1.38	1.62	20.38
13	德国	26	27	31	1.40	1.31	1.43	12.26
14	巴西	38	49	30	2.05	2.38	1.42	-38.76
15	哥伦比亚	37	39	28	1.99	1.86	1.33	-26.22
16	哥斯达黎加	19	27	25	1.03	1.29	1.17	-6.82
17	澳大利亚	18	21	22	0.97	1.02	1.03	3.99
18	中国台湾	21	21	16	1.13	1.00	0.75	-23.17
19	泰国	12	17	16	0.65	0.82	0.74	-6.19
20	中国香港	21	18	15	1.16	0.88	0.73	-15.27

* 资料来源：美国海关统计。

2003～2005年美国进口面料主要来源国(地区)统计

(按2005年进口金额排序前20位)　　(金额单位:百万美元)

序号	国家(地区)	进口金额			占比(%)			同比±(%)
		2003	2004	2005	2003	2004	2005	2005/2004
	全球	4 822	4 964	4 921	100.00	100.00	100.00	-0.86
1	中国	495	570	821	10.27	11.49	16.69	43.96
2	韩国	608	632	586	12.61	12.74	11.91	-7.29
3	加拿大	606	572	543	12.57	11.52	11.03	-5.10
4	意大利	454	476	457	9.42	9.59	9.30	-3.88
5	中国台湾	418	388	359	8.66	7.82	7.30	-7.44
6	墨西哥	307	319	331	6.36	6.42	6.73	4.01
7	巴基斯坦	370	394	312	7.67	7.94	6.35	-20.72
8	印度	247	262	277	5.13	5.28	5.63	5.60
9	日本	172	198	170	3.56	3.99	3.46	-13.97
10	土耳其	123	129	125	2.56	2.60	2.54	-3.21
11	法国	106	117	106	2.20	2.35	2.16	-9.15
12	英国	93	105	104	1.93	2.11	2.12	-0.31
13	德国	79	83	80	1.65	1.67	1.62	-3.66
14	泰国	89	83	78	1.84	1.66	1.58	-5.65
15	比利时	79	75	68	1.63	1.51	1.39	-8.95
16	印度尼西亚	80	72	65	1.67	1.45	1.32	-9.66
17	以色列	59	68	60	1.23	1.37	1.21	-12.28
18	西班牙	35	38	35	0.73	0.78	0.72	-8.53
19	巴西	27	28	32	0.57	0.57	0.66	14.43
20	中国香港	61	51	32	1.26	1.03	0.66	-36.66

*资料来源:美国海关统计。

2003～2005年美国出口面料主要市场统计

（按2005年出口金额排序前20位）　　（金额单位：百万美元）

序号	国家(地区)	出口金额			占比(%)			同比±(%)
		2003	2004	2005	2003	2004	2005	2005/2004
	全球	4 671	5 212	5 057	100	100	100	－2.96
1	墨西哥	1 713	2 035	2 035	36.67	39.06	40.24	－0.03
2	加拿大	644	626	574	13.79	12.01	11.34	－8.35
3	洪都拉斯	479	561	557	10.25	10.77	11.02	－0.78
4	多米尼加	546	594	493	11.70	11.41	9.75	－17.06
5	萨尔瓦多	361	362	343	7.72	6.94	6.77	－5.30
6	危地马拉	174	222	178	3.73	4.25	3.51	－19.87
7	哥伦比亚	62	70	82	1.32	1.34	1.61	17.19
8	中国	50	72	80	1.08	1.38	1.59	11.86
9	中国香港	77	83	79	1.65	1.60	1.57	－4.63
10	哥斯达黎加	62	60	58	1.33	1.14	1.14	－3.59
11	英国	47	46	37	1.01	0.88	0.73	－19.31
12	巴西	10	14	27	0.22	0.26	0.53	98.00
13	澳大利亚	26	25	27	0.56	0.48	0.53	8.59
14	日本	24	23	25	0.51	0.44	0.49	7.57
15	德国	24	22	24	0.52	0.42	0.47	7.96
16	意大利	19	19	23	0.40	0.36	0.45	20.96
17	比利时	31	19	23	0.67	0.37	0.45	16.83
18	韩国	17	14	18	0.36	0.27	0.35	23.33
19	荷兰	14	14	15	0.29	0.28	0.29	1.48
20	法国	11	12	14	0.24	0.23	0.28	18.62

* 资料来源：美国海关统计。

2003~2005年美国进口家用纺织品主要来源国(地区)统计

(按2005年进口金额排序前20位)　　(金额单位:百万美元)

序号	国家(地区)	进口金额			占比(%)			同比±(%)
		2003	2004	2005	2003	2004	2005	2005/2004
	全球	4 624	5 536	6 590	100.00	100.00	100.00	19.04
1	中国	1 300	1 729	2 470	28.12	31.23	37.48	42.89
2	巴基斯坦	677	789	1 103	14.64	14.25	16.75	39.87
3	印度	669	811	974	14.48	14.64	14.78	20.13
4	土耳其	276	312	341	5.96	5.63	5.17	9.43
5	墨西哥	230	249	263	4.97	4.50	4.00	5.69
6	巴西	208	210	247	4.51	3.79	3.76	17.88
7	葡萄牙	207	213	205	4.47	3.84	3.10	-3.85
8	泰国	102	158	107	2.21	2.85	1.63	-32.08
9	以色列	80	93	94	1.73	1.68	1.42	0.71
10	意大利	83	95	92	1.78	1.72	1.39	-3.74
11	韩国	89	85	70	1.93	1.54	1.06	-18.40
12	加拿大	72	87	61	1.56	1.58	0.93	-29.88
13	中国台湾	107	84	60	2.31	1.52	0.91	-28.87
14	孟加拉	66	67	56	1.43	1.20	0.85	-16.15
15	埃及	42	45	50	0.90	0.82	0.76	9.97
16	巴林	10	42	31	0.21	0.75	0.47	-25.23
17	越南	16	35	29	0.34	0.63	0.45	-15.65
18	菲律宾	23	24	26	0.50	0.44	0.39	7.23
19	法国	22	23	22	0.48	0.42	0.33	-5.84
20	西班牙	17	19	21	0.37	0.34	0.32	10.86

*资料来源:美国海关统计。

2003～2005年美国出口家用纺织品主要市场统计

（按2005年出口金额排序前20位）　　（金额单位：百万美元）

序号	国家(地区)	出口金额			占比(%)			同比±(%)
		2003	2004	2005	2003	2004	2005	2005/2004
	全球	301	313	348	100.00	100.00	100.00	11.34
1	加拿大	189	198	215	62.77	63.48	61.78	8.37
2	墨西哥	33	21	24	11.13	6.74	6.95	14.79
3	日本	7	8	8	2.24	2.68	2.39	-0.66
4	英国	7	9	8	2.25	2.99	2.17	-19.37
5	萨尔瓦多	3	4	7	0.97	1.30	2.03	73.52
6	新加坡	2	5	6	0.79	1.48	1.78	34.20
7	荷兰	3	4	5	0.97	1.38	1.40	13.15
8	中国台湾	2	2	5	0.70	0.73	1.33	102.73
9	多米尼加	5	3	4	1.50	1.11	1.20	20.34
10	中国	2	2	3	0.53	0.77	0.80	15.47
11	沙特阿拉伯	4	2	3	1.36	0.78	0.75	7.17
12	巴拿马	3	3	2	1.13	0.91	0.70	-13.82
13	以色列	1	2	2	0.20	0.60	0.68	24.68
14	阿联酋	1	3	2	0.47	0.83	0.63	-15.38
15	德国	2	4	2	0.60	1.25	0.60	-46.26
16	澳大利亚	2	2	2	0.80	0.69	0.60	-3.98
17	中国香港	2	1	2	0.66	0.40	0.57	59.18
18	马来西亚	0	1	2	0.11	0.21	0.55	189.20
19	法国	1	1	2	0.45	0.42	0.52	38.52
20	危地马拉	1	1	2	0.41	0.47	0.47	13.01

*资料来源：美国海关统计。

2003～2005年美国进口服装主要来源国(地区)统计

(按2005年进口金额排序前20位) (金额单位:百万美元)

序号	国家(地区)	进口金额			占比(%)			同比±(%)
		2003	2004	2005	2003	2004	2005	2005/2004
	全球	71 435	75 888	80 188	100.00	100.00	100.00	5.67
1	中国	12 053	14 437	21 180	16.87	19.02	26.41	46.71
2	墨西哥	7 257	7 005	6 375	10.16	9.23	7.95	-8.99
3	中国香港	3 968	4 129	3 738	5.55	5.44	4.66	-9.47
4	印度	2 311	2 543	3 377	3.23	3.35	4.21	32.82
5	印度尼西亚	2 418	2 684	3 198	3.38	3.54	3.99	19.13
6	越南	2 562	2 757	2 915	3.59	3.63	3.64	5.72
7	洪都拉斯	2 623	2 802	2 745	3.67	3.69	3.42	-2.02
8	孟加拉	1 973	2 119	2 531	2.76	2.79	3.16	19.44
9	泰国	2 309	2 378	2 382	3.23	3.13	2.97	0.16
10	菲律宾	2 009	1 935	1 980	2.81	2.55	2.47	2.33
11	危地马拉	1 836	2 026	1 891	2.57	2.67	2.36	-6.66
12	多米尼加	2 175	2 106	1 889	3.04	2.77	2.36	-10.28
13	柬埔寨	1 311	1 520	1 817	1.84	2.00	2.27	19.55
14	斯里兰卡	1 568	1 690	1 796	2.19	2.23	2.24	6.32
15	意大利	1 826	1 837	1 759	2.56	2.42	2.19	-4.23
16	萨尔瓦多	1 759	1 760	1 658	2.46	2.32	2.07	-5.81
17	加拿大	1 754	1 714	1 485	2.46	2.26	1.85	-13.34
18	巴基斯坦	1 211	1 333	1 457	1.70	1.76	1.82	9.36
19	韩国	2 042	2 059	1 319	2.86	2.71	1.65	-35.93
20	马来西亚	1 253	1 279	1 297	1.75	1.69	1.62	1.39

*资料来源:美国海关统计。

2003～2005 年美国出口服装主要市场统计

（按 2005 年出口金额排序前 20 位）　　　　（金额单位：百万美元）

序号	国家(地区)	出口金额			占比(%)			同比±(%)
		2003	2004	2005	2003	2004	2005	2005/2004
	全球	5 534	5 059	5 001	100.00	100.00	100.00	－1.16
1	墨西哥	1 649	1 301	1 124	29.80	25.72	22.48	－13.60
2	加拿大	756	855	1 009	13.65	16.89	20.17	18.03
3	多米尼加	587	533	471	10.61	10.53	9.41	－11.63
4	洪都拉斯	679	526	422	12.28	10.40	8.44	－19.82
5	日本	282	301	369	5.09	5.95	7.38	22.58
6	萨尔瓦多	287	207	192	5.18	4.10	3.85	－7.31
7	哥斯达黎加	246	230	187	4.45	4.54	3.73	－18.85
8	海地	153	142	152	2.76	2.81	3.04	6.71
9	英国	104	101	124	1.87	2.00	2.48	22.82
10	比利时	49	71	116	0.88	1.41	2.33	63.65
11	德国	42	43	55	0.76	0.85	1.09	27.16
12	危地马拉	83	69	54	1.50	1.36	1.09	－21.16
13	韩国	36	42	54	0.65	0.84	1.07	26.71
14	中国香港	40	55	51	0.73	1.09	1.02	－7.76
15	意大利	32	41	47	0.57	0.80	0.93	14.86
16	澳大利亚	29	33	43	0.52	0.65	0.86	32.31
17	中国	18	31	40	0.33	0.62	0.81	29.04
18	哥伦比亚	37	35	35	0.68	0.70	0.70	－1.08
19	法国	27	23	26	0.48	0.46	0.53	12.98
20	尼加拉瓜	44	42	26	0.80	0.84	0.52	－39.12

* 资料来源：美国海关统计。

日本海关进出口统计

2003~2005年日本纺织品服装贸易主要商品统计

(金额单位:百万美元)

商品名称	金额			占比(%)			同比±(%)
	2003	2004	2005	2003	2004	2005	2005/2004
自全球进口							
纺织品服装合计	24 589	27 390	28 556	100.00	100.00	100.00	4.26
其中:纱线	1 102	1 190	1 084	4.48	4.34	3.80	-8.91
面料	1 107	1 263	1 280	4.50	4.61	4.48	1.35
家用纺织品	1 127	1 236	1 333	4.58	4.51	4.67	7.81
服装	19 479	21 697	22 624	79.22	79.22	79.23	4.27
其他	1 774	2 004	2 235	7.21	7.32	7.83	11.53
对全球出口							
纺织品服装合计	6 975	7 799	7 475	100.00	100.00	100.00	-4.15
其中:纱线	969	63	1 034	13.89	0.81	13.83	1538.50
面料	3 985	4 379	4 125	57.13	56.15	55.18	-5.80
家用纺织品	29.7	40.3	37.6	0.43	0.52	0.50	-6.70
服装	513	615	500	7.35	7.89	6.69	-18.70
其他	1 478	2 702	1 778	21.19	34.64	23.79	-34.17

*资料来源:日本海关统计。

2003～2005年日本与中国纺织品服装贸易主要商品统计

（金额单位：百万美元）

商品名称	金额			占比(%)			同比±(%)
	2002	2003	2004	2002	2003	2004	2004/2003
自全球进口							
纺织品服装合计	18 007	20 331	21 362	100.00	100.00	100.00	5.07
其中：纱线	323	344	310	1.79	1.69	1.45	-9.96
面料	373	446	464	2.07	2.19	2.17	4.0
家用纺织品	957	1 058	1 153	5.31	5.20	5.40	8.9
服装	15 567	17 542	18 300	86.45	86.28	85.67	4.32
其他	787	941	1 135	4.37	4.63	5.31	20.62
对中国出口							
纺织品服装合计	2 824	3 206	3 101	100.00	100.00	100.00	-3.26
其中：纱线	194	233	223	6.87	7.27	7.19	-4.55
面料	2 194	2 438	2 328	77.69	76.04	75.07	-4.51
家用纺织品	4	5	6	0.14	0.16	0.19	9.43
服装	43	60	59	1.52	1.87	1.90	-1.73
其他	389	470	485	13.77	14.66	15.64	3.19

* 资料来源：日本海关统计。

2003～2005年日本进口纺织品服装主要来源国(地区)统计

(按2005年进口金额排序前20位)　　(金额单位:百万美元)

序号	国家(地区)	进口金额			占比(%)			同比±(%)
		2003	2004	2005	2003	2004	2005	2005/2004
	全球	24 589	27 390	28 556	100.00	100.00	100.00	4.26
1	中国	18 007	20 331	21 362	73.23	74.23	74.81	5.07
2	意大利	1 345	1 444	1 407	5.47	5.27	4.93	-2.50
3	韩国	649	634	767	2.64	2.31	2.68	20.96
4	越南	594	684	744	2.42	2.50	2.61	8.76
5	美国	541	579	615	2.20	2.11	2.15	6.11
6	印度尼西亚	490	496	487	1.99	1.81	1.71	-1.76
7	泰国	413	461	475	1.68	1.68	1.66	2.87
8	中国台湾	303	371	369	1.23	1.35	1.29	-0.56
9	印度	271	278	300	1.10	1.02	1.05	7.69
10	法国	318	317	283	1.29	1.16	0.99	-10.63
11	马来西亚	196	208	210	0.80	0.76	0.74	0.80
12	英国	184	190	170	0.75	0.69	0.59	-10.74
13	菲律宾	131	133	137	0.53	0.49	0.48	2.99
14	德国	131	138	132	0.53	0.50	0.46	-4.23
15	巴基斯坦	86	97	86	0.35	0.36	0.30	-11.90
16	中国香港	72	84	72	0.29	0.31	0.25	-13.78
17	土耳其	51	57	67	0.21	0.21	0.24	18.51
18	西班牙	69	75	59	0.28	0.28	0.21	-21.09
19	比利时	63	60	55	0.26	0.22	0.19	-7.99
20	缅甸	33	45	54	0.13	0.17	0.19	18.58

* 资料来源:日本海关统计。

2003～2005年日本出口纺织品服装主要市场统计

（按2005年出口金额排序前20位）（金额单位：百万美元）

序号	国家（地区）	出口金额			占比（%）			同比±（%）
		2003	2004	2005	2003	2004	2005	2005/2004
	全球	6 975	7 799	7 475	100.00	100.00	100.00	－4.15
1	中国	2 824	3 206	3 101	40.49	41.10	41.48	－3.26
2	中国香港	858	979	838	12.31	12.55	11.20	－14.44
3	美国	547	616	606	7.84	7.90	8.10	－1.71
4	韩国	398	399	379	5.71	5.12	5.08	－4.95
5	中国台湾	319	388	342	4.57	4.98	4.57	－11.99
6	越南	235	277	318	3.38	3.55	4.25	14.87
7	泰国	206	245	255	2.95	3.14	3.41	4.20
8	德国	128	139	133	1.84	1.78	1.78	－4.26
9	意大利	118	141	131	1.70	1.81	1.75	－7.26
10	阿联酋	117	134	126	1.68	1.72	1.69	－5.87
11	法国	110	121	118	1.58	1.55	1.58	－2.06
12	印度尼西亚	94	103	99	1.35	1.32	1.33	－3.10
13	沙特阿拉伯	79	74	92	1.13	0.94	1.23	24.79
14	菲律宾	113	112	88	1.62	1.44	1.18	－21.71
15	马来西亚	81	84	86	1.17	1.08	1.15	1.99
16	新加坡	80	77	71	1.15	0.98	0.95	－7.51
17	英国	66	65	62	0.95	0.84	0.82	－5.80
18	印度	40	47	60	0.58	0.61	0.80	25.75
19	荷兰	56	64	49	0.80	0.82	0.66	－23.49
20	西班牙	38	39	41	0.55	0.50	0.55	5.23

＊资料来源：日本海关统计。

2003~2005年日本进口纱线主要来源国(地区)统计

(按2005年进口金额排序前20位) (金额单位:百万美元)

序号	国家(地区)	进口金额			占比(%)			同比±(%)
		2003	2004	2005	2003	2004	2005	2005/2004
	全球	1 102	1 190	1 084	100.00	100.00	100.00	-8.91
1	中国	323	344	310	29.28	28.89	28.56	-9.96
2	印度尼西亚	189	177	152	17.11	14.84	14.00	-14.10
3	中国台湾	102	135	141	9.27	11.35	13.05	4.77
4	印度	98	96	77	8.88	8.03	7.14	-19.00
5	泰国	63	73	65	5.68	6.11	5.95	-11.22
6	韩国	49	55	60	4.44	4.61	5.50	8.68
7	巴基斯坦	53	62	59	4.83	5.24	5.43	-5.64
8	美国	50	50	41	4.57	4.17	3.82	-16.38
9	德国	24	37	37	2.21	3.13	3.46	0.67
10	马来西亚	38	32	29	3.45	2.71	2.70	-9.23
11	意大利	29	29	23	2.62	2.43	2.16	-18.92
12	越南	11	12	13	0.97	1.00	1.23	12.07
13	巴西	10	13	11	0.86	1.10	1.00	-17.17
14	中国香港	8	16	10	0.77	1.30	0.94	-34.20
15	法国	7	7	8	0.62	0.59	0.75	15.26
16	英国	7	10	6	0.65	0.81	0.59	-34.32
17	荷兰	5	8	6	0.45	0.65	0.52	-27.20
18	秘鲁	8	6	5	0.76	0.53	0.46	-22.00
19	瑞士	3	5	5	0.29	0.43	0.44	-7.13
20	加拿大	3	5	5	0.27	0.40	0.43	-2.54

* 资料来源:日本海关统计。

2003～2005年日本出口纱线主要市场统计

(按2005年出口金额排序前20位)　　(金额单位:百万美元)

序号	国家(地区)	出口金额			占比(%)			同比±(%)
		2003	2004	2005	2003	2004	2005	2005/2004
	全球	969	63	1 034	100.00	100.00	100.00	1538.50
1	中国	194	233	223	19.99	370.00	21.55	-4.55
2	美国	117	130	124	12.11	205.98	12.01	-4.50
3	中国香港	114	107	100	11.72	169.00	9.71	-5.87
4	韩国	80	71	73	8.30	112.53	7.04	2.54
5	中国台湾	75	87	72	7.70	137.69	7.00	-16.69
6	泰国	44	67	71	4.57	106.01	6.90	6.70
7	法国	34	39	44	3.48	61.41	4.28	14.21
8	德国	36	36	35	3.68	56.76	3.36	-2.97
9	意大利	34	36	33	3.56	57.15	3.22	-7.59
10	荷兰	27	38	28	2.80	59.65	2.70	-25.75
11	印度尼西亚	19	21	23	1.96	33.80	2.24	8.70
12	印度	11	15	22	1.09	23.22	2.14	51.12
13	土耳其	18	22	21	1.90	34.51	2.08	-1.35
14	菲律宾	27	28	19	2.75	43.99	1.86	-30.81
15	比利时	14	14	18	1.39	22.95	1.72	22.97
16	越南	8	10	11	0.88	15.72	1.09	13.14
17	马来西亚	11	11	11	1.18	17.24	1.08	2.40
18	西班牙	11	8	8	1.10	11.95	0.76	4.03
19	葡萄牙	5	7	7	0.56	11.64	0.72	0.74
20	英国	8	9	7	0.82	14.41	0.69	-21.67

*资料来源:日本海关统计。

2003～2005年日本进口面料主要来源国(地区)统计

(按2005年进口金额排序前20位) (金额单位:百万美元)

序号	国家(地区)	进口金额			占比(%)			同比±(%)
		2003	2004	2005	2003	2004	2005	2005/2004
	全球	1 107	1 263	1 280	100.00	100.00	100.00	1.35
1	中国	373	446	464	33.70	35.35	36.28	4.00
2	意大利	230	258	255	20.73	20.44	19.89	-1.38
3	印度尼西亚	79	97	103	7.13	7.70	8.06	6.10
4	韩国	86	88	93	7.75	6.99	7.25	5.11
5	中国台湾	60	88	84	5.41	6.95	6.54	-4.69
6	英国	41	47	44	3.72	3.71	3.43	-6.48
7	美国	36	32	33	3.28	2.55	2.61	3.98
8	泰国	24	26	26	2.17	2.04	2.05	2.02
9	法国	21	20	19	1.91	1.62	1.46	-8.49
10	德国	21	21	17	1.94	1.70	1.36	-18.87
11	菲律宾	14	12	14	1.25	0.94	1.13	22.37
12	印度	11	10	14	1.03	0.80	1.07	35.49
13	马耳他	10	12	12	0.94	0.93	0.91	-0.59
14	越南	6	10	11	0.55	0.77	0.88	16.53
15	巴基斯坦	15	16	10	1.32	1.23	0.78	-35.60
16	中国澳门	7	8	10	0.64	0.62	0.76	25.64
17	比利时	8	10	8	0.71	0.76	0.65	-13.19
18	瑞士	10	10	8	0.90	0.83	0.64	-22.12
19	马来西亚	7	8	7	0.60	0.60	0.57	-5.07
20	西班牙	5	7	7	0.47	0.52	0.52	1.76

*资料来源:日本海关统计。

2003～2005年日本出口面料主要市场统计

（按2005年出口金额排序前20位）（金额单位：百万美元）

序号	国家(地区)	出口金额			占比(%)			同比±(%)
		2003	2004	2005	2003	2004	2005	2005/2004
	全球	3 985	4 379	4 125	100	100	100	-5.8
1	中国	2 194	2 438	2 328	55.06	55.67	56.44	-4.51
2	中国香港	392	452	397	9.83	10.32	9.62	-12.27
3	越南	176	207	231	4.42	4.73	5.6	11.48
4	美国	163	182	158	4.1	4.16	3.82	-13.58
5	韩国	175	169	143	4.39	3.86	3.46	-15.64
6	泰国	87	91	92	2.18	2.08	2.24	1.46
7	中国台湾	66	84	75	1.65	1.92	1.81	-10.88
8	阿联酋	61	73	68	1.53	1.67	1.66	-5.89
9	沙特阿拉伯	47	43	50	1.19	0.98	1.21	15.76
10	意大利	46	63	50	1.15	1.44	1.21	-21.58
11	菲律宾	61	60	45	1.54	1.37	1.09	-24.51
12	印度尼西亚	39	43	36	0.99	0.98	0.86	-16.76
13	德国	39	40	35	0.98	0.91	0.86	-12.33
14	马来西亚	32	30	33	0.81	0.69	0.8	10.05
15	新加坡	33	26	28	0.82	0.59	0.69	8.64
16	法国	30	28	27	0.76	0.64	0.65	-4.67
17	印度	21	23	24	0.52	0.53	0.58	6.97
18	斯里兰卡	24	20	19	0.59	0.46	0.46	-3.6
19	西班牙	16	19	19	0.41	0.43	0.45	-2.34
20	英国	22	20	16	0.56	0.46	0.4	-17.64

* 资料来源：日本海关统计。

2003~2005年日本进口家用纺织品主要来源国(地区)统计

(按2005年进口金额排序前20位)　　(金额单位:百万美元)

序号	国家(地区)	进口金额			占比(%)			同比±(%)
		2003	2004	2005	2003	2004	2005	2005/2004
	全球	1 127	1 236	1 333	100.00	100.00	100.00	7.81
1	中国	957	1 058	1 153	84.93	85.61	86.48	8.90
2	越南	41	48	48	3.66	3.92	3.61	-0.72
3	印度	30	25	25	2.69	2.01	1.89	1.57
4	印度尼西亚	18	21	22	1.57	1.68	1.66	6.13
5	泰国	10	11	11	0.84	0.90	0.81	-2.41
6	中国台湾	10	9	10	0.88	0.73	0.72	6.09
7	韩国	12	10	9	1.09	0.78	0.69	-4.16
8	意大利	6	8	8	0.57	0.62	0.56	-1.62
9	德国	6	6	7	0.53	0.49	0.53	16.84
10	美国	6	7	6	0.56	0.54	0.44	-12.12
11	菲律宾	6	6	6	0.50	0.50	0.44	-7.08
12	法国	4	4	5	0.39	0.30	0.37	30.60
13	土耳其	2	3	4	0.18	0.28	0.31	20.22
14	葡萄牙	2	2	2	0.20	0.20	0.18	-3.87
15	英国	3	2	2	0.23	0.18	0.16	-7.63
16	西班牙	1	2	2	0.11	0.13	0.16	30.03
17	立陶宛	1	2	2	0.09	0.13	0.14	11.77
18	瑞士	1	1	2	0.11	0.11	0.13	23.99
19	丹麦	1	1	1	0.09	0.10	0.09	-7.46
20	比利时	1	1	1	0.10	0.09	0.08	2.25

*资料来源:日本海关统计。

2003～2005年日本出口家用纺织品主要市场统计

（按2005年出口金额排序前20位）　　（金额单位：百万美元）

序号	国家(地区)	出口金额			占比(%)			同比±(%)
		2003	2004	2005	2003	2004	2005	2005/2004
	全球	29.7	40.3	37.6	100.00	100.00	100.00	-6.64
1	中国台湾	8.9	14.3	12.2	29.89	35.56	32.44	-14.83
2	中国	3.7	5.0	5.5	12.49	12.48	14.63	9.43
3	美国	4.2	6.0	4.1	14.15	15.02	10.92	-32.13
4	泰国	0.7	1.7	3.1	2.39	4.20	8.12	80.63
5	中国香港	2.8	3.2	2.8	9.48	7.93	7.45	-12.26
6	韩国	2.6	2.5	2.7	8.63	6.22	7.11	6.83
7	菲律宾	1.1	1.3	1.4	3.83	3.28	3.65	3.64
8	越南	0.2	0.4	0.9	0.67	0.98	2.51	137.91
9	英国	0.5	0.6	0.7	1.66	1.52	1.88	15.54
10	德国	0.4	0.6	0.6	1.27	1.44	1.68	9.30
11	新加坡	1.2	0.5	0.5	3.95	1.17	1.45	15.97
12	土耳其	0.4	0.8	0.4	1.31	2.04	1.17	-46.73
13	瑞典	0.3	0.4	0.4	1.07	0.93	1.02	1.76
14	法国	0.3	0.2	0.2	0.88	0.59	0.63	-0.75
15	巴基斯坦	0.0	0.1	0.2	0.04	0.24	0.62	143.56
16	马来西亚	0.2	0.1	0.2	0.67	0.24	0.51	100.20
17	约旦	0.1	0.1	0.2	0.39	0.35	0.50	32.53
18	印度尼西亚	0.2	0.2	0.2	0.84	0.38	0.49	19.83
19	俄罗斯	0.0	0.0	0.1	0.01	0.04	0.29	540.01
20	西班牙	0.2	0.1	0.1	0.53	0.30	0.28	-12.28

＊资料来源：日本海关统计。

2003～2005年日本进口服装主要来源国(地区)统计

(按2005年进口金额排序前20位) (金额单位:百万美元)

序号	国家(地区)	进口金额			占比(%)			同比±(%)
		2003	2004	2005	2003	2004	2005	2005/2004
	全球	19 479	21 697	22 624	100.00	100.00	100.00	4.27
1	中国	15 567	17 542	18 300	79.91	80.85	80.89	4.32
2	意大利	1 054	1 124	1 102	5.41	5.18	4.87	-1.96
3	越南	501	571	616	2.57	2.63	2.72	8.06
4	韩国	345	316	437	1.77	1.46	1.93	38.14
5	美国	238	259	296	1.22	1.19	1.31	14.34
6	泰国	260	279	288	1.34	1.29	1.27	3.12
7	法国	255	252	219	1.31	1.16	0.97	-13.32
8	马来西亚	136	150	153	0.70	0.69	0.68	1.56
9	印度	95	110	142	0.49	0.51	0.63	29.39
10	印度尼西亚	141	131	130	0.72	0.60	0.58	-0.61
11	菲律宾	98	104	106	0.50	0.48	0.47	1.66
12	英国	110	108	94	0.56	0.50	0.42	-12.71
13	中国台湾	65	68	66	0.33	0.31	0.29	-2.91
14	中国香港	56	64	58	0.29	0.30	0.26	-9.65
15	缅甸	32	45	53	0.16	0.21	0.23	18.54
16	罗马尼亚	28	42	53	0.14	0.19	0.23	27.63
17	西班牙	58	63	46	0.30	0.29	0.20	-26.84
18	土耳其	29	37	45	0.15	0.17	0.20	21.29
19	葡萄牙	26	35	31	0.13	0.16	0.14	-12.21
20	德国	44	32	30	0.22	0.15	0.13	-8.85

* 资料来源:日本海关统计。

2003～2005年日本出口服装主要市场统计

（按2005年出口金额排序前20位）（金额单位：百万美元）

序号	国家(地区)	出口金额			占比(%)			同比±(%)
		2003	2004	2005	2003	2004	2005	2005/2004
	全球	513	615	500	100.00	100.00	100.00	-18.65
1	中国台湾	89	114	102	17.33	18.51	20.48	-10.01
2	美国	72	85	85	14.13	13.87	17.08	0.19
3	中国香港	137	170	69	26.63	27.69	13.80	-59.46
4	中国	43	60	59	8.31	9.82	11.86	-1.73
5	韩国	50	45	45	9.67	7.39	8.94	-1.54
6	法国	31	35	28	5.95	5.76	5.52	-22.04
7	英国	22	19	21	4.37	3.10	4.19	9.93
8	意大利	12	13	19	2.37	2.18	3.84	43.40
9	德国	10	14	12	1.94	2.31	2.49	-12.29
10	西班牙	4	6	7	0.86	1.03	1.43	13.55
11	越南	4	6	6	0.86	0.90	1.15	4.32
12	泰国	3	6	6	0.64	1.02	1.15	-8.28
13	澳大利亚	3	4	4	0.57	0.60	0.85	14.24
14	加拿大	3	3	3	0.53	0.44	0.69	29.81
15	新加坡	4	4	3	0.79	0.60	0.68	-7.32
16	荷兰	4	2	3	0.71	0.38	0.67	44.58
17	瑞典	2	3	3	0.39	0.41	0.53	4.56
18	阿联酋	2	3	2	0.36	0.41	0.48	-3.38
19	芬兰	2	2	2	0.30	0.32	0.47	18.69
20	马来西亚	1	2	2	0.24	0.36	0.36	-19.03

* 资料来源：日本海关统计。

中国香港海关进出口统计

2003～2005年中国香港地区纺织品服装贸易主要商品统计

(金额单位:百万美元)

商品名称	金额			占比(%)			同比±(%)
	2003	2004	2005	2003	2004	2005	2005/2004
自全球进口							
纺织品服装合计	28 908	31 282	32 263	100.00	100.00	100.00	3.13
其中:纱线	3 911	4 227	4 042	13.53	13.51	12.53	-4.37
面料	7 436	8 296	8 109	25.72	26.52	25.13	-2.25
家用纺织品	216	208	210	0.75	0.66	0.65	0.63
服装	15 966	17 154	18 456	55.23	54.84	57.20	7.59
其他	1 379	1 397	1 446	4.77	4.47	4.48	3.51
对全球出口							
纺织品服装合计	8 963	8 825	7 836	100.00	100.00	100.00	-11.21
其中:纱线	57	58	53	0.64	0.66	0.68	-7.96
面料	586	513	440	6.54	5.81	5.62	-14.23
家用纺织品	14	12	13	0.16	0.14	0.17	5.57
服装	8 204	8 139	7 230	91.53	92.23	92.27	-11.17
其他	102	103	100	1.14	1.17	1.28	-2.91

*资料来源:香港海关统计。

2003～2005年中国香港地区与中国(内地)纺织品服装贸易主要商品统计

(金额单位:百万美元)

商品名称	金额			占比(%)			同比±(%)
	2002	2003	2004	2002	2003	2004	2004/2003
自中国进口							
纺织品服装合计	19 223	20 960	22 888	100.00	100.00	100.00	9.20
其中:纱线	2 285	2 429	2 430	11.89	11.59	10.62	0.04
面料	4 318	4 800	4 988	22.46	22.90	21.79	3.92
家用纺织品	170	177	177	0.88	0.84	0.77	-0.15
服装	11 952	13 010	14 700	62.18	62.07	64.23	12.99
其他	498	544	593	2.59	2.60	2.59	9.01
对中国出口							
纺织品服装合计	2 206	2 159	2 178	100.00	100.00	100.00	0.87
其中:纱线	40.6	34.7	39.0	1.84	1.61	1.79	12.39
面料	255	248	251	11.56	11.49	11.52	1.01
家用纺织品	5.6	0.4	0	0.25	0.00	0.00	-92.29
服装	1 879	1 849	1 860	85.18	85.64	85.40	0.59
其他	25	27	28	1.15	1.26	1.29	2.56

* 资料来源:香港海关统计。

2003～2005年中国香港地区进口纺织品服装主要来源国(地区)统计

(按2005年进口金额排序前20位)　　　　(金额单位:百万美元)

序号	国家(地区)	进口金额			占比(%)			同比±(%)
		2003	2004	2005	2003	2004	2005	2005/2004
	全球	28 908	31 282	32 263	100.00	100.00	100.00	3.13
1	中国	19 223	20 960	22 888	66.50	67.00	70.94	9.20
2	中国台湾	1 700	1 775	1 624	5.88	5.68	5.03	-8.50
3	意大利	856	1 048	1 128	2.96	3.35	3.50	7.61
4	日本	973	1 187	877	3.37	3.79	2.72	-26.11
5	韩国	1 065	997	856	3.69	3.19	2.65	-14.07
6	巴基斯坦	451	543	499	1.56	1.73	1.55	-7.99
7	美国	265	275	283	0.92	0.88	0.88	3.00
8	英国	299	310	240	1.03	0.99	0.74	-22.59
9	法国	188	208	203	0.65	0.66	0.63	-2.44
10	印度	181	228	156	0.63	0.73	0.48	-31.59
11	泰国	124	156	155	0.43	0.50	0.48	-0.32
12	澳大利亚	305	306	154	1.06	0.98	0.48	-49.81
13	印度尼西亚	172	194	140	0.59	0.62	0.43	-28.03
14	德国	118	139	140	0.41	0.45	0.43	0.20
15	中国澳门	83	132	139	0.29	0.42	0.43	4.84
16	马来西亚	103	123	91	0.36	0.39	0.28	-26.25
17	西班牙	47	57	60	0.16	0.18	0.19	5.56
18	土耳其	35	48	56	0.12	0.15	0.17	18.12
19	瑞士	39	44	45	0.13	0.14	0.14	4.28
20	菲律宾	84	82	45	0.29	0.26	0.14	-44.89

*资料来源:香港海关统计。

2003~2005年中国香港地区出口纺织品服装主要市场统计

（按2005年出口金额排序前20位）　　（金额单位：百万美元）

序号	国家(地区)	出口金额			占比(%)			同比±(%)
		2003	2004	2005	2003	2004	2005	2005/2004
	全球	8 963	8 825	7 836	100.00	100.00	100.00	-11.21
1	美国	3 750	3 724	3 290	41.84	42.20	41.99	-11.65
2	中国	2 206	2 159	2 178	24.61	24.47	27.80	0.87
3	英国	810	826	612	9.04	9.36	7.81	-25.85
4	德国	475	488	384	5.30	5.53	4.90	-21.28
5	中国台湾	197	236	319	2.20	2.67	4.07	35.27
6	意大利	79	110	121	0.88	1.24	1.55	10.36
7	荷兰	174	154	115	1.94	1.75	1.46	-25.80
8	法国	122	137	107	1.36	1.56	1.36	-22.12
9	墨西哥	146	84	89	1.63	0.95	1.14	6.33
10	西班牙	111	73	69	1.24	0.83	0.88	-6.36
11	加拿大	222	200	66	2.48	2.27	0.84	-67.12
12	瑞典	91	87	42	1.01	0.98	0.53	-51.69
13	丹麦	64	66	40	0.72	0.75	0.51	-38.98
14	日本	48	54	34	0.54	0.61	0.44	-35.90
15	孟加拉	36	33	27	0.40	0.37	0.34	-19.22
16	比利时	41	29	23	0.46	0.33	0.30	-19.29
17	菲律宾	41	31	23	0.46	0.35	0.29	-24.94
18	印度尼西亚	27	24	21	0.31	0.27	0.27	-11.83
19	越南	19	17	18	0.22	0.20	0.23	5.22
20	韩国	25	23	18	0.28	0.26	0.23	-21.49

*资料来源：香港海关统计。

2003~2005年中国香港地区进口纱线主要来源国(地区)统计

(按2005年进口金额排序前20位) (金额单位:百万美元)

序号	国家(地区)	进口金额			占比(%)			同比±(%)
		2003	2004	2005	2003	2004	2005	2005/2004
	全球	3 911	4 227	4 042	100.00	100.00	100.00	-4.37
1	中国	2 285	2 429	2 430	58.42	57.48	60.11	0.04
2	中国台湾	399	431	417	10.20	10.21	10.32	-3.29
3	巴基斯坦	311	377	377	7.94	8.92	9.32	-0.09
4	意大利	246	267	265	6.29	6.31	6.55	-0.75
5	南非	199	168	117	5.09	3.99	2.90	-30.33
6	日本	117	110	106	2.99	2.60	2.62	-3.74
7	印度尼西亚	95	111	76	2.43	2.63	1.88	-31.61
8	印度	84	138	75	2.14	3.26	1.85	-45.80
9	泰国	21	34	36	0.54	0.81	0.88	4.55
10	英国	24	28	24	0.60	0.67	0.59	-16.15
11	美国	20	17	19	0.52	0.41	0.47	8.45
12	新加坡	23	23	19	0.59	0.55	0.46	-19.28
13	马来西亚	18	16	13	0.46	0.38	0.33	-15.61
14	德国	12	12	11	0.30	0.28	0.26	-10.33
15	越南	7	7	9	0.17	0.17	0.21	22.13
16	法国	6	6	6	0.15	0.14	0.15	-2.23
17	秘鲁	5	7	5	0.13	0.16	0.13	-25.31
18	瑞士	4	8	5	0.11	0.20	0.12	-42.80
19	以色列	2	3	4	0.05	0.07	0.11	56.75
20	墨西哥	1	1	3	0.03	0.02	0.07	254.13

* 资料来源:香港海关统计。

2003～2005年中国香港地区出口纱线主要市场统计

（按2005年出口金额排序前20位）（金额单位：百万美元）

序号	国家(地区)	出口金额			占比(%)			同比±(%)
		2003	2004	2005	2003	2004	2005	2005/2004
	全球	57.170	57.980	53.365	100.00	100.00	100.00	-7.96
1	中国	40.587	34.683	39.008	70.99	59.82	73.10	12.39
2	日本	7.950	14.157	8.963	13.91	24.42	16.80	-36.69
3	马来西亚	3.174	6.350	3.211	5.55	10.95	6.02	-49.44
4	越南	0.225	0.191	0.385	0.39	0.33	0.72	102.19
5	中国台湾	0.321	0.290	0.312	0.56	0.50	0.58	7.45
6	印度	1.692	0.694	0.258	2.96	1.20	0.48	-62.84
7	菲律宾	0.950	0.372	0.208	1.66	0.64	0.39	-44.01
8	老挝	0.011	0.076	0.203	0.02	0.13	0.38	166.73
9	泰国	0.202	0.068	0.153	0.35	0.12	0.29	125.51
10	中国澳门	0.191	0.134	0.149	0.34	0.23	0.28	11.26
11	美国	0.080	0.103	0.116	0.14	0.18	0.22	12.52
12	印度尼西亚	0.128	0.107	0.066	0.22	0.19	0.12	-38.17
13	马达加斯加	0.090	0.019	0.053	0.16	0.03	0.10	180.24
14	孟加拉	0.563	0.183	0.052	0.99	0.32	0.10	-71.65
15	柬埔寨	0.039	0.067	0.048	0.07	0.12	0.09	-28.62
16	斯里兰卡	0.023	0.009	0.028	0.04	0.02	0.05	199.07
17	德国	0.027	0.019	0.018	0.05	0.03	0.03	-4.95
18	缅甸	0.130	0.003	0.017	0.23	0.01	0.03	385.35
19	澳大利亚	0.031	0.025	0.014	0.05	0.04	0.03	-42.25
20	乌克兰	0.057	0.026	0.010	0.10	0.05	0.02	-61.80

*资料来源：香港海关统计。

2003～2005年中国香港地区进口面料主要来源国(地区)统计

(按2005年进口金额排序前20位)　　(金额单位:百万美元)

序号	国家(地区)	进口金额			占比(%)			同比±(%)
		2003	2004	2005	2003	2004	2005	2005/2004
	全球	7 436.1	8 295.7	8 109.1	100.00	100.00	100.00	-2.25
1	中国	4 317.8	4 800.2	4 988.0	58.07	57.86	61.51	3.91
2	中国台湾	960.4	1 042.6	915.9	12.91	12.57	11.30	-12.15
3	韩国	734.5	710.0	619.3	9.88	8.56	7.64	-12.77
4	日本	444.1	522.4	459.8	5.97	6.30	5.67	-11.97
5	意大利	278.8	368.9	385.4	3.75	4.45	4.75	4.47
6	巴基斯坦	119.8	141.9	114.4	1.61	1.71	1.41	-19.39
7	美国	93.3	101.2	99.2	1.25	1.22	1.22	-1.99
8	泰国	47.7	63.4	61.7	0.64	0.76	0.76	-2.75
9	印度	35.8	51.1	52.8	0.48	0.62	0.65	3.33
10	英国	55.0	60.3	51.7	0.74	0.73	0.64	-14.23
11	马来西亚	60.4	83.3	49.1	0.81	1.00	0.60	-41.10
12	印度尼西亚	48.7	51.9	47.4	0.65	0.63	0.58	-8.72
13	德国	41.9	51.9	46.5	0.56	0.63	0.57	-10.50
14	法国	36.5	47.5	38.7	0.49	0.57	0.48	-18.40
15	土耳其	22.3	28.9	33.8	0.30	0.35	0.42	16.83
16	西班牙	18.9	27.0	30.2	0.25	0.33	0.37	***
17	菲律宾	10.2	15.1	12.6	0.14	0.18	0.16	***
18	瑞士	10.2	11.6	10.7	0.14	0.14	0.13	-7.30
19	比利时	10.5	10.0	10.7	0.14	0.12	0.13	6.47
20	奥地利	11.6	18.3	9.8	0.16	0.22	0.12	***

*资料来源:香港海关统计。

2003～2005年中国香港地区出口面料主要市场统计

（按2005年出口金额排序前20位）　　（金额单位：百万美元）

序号	国家（地区）	出口金额			占比（%）			同比±（%）
		2003	2004	2005	2003	2004	2005	2005/2004
	全球	585.6	512.5	439.6	100.00	100.00	100.00	－14.23
1	中国	255.4	248.1	250.7	43.61	48.42	57.04	1.05
2	孟加拉	27.9	27.2	21.0	4.76	5.31	4.79	－22.69
3	美国	56.6	43.2	18.0	9.66	8.44	4.08	－58.49
4	印度尼西亚	21.6	18.4	15.7	3.69	3.59	3.58	－14.38
5	菲律宾	26.6	19.1	13.8	4.54	3.73	3.14	－27.79
6	中国澳门	15.8	10.9	13.6	2.70	2.13	3.08	24.36
7	越南	13.8	11.9	12.5	2.35	2.33	2.85	4.91
8	柬埔寨	30.8	18.6	10.6	5.26	3.62	2.41	－43.00
9	斯里兰卡	13.3	13.8	9.4	2.27	2.69	2.14	－31.64
10	泰国	8.5	8.7	8.9	1.45	1.71	2.04	2.26
11	阿根廷	4.3	6.2	8.2	0.74	1.22	1.86	31.37
12	马达加斯加	5.8	3.2	6.3	0.99	0.62	1.44	98.38
13	印度	3.4	7.0	5.6	0.58	1.36	1.27	－19.91
14	约旦	7.9	6.6	5.2	1.35	1.28	1.18	－20.68
15	肯尼亚	6.2	3.4	5.0	1.06	0.66	1.14	48.82
16	巴林	2.0	0.9	3.4	0.34	0.18	0.77	267.57
17	墨西哥	5.8	7.9	2.9	1.00	1.53	0.66	－63.09
18	埃及	5.2	5.0	2.6	0.89	0.98	0.58	－49.17
19	加拿大	8.8	4.1	2.4	1.51	0.81	0.54	－42.39
20	日本	5.4	1.9	2.0	0.93	0.36	0.45	6.62

＊资料来源：香港海关统计。

2003~2005年中国香港地区进口家用纺织品主要来源国(地区)统计

(按2005年进口金额排序前20位)　　(金额单位:百万美元)

序号	国家(地区)	进口金额			占比(%)			同比±(%)
		2003	2004	2005	2003	2004	2005	2005/2004
	全球	215.8	208.2	209.5	100	100	100	0.63
1	中国	170.4	176.8	176.5	78.96	84.92	84.25	-0.15
2	意大利	2.1	2.3	3.4	0.97	1.10	1.62	49.71
3	美国	3.8	3	2.5	1.76	1.44	1.19	-15.17
4	德国	1.5	2.6	2.1	0.70	1.25	1.00	-20.47
5	日本	5.1	2.9	2.1	2.36	1.39	1.00	-28.25
6	中国台湾	2.9	3.2	1.8	1.34	1.54	0.86	-44.29
7	菲律宾	0.6	0.6	1.4	0.28	0.29	0.67	131.69
8	法国	0.5	0.6	1.3	0.23	0.29	0.62	129.37
9	韩国	1.5	1.6	1.2	0.70	0.77	0.57	-23.19
10	英国	1.4	1.5	1.2	0.65	0.72	0.57	-23.29
11	泰国	0.9	0.6	0.9	0.42	0.29	0.43	61.93
12	西班牙	1.1	0.9	0.7	0.51	0.43	0.33	-18.39
13	马来西亚	0.3	0.4	0.7	0.14	0.19	0.33	65.32
14	印度	14.2	1.9	0.6	6.58	0.91	0.29	-66.31
15	澳大利亚	1.1	1.5	0.5	0.51	0.72	0.24	-63.83
16	瑞士	0.2	0.3	0.4	0.09	0.14	0.19	56.69
17	加拿大	0.2	0.3	0.4	0.09	0.14	0.19	25.69
18	土耳其	0.1	0.1	0.3	0.05	0.05	0.14	246.68
19	巴基斯坦	0.4	0.6	0.3	0.19	0.29	0.14	-43.41
20	以色列	0.2	0.2	0.2	0.09	0.10	0.10	12.93

* 资料来源:香港海关统计。

2003～2005年中国香港地区出口家用纺织品主要市场统计

（按2005年出口金额排序前20位）（金额单位：百万美元）

序号	国家(地区)	出口金额			占比(%)			同比±(%)
		2003	2004	2005	2003	2004	2005	2005/2004
	全球	14.392	11.874	12.536	100.00	100.00	100.00	5.57
1	美国	6.840	5.120	6.596	47.52	43.12	52.62	28.83
2	英国	1.295	5.700	5.176	8.99	48.00	41.29	-9.20
3	中国台湾	0.010	0.005	0.249	0.07	0.04	1.99	5432.14
4	澳大利亚	0.177	0.146	0.185	1.23	1.23	1.47	26.42
5	以色列	0.099	0.162	0.120	0.69	1.36	0.96	-25.83
6	意大利	0.004	0.093	0.049	0.03	0.78	0.39	-47.30
7	丹麦	0.008	0.004	0.033	0.06	0.03	0.26	844.22
8	中国	5.641	0.423	0.033	39.19	3.56	0.26	-92.29
9	瑞典	0.080	0.040	0.031	0.56	0.34	0.25	-22.07
10	比利时	0.046	0.040	0.023	0.32	0.33	0.18	-43.01
11	法国	0.009	0.009	0.010	0.06	0.08	0.08	13.18
12	日本	0.000	0.008	0.007	0.00	0.07	0.06	-10.83
13	新加坡	0.004	0.052	0.007	0.02	0.44	0.05	-86.86
14	沙特阿拉伯	0.001	0.012	0.005	0.00	0.10	0.04	-59.14
15	菲律宾	0.006	0.000	0.003	0.04	0.00	0.02	2233.91
16	瑞士	0.000	0.000	0.002	0.00	0.00	0.02	* * *
17	墨西哥	0.002	0.002	0.002	0.19	0.00	0.01	* * *
18	加拿大	0.027	0.000	0.002	0.07	0.03	0.01	-53.22
19	泰国	0.010	0.004	0.002	0.00	0.01	0.01	-5.66
20	中国澳门	0.000	0.002	0.002	0.13	0.15	0.01	-92.10

*资料来源：香港海关统计。

2003～2005年中国香港地区进口服装主要来源国(地区)统计

(按2005年进口金额排序前20位)　　(金额单位:百万美元)

序号	国家(地区)	进口金额			占比(%)			同比±(%)
		2003	2004	2005	2003	2004	2005	2005/2004
	全球	15 966	17 154	18 456	100.00	100.00	100.00	7.59
1	中国	11 952	13 010	14 700	74.86	75.84	79.65	12.99
2	意大利	292	359	425	1.83	2.09	2.30	18.27
3	日本	286	421	169	1.79	2.46	0.92	-59.85
4	澳大利亚	289	290	140	1.81	1.69	0.76	-51.53
5	法国	121	131	137	0.76	0.77	0.74	4.21
6	中国澳门	78	128	134	0.49	0.75	0.73	5.06
7	英国	180	179	127	1.13	1.04	0.69	-28.98
8	美国	36	46	57	0.23	0.27	0.31	23.57
9	中国台湾	44	43	45	0.28	0.25	0.25	5.72
10	德国	33	38	41	0.20	0.22	0.22	8.77
11	菲律宾	69	63	30	0.43	0.37	0.16	-51.99
12	马来西亚	22	21	25	0.13	0.12	0.14	23.27
13	印度	46	35	25	0.29	0.20	0.14	-27.16
14	西班牙	20	24	25	0.12	0.14	0.13	5.10
15	韩国	22	24	21	0.14	0.14	0.11	-11.95
16	泰国	20	20	21	0.12	0.11	0.11	7.16
17	土耳其	11	14	18	0.07	0.08	0.10	32.80
18	葡萄牙	6	10	14	0.04	0.06	0.08	51.21
19	印度尼西亚	26	28	14	0.16	0.16	0.08	-50.41
20	越南	79	26	13	0.50	0.15	0.07	-49.59

*资料来源:香港海关统计。

2003～2005年中国香港地区出口服装主要市场统计

（按2005年出口金额排序前20位） （金额单位：百万美元）

序号	国家(地区)	出口金额			占比(%)			同比±(%)
		2003	2004	2005	2003	2004	2005	2005/2004
	全球	8 204	8 139	7 230	100.00	100.00	100.00	－11.17
1	美国	3 682	3 671	3 261	44.88	45.10	45.10	－11.17
2	中国	1 879	1 849	1 860	22.90	22.71	25.73	0.59
3	英国	805	817	605	9.81	10.04	8.36	－26.02
4	德国	475	486	383	5.79	5.97	5.29	－21.28
5	中国台湾	193	232	315	2.35	2.86	4.36	35.53
6	意大利	75	104	120	0.91	1.28	1.66	15.46
7	荷兰	173	154	114	2.11	1.89	1.58	－25.80
8	法国	116	135	106	1.41	1.66	1.47	－21.44
9	墨西哥	139	76	86	1.70	0.93	1.19	13.48
10	西班牙	109	72	69	1.33	0.89	0.95	－5.00
11	加拿大	213	196	63	2.60	2.40	0.87	－67.74
12	瑞典	90	86	42	1.10	1.06	0.57	－51.95
13	丹麦	64	66	40	0.78	0.81	0.55	－40.00
14	比利时	39	28	23	0.47	0.34	0.32	－18.26
15	日本	34	36	22	0.42	0.44	0.30	－38.21
16	韩国	24	21	16	0.29	0.26	0.22	－23.58
17	波兰	1	5	9	0.01	0.06	0.13	104.24
18	奥地利	13	15	9	0.16	0.18	0.13	－39.71
19	新加坡	6	8	9	0.07	0.10	0.12	5.96
20	芬兰	11	12	8	0.13	0.15	0.11	－38.96

＊资料来源：香港海关统计。

企业排名篇

2005年中国纺织品服装出口企业排名

（按出口金额排序前200名）　　　　（金额单位：万美元）

序号	企业名称	出口金额
1	**东方国际(集团)有限公司**	126 666
	其中：	
	东方国际创业股份有限公司	28 149
	东方国际集团上海利泰进出口有限公司	24 786
	其中：	
	上海利泰进出口有限公司	23 289
	东方国际集团上海市纺织品进出口有限公司	23 446
	东方国际集团上海家纺有限公司	17 501
	东方国际集团上海市对外贸易有限公司	15 404
	东方国际商业(集团)有限公司	12 149
2	**广东省丝绸进出口(集团)公司**	94 021
	其中：	
	广东省中山市丝绸进出口集团有限公司	28 813
	广东省东莞市丝绸进出口有限公司	14 913
	广东省丝丽国际集团服装有限责任公司	12 016
	东省丝丽国际集团贸发有限责任公司	6 517
3	**江苏国泰国际集团有限公司**	81 352
	其中：	
	江苏国泰国际集团国贸股份有限公司	22 224
	江苏国泰国际集团针棉织品进出口有限公司	12 612
	江苏国泰国际集团服装进出口有限公司	11 118
	江苏国泰国际集团华联进出口有限公司	10 064
	江苏国泰国际集团纺织品进出口有限公司	7 326
	江苏国泰国际集团国华进出口有限公司	7 050
4	**山东魏桥创业集团有限公司**	74 720
	其中：	
	魏桥纺织股份有限公司	71 246
5	**中国华源集团有限公司**	70 943
	其中：	
	上海华源家纺(集团)有限公司	25 155
	上海华源企业发展进出口有限公司	6 806
6	**上海丝绸集团股份有限公司**	55 666
7	**江苏开元国际集团有限公司**	54 233
	其中：	
	江苏省纺织品进出口集团股份有限公司	27 567
	江苏开元国际集团轻工业品进出口股份有限公司	12 968
	江苏开元国际集团畜产进出口股份有限公司	10 978
8	**江苏汇鸿国际集团有限公司**	51 054
	其中：	
	江苏汇鸿国际集团针棉织品进出口公司	21 730
	江苏汇鸿国际集团土产进出口公司	9 274
	江苏汇鸿国际集团毛针织品进出口公司	8 600
9	**绥芬河龙江商联进出口有限公司**	49 380
10	**江苏舜天国际集团有限公司**	48 615
	其中：	
	江苏舜天股份有限公司	23 943
	江苏舜天轻纺进出口公司	6 295
11	**东莞市对外加工装配服务公司**	48 204
12	**广东省广新外贸轻纺(控股)公司**	42 688
	其中：	
	广东省纺织品进出口股份有限公司	10 902
	广东省纺织品进出口广通贸易有限公司	5 903
13	**南京纺织品进出口股份有限公司**	42 597
14	**东莞德永佳纺织制衣有限公司**	39 999
15	**上海申达股份有限公司**	38 837
	其中：	
	上海申达进出口有限公司	22 157
	上海八达纺织印染服装有限公司	16 680
16	**东莞福安纺织印染有限公司**	36 829
17	**浙江凯喜雅国际股份有限公司**	35 412
18	**江苏苏豪国际集团股份有限公司**	34 655
19	**浙江东方集团股份有限公司**	34 543
	其中：	
	宁波狮丹努进出口有限公司	7 842

序号	企业名称	出口金额
	浙江东方集团嘉业进出口有限公司	6 460
20	深圳市宝安外经发展有限公司	30 640
21	黑龙江华宇工贸(集团)有限责任公司	30 044
22	浙江中大集团股份有限公司	29 586
	其中:	
	上海中大康劲国际贸易有限公司	6 889
23	广东溢达纺织有限公司	28 440
24	浙江省纺织品进出口集团有限公司	28 113
25	宁波申洲针织有限公司	27 508
26	新疆塔城三宝民贸实业进出口公司	27 206
27	山东绮丽集团公司	25 623
	其中:	
	山东绮丽集团美达服装有限公司	11 662
28	互太(番禺)纺织印染有限公司	24 570
29	青岛即发集团股份有限公司	24 363
30	新华锦集团	22 164
	其中:	
	山东盈商针棉织品进出口有限公司	7 522
31	黑河市大黑河岛经贸有限公司	22 095
32	苏州恒润进出口有限公司	21 363
33	天津服装进出口股份有限公司	21 273
34	深圳龙岗区对外经济发展有限公司	20 664
35	新疆野马经贸有限公司	19 648
36	鲁泰纺织股份有限公司	19 196
37	深圳市勤辉投资开发有限公司	19 146
38	北方国际集团公司	17 366
	其中:	
	北方国际集团天津市新的纺织品进出口有限公司	7 354
39	北京市服装进出口股份有限公司	17 136
40	中国纺织品进出口总公司	16 853
	其中:	
	中纺国际服装有限公司	8 303
41	广州纺织品进出口集团有限公司	16 461
42	天津纺织集团进出口股份有限公司	16 272
43	广州市纺织工业联合进出口公司	16 236
44	上海飞马进出口贸易有限公司	15 884
45	孚日家纺股份有限公司	15 676
46	宁波维科联合进出口有限公司	15 676
47	辽宁成大股份有限公司	15 283
48	内蒙古鄂尔多斯纺织品进出口有限责任公司	15 006
49	江苏苏美达轻纺国际贸易有限公司	14 655
50	上海服装集团进出口有限公司	14 436
51	四川省丝绸进出口公司	14 286
52	河北圣仑进出口集团公司	14 258
	其中:	
	河北圣仑进出口股份公司	12 200
53	浙江省茶叶进出口有限公司	14 176
54	辽宁时代服装进出口股份有限公司	13 885
55	东莞沙田丽海纺织印染有限公司	13 793
56	中基宁波对外贸易股份有限公司	13 517
57	上海新联纺进出口有限公司	13 508
58	安徽省服装进出口股份有限公司	12 369
59	广东省东莞纺织品进出口有限公司	11 710
60	上海汉森投资发展有限公司	11 604
61	河北省商业进出口公司	11 443
62	宁波海田国际贸易有限公司	11 276
63	杭州市粮油食品土畜产进出口有限责任公司	11 116
64	四川省新立新进出口有限责任公司	11 020
65	宁波雅戈尔进出口有限公司	10 840
66	上海华申进出口有限公司	10 644
67	浙江省迪达进出口有限公司	10 635
68	河北省纺织品进出口(集团)公司	10 468
	其中:	
	河北省纺织品进出口股份有限公司	7 280
69	中国神马集团有限责任公司	10 410
70	苏州国信集团有限公司	10 279
71	新疆奇台西旅有限责任公司	10 145
72	江苏海外集团服装有限公司	10 011
73	伊犁州龙华进出口贸易有限公司	9 786
74	杭州市轻工工艺纺织品进出口有限责任公司	9 687

序号	企业名称	出口金额
75	常州大华进出口(集团)有限公司	9 628
76	江苏阳光股份有限公司	9 290
77	浙江嘉欣丝绸进出口有限责任公司	9 285
78	伊犁德鲁克经贸有限责任公司	9 191
79	江苏省纺织工业(集团)进出口有限公司	9 184
80	宁波市慈溪进出口股份有限公司	9 155
81	江阴福汇纺织有限公司	9 084
82	深圳中外运储运有限公司	9 033
83	浙江惠隆对外贸易有限责任公司	8 985
84	新疆霍尔果斯通达有限责任公司	8 903
85	威海纺织集团进出口有限责任公司	8 754
86	嘉兴良友进出口集团有限公司	8 662
87	华芳集团进出口有限公司	8 573
88	汉帛(中国)有限公司	8 561
89	上海对外经济贸易实业有限公司	8 551
90	浙江庆茂纺织印染有限公司	8 506
91	张家港扬子纺纱有限公司	8 468
92	温州市轻工艺进出口有限公司	8 463
93	浙江省粮油食品进出口公司温州公司	8 397
94	江苏华瑞国际实业集团有限公司	8 256
95	安徽省技术进出口股份有限公司	8 173
96	杭州市丝绸服装进出口有限公司	8 159
97	绥芬河市源丰经贸有限责任公司	8 070
98	浙江达利凯地丝绸有限公司	8 013
99	绥芬河市凯莱经贸有限责任公司	7 903
100	绍兴县南方进出口有限公司	7 877
101	宁波市工艺品进出口公司	7 855
102	上海协通(集团)有限公司	7 806
103	绍兴天龙进出口有限公司	7 799
104	宁波布利杰进出口有限公司	7 798
105	浙江华港染织有限公司	7 661
106	山东亚光纺织集团有限公司	7 636
107	江苏弘业股份有限公司	7 632
108	厦门鑫东森集团有限公司	7 558
109	内蒙古鹿王羊绒(集团)公司	7 555
110	宁波敦煌进出口有限公司	7,545
111	重庆国际复合材料有限公司	7 488
112	湖南省纺织品进出口公司	7 383
113	上海三枪进出口有限公司	7 352
114	厦门进雄企业有限公司	7 280
115	宁波金轮进出口有限公司	7 229
116	上海东浩工艺品股份有限公司	7 211
117	浙江省粮油食品进出口股份有限公司	7 180
118	巨石集团有限公司	7 178
119	广州市兴贸贸易有限公司	7 177
120	兰雁集团股份有限公司	7 095
121	新马制衣(深圳)有限公司	7 071
122	绥芬河市宏隆经贸有限责任公司	7 023
123	苏州恒丰进出口有限公司	7 019
124	浙江江龙纺织印染有限公司	6 983
125	福建福日电子股份有限公司	6 919
126	浙江庆丰纺织印染有限公司	6 895
127	江苏瀛环国际集团有限公司	6 885
128	宁波宁丰进出口有限公司	6 830
129	南通开发区炜赋对外贸易有限公司	6 826
130	广东省惠州纺织品进出口有限公司	6 801
131	常州华利达服装集团有限公司	6 790
132	番禺潭洲振裕纺织染印有限公司	6 770
133	广东省东方进出口公司	6 767
134	华纺股份有限公司	6 719
135	厦门建发股份有限公司	6 611
136	福州浩伦东方贸易有限公司	6 606
137	绥芬河市东泰经贸有限责任公司	6 561
138	诸城服装针织进出口有限责任公司	6 518
139	烟台北方家用纺织品有限公司	6 432
140	联业制衣(东莞)有限公司	6 424
141	佛山市顺德区金丰漂染有限公司	6 381
142	上海民光进出口有限公司	6 346

序号	企业名称	出口金额
143	北京市九达进出口有限责任公司	6 344
144	河北省国际供销合作总公司	6 297
145	绥芬河市林源经贸有限责任公司	6 291
146	厦门市中信隆进出口有限公司	6 264
147	浙江省义乌市对外经济贸易有限公司	6 246
148	江苏联发进出口有限公司	6 182
149	宁波联合集团上海进出口有限公司	6 162
150	苏州恒生进出口有限公司	6 107
151	吴江市外贸集团丝绸进出口有限公司	6 101
152	江门市新轻出进出口有限公司	6 091
153	宁波百隆特种纺织品有限公司	6 087
154	北京泛美服装有限公司	6 084
155	宜兴市乐祺进出口有限公司	6 067
156	佛山嘉益实业有限公司	6 058
157	霍尔果斯兴边商贸有限公司	6 049
158	俐马(苏州)化纤纺织工业有限公司	6 021
159	东莞联泰制衣有限公司	5 991
160	清远市万源贸易有限公司	5 938
161	清远恒润进出口有限公司	5 932
162	无锡市金茂对外贸易有限公司	5 907
163	杭州得力纺织有限公司	5 888
164	黑牡丹(集团)股份有限公司	5 879
165	中轻鞋帽进出口公司	5 814
166	广州市保科力贸易公司	5 782
167	湖北美岛服装有限公司	5 769
168	宁波致和对外贸易有限公司	5 753
169	增城市巨鹰发展有限公司	5 745
170	福建天成集团有限公司	5 731
171	上海宏和电子材料有限公司	5 731
172	烟台绮丽经贸有限公司	5 718
173	湖南华升工贸有限公司	5 718
174	捷德纺织(深圳)有限公司	5 695
175	四川省宜宾五粮液集团进出口有限责任公司	5 692
176	上海华宇毛麻进出口有限公司	5 638
177	杭州余杭国际贸易有限公司	5 624
178	浙江省二轻企业集团进出口有限公司	5 623
179	浙江惠元对外贸易有限责任公司	5 603
180	江阴市被单厂	5 596
181	中山市三乡对外加工装配服务公司	5 595
182	中基嘉仁经贸有限责任公司	5 575
183	辽宁新元纺织品进出口股份有限公司	5 561
184	厦门商发进出口有限公司	5 561
185	中山市粤粮经贸进出口有限公司	5 557
186	上海茉织华服饰有限公司	5 536
187	广州互动创新贸易经济合作有限公司	5 522
188	中山市沙溪对外加工装配服务公司	5 505
189	江苏三友集团股份有限公司	5 505
190	福建财茂纺织进出口有限公司	5 451
191	浙江天马实业股份有限公司	5 439
192	茉织华实业(集团)有限公司	5 427
193	宁波市纺织品进出口有限公司	5 425
194	迅销(江苏)服饰有限公司	5 424
195	奉化市爱伊美西服进出口有限公司	5 412
196	中山市新达进出口有限公司	5 391
197	苏州艾兴无纺布制品有限公司	5 388
198	苏州恒瑞进出口有限公司	5 359
199	浙江兽王进出口有限公司	5 352
200	惠阳区对外加工装配服务公司	5 338

* 此排名按集团公司合码统计，上榜企业下属二级/三级公司列在集团公司名下。

2005年中国出口服装企业排名

(按出口金额排序前100名)　　(金额单位:万美元)

排名	企业名称	出口金额	排名	企业名称	出口金额
1	上海丝绸集团股份有限公司	43 400	28	上海服装集团进出口有限公司	13 031
2	绥芬河龙江商联进出口有限公司	43 149	29	辽宁时代服装进出口股份有限公司	12 743
3	东莞市对外加工装配服务公司	39 841	30	上海飞马进出口贸易有限公司	12 728
4	南京纺织品进出口股份有限公司	31 719	31	辽宁成大股份有限公司	12 268
5	宁波申洲针织有限公司	26 413	32	上海八达纺织印染服装有限公司	12 129
6	广东省中山丝绸进出口集团有限公司	24 646	33	浙江凯喜雅国际股份有限公司	12 037
7	深圳市宝安外经发展有限公司	23 718	34	广州市纺织工业联合进出口公司	11 518
8	新疆塔城三宝民贸实业进出口公司	22 806	35	河北省商业进出口公司	11 432
9	东方国际集团上海利泰进出口有限责任公司	21 185	36	广东省丝丽国际集团服装有限责任公司	11 411
10	江苏苏豪国际集团股份有限公司	20 762	37	广东省东莞纺织品进出口有限公司	11 226
11	江苏舜天股份有限公司	20 658	38	山东绮丽集团美达服装有限公司	11 208
12	黑河市大黑河岛经贸有限公司	19 857	39	浙江省茶叶进出口有限公司	11 177
13	天津服装进出口股份有限公司	19 759	40	江苏省纺织品进出口集团股份有限责任公司	10 634
14	青岛即发进出口有限公司	19 549	41	河北圣仑进出口股份有限公司	10 303
15	广东溢达纺织有限公司	19 313	42	广东省纺织品进出口股份有限公司	10 038
16	深圳市勤辉投资开发有限公司	17 594	43	上海汉森投资发展有限公司	9 845
17	北京市服装进出口股份有限公司	16 982	44	新疆奇台西旅有限责任公司	9 742
18	江苏汇鸿国际集团针棉织品进出口公司	16 449	45	宁波雅戈尔进出口有限公司	9 658
19	黑龙江华宇工贸(集团)有限责任公司	15 827	46	中国华源集团有限公司	9 608
20	新疆野马经贸有限公司	15 741	47	江苏苏美达轻纺国际贸易有限公司	9 402
21	苏州恒润进出口有限公司	15 143	48	中基宁波对外贸易股份有限公司	9 127
22	广州纺织品进出口集团有限公司	14 696	49	安徽省服装进出口股份有限公司	9 095
23	上海申达进出口有限公司	14 585	50	江苏开元国际集团畜产进出口股份	9 046
24	深圳龙岗区对外经济发展有限公司	14 437	51	杭州市粮油食品土畜产进出口有限责任公司	8 918
25	东方国际创业股份有限公司	13 958	52	上海华源家纺(集团)股份有限公司	8 836
26	天津纺织集团进出口股份有限公司	13 662	53	汉帛(中国)有限公司	8 492
27	内蒙古鄂尔多斯纺织品进出口有限责任公司	13 306	54	温州市轻工艺进出口有限公司	8 369

排名	企业名称	出口金额
55	威海纺织集团进出口有限责任公司	8 353
56	江苏海外集团服装有限公司	8 157
57	江苏华瑞国际实业集团有限公司	8 119
58	宁波海田国际贸易有限公司	8 067
59	绥芬河市源丰经贸有限责任公司	8 052
60	浙江达利凯地丝绸有限公司	7 953
61	浙江惠隆对外贸易有限责任公司	7 792
62	伊犁州龙华进出口贸易有限公司	7 718
63	浙江嘉欣丝绸进出口有限责任公司	7 716
64	杭州市轻工工艺纺织品进出口有限责任公司	7 714
65	浙江省粮油食品进出口公司温州公司	7 661
66	东方国际集团上海市对外贸易有限责任公司	7 585
67	中纺国际服装有限公司	7 503
68	宁波维科联合进出口有限公司	7 436
69	浙江省迪达进出口有限公司	7 424
70	绥芬河市凯莱经贸有限责任公司	7 396
71	新疆霍尔果斯通达有限责任公司	7 369
72	江苏汇鸿国际集团毛针织品进出口公司	7 310
73	宁波布利杰进出口有限公司	7 254
74	上海三枪进出口有限公司	7 198
75	宁波市慈溪进出口股份有限公司	7 194
76	杭州市丝绸服装进出口有限公司	7 121
77	广州市兴贸贸易有限公司	7 100
78	新马制衣(深圳)有限公司	7 071
79	江苏国泰国际集团国贸股份有限公司	7 025
80	绥芬河市宏隆经贸有限责任公司	7 023
81	安徽省技术进出口股份有限公司	7 009
82	常州华利达服装集团有限公司	6 790
83	福州浩伦东方贸易有限公司	6 599
84	上海新联纺进出口有限公司	6 591
85	南通开发区炜赋对外贸易有限公司	6 558
86	诸城服装针织进出口有限责任公司	6 482
87	深圳中外运储运有限公司	6 475
88	联业制衣(东莞)有限公司	6 424
89	四川省新立新进出口有限责任公司	6 390
90	绥芬河市林源经贸有限责任公司	6 288
91	福建福日电子股份有限公司	6 270
92	嘉兴良友进出口集团有限公司	6 217
93	河北省国际供销合作总公司	6 199
94	宁波市工艺品进出口公司	6 120
95	北京泛美服装有限公司	6 084
96	浙江省粮油食品进出口股份有限公司	6 052
97	绥芬河市东泰经贸有限责任公司	6 023
98	东莞联泰制衣有限公司	5 991
99	广东省丝丽国际集团贸发有限责任公司	5 990
100	上海对外经济贸易实业有限公司	5 967

2005年中国出口家用纺织品企业排名

（按出口金额排序前100名）　　（金额单位：万美元）

排名	企业名称	出口金额
1	黑龙江华宇工贸(集团)有限责任公司	14 217
2	孚日家纺股份有限公司	11 977
3	上海华源家纺(集团)股份有限公司	11 924
4	东方国际集团上海家纺有限公司	8 386
5	烟台北方家用纺织品有限公司	6 359
6	绥芬河龙江商联进出口有限公司	6 212
7	江阴市被单厂	5 330
8	山东滨州亚光毛巾有限公司	4 869
9	浙江东方集团嘉业进出口有限公司	4 730
10	浙江真爱毛纺有限公司	4 486
11	伊犁德鲁克经贸有限责任公司	4 396
12	海宁蒙努集团有限公司	4 351
13	江苏苏美达轻纺国际贸易有限公司	3 711
14	同江市海航经贸有限公司	3 693
15	上海内野有限公司	3 465
16	青岛益佳抽纱进出口有限公司	3 248
17	新疆塔城三宝民贸实业进出口公司	3 198
18	文登市云龙进出口有限公司	3 185
19	高密洁玉纺织进出口有限公司	2 945
20	宁波海洋纺织品有限公司	2 914
21	海宁卡森皮革有限公司	2 712
22	山东亚光纺织集团进出口有限公司	2 667
23	山东省艺达有限公司	2 652
24	江苏汇鸿国际集团针棉织品进出口公司	2 471
25	青岛喜盈门进出口有限公司	2 387
26	山东圣豪家纺有限公司	2 373
27	广东美雅集团股份有限公司	2 330
28	温州宇宙集团有限公司	2 318
29	海宁佳联皮革有限公司	2 290
30	绍兴昆隆毛绒制品有限公司	2 280
31	大连一广毛巾有限公司	2 261
32	黑河市大黑河岛经贸有限公司	2 238
33	文登市芸祥绣品有限公司	2 212
34	上海民光进出口有限公司	2 172
35	山东外贸集团瑞丰有限公司	2 137
36	廊坊双兴交通器材有限公司	2 117
37	南京纺织品进出口股份有限公司	2 109
38	烟台抽纱经贸有限公司	2 091
39	山东省机械进出口集团公司	2 072
40	宁波锦惠毛绒制品有限公司	2 041
41	张家港东旭针织服饰有限公司	2 031
42	安徽省服装进出口股份有限公司	2 002
43	山东中地进出口有限公司	1 982
44	绍兴博览家纺有限公司	1 944
45	新华锦集团山东盈商针棉织品进出口公司	1 924
46	同江市利民经贸有限责任公司	1 903
47	宁波兴洋毛毯有限公司	1 877
48	连云港飞雁毛毯有限责任公司	1 847
49	宁波维科精华人丰家纺有限公司	1 843
50	中纺利特华贸易有限公司	1 840
51	无锡洛社印染有限公司	1 814
52	江苏鸿瑞昌泰纺织有限公司	1 798
53	深圳市中通进出口有限公司	1 758
54	兴洋浙东(宁波)毛毯有限公司	1 683

排名	企业名称	出口金额
55	南通大东有限公司	1 662
56	好孩子儿童用品有限公司	1 660
57	青岛利百时纺织有限公司	1 636
58	大连旭染织有限公司	1 591
59	新疆野马经贸有限公司	1 538
60	嘉兴西猛人造毛皮服装有限公司	1 534
61	华盟家饰工业有限公司	1 522
62	宁波维科联合进出口有限公司	1 503
63	中基宁波对外贸易股份有限公司	1 463
64	青岛美好毛巾制品进出口有限公司	1 455
65	河北圣仑进出口股份有限公司	1 446
66	张家港龙山汽车配件有限公司	1 444
67	得时纺织制品(上海)有限公司	1 444
68	嘉兴大友汽车座椅有限公司	1 437
69	同江市隆枫经贸有限公司	1 433
70	青岛瑞信家用纺织品有限公司	1 413
71	上海凯喜雅国际贸易有限公司	1 412
72	大庆晟凯毛纺有限公司	1 401
73	昆山维信家庭日用品有限公司	1 389
74	江苏苏豪国际集团股份有限公司	1 379
75	烟台商泰经贸有限公司	1 365
76	上海协恒国际贸易有限公司	1 360
77	苏州恒润进出口有限公司	1 339
78	上海生润国际贸易有限公司	1 318
79	杭州市轻工工艺纺织品进出口有限责任公司	1 312
80	常州久世化纤制品有限公司	1 298
81	厦门豪堂日用品有限公司	1 283
82	上海全科进出口有限公司	1 282
83	上海三问国际贸易有限公司	1 277
84	宁波维科精华国际贸易有限公司	1 271
85	高阳县振华毛纺织有限公司	1 266
86	百事高工艺品(常熟)有限公司	1 203
87	烟台七洲进出口有限公司	1 180
88	江苏汇鸿国际集团土产进出口股份	1 178
89	湖北雅比家用纺织品有限公司	1 168
90	杭州宇隆羽绒制品有限公司	1 154
91	青岛永昌源纺织品有限公司	1 152
92	威海市纺织服装进出口公司	1 137
93	苏州恒生进出口有限公司	1 130
94	新疆大得实业发展总公司	1 124
95	泰丰纺织集团有限公司	1 105
96	辽宁成大股份有限公司	1 086
97	宁波市鄞州对外贸易股份有限公司	1 085
98	上海协通(集团)有限公司	1 070
99	东方国际集团上海市对外贸易有限责任公司	1 066
100	深圳市雅比进出口贸易有限公司	1 057

2005年中国出口纱线企业排名

（按出口金额排序前100名）　　（金额单位：万美元）

排名	企业名称	出口金额
1	魏桥纺织股份有限公司	25 415
2	东莞德永佳纺织制衣有限公司	9 267
3	张家港扬子纺纱有限公司	8 468
4	华芳集团进出口有限公司	8 416
5	中国神马集团有限责任公司	7 956
6	重庆国际复合材料有限公司	7 488
7	江苏国泰国际集团针棉织品进出口公司	7 271
8	江苏国泰国际集团国贸股份有限公司	6 840
9	巨石集团有限公司	6 652
10	佛山市顺德区金丰漂染有限公司	6 381
11	宁波百隆特种纺织品有限公司	6 029
12	江苏国泰国际集团华联进出口有限责任公司	5 882
13	江苏国泰国际集团服装进出口有限责任公司	5 111
14	内蒙古鹿王羊绒(集团)公司	4 227
15	泰山玻璃纤维股份有限公司	4 203
16	新会德华尼龙切片有限公司	3 760
17	张家港神港毛纺有限公司	3 581
18	江苏国泰国际集团国华进出口有限责任公司	3 361
19	四川省丝绸进出口公司	3 238
20	浙江海利得新材料股份有限公司	3 062
21	厦门翔鹭化纤股份有限公司	3 051
22	宜宾海丝特纤维有限责任公司	3 024
23	江阴日毛纺纱有限公司	2 979
24	浙江金元亚麻有限公司	2 917
25	江苏海安茧丝绸集团股份有限公司	2 812
26	霍尼韦尔特殊材料(中国)有限公司	2 731
27	青岛高合有限公司	2 687
28	浙江远东新聚酯有限公司	2 623
29	七海(广东)织染厂有限公司	2 610
30	新乡化纤股份有限公司	2 397
31	沈阳东方纺织有限公司	2 268
32	慈溪市凯杰进出口有限公司	2 216
33	山东英信蚕丝贸易有限公司	2 178
34	浙江金鹰股份有限公司	2 090
35	开平霍尼韦尔工业聚合物有限公司	2 082
36	吉林化纤股份有限公司	2 080
37	广州高士线业有限公司	2 067
38	广东省丝丽国际集团泓泰有限责任公司	2 037
39	高士线业(深圳)有限公司	2 004
40	天津津英纺纱有限公司	1 942
41	浙江凯喜雅国际股份有限公司	1 899
42	四川省宜宾惠美线业有限责任公司	1 885
43	番禺励业漂染有限公司	1 863
44	珠海励联毛纺有限公司	1 854
45	浙江华孚色纺有限公司	1 846
46	东丽合成纤维(南通)有限公司	1 789
47	珠海永新纺织染有限公司	1 788
48	浙江三友贸易发展集团有限公司	1 776
49	无锡一棉进出口有限公司	1 772
50	湛江中湛纺织有限公司	1 750
51	浙江赐富化纤有限公司	1 733
52	保定天鹅股份有限公司	1 671
53	晓星化纤(嘉兴)有限公司	1 671
54	上海新星进出口有限公司	1 654

排名	企业名称	出口金额	排名	企业名称	出口金额
55	无锡长江精密纺织有限公司	1 617	78	江苏泰达纺织有限公司	1 298
56	浙江耿基实业有限公司	1 602	79	宁波侨泰兴纺织有限公司	1 284
57	内蒙古鄂尔多斯纺织品进出口有限责任公司	1 601	80	远纺工业(无锡)有限公司	1 284
58	宁波三邦线业有限公司	1 556	81	绍兴县轻纺城新合纤有限公司	1 253
59	华美线业有限公司	1 548	82	上海八达纺织印染服装有限公司	1 240
60	深圳市华孚进出口有限公司	1 509	83	泰丰纺织集团有限公司	1 229
61	青岛大元纺织有限公司	1 509	84	新余华源远东纺织有限公司	1 226
62	江苏苏豪国际集团丝线实业有限公司	1 504	85	江苏澄达集团有限公司	1 193
63	江苏阳光股份有限公司	1 468	86	河北衡水远大集团进出口有限公司	1 189
64	东莞福安纺织印染有限公司	1 443	87	浙江尤夫工业纤维有限公司	1 185
65	晓星氨纶(嘉兴)有限公司	1 419	88	中国蚕丝绸缎进出口公司	1 157
66	大连神州纺织有限公司	1 409	89	青岛联创股份有限公司	1 152
67	宁夏灵武市中银绒业有限公司	1 402	90	佛山市智拓进出口有限公司	1 122
68	东方国际集团上海市纺织品进出口公司	1 390	91	江苏苏豪国际集团股份有限公司	1 105
69	青岛日毛纺织有限公司	1 384	92	浙江桐乡花神生丝有限公司	1 103
70	南通中新毛纺印染有限公司	1 362	93	龙门县裕泰漂染业有限公司	1 064
71	宁波敦煌进出口有限公司	1 355	94	太仓利泰纺织厂有限公司	1 061
72	青岛藤华纺织有限公司	1 350	95	杜邦兴达(无锡)单丝有限公司	1 058
73	巨石集团九江有限公司	1 349	96	中山市对外加工装配服务公司	1 058
74	江阴新协特种纺织有限公司	1 314	97	桐乡市顺新毛纺织有限公司	1 056
75	宁波康赛妮毛绒制品有限公司	1 310	98	上海华宇毛麻进出口有限公司	1 049
76	广东联发毛纺织有限公司	1 308	99	宁波志达纺织品有限公司	1 048
77	宜宾丝丽雅股份有限公司	1 301	100	珠海励达毛纺有限公司	1 046

2005年中国出口面料企业排名

（按出口金额排序前100名）　　（金额单位：万美元）

排名	企业名称	出口金额	排名	企业名称	出口金额
1	魏桥纺织股份有限公司	45 475	28	兰雁集团股份有限公司	5 601
2	东莞福安纺织印染有限公司	34 573	29	江苏联发进出口有限公司	5 409
3	东莞德永佳纺织制衣有限公司	30 000	30	四川省丝绸进出口公司	5 271
4	互太(番禺)纺织印染有限公司	24 322	31	青岛凤凰印染有限公司	5 205
5	鲁泰纺织股份有限公司	14 845	32	江苏汇鸿国际集团土产进出口股份	5 125
6	江苏省纺织品进出口集团股份有限责任公司	14 089	33	浙江天马实业股份有限公司	5 024
7	东莞沙田丽海纺织印染有限公司	13 571	34	上海申达进出口有限公司	4 975
8	浙江凯喜雅国际股份有限公司	9 918	35	济宁如意印染有限公司	4 721
9	江阴福汇纺织有限公司	9 011	36	浙江绍肖印染有限公司	4 707
10	浙江庆茂纺织印染有限公司	8 506	37	广州美业针织印染厂有限公司	4 611
11	江苏国泰国际集团国贸股份有限公司	8 014	38	上海华申进出口有限公司	4 477
12	广东溢达纺织有限公司	7 975	39	普宁市丽达纺织有限公司	4 473
13	南京纺织品进出口股份有限公司	7 870	40	浙江五洋印染有限公司	4 438
14	绍兴天龙进出口有限公司	7 753	41	东莞世丽纺织有限公司	4 424
15	江苏阳光股份有限公司	7 426	42	河北省纺织品进出口股份有限公司	4 377
16	上海丝绸集团股份有限公司	7 332	43	天津田歌纺织有限公司	4 365
17	绍兴县南方进出口有限公司	7 328	44	常州大华进出口(集团)有限公司	4 224
18	浙江华港染织有限公司	7 209	45	宁波维科联合进出口有限公司	4 203
19	浙江江龙纺织印染有限公司	6 976	46	宁波联合集团上海进出口有限公司	4 148
20	浙江庆丰纺织印染有限公司	6 891	47	上海常达进出口有限公司	4 107
21	华纺股份有限公司	6 719	48	江苏瀛环国际集团有限公司	4 045
22	番禺潭洲振裕纺织染印有限公司	6 269	49	仓纺(珠海)纺织有限公司	4 018
23	江苏苏豪国际集团股份有限公司	6 165	50	绍兴绅花纺织有限公司	3 990
24	宜兴市乐祺进出口有限公司	6 021	51	广州市纺织工业联合进出口公司	3 974
25	杭州得力纺织有限公司	5 887	52	宁波雅戈尔日中纺织印染有限公司	3 944
26	上海宏和电子材料有限公司	5 731	53	绍兴县超超染整有限公司	3 937
27	捷德纺织(深圳)有限公司	5 673	54	苏州恒润进出口有限公司	3 919

排名	企业名称	出口金额	排名	企业名称	出口金额
55	湖州大港集团进出口有限公司	3 785	78	东莞明海整染厂有限公司	3 241
56	东莞市对外加工装配服务公司	3 772	79	山东德棉股份有限公司	3 213
57	广东省中山丝绸进出口集团有限公司	3 742	80	江门市新会区冠华针织厂有限公司	3 188
58	上海泰庆进出口有限公司	3 732	81	远纺工业(上海)有限公司	3 185
59	鑫润(临清)印染有限公司	3 674	82	天津市新的纺织品进出口有限公司	3 148
60	山东正信纺织有限公司	3 637	83	广东省惠州纺织品进出口有限公司	3 131
61	昆山立益纺织有限公司	3 617	84	天津三星毛纺织有限公司	3 040
62	福建嘉达纺织股份有限公司	3 547	85	福懋兴业(中山)有限公司	3 021
63	上海博舍工业有限公司	3 540	86	湖南省纺织品进出口公司	2 999
64	常州亚泰纺织染整有限公司	3 521	87	深圳龙岗区对外经济发展有限公司	2 955
65	临清市第二色织厂	3 513	88	潍坊兰天纺织有限公司	2 931
66	四川省新立新进出口有限责任公司	3 499	89	浙江绍兴天源纺织印染有限公司	2 911
67	安徽安粮国际发展股份有限公司	3 419	90	江苏三房巷实业股份有限公司	2 909
68	湖南华升工贸有限公司	3 417	91	江苏国泰国际集团国华进出口有限责任公司	2 887
69	中纺东方贸易进出口公司	3 410	92	上虞天龙纺织品有限公司	2 858
70	永新印染厂(深圳)有限公司	3 373	93	浙江南方科技股份有限公司	2 821
71	宁波众鑫印染有限公司	3 351	94	深圳市宝安外经发展有限公司	2 808
72	山东大海集团有限公司	3 345	95	深圳市华纺丝绸贸易有限公司	2 808
73	上海市华达进出口有限公司	3 328	96	杭州余杭轻工进出口有限公司	2 803
74	广东省粤山进出口有限公司	3 326	97	厦门鑫东森集团有限公司	2 793
75	港润(聊城)印染有限公司	3 274	98	江苏国泰国际集团服装进出口有限责任公司	2 779
76	张家港市沙洲纺织印染进出口有限责任公司	3 268	99	绍兴县福纺外贸有限公司	2 776
77	山东德棉集团进出口有限公司	3 257	100	杭州永盛纺织有限公司	2 750

2005年中国对美国出口纺织品服装企业排名

（按出口金额排序前100名） （金额单位：万美元）

排名	企业名称	出口金额
1	上海丝绸集团股份有限公司	18 149
2	上海华源家纺（集团）股份有限公司	14 698
3	东莞市对外加工装配服务公司	13 765
4	南京纺织品进出口股份有限公司	10 427
5	山东绮丽集团美达服装有限公司	9 393
6	广东省中山丝绸进出口集团有限公司	8 887
7	东方国际创业股份有限公司	8 197
8	东方国际集团上海家纺有限公司	7 744
9	江苏苏豪国际集团股份有限公司	7 362
10	浙江达利凯地丝绸有限公司	7 211
11	江苏舜天股份有限公司	6 985
12	浙江凯喜雅国际股份有限公司	6 401
13	天津服装进出口股份有限公司	6 375
14	内蒙古鄂尔多斯纺织品进出口有限责任公司	6 057
15	江苏苏美达轻纺国际贸易有限公司	5 900
16	江苏汇鸿国际集团针棉织品进出口公司	5 715
17	安徽省技术进出口股份有限公司	5 374
18	厦门进雄企业有限公司	5 372
19	北京市服装进出口股份有限公司	5 250
20	东方国际集团上海利泰进出口有限责任公司	5 222
21	浙江东方集团嘉业进出口有限公司	5 138
22	上海八达纺织印染服装有限公司	5 037
23	江苏开元国际集团畜产进出口股份	4 834
24	苏州恒润进出口有限公司	4 814
25	浙江嘉欣丝绸进出口有限责任公司	4 800
26	烟台北方家用纺织品有限公司	4 739
27	上海飞马进出口贸易有限公司	4 729
28	亚美（厦门）皮件有限公司	4 542
29	孚日家纺股份有限公司	4 345
30	海宁蒙努集团有限公司	4 343
31	广东溢达纺织有限公司	4 261
32	广东省纺织品进出口股份有限公司	4 174
33	上海申达进出口有限公司	3 976
34	魏桥纺织股份有限公司	3 945
35	浙江省茶叶进出口有限公司	3 930
36	辽宁成大股份有限公司	3 887
37	深圳市勤辉投资开发有限公司	3 848
38	深圳市宝安外经发展有限公司	3 730
39	四川省新立新进出口有限责任公司	3 642
40	辽宁时代服装进出口股份有限公司	3 565
41	中国华源集团有限公司	3 374
42	广州纺织品进出口集团有限公司	3 347
43	无锡市金茂对外贸易有限公司	3 298
44	伟亚（上海）时装有限公司	3 292
45	浙江柳桥羽毛有限公司	3 264
46	常熟市波司登进出口有限公司	3 108
47	无锡洛社印染有限公司	3 099
48	安徽省服装进出口股份有限公司	3 026
49	上海中大康劲国际贸易有限公司	3 017
50	俐马（苏州）服装有限公司	3 014
51	吴江英诺时装有限公司	2 976
52	广州南大地纺织服装有限公司	2 968
53	无锡明丽雅针织时装有限公司	2 965
54	晨风（江苏）服装有限公司	2 959

排名	企业名称	出口金额
55	重庆国际复合材料有限公司	2 930
56	上海服装集团进出口有限公司	2 913
57	中纺国际服装有限公司	2 855
58	俐马(苏州)化纤纺织工业有限公司	2 853
59	浙江神鹰集团有限公司	2 819
60	江苏汇鸿国际集团毛针织品进出口公司	2 815
61	深圳华丝企业股份有限公司	2 805
62	南通金飞达服装有限公司	2 777
63	江苏国泰国际集团国贸股份有限公司	2 766
64	海宁卡森皮革有限公司	2 731
65	巨石集团有限公司	2 705
66	石家庄鸿欣橡胶制品有限公司	2 699
67	广东省丝丽国际集团服装有限责任公司	2 690
68	桐庐富春江织造有限公司	2 667
69	宁波雅戈尔进出口有限公司	2 646
70	南通金飞利家用纺织品有限公司	2 635
71	上海东浩工艺品股份有限公司	2 634
72	东方国际集团上海市纺织品进出口公司	2 631
73	石家庄鸿远塑料制品有限公司	2 602
74	潍坊雷克兰劳保用品有限公司	2 561
75	湖州正兴进出口有限公司	2 552
76	石家庄鸿业塑胶制品有限公司	2 535
77	山东滨州亚光毛巾有限公司	2 505
78	东莞欣意医疗保健制品厂	2 504
79	烟台宏源时装有限公司	2 481
80	汉帛(中国)有限公司	2 477
81	淄博蓝帆塑胶制品有限公司	2 433
82	广州市兴贸贸易有限公司	2 367
83	广东省东莞纺织品进出口有限公司	2 358
84	嘉兴森创时装有限公司	2 335
85	江苏海外集团服装有限公司	2 321
86	上海汉森投资发展有限公司	2 318
87	上海金泉山医疗器材有限公司	2 318
88	嘉兴聚阳服装有限公司	2 310
89	海宁佳联皮革有限公司	2 300
90	深圳龙岗区对外经济发展有限公司	2 298
91	青岛益佳抽纱进出口有限公司	2 276
92	深圳中外运储运有限公司	2 228
93	上海华申进出口有限公司	2 227
94	嘉兴佳阳制衣有限公司	2 223
95	无锡市创景贸易有限公司	2 194
96	浙江创越时装有限公司	2 185
97	苏州华音制衣有限公司	2 163
98	广州新枫制衣有限公司	2 161
99	敏兴毛织<海丰>有限公司	2 125
100	深圳市金运达国际物流有限公司	2 118

2005年中国对欧盟出口纺织品服装企业排名

（按出口金额排序前100名）　　（金额单位：万美元）

排名	企业名称	出口金额	排名	企业名称	出口金额
1	南京纺织品进出口股份有限公司	12 257	28	江苏开元国际集团畜产进出口股份	3 947
2	上海丝绸集团股份有限公司	10 185	29	苏州恒润进出口有限公司	3 795
3	江苏苏豪国际集团股份有限公司	9 574	30	上海丰润对外贸易有限公司	3 787
4	北京市服装进出口股份有限公司	9 010	31	苏州艾兴无纺布制品有限公司	3 707
5	深圳市勤辉投资开发有限公司	8 295	32	浙江省迪达进出口有限公司	3 683
6	东方国际集团上海利泰进出口有限责任公司	7 658	33	安徽省服装进出口股份有限公司	3 683
7	杭州市粮油食品土畜产进出口有限责任公司	7 597	34	魏桥纺织股份有限公司	3 626
8	浙江凯喜雅国际股份有限公司	7 526	35	上海华源家纺(集团)股份有限公司	3 504
9	江苏舜天股份有限公司	7 506	36	杭州市轻工工艺纺织品进出口有限责任公司	3 463
10	江苏汇鸿国际集团针棉织品进出口公司	7 451	37	鲁泰纺织股份有限公司	3 444
11	江苏省纺织品进出口集团股份有限责任公司	7 102	38	上海八达纺织印染服装有限公司	3 426
12	浙江惠隆对外贸易有限责任公司	6 637	39	浙江省粮油食品进出口股份有限公司	3 362
13	江苏苏美达轻纺国际贸易有限公司	6 098	40	浙江兽王进出口有限公司	3 361
14	天津服装进出口股份有限公司	5 874	41	宁波致和对外贸易有限公司	3 356
15	张家港扬子纺纱有限公司	5 623	42	广东省中山丝绸进出口集团有限公司	3 270
16	杭州市丝绸服装进出口有限公司	5 314	43	江苏华瑞国际实业集团有限公司	3 269
17	汉帛(中国)有限公司	5 307	44	安徽安粮国际发展股份有限公司	3 265
18	上海申达进出口有限公司	5 287	45	北京泛美服装有限公司	3 253
19	中基宁波对外贸易股份有限公司	5 262	46	上海宜华实业有限公司	3 192
20	东莞市对外加工装配服务公司	4 817	47	嘉兴恒美服饰有限公司	3 142
21	辽宁成大股份有限公司	4 715	48	宁波维科联合进出口有限公司	3 119
22	宁波海田国际贸易有限公司	4 648	49	河北圣仑进出口股份有限公司	3 111
23	广州迅力体育用品设计制作有限公司	4 472	50	深圳市宝安外经发展有限公司	3 079
24	浙江省茶叶进出口有限公司	4 410	51	东方国际集团上海家纺有限公司	3 052
25	广州纺织品进出口集团有限公司	4 318	52	杭州明成制衣有限公司	3 039
26	上海汉森投资发展有限公司	4 077	53	东方国际创业股份有限公司	3 030
27	辽宁时代服装进出口股份有限公司	3 967	54	江苏弘业股份有限公司	3 026

排名	企业名称	出口金额
55	江苏国泰国际集团针棉织品进出口公司	2 982
56	广州市纺织工业联合进出口公司	2 978
57	上海华东制衣(集团)有限公司	2 907
58	湖州华源天昌进出口有限公司	2 903
59	天津纺织集团进出口股份有限公司	2 883
60	浙江惠元对外贸易有限责任公司	2 874
61	上海服装集团进出口有限公司	2 863
62	苏州恒生进出口有限公司	2 767
63	宁波布利杰进出口有限公司	2 729
64	上海飞马进出口贸易有限公司	2 716
65	强生(江苏)手套有限公司	2 686
66	宁波市工艺品进出口公司	2 637
67	广东省丝丽国际集团服装有限责任公司	2 620
68	中国神马集团有限责任公司	2 604
69	嘉兴良友进出口集团有限公司	2 597
70	文登市云龙进出口有限公司	2 593
71	宁波市慈溪进出口股份有限公司	2 532
72	东方国际集团上海市对外贸易有限责任公司	2 522
73	浙江东方集团轻工业品进出口有限责任公司	2 457
74	苏州市丝绸进出口有限责任公司	2 427
75	湖北天和凯瑞国际贸易有限公司	2 384
76	北京中达联合进出口有限公司	2 366
77	上海东浩工艺品股份有限公司	2 355
78	山东绮丽集团欧达服装有限公司	2 345
79	大连隆生服饰有限公司	2 344
80	宁波雅戈尔进出口有限公司	2 327
81	江苏汇鸿国际集团土产进出口股份	2 324
82	宁波敦煌进出口有限公司	2 309
83	广东溢达纺织有限公司	2 290
84	恒宝利(南京)服装有限公司	2 261
85	苏州柳新实业有限公司	2 258
86	江苏东恒集团进出口有限公司	2 256
87	上海三枪进出口有限公司	2 240
88	上海新浩艺手套帽业进出口有限公司	2 237
89	湖南省纺织品进出口公司	2 217
90	北京铜牛进出口有限公司	2 186
91	江苏国泰国际集团服装进出口有限责任公司	2 162
92	大连豹豪进出口有限公司	2 158
93	江苏海外集团服装有限公司	2 157
94	浙江海利得新材料股份有限公司	2 146
95	浙江省二轻企业集团进出口有限公司	2 137
96	中国华源集团有限公司	2 083
97	远纺工业(上海)有限公司	2 072
98	上海东隆羽绒制品有限公司	2 057
99	重庆国际复合材料有限公司	2 048
100	上海华申进出口有限公司	2 036

2005年中国对日本出口纺织品服装企业排名

（按出口金额排序前100名）　　（金额单位：万美元）

排名	企业名称	出口金额
1	宁波申洲针织有限公司	24 406
2	青岛即发进出口有限公司	18 017
3	魏桥纺织股份有限公司	6 849
4	常州华利达服装集团有限公司	6 711
5	上海丝绸集团股份有限公司	6 145
6	南通开发区炜赋对外贸易有限公司	5 921
7	诸城服装针织进出口有限责任公司	5 745
8	湖北美岛服装有限公司	5 726
9	南京纺织品进出口股份有限公司	5 662
10	苏州恒润进出口有限公司	5 590
11	中基嘉仁经贸有限责任公司	5 553
12	上海茉织华服饰有限公司	5 530
13	孚日家纺股份有限公司	5 489
14	江苏三友集团股份有限公司	5 445
15	迅销(江苏)服饰有限公司	5 368
16	江苏苏豪国际集团股份有限公司	5 349
17	上海申达进出口有限公司	5 282
18	茉织华实业(集团)有限公司	5 238
19	上海协通(集团)有限公司	5 138
20	内蒙古鄂尔多斯纺织品进出口有限责任公司	5 013
21	新华锦集团山东锦茂进出口有限公司	4 647
22	深圳市宝安外经发展有限公司	4 645
23	北京美姿时装有限公司	4 627
24	辽宁时代服装进出口股份有限公司	4 619
25	威海纺织集团进出口有限责任公司	4 557
26	东莞市对外加工装配服务公司	4 403
27	上海服装集团进出口有限公司	4 233

排名	企业名称	出口金额
28	上海内野有限公司	4 193
29	东方国际集团上海利泰进出口有限责任公司	4 132
30	烟台绮丽经贸有限公司	4 074
31	仓纺(珠海)纺织有限公司	4 031
32	青岛大农服装有限公司	3 903
33	江苏舜天国际集团轻纺进出口有限责任公司	3 872
34	江苏省纺织品进出口集团股份有限责任公司	3 823
35	上海飞马进出口贸易有限公司	3 782
36	青岛喜乐客思服装有限公司	3 765
37	海南优美内衣有限公司	3 724
38	江苏汇鸿国际集团针棉织品进出口公司	3 666
39	江苏海外集团服装有限公司	3 615
40	江苏华瑞国际实业集团有限公司	3 514
41	招远市针织厂有限公司	3 478
42	辽宁成大股份有限公司	3 412
43	东莞晶苑毛织制衣有限公司	3 384
44	江苏舜天股份有限公司	3 325
45	青岛泛高服饰有限公司	3 277
46	宁波雅戈尔进出口有限公司	3 263
47	平湖华城茂麓制衣有限公司	3 229
48	美尔雅服饰有限公司	3 197
49	上海伊藤绅士服有限公司	3 135
50	奉化市爱伊美西服进出口有限公司	3 114
51	上海八达纺织印染服装有限公司	3 091
52	上海对外经济贸易实业有限公司	3 061
53	青岛贵华针织有限公司	3 042
54	上海金山进出口贸易有限公司	2 962

排名	企业名称	出口金额
55	南通市经济技术开发区总公司	2 949
56	江苏阳光股份有限公司	2 881
57	中轻鞋帽进出口公司	2 867
58	南通开发区三荣贸易有限公司	2 777
59	上海嘉乐股份有限公司	2 777
60	吉林省纺织品进出口公司	2 769
61	浙江正邦时装有限公司	2 707
62	黑牡丹(集团)股份有限公司	2 659
63	新华锦集团山东盈商针棉织品进出口公司	2 652
64	大连一广毛巾有限公司	2 622
65	宁波布利杰进出口有限公司	2 611
66	常州老三集团进出口有限公司	2 534
67	常熟市纺织品进出口有限责任公司	2 517
68	江苏国泰国际集团国贸股份有限公司	2 517
69	嘉兴泰宏制衣有限公司	2 496
70	天津纺织集团进出口股份有限公司	2 475
71	中纺国际服装有限公司	2 460
72	北京顺美服装股份有限公司	2 458
73	心华制衣发展(珠海)有限公司	2 438
74	江阴日毛纺纱有限公司	2 419
75	嘉兴绿安制衣有限公司	2 401
76	苏州大仓高级时装有限公司	2 399
77	上海东隆羽绒制品有限公司	2 389
78	上海伊而国际时装有限公司	2 387
79	青岛华金针纺织品进出口有限公司	2 379
80	东方国际集团上海市对外贸易有限责任公司	2 377
81	上海美旭服装有限公司	2 332
82	江苏国泰国际集团纺织品进出口有限责任公司	2 312
83	江阴泰华服饰有限公司	2 310
84	上海新垠贸易发展有限公司	2 295
85	东方国际集团上海家纺有限公司	2 271
86	苏州国信集团太仓恒祥进出口有限责任公司	2 250
87	大连万林进出口有限公司	2 216
88	嘉兴百灵服饰有限公司	2 206
89	湖北美阳服装有限公司	2 205
90	大连裕森服装有限公司	2 204
91	东方国际创业浦东服装进出口有限责任公司	2 185
92	滨州魏桥科技工业园有限公司	2 183
93	上海市轻工业品进出口有限公司	2 174
94	北京泛美服装有限公司	2 159
95	烟台世刚纤维有限公司	2 149
96	嘉兴良友进出口集团有限公司	2 144
97	高密洁玉纺织进出口有限公司	2 084
98	淄博华绵制衣有限公司	2 079
99	苏州蓝天时装有限公司	2 077
100	上海佰爱仕国际贸易有限公司	2 073

2005年中国对中国香港地区出口纺织品服装企业排名

（按出口金额排序前100名）　　（金额单位：万美元）

排名	企业名称	出口金额	排名	企业名称	出口金额
1	东莞德永佳纺织制衣有限公司	37 730	28	上海宏和电子材料有限公司	3 778
2	东莞福安纺织印染有限公司	36 075	29	博罗县对外加工装配服务公司	3 722
3	魏桥纺织股份有限公司	28 323	30	七海（广东）织染厂有限公司	3 607
4	互太（番禺）纺织印染有限公司	22 343	31	福建嘉达纺织股份有限公司	3 589
5	东莞市对外加工装配服务公司	18 462	32	新会德华尼龙切片有限公司	3 542
6	深圳市宝安外经发展有限公司	16 622	33	联业制衣（东莞）有限公司	3 530
7	深圳龙岗区对外经济发展有限公司	14 014	34	惠东县对外加工装配服务公司	3 452
8	东莞沙田丽海纺织印染有限公司	13 790	35	永新印染厂（深圳）有限公司	3 373
9	华芳集团进出口有限公司	8 049	36	广东省丝丽国际集团泓泰有限责任公司	3 351
10	新马制衣（深圳）有限公司	7 071	37	广东省粤山进出口有限公司	3 321
11	广州市纺织工业联合进出口公司	7 019	38	广东省中山食品水产进出口集团有限责任公司	3 195
12	番禺潭洲振裕纺织染印有限公司	6 769	39	合隆制衣（东莞）有限公司	3 193
13	广东省中山丝绸进出口集团有限公司	6 514	40	张家港神港毛纺有限公司	3 162
14	广东溢达纺织有限公司	6 310	41	广州纺织品进出口集团有限公司	3 157
15	佛山市顺德区金丰漂染有限公司	6 070	42	佛山嘉益实业有限公司	3 053
16	捷德纺织（深圳）有限公司	5 695	43	中山市沙溪对外加工装配服务公司	3 045
17	江苏国泰国际集团针棉织品进出口公司	5 674	44	惠阳区对外加工装配服务公司	3 020
18	浙江庆茂纺织印染有限公司	5 452	45	清远市万源贸易有限公司	3 018
19	江苏国泰国际集团华联进出口有限责任公司	5 268	46	广东省惠州纺织品进出口有限公司	3 014
20	中山市对外加工装配服务公司	4 617	47	中山泳盟皮件有限公司	2 947
21	浙江庆丰纺织印染有限公司	4 446	48	上海泰庆进出口有限公司	2 929
22	鲁泰纺织股份有限公司	4 395	49	江门市新会区冠华针织厂有限公司	2 920
23	东莞世丽纺织有限公司	4 152	50	厦门鑫东森集团有限公司	2 747
24	广东省东莞纺织品进出口有限公司	4 102	51	深圳海润实业有限公司	2 746
25	宁波百隆特种纺织品有限公司	3 939	52	深圳深九国际物流有限公司	2 652
26	普宁市丽达纺织有限公司	3 862	53	福懋兴业（中山）有限公司	2 612
27	晶惠工业（惠州）有限公司	3 817	54	开平霍尼韦尔工业聚合物有限公司	2 598

排名	企业名称	出口金额	排名	企业名称	出口金额
55	粤纺制衣(深圳)有限公司	2 553	78	江苏国泰国际集团国华进出口有限责任公司	1 981
56	戈尔科技(深圳)有限公司	2 539	79	无锡庆丰股份有限公司	1 916
57	广东省丝丽国际集团服装有限责任公司	2 501	80	湖南华升工贸有限公司	1 912
58	内蒙古鹿王羊绒(集团)公司	2 483	81	广州番禺畜产进出口有限公司	1 896
59	广州美业针织印染厂有限公司	2 481	82	番禺励业漂染有限公司	1 862
60	佛山纺织集团经贸进出口有限公司	2 465	83	中山市三乡对外加工装配服务公司	1 849
61	中山国泰染整有限公司	2 425	84	浙江华孚色纺有限公司	1 846
62	深圳中冠纺织印染股份有限公司	2 422	85	清远市广叶织造有限公司	1 765
63	佳智服饰(深圳)有限公司	2 398	86	中国华源集团有限公司	1 762
64	中山市新达进出口有限公司	2 375	87	高士线业(深圳)有限公司	1 757
65	广东德润纺织有限公司	2 337	88	湛江中湛纺织有限公司	1 734
66	深圳比帆制衣有限公司	2 334	89	浙江天湖服装有限公司	1 726
67	佛山市南海恒星染整厂有限公司	2 310	90	鹤山太平染厂有限公司	1 714
68	深圳市顺安外资实业发展有限公司	2 281	91	清远恒润进出口有限公司	1 708
69	开平达丰纺织印染服装有限公司	2 260	92	江苏国泰国际集团国贸股份有限公司	1 702
70	广东省东方进出口公司	2 243	93	联业织染(珠海)有限公司	1 675
71	深圳市海港城物流有限公司	2 201	94	湛江纺织企业(集团)公司	1 667
72	江门市展达进出口有限公司	2 096	95	浙江凯喜雅国际股份有限公司	1 667
73	深圳市安尚服饰有限公司	2 089	96	中外合资佛山东亚股份有限公司	1 654
74	深圳市化轻贸易有限公司	2 077	97	佛山华丰纺织有限公司	1 653
75	江苏国泰国际集团服装进出口有限责任公司	2 046	98	内蒙古鄂尔多斯纺织品进出口有限责任公司	1 646
76	广州康辉纺织服装有限公司	2 036	99	佛山市锦利针织有限公司	1 644
77	广州高士线业有限公司	1 990	100	惠城区对外加工装配服务公司	1 641

2005年中国对俄罗斯出口纺织品服装企业排名

（按出口金额排序前100名）　　（金额单位：万美元）

排名	企业名称	出口金额
1	绥芬河龙江商联进出口有限公司	49 380
2	黑龙江华宇工贸(集团)有限责任公司	30 044
3	黑河市大黑河岛经贸有限公司	22 095
4	河北省商业进出口公司	11 215
5	绥芬河市源丰经贸有限责任公司	8 070
6	绥芬河市宏隆经贸有限责任公司	7 023
7	绥芬河市林源经贸有限责任公司	6 291
8	河北省国际供销合作总公司	6 140
9	天津纺织集团进出口股份有限公司	5 996
10	同江市海航经贸有限公司	5 191
11	饶河县经济贸易开发有限公司	5 139
12	绥芬河市亿源经贸有限责任公司	4 699
13	绥芬河市汽车运输有限责任公司	4 666
14	河北圣仑进出口股份有限公司	4 291
15	东宁县宏达经济贸易公司	4 220
16	北京市九达进出口有限责任公司	3 957
17	同江市利民经贸有限责任公司	3 902
18	河北五丰华经贸发展有限公司	3 834
19	天津经济技术开发区进出口公司	3 260
20	北京达仕服饰有限公司	3 249
21	绥芬河市亿亨经济贸易有限责任公司	2 916
22	绥芬河市凯莱经贸有限责任公司	2 527
23	浙江卡森集团进出口有限公司	2 502
24	北京京棉纺织进出口有限责任公司	2 443
25	虎林德昇边境经济贸易有限公司	2 352
26	海宁猎马进出口有限公司	2 226
27	同江市新钢经贸有限公司	2 192
28	中国外运(集团)绥芬河公司	2 155
29	天津机电进出口有限公司	2 134
30	同江市隆枫经贸有限公司	2 102
31	青岛鲁粮国际经贸有限公司	1 873
32	衡水外贸工艺品进出口有限公司	1 853
33	吉林省林业进出口公司	1 788
34	浙江三马针织有限公司	1 787
35	德州开元进出口有限公司	1 783
36	张家口德胜魁皮草有限公司	1 765
37	延边晨光国际经贸有限公司	1 747
38	肃宁县冀宁进出口贸易有限公司	1 684
39	东宁吉信工贸(集团)有限责任公司	1 666
40	密山市玛丽娜经济贸易有限公司	1 630
41	绥芬河市北极星经贸有限责任公司	1 446
42	同江市龙腾经贸有限公司	1 378
43	天津市丽昆进出口有限公司	1 371
44	衡水祥运工贸物流有限公司	1 334
45	东宁县民通经贸有限责任公司	1 311
46	齐齐哈尔市进出口公司	1 307
47	黑龙江省北安市对外贸易总公司	1 277
48	辛集东明皮革有限公司	1 232
49	河北巴迈隆实业集团有限公司	1 198
50	绥芬河市远航经贸有限责任公司	1 189
51	大庆晟凯毛纺有限公司	1 179
52	北京第一机床进出口有限责任公司	1 166
53	海宁猎马皮革服装有限公司	1 165
54	逊克县星岛经贸有限责任公司	1 159

排名	企业名称	出口金额	排名	企业名称	出口金额
55	绥芬河市海丰经贸有限责任公司	1 158	78	石家庄市金瑞麟贸易有限公司	905
56	石家庄东发皮革制品有限公司	1 140	79	常熟市瀛通进出口有限责任公司	902
57	大连金阳进出口有限公司	1 138	80	珲春中俄互市贸易服务有限公司	895
58	天津市轻化实业进出口公司	1 119	81	北京丽特雅服饰有限公司	881
59	密山市宁城经济贸易有限公司	1 110	82	天津鑫瑞国际贸易有限公司	870
60	石家庄市驰瑞商贸有限公司	1 109	83	辛集市大众皮业制衣有限公司	865
61	石家庄梦泰泽裘革服装有限公司	1 084	84	河北正泰皮业有限公司	854
62	河北博丹裘革制品有限公司	1 082	85	浙江梦娜针织袜业有限公司	848
63	蠡县新世纪制衣有限公司	1 078	86	东方国际集团上海利泰进出口有限责任公司	847
64	深圳市宏泰达进出口有限公司	1 051	87	石家庄西曼服装有限公司	847
65	辛集市物资开发有限公司	1 043	88	中山市粤粮经贸进出口有限公司	846
66	河北省肃宁县天龙皮草有限公司	1 004	89	北京隆富骐工贸有限公司	846
67	孚日家纺股份有限公司	997	90	黑龙江中奥毯业股份有限公司	843
68	河北天仓粮油食品有限公司	972	91	海宁浙江皮革服装城投资开发有限责任公司	831
69	晋州市万达制衣有限公司	966	92	北京福刻思制衣有限公司	822
70	保定金丹皮业有限公司	958	93	石家庄华辰天利贸易有限公司	794
71	青岛韩民制衣有限公司	957	94	福州普金进出口有限公司	791
72	河北肃昂裘革有限公司	955	95	故城县之珍裘革制品有限公司	785
73	高密三真皮革服装有限公司	946	96	诸城市舜王进出口有限公司	778
74	天津市新的纺织品进出口有限公司	935	97	北京金远洋对外贸易有限公司	762
75	辛集市焱森皮业有限公司	932	98	海宁中国家纺装饰城有限公司	762
76	锦州市宏丰染厂有限公司	928	99	北京缔乐普进出口有限责任公司	757
77	辛集市光羊真皮制衣有限公司	925	100	石家庄市中照经贸有限公司	752

2005年中国对韩国出口纺织品服装企业排名

（按出口金额排序前100名）　　　　（金额单位：万美元）

排名	企业名称	出口金额
1	魏桥纺织股份有限公司	16 048
2	衣恋时装(上海)有限公司	3 372
3	沈阳安娜国际时装有限公司	2 285
4	江苏国泰国际集团服装进出口有限责任公司	2 154
5	沈阳东方纺织有限公司	2 133
6	丹东市进出口有限责任公司	2 029
7	潍坊兰天纺织有限公司	1 977
8	江苏国泰国际集团国贸股份有限公司	1 918
9	张家港龙山汽车配件有限公司	1 896
10	威海纺织集团进出口有限责任公司	1 687
11	晓星化纤(嘉兴)有限公司	1 632
12	上海宏和电子材料有限公司	1 543
13	上海和仁纺织有限公司	1 514
14	辽宁华衣服装有限公司	1 479
15	青岛缤缤服装有限公司	1 368
16	青岛大元纺织有限公司	1 344
17	南通中新毛纺印染有限公司	1 292
18	大连汇恒国际贸易有限公司	1 289
19	青岛永元运动服装有限公司	1 274
20	东方国际集团上海市纺织品进出口公司	1 228
21	四川省宜宾五粮液集团进出口有限责任公司	1 223
22	青岛高合有限公司	1 220
23	烟台杜奥尔车饰有限公司	1 168
24	山东汇泉工业有限公司	1 099
25	大连经济技术开发区磐道服装有限责任公司	1 098
26	吉林裳邦尔纺织有限公司	1 071
27	鲁泰纺织股份有限公司	1 057
28	绥芬河市亿亨经济贸易有限责任公司	1 049
29	山东济宁如意毛纺织股份有限公司	1 033
30	青岛东星纤维有限公司	1 033
31	有荣(江阴)服装有限公司	1 030
32	中技－鲜京贸易有限公司	1 019
33	丹东正东进出口有限公司	1 015
34	青岛维思特悟德服装有限公司	1 008
35	山东正信纺织有限公司	1 005
36	四川省丝绸进出口公司	986
37	吉林化纤股份有限公司	952
38	保定天鹅股份有限公司	939
39	青岛三元色服装有限公司	931
40	青岛维德思服装有限公司	924
41	丹东尤尼科服装有限公司	882
42	天津服装进出口股份有限公司	864
43	浙江凯喜雅国际股份有限公司	863
44	威海坤特服装有限公司	840
45	甲乙延吉纺织有限公司	813
46	天津三星毛纺织有限公司	811
47	晓星特种纺织品(嘉兴)有限公司	809
48	泰光化纤(常熟)有限公司	803
49	华芳纺织股份有限公司	799
50	天津市新的纺织品进出口有限公司	795
51	文登市艺利达进出口有限公司	791
52	三阳纺织有限公司	738
53	青岛元都服装有限公司	732
54	上海龙头(集团)股份有限公司	732

排名	企业名称	出口金额
55	常熟德隆进出口有限责任公司	726
56	青岛世定服装有限公司	719
57	东方国际集团上海市对外贸易有限责任公司	716
58	绍兴东盛京纺织服装有限公司	711
59	山东万泰创业投资有限公司	709
60	江苏阳光股份有限公司	689
61	青岛韩一华瑞纺织有限公司	686
62	浙江省义乌市对外经济贸易有限公司	684
63	青岛庆南毛纺织有限公司	683
64	大连西源进出口贸易有限公司	678
65	烟台新光服装有限公司	675
66	营口泰山服装有限公司	675
67	中丝顺达进出口公司	670
68	上海申达进出口有限公司	663
69	临朐华庆制衣有限公司	662
70	天津三星时装有限公司	660
71	青岛子午服装有限公司	637
72	苏州恒丰进出口有限公司	636
73	江苏苏豪国际集团股份有限公司	628
74	青岛南南有限公司	621
75	江西宏福服装有限公司	610
76	河北圣仑进出口股份有限公司	608
77	荣成市宏远纺织有限公司	603
78	丹东成友服装有限公司	601
79	青岛韩周服装有限公司	595
80	苏州恒润进出口有限公司	592
81	河北衡水远大集团进出口有限公司	590
82	上海飞马进出口贸易有限公司	588
83	山东德棉集团进出口有限公司	582
84	青岛新顶服装有限公司	578
85	青岛南荣有限公司	576
86	淄博海天纺织有限公司	573
87	上海服装集团进出口有限公司	568
88	山东英信蚕丝贸易有限公司	564
89	泰安市泰高贸易有限公司	557
90	南通金飞达服装有限公司	554
91	丹东宇泰服装进出口有限公司	554
92	宁波百隆特种纺织品有限公司	553
93	山东王子纺织股份有限公司	534
94	可隆(南京)特种纺织品有限公司	527
95	青岛韩青制衣有限公司	525
96	宁波亚乐克汽车部件有限公司	518
97	杜邦中国集团有限公司	516
98	天津爱斯特服装有限公司	510
99	上海能泰纺织品有限公司	508
100	廊坊韩一纺织有限公司	506

2005年中国对澳大利亚出口纺织品服装企业排名

(按出口金额排序前100名)　　(金额单位:万美元)

排名	企业名称	出口金额
1	杭州市轻工工艺纺织品进出口有限责任公司	2 850
2	浙江东方集团振业进出口有限公司	2 455
3	东莞市对外加工装配服务公司	2 260
4	南京纺织品进出口股份有限公司	2 164
5	上海丝绸集团股份有限公司	1 960
6	上海华源家纺(集团)股份有限公司	1 933
7	霍尼韦尔特殊材料(中国)有限公司	1 909
8	江阴市被单厂	1 739
9	中基宁波对外贸易股份有限公司	1 553
10	广州市润通华经贸发展有限公司	1 538
11	广州纺织品进出口集团有限公司	1 460
12	宁波宁澳服饰有限公司	1 256
13	泰州维娜时装有限公司	1 214
14	常州大华进出口(集团)有限公司	1 201
15	广东省中山丝绸进出口集团有限公司	1 116
16	浙江东方集团服装服饰进出口有限责任公司	1 090
17	深圳市宝安外经发展有限公司	1 065
18	宁波狮丹努进出口有限公司	1 000
19	上海对外经济贸易实业有限公司	984
20	东方国际集团上海利泰进出口有限责任公司	982
21	上海新联纺进出口有限公司	969
22	上海对外经济贸易实业浦东有限公司	956
23	无锡星火制衣有限公司	955
24	宁波维科联合进出口有限公司	878
25	宁波市工艺品进出口公司	871
26	江苏东恒集团进出口有限公司	862
27	上海服装集团进出口有限公司	857
28	宁波市慈溪进出口股份有限公司	855
29	浙江顺达进出口贸易有限公司	847
30	无锡市正元服装有限公司	845
31	上海浦东进出口有限公司	829
32	江西家用纺织有限公司	826
33	深圳市昌实实业发展有限公司	771
34	天津服装进出口股份有限公司	746
35	宁波东方宏业进出口有限公司	741
36	苏州恒润进出口有限公司	719
37	深圳市勤辉投资开发有限公司	710
38	宁波杰比国际贸易有限公司	704
39	惠城区对外加工装配服务公司	676
40	杭州万通贸易有限公司	672
41	上海龙头(集团)股份有限公司	648
42	南通博世达服装有限公司	638
43	广东省纺织品进出口股份有限公司	635
44	深圳市城建梅园实业有限公司	635
45	上海申达进出口有限公司	634
46	中山市广勤贸易有限公司	627
47	烟台北方家用纺织品有限公司	617
48	江苏汇鸿国际集团针棉织品进出口公司	587
49	宁波银亿进出口有限公司	584
50	无锡美盛国际贸易有限公司	582
51	宁波普天姆服饰有限公司	572
52	上海海外国际贸易有限公司	561
53	山东滨州亚光毛巾有限公司	553
54	上海丝绸进出口浦东有限公司	548

排名	企业名称	出口金额	排名	企业名称	出口金额
55	卓盈丰制衣纺织(中山)有限公司	542	78	广东省东莞纺织品进出口有限公司	450
56	宁波布利杰进出口有限公司	526	79	东方国际集团上海市对外贸易有限责任公司	449
57	台山山度士制衣厂有限公司	513	80	上海三枪进出口有限公司	436
58	安徽省技术进出口股份有限公司	510	81	青岛喜盈门进出口有限公司	424
59	无锡晔佳服饰有限公司	507	82	上海赛佳国际贸易有限公司	422
60	厦门市中信隆进出口有限公司	498	83	浙江新宏洲贸易有限公司	421
61	广州市佳祺实业有限公司	495	84	常熟市大有进出口有限责任公司	419
62	北京华阳服装厂	493	85	上海八达纺织印染服装有限公司	419
63	江苏苏豪国际集团股份有限公司	490	86	上海汉森投资发展有限公司	413
64	宁波雅戈尔进出口有限公司	490	87	宁波亿泰进出口有限公司	409
65	广东省南海工艺品进出口有限公司	483	88	上海中大康劲国际贸易有限公司	408
66	江苏汇鸿国际集团毛针织品进出口公司	483	89	江苏舜天股份有限公司	407
67	东方国际集团上海家纺有限公司	481	90	上海飞马进出口贸易有限公司	406
68	安徽省服装进出口股份有限公司	477	91	上海三毛进出口有限公司	402
69	常州国际经济技术合作(集团)公司	477	92	江苏弘业股份有限公司	401
70	青岛好事来西装有限公司	476	93	上海银凌贸易有限公司	396
71	中纺联合进出口股份有限公司	473	94	广东省丝丽国际集团贸发有限责任公司	396
72	宁波蕾梦纺织品有限公司	472	95	苏州恒丰进出口有限公司	392
73	安徽东方服装有限责任公司	471	96	宁波华艺服饰有限公司	389
74	福建福日电子股份有限公司	466	97	南通欣悦服装有限公司	385
75	上海卡爱特服饰有限公司	466	98	浙江东方集团茂业进出口有限公司	376
76	广州经济技术开发区广益服装有限责任公司	462	99	海宁比尔特进出口有限公司	374
77	青岛澳联贸易有限公司	457	100	浙江省二轻企业集团进出口有限公司	367

2005年中国对中东地区出口纺织品服装企业排名

（按出口金额排序前100名）　　（金额单位：万美元）

排名	企业名称	出口金额	排名	企业名称	出口金额
1	上海丝绸集团股份有限公司	4 618	28	江苏省纺织品进出口集团股份有限责任公司	1 588
2	浙江江龙纺织印染有限公司	4 031	29	绥芬河市东泰经贸有限责任公司	1 579
3	温州市轻工艺进出口有限公司	3 730	30	福建省福辉贸易实业有限公司	1 573
4	浙江省粮油食品进出口公司温州公司	2 949	31	苏州丹龙纺织有限公司	1 556
5	江苏国泰国际集团国贸股份有限公司	2 678	32	普宁市翔栩纺织有限公司	1 507
6	清远恒润进出口有限公司	2 653	33	上海华申进出口有限公司	1 504
7	福州浩伦东方贸易有限公司	2 576	34	青岛二和纤维有限公司	1 480
8	福建福日电子股份有限公司	2 508	35	福建超大畜牧业有限公司	1 479
9	绍兴县南方进出口有限公司	2 267	36	宁波海田国际贸易有限公司	1 474
10	浙江南方科技股份有限公司	2 245	37	绍兴中清纺织有限公司	1 441
11	厦门鑫东森集团有限公司	2 103	38	绍兴金牡印染有限公司	1 436
12	浙江天马实业股份有限公司	2 067	39	张家港市沙洲纺织印染进出口有限责任公司	1 420
13	浙江华港染织有限公司	2 061	40	绍兴县海成布业有限公司	1 414
14	厦门国贸集团股份有限公司	1 930	41	厦门市嘉晟对外贸易有限公司	1 385
15	绍兴昆隆毛绒制品有限公司	1 927	42	中国新兴厦门进出口公司	1 364
16	浙江省瓯海对外贸易公司	1 914	43	福建省三农碳酸钙有限责任公司	1 342
17	山东海之杰纺织有限公司	1 826	44	福州闽塑进出口有限公司	1 333
18	江苏鸿瑞昌泰纺织有限公司	1 806	45	昆山立益纺织有限公司	1 323
19	绍兴天龙进出口有限公司	1 752	46	浙江省义乌市对外经济贸易有限公司	1 317
20	浙江美邦纺织有限公司	1 752	47	浙江绍兴天源纺织印染有限公司	1 314
21	中国新兴进出口总公司	1 725	48	中国新兴上海进出口公司	1 272
22	中基宁波对外贸易股份有限公司	1 684	49	绍兴县新宇漂染有限公司	1 271
23	浙江省茶叶进出口有限公司	1 678	50	海盐东方印染有限公司	1 253
24	宁波市工艺品进出口公司	1 669	51	绍兴县美得宝印染有限公司	1 249
25	厦门建发股份有限公司	1 636	52	福建省五金矿产厦门进出口公司	1 241
26	厦门市中信隆进出口有限公司	1 608	53	巨石集团有限公司	1 239
27	厦门英南进出口有限公司	1 607	54	江苏苏豪国际集团股份有限公司	1 235

排名	企业名称	出口金额
55	青岛圣美尔纺织服装有限公司	1 232
56	杭州余杭轻工进出口有限公司	1 223
57	绍兴县超超染整有限公司	1 218
58	宁波敦煌进出口有限公司	1 201
59	北京埃力生进出口有限公司	1 196
60	浙江振涯纺织服饰有限公司	1 196
61	余姚市环球经贸技术合作有限公司	1 179
62	浙江真爱毛纺有限公司	1 171
63	厦门中海兴进出口贸易有限公司	1 171
64	高阳县振华毛纺织有限公司	1 159
65	杭州余杭对外贸易有限公司	1 153
66	福建三明医药股份有限公司	1 137
67	厦门商发进出口有限公司	1 135
68	福建省晋江市对外贸易有限公司	1 122
69	宜兴市乐祺进出口有限公司	1 121
70	温州市粮油食品对外贸易公司	1 116
71	石狮市龙整进出口贸易有限公司	1 115
72	厦门高煦有限公司	1 096
73	普宁市天和织造制衣厂有限公司	1 091
74	黑龙江省北安市对外贸易总公司	1 085
75	温州宇宙集团有限公司	1 077
76	青岛圣美尔轻工品有限公司	1 075
77	上海沁润进出口有限公司	1 073
78	浙江三佳制衣有限公司	1 064
79	浙江省迪达进出口有限公司	1 063
80	诸暨凤凰服饰有限公司	1 026
81	重庆国际复合材料有限公司	1 021
82	四川绿神丝绸有限责任公司	1 006
83	广东省纺织品进出口广通贸易有限责任公司	986
84	泰山玻璃纤维股份有限公司	977
85	河北圣仑进出口股份有限公司	970
86	苏州市斯尔维特进出口有限公司	951
87	广州轻出集团文体用品进出口有限责任公司	947
88	上海森特克斯国际贸易有限公司	945
89	中国神马集团有限责任公司	945
90	阿斯乐·迪发制衣(宁波)有限公司	934
91	广州市纺织工业联合进出口公司	928
92	厦门象屿保税区益水进出口有限公司	920
93	上海常达进出口有限公司	916
94	浙江永通纺织品进出口有限公司	912
95	吴江市外贸集团丝绸进出口有限公司	909
96	温州市五机化医外贸有限公司	902
97	宁波市慈溪进出口股份有限公司	899
98	魏桥纺织股份有限公司	891
99	山东圣豪家纺有限公司	889
100	浙江新世纪国际贸易有限公司	881

2005年中国对非洲出口纺织品服装企业排名

（按出口金额排序前100名）　　　　（金额单位：万美元）

排名	企业名称	出口金额
1	宁波维科联合进出口有限公司	6 932
2	青岛凤凰印染有限公司	5 182
3	宁波宁丰进出口有限公司	5 042
4	宁波联合集团上海进出口有限公司	4 740
5	济宁如意印染有限公司	4 575
6	湖州大港集团进出口有限公司	4 116
7	浙江五洋印染有限公司	4 090
8	宁波众鑫印染有限公司	3 708
9	鑫润(临清)印染有限公司	3 674
10	港润(聊城)印染有限公司	3 285
11	临清市第二色织厂	3 216
12	温州市轻工艺进出口有限公司	3 170
13	浙江省粮油食品进出口公司温州公司	3 129
14	温州市日日田贸易有限公司	2 800
15	浙江华都纺织印染有限公司	2 631
16	广东溢达纺织有限公司	2 569
17	上海市华达进出口有限公司	2 398
18	宏润(聊城)印染有限公司	2 371
19	中国新兴进出口总公司	2 314
20	华纺股份有限公司	2 268
21	杭州萧山美艺花边有限公司	2 268
22	内蒙古鹿王羊绒(集团)公司	2 100
23	南充嘉美印染有限公司	1 947
24	威海盈熙进出口有限公司	1 917
25	上海飞龙国际贸易有限公司	1 916
26	济宁如意花布有限公司	1 870
27	上海丝绸集团股份有限公司	1 851
28	浙江美邦纺织有限公司	1 744
29	浙江东伟纺织服饰有限公司	1 722
30	上虞天龙纺织品有限公司	1 701
31	浙江江龙纺织印染有限公司	1 658
32	龙丰(潍坊)纺织印染有限公司	1 653
33	浙江省迪达进出口有限公司	1 638
34	绍兴伟丰进出口贸易有限公司	1 596
35	宁波康宏进出口有限公司	1 544
36	宁波萌恒工贸有限公司	1 538
37	绍兴绅花纺织有限公司	1 503
38	浙江越威达纺织有限公司	1 487
39	昌邑华晨纺织印染有限公司	1 484
40	浙江义乌金绣花边有限公司	1 445
41	青岛圣美尔纺织服装有限公司	1 364
42	绍兴市金泰纺织品有限公司	1 360
43	汕特粤东海外贸易有限公司	1 342
44	宁波海田国际贸易有限公司	1 221
45	常州久世化纤制品有限公司	1 217
46	中国华源集团有限公司	1 210
47	绍兴县南方进出口有限公司	1 200
48	浙江华泰国际货运有限公司	1 158
49	湖州复兴纺织印染有限公司	1 154
50	南京鑫鼎服装有限公司	1 141
51	温州市粮油食品对外贸易公司	1 115
52	浙江新天龙工贸有限公司	1 080
53	福州浩伦东方贸易有限公司	1 071
54	青岛凤凰东翔印染有限公司	1 071

排名	企业名称	出口金额
55	浙江龙柏纺织品进出口有限公司	1 060
56	浙江伟丰织造印染有限公司	1 043
57	浙江省茶叶进出口有限公司	1 011
58	诸暨市中强纺织有限公司	993
59	浙江南方科技股份有限公司	991
60	湖南富丰贸易有限公司	990
61	深圳市瑞骏贸易有限公司	978
62	宜兴市乐祺进出口有限公司	962
63	陕西开成投资实业有限责任公司	937
64	河北省纺织品进出口股份有限公司	929
65	山东正义纺织集团有限公司	927
66	四川省棉麻土产总公司	919
67	绥芬河市东泰经贸有限责任公司	918
68	南京纺织品进出口股份有限公司	901
69	浙江省龙泉市对外贸易有限公司	894
70	兰雁集团股份有限公司	890
71	广东省纺织品进出口广通贸易有限责任公司	888
72	厦门鑫东森集团有限公司	870
73	苏州工业园区埃耳进出口有限公司	864
74	中国神马集团有限责任公司	861
75	宁波市宁海县国际贸易有限公司	861
76	绍兴中清纺织有限公司	860
77	宁波市慈溪进出口股份有限公司	859
78	张家港市沙洲纺织印染进出口有限责任公司	856
79	常州旭荣针织印染有限公司	856
80	宁波市工艺品进出口公司	843
81	遂昌进出口有限公司	843
82	上海华源投资发展(集团)有限公司	834
83	杭州邵氏工艺花边有限公司	813
84	曲靖联合印染有限公司	811
85	上海锦达进出口有限公司	807
86	宁波敦煌进出口有限公司	801
87	浙江省义乌市对外经济贸易有限公司	798
88	新发纺织印染(绍兴)有限公司	795
89	福建省三农碳酸钙有限责任公司	792
90	上海诗琳斯纺织品进出口有限公司	789
91	常州老三集团有限公司	787
92	浙江省瓯海对外贸易公司	777
93	诸暨华达纺织有限公司	769
94	七海(广东)织染厂有限公司	765
95	淮北印染有限责任公司	765
96	山东德棉集团进出口有限公司	763
97	山东滨州印染集团进出口有限公司	759
98	绍兴县海成布业有限公司	748
99	滨州滨印家纺有限公司	746
100	黑龙江省北安市对外贸易总公司	746

2005年中国纺织品服装进口企业排名

（按进口金额排序前100名）　　（金额单位：万美元）

排名	企业名称	进口金额
1	东莞市对外加工装配服务公司	41 290
2	东莞福安纺织印染有限公司	25 208
3	深圳市宝安外经发展有限公司	21 488
4	互太(番禺)纺织印染有限公司	18 979
5	深圳龙岗区对外经济发展有限公司	17 944
6	东莞德永佳纺织制衣有限公司	17 675
7	东莞沙田丽海纺织印染有限公司	8 932
8	上海丝绸集团股份有限公司	6 931
9	广东溢达纺织有限公司	6 593
10	中山市三乡对外加工装配服务公司	6 361
11	上海曼高涅进出口有限公司	5 537
12	惠阳区对外加工装配服务公司	4 681
13	广东生益科技股份有限公司	4 568
14	新马制衣(深圳)有限公司	4 255
15	广东省东莞纺织品进出口有限公司	4 126
16	佛山市顺德区金丰漂染有限公司	3 913
17	湖北美岛服装有限公司	3 873
18	威海纺织集团进出口有限责任公司	3 857
19	苏州艾兴无纺布制品有限公司	3 791
20	上海茉织华服饰有限公司	3 721
21	博罗县对外加工装配服务公司	3 712
22	中山市对外加工装配服务公司	3 547
23	惠东县对外加工装配服务公司	3 542
24	常州华利达服装集团有限公司	3 527
25	联业制衣(东莞)有限公司	3 449
26	晶惠工业(惠州)有限公司	3 446
27	东莞联泰制衣有限公司	3 345
28	普宁市丽达纺织有限公司	3 343
29	上海延锋江森座椅有限公司	3 290
30	东莞世丽纺织有限公司	3 274
31	上海华源家纺(集团)股份有限公司	3 192
32	上海宏和电子材料有限公司	3 160
33	东莞市百业进出口有限公司	3 109
34	广州保税区挚翔贸易有限公司	3 108
35	福懋兴业(中山)有限公司	3 002
36	广东省中山丝绸进出口集团有限公司	2 992
37	东方国际创业股份有限公司	2 984
38	天津服装进出口股份有限公司	2 885
39	北京美姿时装有限公司	2 877
40	惠州市对外加工装配服务公司	2 817
41	杜邦中国集团有限公司	2 782
42	江苏三友集团股份有限公司	2 728
43	辽宁时代服装进出口股份有限公司	2 685
44	潍坊雷克兰劳保用品有限公司	2 685
45	茉织华实业(集团)有限公司	2 666
46	常州昌瑞汽车部品制造有限公司	2 634
47	海南优美内衣有限公司	2 592
48	北京市服装进出口股份有限公司	2 481
49	上海开联制衣厂有限公司	2 464
50	青岛世原鞋业有限公司	2 436
51	浙江庆丰纺织印染有限公司	2 420
52	广东省东莞轻工业品进出口有限公司	2 394
53	仓纺(珠海)纺织有限公司	2 383
54	惠城区对外加工装配服务公司	2 331

排名	企业名称	进口金额	排名	企业名称	进口金额
55	东莞欣意医疗保健制品厂	2 273	78	杭州得力纺织有限公司	1 940
56	江阴福汇纺织有限公司	2 253	79	青岛永元体育用品有限公司	1 909
57	番禺启新针织有限公司	2 246	80	明尼苏达矿业制造(上海)国际贸易有限公司	1 898
58	敏兴毛织(海丰)有限公司	2 235	81	七海(广东)织染厂有限公司	1 897
59	青岛泛高服饰有限公司	2 227	82	开平达丰纺织印染服装有限公司	1 889
60	上海三凯进出口有限公司	2 171	83	中基嘉仁经贸有限责任公司	1 881
61	江苏舜天股份有限公司	2 159	84	深圳仁锐实业有限公司	1 878
62	上海展缅国际贸易有限公司	2 150	85	青岛昌新鞋业有限公司	1 862
63	丹东市进出口有限责任公司	2 130	86	海丰联岭针织有限公司	1 857
64	广州宏仁电子工业有限公司	2 130	87	江门市新会区冠华针织厂有限公司	1 847
65	山东绮丽集团美达服装有限公司	2 128	88	昆山莎美娜制衣有限公司	1 843
66	上海博舍工业有限公司	2 106	89	广东鸿晖进出口有限公司	1 808
67	东莞虎门对外加工装配服务公司	2 098	90	江苏国泰国际集团国贸股份有限公司	1 803
68	北京泛美服装有限公司	2 078	91	盐城国际妇女时装有限公司	1 796
69	纬兴毛织(海丰)有限公司	2 077	92	佳智服饰(深圳)有限公司	1 789
70	中山市沙溪对外加工装配服务公司	2 056	93	粤纺制衣(深圳)有限公司	1 772
71	开平奔达纺织有限公司	2 024	94	平湖华城茂麓制衣有限公司	1 755
72	宁波海田国际贸易有限公司	2 019	95	心华制衣发展(珠海)有限公司	1 755
73	美尔雅服饰有限公司	2 017	96	高士线业(深圳)有限公司	1 743
74	福建协丰鞋业有限公司	1 981	97	番禺捷进(沙头)制衣厂	1 728
75	上海服装集团进出口有限公司	1 963	98	深圳市盐田区捷诚外资服务有限公司	1 721
76	广东省东莞畜产进出口有限公司	1 954	99	福建三丰鞋业有限公司	1 719
77	宁波雅戈尔进出口有限公司	1 953	100	上海美旭服装有限公司	1 712

2005年中国纺织机械进口企业排名

（按进口金额排序前100名）　　　　（金额单位：万美元）

排名	企业名称	进口金额
1	魏桥纺织股份有限公司	13 871
2	浙江东方集团浩业贸易有限公司	4 981
3	孚日家纺股份有限公司	4 364
4	东莞市对外加工装配服务公司	3 889
5	江苏苏美达国际技术贸易有限公司	3 656
6	福建百宏聚合纤维实业有限公司	3 482
7	深圳市宝安外经发展有限公司	3 423
8	天津纺织集团进出口股份有限公司	3 389
9	浙江中大技术进口有限公司	3 176
10	江苏省宜兴市对外贸易公司	2 635
11	广东溢达纺织有限公司	2 442
12	翔鹭化纤(海城)有限公司	2 263
13	汕头市星际商贸有限公司	2 200
14	中国纺织机械和技术进出口公司	2 021
15	宁波申洲针织有限公司	1 912
16	上海甚高进出口有限公司	1 866
17	浙江世创新合纤有限公司	1 855
18	开平富琳第二纺织制衣有限公司	1 854
19	上海工业投资(集团)有限公司	1 777
20	晓星化纤(嘉兴)有限公司	1 726
21	三阳纺织有限公司	1 457
22	广东省南海化工机械进出口有限公司	1 424
23	承德阪禾化纤仿真织物有限公司	1 411
24	深圳北新贸易有限公司	1 383
25	互太(番禺)纺织印染有限公司	1 316
26	浙江省对外服务公司	1 264
27	中山国泰染整有限公司	1 235
28	远纺工业(上海)有限公司	1 220
29	东莞市建安贸易有限公司	1 172
30	浙江杭州湾腈纶有限公司	1 157
31	山东魏桥创业集团有限公司	1 150
32	鲁丰织染有限公司	1 139
33	吴江市外贸集团兆丰进出口有限公司	1 110
34	江苏阳光股份有限公司	1 094
35	佛山伸势达特殊精密有限公司	1 071
36	淄博博易纤维有限公司	1 066
37	百灵达刺绣机械(南通)有限公司	1 065
38	佛山市天旭贸易有限公司	1 062
39	卡尔迈耶纺织机械有限公司	1 042
40	史陶比尔(杭州)精密机械电子有限责任公司	1 010
41	上海普恩伊进出口有限公司	1 006
42	益彰(广州)纺织有限公司	1 002
43	番禺启新针织有限公司	995
44	惠城区对外加工装配服务公司	987
45	河南省国贸招标有限公司	983
46	江苏香塘集团进出口有限公司	981
47	杭州茂泰进出口有限公司	970
48	河北省技投进出口有限公司	964
49	青岛宏大纺织机械有限责任公司	927
50	山东德源纱厂有限公司	926
51	无锡一棉进出口有限公司	905
52	北京埃力生进出口有限公司	896
53	内蒙古鄂尔多斯纺织品进出口有限责任公司	870
54	浙江荣翔化纤有限公司	866

排名	企业名称	进口金额
55	杭州华春化纤染织有限公司	865
56	阿拉尔飞龙纺织有限公司	863
57	汕头市藩泽贸易有限公司	849
58	华芳集团毛纺织染有限公司	848
59	江阴福汇纺织有限公司	842
60	可隆科技特(张家港)特种纺织品有限责任公司	831
61	晋江汇辉纺织有限公司	811
62	江苏开元东吴国际贸易有限公司	799
63	建滔(连州)玻璃纤维有限公司	777
64	俐马(苏州)织染有限公司	774
65	江苏省保税仓有限公司	768
66	韶关市裕森贸易有限公司	748
67	福建凤竹纺织科技股份有限公司	709
68	浪莎针织有限公司	702
69	田岛机械(中国)有限公司	701
70	绍兴怡华纺织有限公司	697
71	汕头市森原贸易有限公司	694
72	鲁泰纺织股份有限公司	694
73	广州海日花边有限公司	682
74	江苏恒力化纤有限公司	671
75	杭州富兴纺织有限公司	662
76	多宝针织服装(东莞)有限公司	657
77	黑龙江地方储备粮有限责任公司	656
78	江苏江南高纤股份有限公司	656
79	无锡市太极实业股份有限公司	650
80	绍兴市龙升纺织品有限公司	644
81	中纺机技术服务进出口公司	634
82	江阴友利特种纤维有限公司	628
83	北京经纬纺机新技术有限公司	627
84	珠海功控玻璃纤维有限公司	625
85	东莞德永佳纺织制衣有限公司	622
86	台嘉玻璃纤维有限公司	616
87	江阴启新纺织有限公司	615
88	深圳龙岗区对外经济发展有限公司	599
89	江苏省国际招标公司	599
90	洛阳白马集团有限责任公司	598
91	浙江立马云山纺织有限公司	593
92	浙江美欣达印染集团股份有限公司	589
93	义乌市丽德塑胶工贸有限公司	580
94	中山市对外加工装配服务公司	575
95	安徽飞亚纺织发展股份有限公司	573
96	泉州五矿(集团)公司	571
97	常熟华懋纺织有限公司	565
98	湛江大中纺织有限公司	549
99	江苏舜天国际集团机械进出口股份	545
100	开平奔达纺织有限公司	542

2005年中国棉花进口企业排名

（按进口金额排序前100名）　　（金额单位：万美元）

排名	企业名称	进口金额	排名	企业名称	进口金额
1	魏桥纺织股份有限公司	48 645	28	山东华鲁集团有限公司	1 822
2	中国储备棉管理总公司	29 815	29	上海铁联国际储运有限公司	1 672
3	中纺棉花进出口公司	22 857	30	河南新野纺织股份有限公司	1 627
4	中华棉花集团有限公司	6 971	31	山东滨州亚光毛巾有限公司	1 532
5	上海外高桥保税区联合发展有限公司	6 641	32	中国昊华化工(集团)总公司	1 501
6	孚日家纺股份有限公司	5 661	33	上海傲杰国际贸易有限公司	1 493
7	新疆农垦宏业棉花有限责任公司	5 136	34	天津骏达国际仓储有限公司	1 420
8	上海市纺织原料公司	4 712	35	中国化纤总公司	1 399
9	华芳集团进出口有限公司	4 608	36	天津市纺织工业供销公司	1 396
10	青岛保税区金诚国际贸易公司	4 586	37	北京天宇朗通通信设备有限责任公司	1 395
11	青岛宏川物流有限公司	4 224	38	石家庄常山纺织股份有限公司	1 328
12	浙江东方集团浩业贸易有限公司	4 037	39	张家港保税区康大国际贸易有限公司	1 310
13	美集物流运输(上海)有限公司	3 527	40	上海中纺物产发展有限公司	1 309
14	兰雁集团股份有限公司	3 292	41	无锡庆丰股份有限公司	1 254
15	上海外高桥保税区玖益物资贸易有限责任公司	3 242	42	广州捷飞物流有限公司	1 230
16	中基宁波对外贸易股份有限公司	3 095	43	河南同舟棉业有限公司	1 213
17	中国纺织物资(集团)总公司	2 947	44	黑龙江地方储备粮有限责任公司	1 188
18	湛江纺织企业(集团)公司	2 790	45	浙江誉诚轻纺贸易有限公司	1 181
19	天津棉花交易市场有限公司	2 470	46	汕头经济特区纺织原材料有限公司	1 179
20	山东德棉股份有限公司	2 440	47	山东滨州环宇纺织科技有限公司	1 134
21	北京中棉华泰国际贸易有限公司	2 437	48	上海佳盛棉花有限公司	1 108
22	湛江中湛纺织有限公司	2 304	49	中纺投资发展股份有限公司	1 097
23	青岛银禧国际贸易有限公司	2 287	50	番禺潭洲振裕纺织染印有限公司	1 097
24	山东锦立泰进出口有限公司	2 227	51	江苏三房巷实业股份有限公司	1 091
25	泰丰纺织集团有限公司	2 119	52	山东岱银纺织集团股份有限公司	1 066
26	青岛保税区东雍国际物流有限公司	2 102	53	武汉一棉集团进出口有限公司	1 062
27	捷德纺织(深圳)有限公司	1 885	54	山东齐赛纺织有限责任公司	1 049

排名	企业名称	进口金额
55	宁波维科联合进出口有限公司	1 031
56	北京市九达纺织集团公司	1 020
57	招远市针织厂有限公司	983
58	上海申南纺织有限公司	945
59	江苏中恒纺织有限责任公司	930
60	铁宇国际运输(天津)有限公司	885
61	鲁泰纺织股份有限公司	870
62	青岛恒捷贸易有限公司	849
63	青岛和中源工贸有限公司	844
64	大连神州纺织有限公司	840
65	宁波维科棉纺织有限公司	826
66	厦门国贸集团股份有限公司	800
67	张家港保税区南港发展有限公司	797
68	张家港保税区江南国际贸易仓储有限责任公司	754
69	安徽华茂进出口有限责任公司	737
70	淄博银仕来纺织有限公司	680
71	湖北光富棉纺有限公司	677
72	江苏裕纶纺织有限公司	662
73	江苏泰达纺织有限公司	654
74	江苏大生集团有限公司	650
75	山东泰丰纺织股份有限公司	629
76	湖北孝棉实业集团有限责任公司	607
77	江苏省纺织品进出口集团股份有限责任公司	599
78	江苏世纪天虹纺织有限公司	598
79	无锡长江精密纺织有限公司	595
80	华润锦华股份有限公司	595
81	东营市天信纺织有限公司	589
82	恩平汇华纺织有限公司	587
83	五环(集团)股份有限公司	582
84	中冀贸易有限责任公司	576
85	太仓利泰纺织厂有限公司	575
86	远纺工业(无锡)有限公司	569
87	山东德棉集团进出口有限公司	568
88	上海通贸进出口有限公司	561
89	青岛大元纺织有限公司	557
90	青岛纺联集团六棉有限公司	555
91	江苏三房巷国际贸易有限公司	553
92	上海新金桥国际物流分拨有限公司	544
93	青岛经济技术开发区裕龙国际物流	534
94	青岛新纺织集团有限公司	534
95	沈阳东方纺织有限公司	530
96	天津国际采购中心	525
97	天津华铁隆津泰储运有限公司	525
98	上海华申进出口有限公司	504
99	石家庄常山纺织集团进出口贸易有限责任公司	480
100	开平奔达纺织有限公司	478

2005年中国面料进口企业排名

（按进口金额排序前100名）　　（金额单位：万美元）

排名	企业名称	进口金额	排名	企业名称	进口金额
1	东莞市对外加工装配服务公司	19 326	28	广东省中山丝绸进出口集团有限公司	1 932
2	深圳市宝安外经发展有限公司	12 512	29	山东绮丽集团美达服装有限公司	1 911
3	深圳龙岗区对外经济发展有限公司	11 108	30	开平达丰纺织印染服装有限公司	1 889
4	东莞沙田丽海纺织印染有限公司	8 799	31	北京市服装进出口股份有限公司	1 872
5	上海丝绸集团股份有限公司	5 878	32	北京泛美服装有限公司	1 819
6	上海曼高涅进出口有限公司	5 500	33	深圳仁锐实业有限公司	1 769
7	广东生益科技股份有限公司	4 568	34	江苏三友集团股份有限公司	1 756
8	互太(番禺)纺织印染有限公司	4 414	35	辽宁时代服装进出口股份有限公司	1 751
9	威海纺织集团进出口有限责任公司	3 523	36	惠阳区对外加工装配服务公司	1 727
10	上海茉织华服饰有限公司	3 383	37	茉织华实业(集团)有限公司	1 725
11	中山市三乡对外加工装配服务公司	3 200	38	佳智服饰(深圳)有限公司	1 719
12	上海华源家纺(集团)股份有限公司	3 130	39	昆山莎美娜制衣有限公司	1 712
13	福懋兴业(中山)有限公司	3 002	40	上海延锋江森座椅有限公司	1 701
14	湖北美岛服装有限公司	2 940	41	平湖华城茂麓制衣有限公司	1 692
15	常州华利达服装集团有限公司	2 827	42	中基嘉仁经贸有限责任公司	1 683
16	常州昌瑞汽车部品制造有限公司	2 534	43	中山市沙溪对外加工装配服务公司	1 646
17	北京美姿时装有限公司	2 472	44	宁波雅戈尔进出口有限公司	1 642
18	天津服装进出口股份有限公司	2 365	45	美尔雅服饰有限公司	1 637
19	东莞联泰制衣有限公司	2 227	46	粤纺制衣(深圳)有限公司	1 633
20	东方国际创业股份有限公司	2 189	47	上海服装集团进出口有限公司	1 626
21	青岛泛高服饰有限公司	2 152	48	海南优美内衣有限公司	1 619
22	上海展缅国际贸易有限公司	2 145	49	杭州得力纺织有限公司	1 591
23	联业制衣(东莞)有限公司	2 142	50	广东省东莞纺织品进出口有限公司	1 586
24	广州宏仁电子工业有限公司	2 130	51	上海申达进出口有限公司	1 528
25	普宁市丽达纺织有限公司	2 122	52	江苏国泰国际集团国贸股份有限公司	1 476
26	东莞市百业进出口有限公司	2 110	53	深圳海润实业有限公司	1 475
27	宁波海田国际贸易有限公司	2 001	54	惠城区对外加工装配服务公司	1 475

排名	企业名称	进口金额
55	远纺工业(上海)有限公司	1 463
56	江苏舜天股份有限公司	1 457
57	北京顺美服装股份有限公司	1 424
58	浙江庆丰纺织印染有限公司	1 407
59	杭州华春化纤染织有限公司	1 403
60	万福阁家具(昆山)有限公司	1 401
61	杭州萧山钱潮锦纶有限公司	1 398
62	中山市对外加工装配服务公司	1 390
63	深圳市盐田区捷诚外资服务有限公司	1 383
64	广东鸿晖进出口有限公司	1 358
65	南通帝人有限公司	1 352
66	江苏华瑞国际实业集团有限公司	1 350
67	宝利得层压板(惠州)有限公司	1 342
68	广东德润纺织有限公司	1 318
69	永新印染厂(深圳)有限公司	1 317
70	深圳中冠纺织印染股份有限公司	1 302
71	淄博华绵制衣有限公司	1 296
72	苏州大仓高级时装有限公司	1 279
73	东莞联茂电子科技有限公司	1 264
74	青岛永元体育用品有限公司	1 261
75	博罗县对外加工装配服务公司	1 232
76	台华特种纺织(嘉兴)有限公司	1 230
77	合隆制衣(东莞)有限公司	1 230
78	松下电工电子材料(广州)有限公司	1 224
79	华懋(厦门)织造染整有限公司	1 219
80	东莞福安纺织印染有限公司	1 211
81	鹤山太平染厂有限公司	1 207
82	苏州东京时装有限公司	1 195
83	造寸制衣(深圳)有限公司	1 191
84	番禺捷进(沙头)制衣厂	1 178
85	广东省中山食品水产进出口集团有限责任公司	1 170
86	宜兴华森化纤有限公司	1 157
87	广东新会美达锦纶股份有限公司	1 155
88	远东服装(苏州)有限公司	1 149
89	苏州蓝天时装有限公司	1 146
90	东莞晶苑毛织制衣有限公司	1 141
91	广州环亚制衣有限公司	1 126
92	上海东隆羽绒制品有限公司	1 122
93	中基宁波对外贸易股份有限公司	1 119
94	可隆(南京)特种纺织品有限公司	1 114
95	杭州萧山永盛对外贸易有限公司	1 098
96	青岛泰光制鞋有限公司	1 095
97	上海松涛纺织品有限公司	1 081
98	惠州合正电子科技有限公司	1 078
99	上海服良时装有限公司	1 060
100	东莞富山纺织漂染有限公司	1 056